韓國精神文化研究院

譯註三國遺事

II

姜仁求 金杜珍 金相鉉 張忠植 黃浿江

以會文化社

序 文

三國遺事는 三國史記와 함께 韓民族 최고의 古典이며 歷史書이다. 三國遺事는 官撰의 正史인 三國史記와는 달리, 고승 一然이 高麗 후기 영남지방 여러 寺刹에 주석하면서 당시까지 남아 있는 자료들을 망라하여 편찬한 野史이다. 그 속에는 古朝鮮부터 高麗까지 고대사회에서 이룩된 신화·전설·사상·문학·풍속 등과 불교의 傳來·盛衰 樣相이 原形 그대로 담겨져 있다. 더욱이 檀君古事와 駕洛國記·新羅 鄕歌 등은 三國史記에도 들어 있지 않은 유일한 기사들로서 천만금의 가치를 지니고 있다고 하겠다.

三國遺事에 대한 飜譯·註釋書는 일찌기 국내·외에서 간행되어 현재는 20여 종에 이른다. 이들 譯註本들은 대부분 飜譯에 중점을 두었거나, 註釋을 병행한 경우도 그 내용이 간략하여 거의가 국어사전적 주석이거나 한자해석정도에 그치고 있다. 그리고 외국에서 간행된 것도 우리 학계의 연구결과를 반영하는 데에는 소홀히 한 면이 보이고, 그렇지 않으면 자국의 입장에서 자국 학계의 성과에만 치중하여 해석한 부분이 있었다. 어느 경우이든 민족 최고의 고전 역주서로서 후세에 전하기에는 만족스럽지 못하였다.

이에 본 연구원에서는 三國遺事를 만들어낸 민족문화의 기반 위에서 자국의 역사나 언어를 해석하고 다듬어 나가듯이, 三國遺事에 담

겨진 모든 자구 문장의 뜻을 바르고 정확하게 해석한 역주본의 正本
이 어느 사서보다 그 간행보급이 시급하다고 판단하였다.

　정본을 출간하여 안으로는 새로운 민족문화창달의 밑바탕을 삼게
하고, 국외의 이해자들을 위해서는 史實에 입각한 바른 해석을 전달
하여 민족문화의 보급에 새로운 전기를 마련하고자 三國遺事의 주석
번역을 계획하였다. 물론 본 三國遺事의 역주사업도 이미 1988년부터
착수하여 간행을 본 三國史記의 역주사업에 이어지는 큰 계획의 하나
이기도 하다.

　본 역주사업은 본원의 연구과제로 채택되어 1995・1996・1997・
1998년의 4개년에 걸쳐 수행되고, 1999년 이후 2002년까지 4개년은 비
예산사업으로 진행되었다. 그리고 역주에는 최근까지의 학계연구결과
를 검토하여 반영하는 문제가 가장 중요한 일로 여겨졌다. 그래서 三
國遺事를 오랫동안 연구해온 斯界의 전문가를 동원하게 되었다. 연구
는 金杜珍・金相鉉・張忠植・黃浿江・姜仁求 등 5인이 공동으로 담
당하였다.

　역주작업을 위해 正德本을 底本으로 하고, 기왕에 간행된 六堂崔南
善本・斗溪李丙燾本・民族文化推進會本・李載浩本・북한의　리상호
본・日本의 三品彰英本 등을 주요 비교대상본으로 하여 분석검토하
였다.

　校勘은 원본인 正德本(서울大學校 奎章閣所藏)을 최대한으로 살렸
다. 그러나 一然禪師의 원문과 木板印刷시 변경된 한자를 구분하기는
지난한 일이었다. 高麗 후기 당시 사용한 것으로 보이는 약자는 현재
도 韓國과 日本・中國에서 사용되므로 각주에 일부분을 반영하기도

하였다.

史實과 年代 등에서 三國史記와 차이가 있는 경우는 三國史記의 내용을 비교자료로 제시하였다. 고유명사나 특수용어는 三國史記와 상이하더라도 正德本의 원문을 택하고, 가급적이면 원문을 보전하려고 노력하였다. 그리고 어느 경우에나 三國史記와의 상이한 부분은 주석에 근거와 설명을 달았다.

飜譯과 註釋은 고등학교 3학년의 수준이면 충분히 읽고 이해할 수 있는 문장으로 하고, 장차 영어번역을 유념하여 교과서적 문장을 사용하였다. 그러나 가장 어려웠던 일은 각 연구자의 문장을 통일하는 일과 주석의 범위와 깊이에서 균형을 맞추는 일이었다. 이 일을 위하여 연구보조원인 趙景徹·文銀順·尹琇姬 등이 다년간 진력하였으며, 또 일시적으로 全鍾國·金善珠 등도 협력하였다. 공동연구자 여러분과 연구보조원 여러분께 깊은 감사의 인사를 드린다.

끝으로, 본 譯註三國遺事는 의욕과 기대와는 달리, 여러 면에서 부족하다고 생각한다. 그러나 2002년까지의 새로운 연구를 수록 반영하였다는 의미에서 이후 더 잘된 역주본이 간행될 때까지만이라도 正本의 구실을 하였으면 하는 마음 간절하다. 앞으로도 계속하여 수정보완해 나갈 것을 약속드리며, 학계 제현의 질정을 바란다.

2002년 7월
공동연구 책임자 姜 仁求 근서

凡　例

- 본서의 原本은 朝鮮 中宗 7년(正德 壬申年: 1512)에 간행된 木版本 『三國遺事』(正德本: 서울대학교 奎章閣소장, 民族文化推進會 간행)를 기본으로 하였다.

- 본서는 正德本(이하 [正]으로 약칭함)의 편제를 재편하여 Ⅰ(卷第一), Ⅱ(卷第二), Ⅲ(卷第三), Ⅳ(卷第四・卷第五), Ⅴ(研究論文・索引)의 총 5권으로 재구성하였다.

- 본서 각 권의 구성은 항목별로 原文校勘, 飜譯註釋 순으로 하고, 각 권의 맨 뒷편에 해당 항목의 影印原文을 실었다.

- 본서는 독자의 편의를 위해 각권 내의 항목에 일련번호를 추가하였다.

- 본서는 독자의 편의를 위해 縱書로 되어 있는 원본을 橫書로 조판하였다.

Ⅰ. 原文校勘

1. 원문은 내용에 따라 문단을 나누고 띄어쓰기를 하였다.
2. 원본의 原註는〈 〉안에 작은 글자로 표기하였다.
3. 교감은 [正]을 저본으로 하고, 이미 출간된 三國遺事 板本과 活字本(飜譯本 포함) 등을 비교대상으로 하였다. 이 외에 필요한 경우 史書·地理書·金石文 등의 여러 자료를 참고로 하였다. 자료의 목록과 약호는 다음과 같다.

三國遺事관계자료				기타 자료	
晩松文庫本	[晩]	東京大本	[東]	『三國史記』	[史]
順庵手澤本	[順]	朝鮮光文會本	[光]	『高麗史』	[麗史]
石南筆寫本	[石]	朝鮮史學會本	[會]	『新增東國輿地勝覽』	[勝覽]
鶴山筆寫本	[鶴]	大日本續藏經本	[續]	『世宗實錄』地理志	
神田本 德川本	[神]	大正新修大藏經本	[修]	『史記』	
		斗溪李丙燾本	[斗]	『漢書』	
		六堂崔南善本	[六]	『三國志』	
		李載浩本	[浩]	金石文	
		民族文化推進會本	[民]		
		三品彰英本	[品]		
		리상호본	[리]		
		權相老本	[相]		
		李東歡本	[歡]		
		曉星女大本	[曉]		
		韓國佛敎全書本	[全]		
		李民樹本	[樹]		

4. 위의 자료 중에서 기본적인 교감비교대상본의 범위는 원본인 [正]
   을 포함하여 [斗], [六], [浩], [民], [品] 등 6서로 하되, 최근 개
   정판을 대상으로 하였다. 위 6서의 출판사항은 다음과 같다.

[正]	서울대학교 奎章閣소장; 『三國遺事』(民族文化推進會 간행), 景仁文化社, 1973.
[斗]	『譯註·原文三國遺事』, 明文堂, 2000.
[六]	『三國遺事』, 瑞文文化社, 1996.
[浩]	『삼국유사』, 솔출판사, 1997.
[民]	『三國遺事』, 景仁文化社, 1973.
[品]	『三國遺事考証』, 塙書房, 1975.

그러나 卷第一의 王曆의 경우 위의 6서 중 [浩]와 [民]은 교감
대상자료에서 제외하였다. 그 이유는 왕력부분이 최근 개정판 [浩]
에는 원문이 없이 한글번역문만 실려 있고, [民]에는 [六]의 내용
을 그대로 전재하여 중복되기 때문이다.

5. 원문은 원본의 내용을 최대한 존중하여 싣되, 잘못된 부분은 바로
   잡아 원문에 표기하고, 각주에서 원본의 글자와 앞에 제시한 교감
   대상자료 중 본서와 다르게 판독한 경우를 밝혔다.

6. 同字·古字·本字·俗字의 경우는 正字로 바로잡아 원문에 표기
   한 뒤 따로 각주에서 밝히지 않았다. 그러나 다음의 예와 같이 字
   形으로 보아 正字를 쉽게 파악하기 어렵다고 판단되는 글자는 이
   해를 돕기 위해 각주에서 밝히고 正字와의 관계를 ( ) 안에 덧붙
   였다.

예) 塡(壎과 동자), 饍(膳과 동자), 厸(隣의 고자), 你(爾의 속자),
虵(蛇의 속자)

7. 고유명사에 있어서 避諱하거나 음이 相通하는 경우에는 한 가지
로 일치시키지 않고 원본대로 표기하고 각주에서 설명하였다.

예) 顯慶과 現慶, 鴻嘉와 鴻佳, 漢岐部와 漢歧部

8. 高麗朝 왕의 이름을 避諱하기 위해 다른 글자로 바꿔 쓴 경우에는
원본의 표기대로 두고 각주에서 설명하였다. 단, 缺劃法을 사용한
경우에는 正字로 교감한 뒤 각주에서 밝혔다.

예) 虎 : 고려 惠宗의 이름 '武'의 피휘.

武 : [正] 㼁. 고려 惠宗의 이름 '武'의 결획피휘.

9. '于'·'於'와 '己'·'已'··'巳' 등의 글자는 文理로 보아 문제가 되지
않을 경우에는 교감한 뒤 각주를 붙이지 않았다.

10. 원본에서는 '大'와 '太'를 음과 뜻이 유사하여 혼용하였는데, 수정
할 사항은 바로 잡은 후 각주에서 밝혔다.

예) 大宗 → 太宗, 大子 → 太子

11. 원본의 상태를 나타내는 기호와 용어는 다음과 같다.

'□' : 원본의 여백에 예상되는 글자수가 한 글자인 경우

'□…□' : 원본의 여백에 예상되는 글자수가 정확하지 않은 경우

'없음' : 원본에 여백 없이 글자가 생략되어 없는 경우

'판독미상' : 원본의 글자를 판독할 수 없는 경우

'파손' : 원본이 파손되어 글자를 읽을 수 없는 경우

II. 飜譯註釋

1. 한글로 번역하는 것을 원칙으로 하고, 번역은 평이한 문장으로 원 뜻에 충실하게 하고, 일부는 의역하기도 하였다.
2. 고유명사는 한자를 ( ) 안에 표기하였다. 번역한 한글과 원문의 한자가 다를 경우에는 그 한자를 [ ] 안에 표기하였다.

    예) 예악(禮樂), 제왕의 지위[大器]

3. 원문에는 없으나 이해를 돕기 위해 필요한 단어나 문장을 추가한 경우에는 [ ] 안에 표기하였다.
4. 年號와 干支는 해당 연대를 ( ) 안에 표기하였다.
5. 왕의 이름을 피휘한 경우 본래대로 번역하고 원문을 [ ] 안에 표기하였다.

    예) 무령왕[虎寧王], 문무왕[文虎王]

6. 인용문은 「 」로, 인용문 안에서의 대화체는 " "로, 그 안에서 다시 인용된 부분은 ' '로 표기하였다.
7. 수량의 표기는 1에서 10까지는 아라비아 숫자로, 100 이상은 백, 천, 만 등의 단위로 하였다. 그러나 일부는 이해를 돕기 위해 우리말의 셈수로 표기하였다.

    예) 1만 2천 3백 45명, 다섯 명

8. 두, 세 가지의 내용을 포함하고 있는 제목의 경우, 그 내용이 동격을 이룰 때는 '과(와)'로, 그 내용이 공통성이 있으나 '과(와)'보다 약하게 연결될 때는 '·'로 표기하였다.

예) 말갈과 발해, 변한·백제

9. 주석의 표제어는 번역의 해당 부분을 원문의 한자로 표기하였다. 표제어의 해당 원문이 긴 경우에는 앞과 뒤의 글자를 표시하고 그 사이에 중략된 부분을 '…'로 표기하였다. 그리고 표제어의 해당 원문이 짧으면서 그 한자의 독음이 일반적인 독음과 다르거나 어려운 경우에는 독음을 (　) 안에 표기하였다.

예) 國史云…來投, 兜率歌(도솔가), 蟾首(진수)

譯註三國遺事 內容

目 次

三國遺事 卷第二

(紀異 第二)

〈譯註三國遺事Ⅴ 目次〉

研究論文

三國遺事　卷第二

(紀異　第二)

三國遺事 卷第二

38. 文虎[1]王法敏

　　王初卽位 龍朔辛酉 泗沘[2]南海中有死女尸 身長七十三尺 足長六尺 陰長三尺 或云身長十八尺 在乾封[3]二年丁卯 總章戊辰 王統兵 與仁問欽純等 至平壤 會唐兵滅麗 唐帥李勣獲高藏王還國〈王之姓[4]高 故云高藏 按唐書高[5]記 現[6]慶五年庚申 蘇定方等 征百濟 後十二月 大將軍契如何[7] 爲浿[8]道行軍大摠管 蘇定方爲遼東道大摠管 劉伯英爲平壤道大摠管 以伐高麗 又明年辛酉正月 蕭嗣業爲扶餘[9]道摠管 任雅相爲浿江道摠管 率三十五萬軍 以伐高麗 八月甲戌 蘇定方等 及高麗 戰于浿江敗亡 乾封元年丙寅六月 以龐同善 高[10]臨[11]薛[12]仁貴 李謹行等 爲後援 九月 龐同善及高麗 戰敗之 十二月己酉 以李勣爲遼東道行軍[13]大摠管 率六摠管兵 以伐高麗 總章元年戊辰

---

1) 虎 : 고려 惠宗의 이름 '武'의 피휘.
2) 沘 : [正][斗][六] 沘. [品][浩] 沘. [史] 卷28 百濟本紀 義慈王條에는 沘.
3) 乾封 : [正][六] 封乾. [品][斗][浩][民] 乾封.
4) 姓 : [正] 性. [品][斗][浩][六][民] 姓.
5) 高 : [浩][民] 高宗.
6) 現 : [品][浩][民] 顯. 『舊唐書』『新唐書』顯.
7) 契如何 : [品][浩] 契苾何力. 『舊唐書』『新唐書』高宗紀에는 契苾何力.
8) 浿 : [浩][民] 浿江.
9) 餘 : [正] 徐. [品][斗][浩][六][民] 餘.
10) 高 : 이 앞에 [正][浩][六] □.
11) 臨 : [品][浩][民] 侃. 『資治通鑑』侃.
12) 薛 : [正] 薛. [品][斗][浩][六][民] 薛.

九月癸巳 李勣獲高臧王 十二月丁巳　獻俘14)于帝　上元元年甲戌二15)月　劉仁軌 爲雞林道摠管 以伐新羅 而鄉古記云 唐遣陸路將軍孔恭 水路將軍有相 與16)新羅 金庾信等17)滅之 而此云仁問欽純等 無庾信 未詳18)〉

　時唐之游兵　諸將兵　有留鎭而將謀襲我者　王覺之　發兵19)之　明 年　高宗使召仁問等　讓之曰　爾請我兵以滅麗　害之何耶　乃下圓扉 鍊兵五十萬　以薛20)邦爲帥　欲伐新羅　時義相師西學入唐　來見仁問 仁問以事諭之　相乃東還上聞　王甚憚21)之　會群臣問防禦策　角干金 天尊22)奏23)曰　近有明朗法師入龍宮　傳秘法而24)來　請詔問之　朗 奏曰　狼山之南有神遊林　創四天25)王寺於其地　開設道場則可矣　時 有貞州使走報曰　唐兵無數至我境　廻槧海上　王召明朗曰　事已逼至 如何　朗曰　以彩帛假搆26)宜27)矣　乃28)以彩帛營寺　草搆29)五方神

---

13) 軍：[正][斗][六] 臺. [品][浩][民] 軍. [史] 卷6 新羅本紀 文武王 6年條에 는 軍.

14) 俘：[正] 浮. [品][斗][浩][六][民] 俘.

15) 二：[晚] 一.

16) 與：[正] 興. [品][斗][浩][六][民] 與.

17) 滅：[六] 戌.

18) 爲浿道行軍大摠管…未詳 : [正][六]에는 본문으로 기재되어 있으나, [斗] [浩]는 세주로 보았다. 세주로 보는 것이 옳다. 한편 [品]은 「爲浿道行軍大摠 管…獻俘于帝」부분은 세주로 보고, 「上元元年甲戌…未詳」부분은 본문으로 보 았다.

19) 兵：[浩][民] 兵擊.

20) 薛：[正] 薛. [品][斗][浩][六][民] 薛.

21) 憚：[正] 悼. [品][斗][浩][六][民] 憚.

22) 尊：[史] 卷7 新羅本紀 文武王 19年條에는 存.

23) 奏：[六] 없음.

24) 而：[浩][六] 以.

25) 天：[正] 大. [品][斗][浩][六][民] 天.

26) 搆：[品][浩][民] 構.

27) 宜：[六] 없음.

28) 乃：[六] 王.

像 以瑜珈³⁰⁾明僧十二員 明朗爲上首 作文豆婁秘密之法 時唐羅兵
未交接 風濤怒起 唐船皆沒於水 後改刱寺 名四天王寺 至今不墜
壇席〈國史云³¹⁾改刱在調露元年己卯〉

後年辛未 唐更遣趙憲爲帥 亦以五萬兵來征 又作其法 船沒如前
是時翰林郎朴文俊 隨仁問在獄中 高宗召文俊曰 汝國有何密法 再
發大兵無生還者 文俊奏曰 陪臣等來於上國一十餘年 不知本國之
事 但遙聞一事爾 厚荷上國之恩 一統三國 欲報之德 新刱天王寺
於狼山之南 祝皇壽萬年 長開法席而已

高宗聞之大悅 乃遣禮部侍郎樂鵬龜使於羅 審其寺 王先聞唐使
將至 不宜見玆寺 乃別刱新寺於其南 待之 使至曰 必先行香於皇
帝祝壽之所天王寺 乃引見新寺 其使立於門前曰 不是四天王寺 乃
望德遙山之寺 終不入 國人以金一千兩贈之 其使乃還奏曰 新羅刱
天王寺 祝皇壽於新寺而已 因唐使之言 因名望德寺〈或系孝昭王代 誤
矣〉

王聞文俊善奏 帝有寬赦之意 乃命强首先生 作請放仁問表 以舍
人遠禹奏於唐 帝見表流涕 赦仁問慰送之 仁問在獄時 國人爲刱寺
名仁容寺 開設觀音道場 及仁問來還 死於海上 改爲彌陀道場 至
今猶存

大王御國二十一年 以永隆二年辛巳崩 遺詔葬於東海中大巖上 王
平時常謂智義法師曰 朕身後願爲護國大龍 崇奉佛法 守護邦家 法
師曰 龍爲畜報何 王曰 我厭³²⁾世間榮華久矣 若麤報爲畜 則雅合

---

29) 搆：[品][浩][民] 構.
30) 珈：[品][浩] 伽.
31) 云：[正][斗][浩][六] 大. [品][民] 云.
32) 厭：[正] 猒. [品][斗][浩][六] 厭.

朕懷矣

王初卽位 置南山長倉 長五十步 廣十五步 貯米穀兵器 是爲右創 天恩寺西北山上 是爲左倉 別本云 建福八年辛亥 築南山城 周二千八百五十步 則乃眞平[33]王代始築 而至此乃重修爾 又始築富山城 三年乃畢 安北河邊築鐵城 又欲築京師城郭 旣令具[34]吏 時義相法師聞之 致書報云 王之政敎明 則雖草丘畫[35]地而爲城 民不敢踰 可以潔[36]災[37]進福 政敎苟不明 則雖有長城 災[38]害未消 王於是正[39]罷其役[40]

麟德三年丙寅三月十日 有人家婢名吉伊 一乳生三子 總章三年庚午正月七[41] 漢歧[42]部一山級干〈一作成山阿[43]干[44]〉婢 一乳生四子 一女三子[45] 國給穀二百石[46]以賞之 又伐[47]高麗 以其國王孫還國 置之眞骨位

王一日召庶弟車得公曰 汝爲冢宰 均理百官 平章四海 公曰 陛

---

33) 平 : [正][六] 德. [斗][浩] 平. '德'은 '平'의 오기이다.
34) 具 : [正][斗][六] 眞. [品][浩] 具.
35) 畫 : [正] 盡. [品][斗][浩][六][民] 畫.
36) 潔 : [正][晩][順] 潔. [品] 禊. [斗][浩][六] 潔.
37) 災 : [正][晩] 災. [品][斗][浩][六] 災.
38) 災 : 주 37)과 같음.
39) 正 : [順] 定(가필). [浩] 止. [六] □.
40) 役 : [正] 伇.
41) 七 : [浩][民] 七日.
42) 歧 : [斗] 岐(歧와 동자).
43) 阿 : [正] 何. [品][斗][浩][六][民] 阿.
44) 一作成山阿干 : [正][六]에는 본문으로 기재되어 있으나, [品][斗][浩]는 세주로 보았다. 세주로 보는 것이 옳다.
45) 子 : [正][晩] 丁(윗쪽이 없음). [順] 子(가필). [品][斗][浩][六][民] 子.
46) 石 : [正][晩][順] 石. [品][斗][浩][六] 石.
47) 伐 : [正] 代. [品][斗][浩][六][民] 伐.

下若以小臣爲宰 則臣願潛行國內 示[48]民間[49]徭役之勞逸 租賦之
輕重 官吏之淸濁 然後就職 王聽之 公著緇衣 把琵琶 爲居士形
出京師 經由阿瑟羅州〈今溟州〉 牛首州〈今春州〉 北原京〈今忠州〉 至於
武[50]珍州〈今海陽〉 巡行里閈 州吏安吉見是異人 邀致其家 盡情供
億 至夜安吉喚妻妾三人曰 今玆侍宿客居士者 終身偕老 二妻曰
寧不幷居 何以於[51]人同宿 其一妻曰 公若許終身幷居 則承命矣
從之 詰旦居士欲辭行時曰 僕京師人也 吾家在皇龍皇聖二寺之間
吾名端午也〈俗謂[52]端午爲車衣〉 主人若到京師 尋訪吾家幸矣 遂行到
京師 居冢[53]宰

國之制 每以外州之吏一人 上守京中諸曹〈注 今之其人也[54]〉 安吉
當次上守至京師 問兩寺之間端午居士之家 人莫知者 安吉久立道
左 有一老翁經過 聞其言 良久佇思曰 二寺間一家 殆大內也 端午
者 乃車得令公也 潛行外郡時 殆汝有緣契乎 安吉陳其實 老人曰
汝去宮城之西歸[55]正門 待宮女出入者告之 安吉從之 告武珍州安
吉進於門矣 公聞而走出 携手入宮 喚出公之妃 與[56]安吉共宴 具
饌至五十[57]味 聞於上 以星浮山〈一作星損乎山〉 下爲武珍州上守燒[58]

---

48) 示 : [浩][民] 視.

49) 間 : [正] 問. [品][斗][浩][六][民] 間.

50) 武 : [正] 珷. 고려 惠宗의 이름 '武'의 결획피휘.

51) 於 : [正][晩] 扐 (오른쪽은 판독미상). [順] 於(가필). [品][斗][浩][六][民]
   於.

52) 謂 : [正][斗] 爲. [品][浩][六][民] 謂.

53) 冢 : [正] 家. [品] 冢. [斗][浩][六][民] 家.

54) 注 今之其人也 : [正][六]에는 본문으로 기재되어 있으나, [品][斗][浩]는 세
   주로 보았다. 세주로 보는 것이 옳다.

55) 歸 : [正][晩][順] 故.

56) 與 : [正] 興. [品][斗][浩][六][民] 與.

木田 禁人樵採 人不敢近 內外欽羨之 山下有田三十畝 下種三
石59) 此田稔歲 武珍州亦稔 否則亦否60)云

---

57) 十 : [正][晚] 卜(왼쪽은 없음). [順] 十(가필). [品][斗][浩][六][民] 十.
58) 燒 : [正][六] 繞. [品][斗][浩][民] 燒. '繞'는 '燒'의 오기이다.
59) 石 : 주 46)과 같음.
60) 否 : [正][晚] 판독미상. [順] 否(가필). [品][斗][浩][六][民] 否.

삼국유사 권제2

문무왕[1] 법민

　왕이 처음 즉위한 용삭(龍朔)[2] 신유(辛酉, 661)에 사비(泗沘)[3] 남쪽 바다 중에 여자의 시체가 있었는데, 신장이 73자, 발의 길이가 6자, 음부의 길이가 3자였다. 혹은 신장이 18자며, 건봉(乾封)[4] 2년 정묘(丁卯, 667)의 일이라고도 한다. 총장(總章)[5] 원년 무진(戊辰, 668)에 왕이 군사를 이끌고 인문(仁問)[6]・흠순(欽純)[7] 등과 함께 평양(平

---

1) 文虎王 : 文武王. 626-681. 신라의 제30대 왕. 재위 661-681년. 삼국통일을 완수한 英主로서 이 과정에서 국가체제의 정비를 위해 많은 노력을 기울였다. 특히 자신의 형제들을 中侍에 임명하고 金庾信(595-673)을 上大等과 太大角干 등에 중임함으로써 왕권의 안정을 꾀하고 이를 바탕으로 통일전쟁을 효율적으로 수행하였다. 또 주변에 많은 승려를 두고 자문역으로 활용하여 정신적 통일과 국민적 화합에도 힘을 쏟았다. [史] 卷5 新羅本紀 文武王條(上), [史] 卷6 新羅本紀 文武王條(下) 참조.
2) 龍朔 : 중국 唐 高宗의 연호(661-663). 신유년은 용삭 원년인 661에 해당하고, 문무왕은 이 해 6월에 즉위하였다.
3) 泗沘 : 지금의 충청남도 부여군 부여읍. 백제 성왕 16년(538)에 도읍을 이곳으로 옮겨 멸망할 때까지 백제의 서울이었으며 660년에 나당연합군에 함락됨으로써 신라에 귀속되었다.
4) 乾封 : 중국 唐 高宗의 연호(666-667). 건봉 2년은 667년이다. [正]에는 封乾으로 되어 있으나 乾封으로 바로 잡았다.
5) 總章 : 중국 唐 高宗의 연호(668-670). 총장 원년은 문무왕 8년(668)이다.
6) 仁問 : 金仁問. 629-694. 자는 仁壽. 태종무열왕의 둘째 아들이며 문무왕의 친동생이다. 김춘추와 김유신을 도와 백제, 고구려 정벌에 힘썼고, 여생을 당에서

壤)에 이르러 당나라 군사와 합세하여 고구려를 멸망시켰다. 당나라
장수 이적(李勣)[8]은 고장왕(高臧王)[9]을 사로잡아 본국으로 돌아갔
다.〈왕의 성이 고씨이므로 고장(高臧)이라고 하였다.『당서(唐書)』고종기[高記]를
살펴보면, 현경(現慶)[10] 5년 경신(庚申, 660)에 소정방(蘇定方)[11] 등이 백제를 정벌
하고, 그후 12월에 대장군 계여하(契如何)[12]를 패강도 행군대총관[浿道行軍大摠管]

보내면서 양국간에 많은 공을 세웠다.([史] 卷44 列傳 金仁問條) 그의 묘는 경
주시 서악동에 있다. 김인문의 정치적 입장에 관해서는 크게 親唐的 인물이었
다는 설과 나당관계 알력싸움의 희생양이었다는 설이 있다.(權惠永,「悲運의 新
羅 遣唐使들-金仁問을 중심으로」,『新羅의 對外關係史硏究』(신라문화제학술
발표회논문집 15), 경주신라문화선양회, 1994. 金壽泰,「羅唐關係의 變化와 金
仁問」,『白山學報』52, 白山學會, 1999)
7) 欽純 : 金欽純. ?-670. 欽春이라고도 한다. 김유신의 동생이다. 청소년시절에
화랑으로 활약했고 삼국통일에 많은 공을 세워 뛰어난 장수 또는 어진 재상으
로 평가받았다. [史] 卷47 列傳 金令胤條에 김흠춘에 관한 기록이 보인다.
8) 李勣 : 583-669. 중국 唐 曹州 離狐 사람. 본성은 徐氏. 본명은 世勣이나 唐
太宗의 이름(世民)을 피해 勣으로 사용하였다. 唐 高祖에 의해 李氏를 賜姓받
았다. 唐 太宗을 도와 천하를 평정하는데 많은 공을 세웠다. 幷州都督, 尚書左
僕射을 거쳐 司空에 승진되었다.『舊唐書』卷67 列傳17,『新唐書』卷98 列傳18
李勣傳 참조.
9) 高臧王 : 고구려의 제28대 왕인 寶臧王. 재위 642-668. 高는 고구려 왕의 姓.
藏 또는 臧은 보장왕의 이름. 보장왕의 이름에 관해『舊唐書』·『新唐書』·『資
治通鑑』에는 藏으로, [史]에는 臧으로 기록되어 있다. 보장왕은 榮留王 시해
직후인 642년 淵蓋蘇文에 의해 왕위에 올랐으나 나라가 망하자 唐으로 끌려갔
다. [史] 卷21 高句麗本紀 寶臧王 27年條 참조.
10) 現慶 : 顯慶. 중국 唐 高宗의 연호(656-661). 현경 5년은 660년이다. 現과 顯은
서로 통한다.
11) 蘇定方 : 592-667. 이름은 烈. 자는 定方. 冀州 武邑 출신으로 邕(옹)의 아들.
어려서부터 용맹하여 아버지가 죽자 그 무리를 이끌었다. 660년 3월에 13만의
당군을 이끌고 백제에 들어와 백제를 멸망시키고 의자왕을 사로잡아 갔으며, 12
월에 고구려 평양성을 포위하였다. 661년 당이 다시 고구려를 침략하였을 때 평
양도행군총관으로 참여하였다. 후에 邢國公에 봉해졌다.『舊唐書』卷83 蘇定方
傳 참조.
12) 契如何 :『新唐書』에는 契苾何力으로 되어 있다. 突厥 可汗의 孫으로 唐 太
宗 때에 귀순하였다. 高宗 때에 左驍衛大將軍에 승진되고 成國公에 책봉되었
다. 또 李勣을 따라 고구려를 멸망시키고 鎭軍大將軍에 승진되었다. 죽은 후 昭

을 삼고, 소정방을 요동도(遼東道) 대총관으로 삼고, 유백영(劉伯英)[13]을 평양도(平壤道) 대총관으로 삼아 고구려[高麗]를 쳤다. 또 이듬해 신유(辛酉, 661) 정월에는 소사업(蕭嗣業)[14]을 부여도(扶餘道) 총관으로 삼고, 임아상(任雅相)[15]을 패강도 총관으로 삼아서 35만 명의 군사를 거느리고 고구려를 치게 하였다. 8월 갑술(甲戌)에 소정방 등은 고구려 패강[16]에서 싸우다가 패해서 도망하였다. 건봉 원년 병인(丙寅, 666) 6월에 방동선(龐同善)[17]·고림(高臨)[18]·설인귀(薛仁貴)[19]·이근행(李謹行)[20]

陵(당 태종릉)에 배장되었다. 『資治通鑑』 卷201, 『舊唐書』·『新唐書』 契苾何力傳 참조.

13) 劉伯英 : 생몰년 미상. 당나라 장군. 소정방 휘하에서 백제 침공과 고구려 침공에 출정하였다. 그의 직함에 관해서는 여러 가지 다른 기록이 전해지고 있다. 『冊府元龜』 卷986 外臣部 征討 顯慶 5年 3月條·『資治通鑑』 卷200 唐紀16 高宗 顯慶 5年條·『新唐書』 卷3 高宗本紀·[史] 卷5 新羅本紀 太宗武烈王 7年條·[史] 高句麗本紀에는 '左驍衛將軍'으로, 『新唐書』 卷220 列傳 百濟傳에는 '左衛將軍'으로, 大唐平百濟國碑銘에는 '副大摠管冠軍大將軍□□□衛將軍上柱國下博公'으로 기록되어 있다.

14) 蕭嗣業 : 생몰년 미상. 중국 唐 太宗에서 高宗代에 활동한 인물. 어려서 隋 煬帝를 따라 突厥에 들어가 살다가 貞觀 9년(635) 唐으로 돌아왔다. 鴻臚卿 兼 單于都護府長史의 관직을 지냈다. 『新唐書』 卷101 蘇瑀傳 附傳 참조.

15) 任雅相 : 생몰년 미상. 당나라 장수. 661년 4월 고구려 침략에 참여하였다. 『新唐書』 高宗本紀, 『新唐書』 突厥傳 참조.

16) 浿江 : 浿江은 浿水·浿河라고도 하였다. 패강은 시대에 따라 압록강, 대동강, 예성강, 임진강 등 여러 가지로 사용되었다.

17) 龐同善 : 생몰년 미상. 당나라의 장수. 666년 12월 요동도 행군부대총관 겸 안무대사에 임명되었다. 『資治通鑑』·『新唐書』 高麗傳 참조.

18) 高臨 : 생몰년 미상. 『資治通鑑』 卷201에는 高侃으로 되어 있다. 아마도 臨은 侃의 잘못인 듯하다. 666년에 고구려 침략에 참여하였고, 그후에도 고구려 유민의 반란 진압에 몇 차례 참여한 바 있다.

19) 薛仁貴 : 614-683. 당의 龍門人이다. 太宗의 요동 정토의 역에 응모하여 뛰어난 공을 세우고 右領軍中郎將이 되었다. 乾封(666-668) 초년에는 고구려 침략에 참여하여 右威衛大將軍兼安東都護에 임명되었고, 高宗 때에는 고려, 거란, 돌궐과의 전쟁에 많은 공을 세우고 平陽郡公에 봉해졌다. 『舊唐書』 卷83, 『新唐書』 卷111 列傳 薛仁貴傳 참조.

20) 李謹行 : 생몰년 미상. 粟末鞨 사람으로 突地稽의 아들이다. 李氏 성은 아버지인 突地稽가 당나라 조정으로부터 賜姓받은 것이다. 당의 장군으로 고구려 정토의 전역에 참여했고, 673년에는 고구려 유민의 반란을 진압하고, 그 이듬해

등으로 후원하도록 하였다. 9월에 방동선이 와서 고구려와 싸워 이겼다. 12월 기유(己酉)에 이적을 요동도 행군대총관으로 삼아 6총관의 군사를 거느리고 고구려를 치게 하였다. 총장 원년 무진(戊辰, 668) 9월 계사(癸巳)에 이적은 고장왕을 사로잡아 12월 정사(丁巳)에 황제에게 포로로 바쳤다. 상원(上元)[21] 원년 갑술(甲戌, 674) 2월에 유인궤(劉仁軌)를 계림도(雞林道) 총관으로 삼아서 신라를 치게 하였다. 우리의 옛기록[鄕古記][22]에는 당나라가 육로장군 공공(孔恭)과 수로장군 유상(有相)을 보내 신라의 김유신(金庾信) 등과 함께 고구려를 쳤다고 하였는데, 여기에는 인문과 흠순 등만 말하고 유신은 없으니, 자세히 알 수 없다.〉

이때 당나라의 유병(游兵)과 여러 장병들이 머물러 있으면서 장차 우리를 습격하려고 계획하는 것을 왕이 알고 군사를 발하였다. 이듬해에 당나라의 고종(高宗)이 인문 등을 불러서 꾸짖어 말하기를, "너희들이 우리 군사를 청해 고구려를 멸하고도 우리를 해치려는 것은 무슨 까닭이냐?"라고 하고, 곧 옥[圓扉][23]에 가두고 군사 50만 명을 조련하여 설방(薛邦)[24]을 장수로 삼아 신라를 치려고 하였다. 이때 의상법사[義相師][25]가 서쪽 당나라로 가서 유학하고 있다가 인문을 찾

에는 신라를 공격하기도 하였다. 675년에는 신라의 買肖城에 屯兵하기도 하였다. 뒤에 燕國公으로 봉해졌고, 죽은 후 乾陵(唐 高宗陵)에 배장되었다. 『舊唐書』와 『新唐書』에 그에 관한 자세한 전이 있다.

21) 上元 : 중국 唐 高宗의 연호(674-676).

22) 鄕古記 : 본서에 인용된 古記類는 각기 다른 자료가 아닌 하나인 것으로 추정하는 견해가 있다.(鄭求福, 「三國史記의 原典資料」, 『三國史記의 原典檢討』, 韓國精神文化硏究院, 1995, pp.15-18) 한편, 이러한 古記에 관해 단일한 특정서목을 지칭하는 것이 아닌 여러 옛기록들에 대한 총칭 또는 중국 사서에 대비되는 우리 나라의 옛날 기록 정도의 의미로 쓰였던 것으로 보는 견해도 있다.(李康來, 「三國史記와 古記」, 『龍鳳論叢』17 · 18합, 1989, pp.83-107)

23) 圓扉 : 獄門의 뜻.

24) 薛邦 : 생몰년 미상. 중국 唐의 장수. 薛邦이란 이름은 [遺] 卷5 神呪 明朗神印條에 唐의 장수로 기록된 것이 유일하고 그 외 다른 기록에서는 전혀 보이지 않는다. 설방을 설인귀로 추정하는 견해가 있다.([品] 中, p.29)

25) 義相師 : 義湘(625-702)이라고도 한다. 원효와 함께 통일기 신라를 대표하는

아보았는데, 인문이 그 사실을 알렸다. 의상이 곧 귀국하여26) 왕에게 아뢰니, 왕이 매우 염려하여 여러 신하들을 모아 놓고 방어책을 물었다. 각간(角干)27) 김천존(金天尊)28)이 아뢰기를, "근래에 명랑법사(明朗法師)29)가 용궁에 들어가서 비법을 전수해왔으니 그를 불러 물

고승이다. 속성은 金氏이며 귀족출신으로 우리 나라 화엄종의 개조이다. 문무왕 원년(660)에 당에 들어가 중국 화엄종의 개조인 종남산 至相寺의 智儼의 문하에서 화엄교학을 수학하였다. 智儼이 죽자 의상은 문무왕 10년에 귀국하여 부석사와 낙산사를 창건하고 신라 화엄교학의 발전에 크게 기여하였다. 그리고 지방으로의 불교 확산을 주도하여 고신라의 변방지역에 많은 사원을 창건하였다. 원효에 비해 교리적 측면보다 실천적 측면에 중점을 두었던 것으로 평가되고 있다. 의상에 대해서는 다음 기록과 논문을 참조. [遺] 卷4 義解 義相傳教條. 『宋高僧傳』卷4 唐新羅國義湘傳. 金杜珍,「義湘-그의 생애와 화엄사상」, 民音社, 1995. 정병삼, 『의상 화엄사상 연구』, 서울대학교출판부, 1998. 許興植,「佛教思想史에서 본 고대의 起點과 終點」, 『韓國史의 時代區分』, 韓國古代史研究會, 1995.

26) 相乃東還 : [遺] 卷4 義解 義相傳教條에는 '咸亨 元年 庚午(670)에 還國하여 그 사정을 조정에 알렸다'고 했고, [遺] 卷3 塔像 前後所將舍利條 중에 인용되어 있는 浮石本碑에는 咸亨 2년(671)에 귀국했다고 했다. 당시의 국내외 상황으로 보아 670년설을 따르는 것이 일반적인 경향이다.

27) 角干 : 신라의 17관등 중 최고 관등인 伊伐湌의 다른 이름. 角湌, 舒發翰, 舒弗邯, 伊伐干, 酒多라고도 하였다. 후에 각간 위에 大角干, 太大角干이 새로 설치되었다. 각간이라는 관등이 생기게 된 배경에 관해서는 [史] 卷1 新羅本紀 祇摩尼師今 卽位年條에 자세히 기록되어 있다. 신라 관등제에 관해서는 다음 논문을 참조. 徐毅植,「新羅上代 '干'層의 形成·分化와 重位制」, 서울대학교대학원 박사학위논문, 1994. 金哲埈,「高句麗 新羅 官階組織의 成立過程」, 『韓國古代社會研究』, 지식산업사, 1975. 武田幸男,「新羅官位制의 成立」, 『朝鮮歷史論集』上, 1979. 朱甫暾,「新羅 中古期의 地方統治와 村落」, 계명대학교대학원 박사학위논문, 1995.

28) 金天尊 : ?-679. 天尊은 天存으로 표기하기도 했다. 신라의 장군으로 삼국통일에 많은 공을 세웠다.

29) 明朗法師 : 생몰년 미상. 신라 문무왕 때의 고승. 신라 神印宗의 개조. 자는 國育이며, 왕족출신으로 자장율사의 외조카이기도 하다. 명랑이 당나라에서 유학하고 돌아오는 길에 용궁에서 비법을 얻어왔다는 것은 문두루비법의 신성함을 강조하려는 의도로 보인다. 그리고 그가 귀국한 직후 자신의 집을 절로 만들어 金光寺라고 한 것은 『金光明經』을 중시하였던 데서 비롯된 것으로 추정된다.

어보십시오"라고 하였다. 명랑이 아뢰기를, "낭산(狼山)30) 남쪽 신유
림(神遊林)31)이 있으니, 그곳에 사천왕사(四天王寺)32)를 세우고 도
량을 개설함이 좋겠습니다"라고 하였다. 이때 정주(貞州)33)에서 사자
가 달려와서 보고하기를, "당나라 군사들이 수없이 우리 국경에 이르

한편, 신인종은 명랑 이후에도 호국사상과 결부되어 교세를 떨쳤다. [遺] 卷5
神呪 明朗神印條. 金相鉉, 「四天王寺의 창건과 의의」, 『신라의 사상과 문화』,
一志社, 1999.

30) 狼山 : 지금의 경상북도 慶州市 普門洞·九黃洞·排盤洞에 걸쳐 있는 산의
명칭. [勝覽] 卷21 慶州府 山川條에는 '狼山在府東九里鎭山'이라고 하여 낭산
을 경주의 鎭山으로 여겼다. 이 산의 남쪽 기슭에 신라 善德王陵과 四天王寺址
가 있다. [遺] 卷1 紀異 善德女王知幾三事條 참조. 낭산의 여러 유적에 관해서
는 다음 논문을 참조. 張志植, 「新羅 狼山遺蹟의 諸問題」, 『新羅와 狼山』(신라
문화제학술발표회논문집 17), 신라문화선양회, 1996.

31) 神遊林 : 신라 七處伽藍址의 하나. 善德女王이 이곳을 忉利天이 있는 곳이라
고 하여 신성시하였다. [遺] 卷3 興法 阿道基羅條 참조.

32) 四天王寺 : 경주시 배반동 낭산의 남록에 있던 사찰. 문무왕 19년(679) 8월에
창건된 신라의 대표적인 호국사찰. 당의 침략을 막기 위해서 세운 이 절은 통일
신라시대에 매우 중시되어 四天王寺成典을 두어 관리하였다. 통일 후에 발전된
쌍탑가람제에 의한 최초의 사찰 중 하나이다. 가람배치는 금당을 중심으로 동
탑·서탑·좌경루·우경루 또는 동탑·서탑·경루·종루가 이를 둘러싼 듯한
특이한 배치를 이루고 있다. 사상적으로는 『金光明經』 四天王品에 근거를 두고
있는데, 사천왕품은 국왕이 행해야 할 호국의 구체적인 방법을 설하고 있다. 현
재 절터에는 幢竿支柱 1기와 龜趺 2기 등이 남아 있을 뿐이고, 절터의 일부는
경주-울산간 철도가 지나가면서 파괴되었다. 특히, 탑지에서 출토된 녹유사천왕
상은 당시의 名匠 良志의 작품으로 추정된다. [史] 卷7 新羅本紀 文武王 19年
條, [勝覽] 卷21 慶州府 古跡條 참조. [遺]에는 이 절에 관한 기록이 善德王知
幾三事·景明王·阿道基羅·月明寺兜率歌條 등에 보인다.(金相鉉, 「四天王寺
의 창건과 의의」, 『신라의 사상과 문화』, 一志社, 1999. 金正基, 「慶州 四天王寺
伽藍考」, 『尹武炳博士回甲紀念論叢』 윤무병박사회갑기념논총간행위원회, 1984.
姜友邦, 「四天王寺址出土 彩釉四天王浮彫像의 復原的 考察」, 『美術資料』 25,
國立中央博物館, 1979.)

33) 貞州 : 고구려의 貞州. 고려 현종 9년 開城縣에 속했다가 그후 변천을 거쳐 조
선 세종 24년 德水縣을 병합해서 豊德郡이 되었다. 지금의 경기도 開豊郡.
[史] 卷50 列傳 甄萱條 참조.

러 바다 위를 순회하고 있습니다"라고 하였다. 왕이 명랑을 불러서 말하기를, "일이 이미 급박하게 되었으니 어찌하면 좋겠소?"라고 하였다. 명랑이 말하기를, "채색 비단으로 [절을] 임시로 지으십시오"라고 하였다. 이에 채색 비단으로 절을 짓고, 풀로 오방신상(五方神像)을 만들고, 유가명승(瑜珈明僧)34) 12명이 명랑을 우두머리로 하여 문두루비밀법[文豆婁秘密之法]35)을 지으니, 그때에 당나라와 신라의 군사가 싸우기도 전에 풍랑이 크게 일어 당나라의 배가 모두 물에 침몰하였다. 그후 절을 고쳐 짓고 사천왕사라고 했는데, 지금까지 단석(壇席)36)이 끊어지지 않았다.〈『국사(國史)』37)에는 이 절의 개창이 조로(調露)38)

34) 瑜珈明僧 : 瑜珈는 범어로 yoga이며 相應으로 번역된다. 조용히 앉아서 사유하여 능히 비밀의 신력을 얻어서 마귀를 물리치고 도를 증명하여 중생을 널리 구제하는 것을 말한다. 瑜珈明僧은 瑜珈阿闍梨를 뜻하는데, 秘法을 행할 수 있는 유명한 승려를 지칭한 듯하다.

35) 文豆婁秘密之法 : 『灌頂經』에 의하면, 문두루는 神印이라고 한다. 이 경에서는 '만약 말세의 제자들이 위급한 액난을 만나면 五方神의 이름과 그 권속을 취해서 둥근 나무 위에 만들어라. 이것을 문두루법이라고 한다'고 하였다. 문두루는 산스크리트어 Mudrā의 음역으로서 단순히 手印만을 의미하지 않고 오방신 같은 神王의 印이라는 뜻인 것 같다.(문명대,「신라 신인종 연구」,『震檀學報』41, 1976, p.205) 신인종은 불교의 7종 12파의 하나로서 명랑법사가 신라 선덕여왕 원년(632)에 창설한 종파이다. 진언종의 別派. 근본 도량은 김제 금산사이며, 이 종의 유명한 사찰은 경주 원원사와 돌백사, 개성의 현성사가 있다. 고려 초의 廣學·大緣은 이 종파의 고승이다. 후에 中道宗과 합하여 中神宗이 되었다.

36) 壇席 : 野壇法席의 준말. 단을 짓고 설하는 좌석이라는 뜻으로, 여기서는 불교의 도량을 의미한다.

37) 國史 : 이에 대해서는 몇 가지 견해가 있다. 『三國史』를 지칭하는 것으로 해석하는 견해(洪潤植·田中俊明·강인숙),『三國史記』를 지칭하는 것으로 파악하는 견해(이강래), 기존의 『三國史』와 『三國史記』를 종합하여 편찬한 별개의 역사서로 파악하는 견해(정구복)가 있다. 이에 관한 연구성과는 다음 논문을 참조. 鄭求福,「『三國遺事』에 인용된 '國史'와 '三國史'」,『韓國中世史學史』 I, 集文堂, 1999, pp.202-215.

38) 調露 : 중국 唐 高宗의 연호(679-680). 그 원년은 문무왕 19년(679)에 해당한다.

원년 기묘(己卯, 679)에 있었다고 하였다.〉

그후 신미(辛未, 671)에 당나라가 조헌(趙憲)[39]을 장수로 삼아 보내고 또한 군사 5만 명으로써 쳐들어왔는데, 그 법을 썼더니 배들이 전과 같이 침몰하였다. 이때 한림랑(翰林郎)[40] 박문준(朴文俊)[41]이 인문을 따라 옥 중에 있었는데, 고종이 문준을 불러 묻기를, "너희 나라에는 무슨 비법에 있기에 대군을 두 번이나 발했는데도 살아서 돌아온 사람이 없느냐?"라고 하였다. 문준이 아뢰기를, "배신(陪臣)[42] 등은 상국에 온 지가 10여 년이나 되었으므로 본국의 일을 알지 못합니다. 다만 멀리서 한 가지 일을 들었는데, 상국의 은혜를 두터이 입어서 삼국을 통일하였기에 그 은덕을 갚기 위하여 낭산 남쪽에 천왕사(天王寺)를 새로 짓고, 황제의 만년 수명을 축원하는 법석(法席)을 오래 열었다는 사실뿐입니다"라고 하였다.

고종은 이 말을 듣고 크게 기뻐하여 곧 예부시랑(禮部侍郎)[43] 악붕귀(樂鵬龜)[44]를 신라에 보내 그 절을 살펴보도록 하였다. 왕은 당

---

39) 趙憲 : 생몰년 미상. 당나라 장수.
40) 翰林郎 : 書表 및 外交文書를 관장하는 관청인 翰林臺 안의 관직. 한림대 안에는 郎-待詔-書生의 관직체계를 가지고 있다. 한림대의 이러한 구조는 당나라 제도를 모방한 것이라고 한다.(李基東,「羅末麗初 近侍機構와 文翰機構의 擴張」,『新羅骨品制社會와 花郎徒』, 一潮閣, 1984, p.248)
41) 朴文俊 : 생몰년 미상. 신라 문무왕대의 문장가. 문장이 뛰어나 당시 대당외교에 크게 공을 세웠다. 여기 외에 다른 기록이 없다.
42) 陪臣 : 옛날에 제후의 신하가 天子에 대하여 일컫던 말이다. 여기서 陪는 重의 의미로서, 곧 배신은 천자의 신하인 제후에게 다시 벼슬하는 자라는 뜻이 된다.『論語』季氏篇 陪臣執國命.
43) 禮部侍郎 : 예부는 尙書省 6부 중의 하나이고 시랑은 차관이었다. 주로 천자 측근에 있으면서 조칙을 기초하는 업무를 담당하였다.『唐六典』참조.
44) 樂鵬龜 : 생몰년 미상. 당나라의 사신. [史]에는 그에 관한 기록이 없다. [遺] 卷3 塔像 天龍寺條에 중국 사신으로 등장 기록되어 있다.

나라의 사신이 장차 올 것이라는 소식을 미리 듣고 이 절을 보여주는 것이 마땅하지 않다고 해서 따로 그 남쪽에 새 절을 짓고 기다렸다. 사신이 와서 말하기를, "먼저 황제를 축수(祝壽)하는 곳인 천왕사에 분향하겠습니다"라고 하였다. 이에 그를 새 절로 인도해 보였더니, 그 사신은 문전에 서서, 이것은 사천왕사가 아니고 망덕요산(望德遙山) 의 절이라고 하면서 끝내 들어가지 않으므로, 국인(國人)45)이 금 1천 냥을 주었다. 그 사신이 본국에 돌아가 아뢰기를, "신라에서는 천왕사를 지어 놓고 황제의 수명을 새 절에서 축원합니다"라고 하였다. 당나라 사신의 이 말로 인해 망덕사(望德寺)46)라고 하였다.〈혹은 효소왕(孝昭王)47) 때라고 하나, 이는 잘못이다.〉

왕은 문준이 잘 아뢰어 황제가 너그럽게 사면해줄 뜻이 있음을 듣고, 이에 강수(强首)48)선생에게 명하여 인문을 놓아달라고 청하는 표

---

45) 國人 : 國人의 범주와 성격에 관해서는 다음 논문을 참조. 南在祐, 「新羅上古期의 '國人'層」, 『韓國上古史學報』 10, 韓國上古史學會, 1992, pp.363-382.

46) 望德寺 : [史]에 의하면, 신문왕 5년(685)에 창건되었다. 慶州 낭산 남쪽 기슭에 그 터가 있으며 사적 제7호로 지정 보호되고 있다. 현재 절터에는 동서 목탑지와 金堂址·講堂址·中門址·回廊址 등이 남아 있어 전형적인 통일신라시대의 쌍탑가람배치를 보이고 있다. 이 밖에 남쪽에는 계단터가 잘 남아 있고 서쪽으로는 幢竿支柱(보물 제69호)가 원래의 위치에 그대로 남아 있다. 1969년과 1970년 2차에 걸쳐 문화재관리국에 의해 발굴되었다.(秦弘燮, 「望德寺址의 階段址」, 『考古美術』 54, 1965)

47) 孝昭王 : 신라의 제32대 왕(687-702). 재위 692-702. [史] 卷8 新羅本紀 孝昭王條, [遺] 卷2 紀異 孝昭王代 竹旨郞條 참조. 효소왕릉의 위치에 대해 현 망덕사지 동쪽의 傳神文王陵으로 추정하는 견해가 있다.(姜仁求, 『新羅五陵』, 한국정신문화연구원, 1990, p.114)

48) 强首 : 생몰년 미상. 신라통일기의 유학자이며 문장가. 본래는 任那加羅人으로서 中原小京(지금의 忠州)의 沙梁 출신. 본명은 牛頭, 6두품인 奈麻 昔諦의 아들. 어려서부터 명민하였으며 학문에 정진하여 명성이 중국에까지 알려졌다. 특히, 문장에 능해 무열왕과 문무왕대에 당과 신라 사이에 왕래하는 외교문서 작성을 전담하여 대당외교에 많은 공적을 남겼다. 신문왕 때에 國學에서 薛聰과

문을 지어서 사인(舍人)[49] 원우(遠禹)를 시켜 당나라에 아뢰었다. 황제가 표문을 보고 눈물을 흘리면서 인문을 놓아주고 위로하며 보냈다. 인문이 옥에 갇혀 있을 때 국인(國人)이 그를 위해 절을 지어 인용사(仁容寺)[50]라고 하고 관음도량(觀音道場)[51]을 개설하였더니, 인문이 돌아오다가 해상에서 죽으니[52] 그 도량을 고쳐서 미타도량(彌陁道場)[53]으로 삼았는데 지금까지 전한다.

대왕이 나라를 다스린 지 21년만인 영륭(永隆) 2년 신사(辛巳, 681)[54]에 붕어하니, 유조를 따라 동해 중의 큰 바위 위에 장사지냈

함께 九經을 가르쳤다. 신문왕대에 죽었다고 하나 죽은 해는 정확히 알 수 없다. [史]에 그의 열전이 있다.(李基白, 「强首와 그의 思想」, 『新羅時代의 國家佛教와 儒教』, 1978)

49) 舍人 : 신라의 관직 이름. 궁중에서 국왕 또는 東宮을 받드는 일종의 近侍職으로 비서역할을 하였다. 진평왕대에 이미 上舍人·下舍人으로 구분되었다. 그러나 [史] 卷39 職官志(中)에는 이것이 보이지 않는다.

50) 仁容寺 : 지금의 慶州市 인왕동에 있던 사찰. 그 터는 南川의 동쪽, 半月城의 옆 인왕동의 月精橋 건너편에 있으며, 현재 초석 3기와 폐탑 2기가 남아 있다. 3층이었던 것으로 보이는 폐탑 중 동편의 것은 탑신과 옥개 등이 비교적 파손되지 않은 형태로 남아 있고, 서편의 탑은 기단만 남아 있다. 이 절이 관음도량에서 미타도량으로 전환된 것은 당시의 신앙형태를 알 수 있는 중요한 자료이다. [史]에는 기록이 없다.

51) 觀音道場 : 관음은 大慈大悲를 상징하는 觀世音菩薩의 약칭. 관세음보살은 觀自在·光世音·觀世自在·觀世音自在로도 번역한다. 관세음보살은 彌陀三尊의 하나로 아미타불의 왼쪽 補處. 관세음은 세간의 음성을 관하는 이라는 뜻이다. 관음도량은 관세음보살을 모시고 수행하는 법회라는 뜻이다.

52) 死於海上 : [史] 卷44 列傳 金仁問條에서는 孝昭王 3년(694)에 당나라 서울에서 향년 66세로 병사한 것으로 기록되어 있어 본문과 다르다.

53) 彌陁道場 : 彌陁는 阿彌陁佛의 약칭. 아미타불은 대승불교의 중요한 부처로서 梵本經典에는 아미타바불타(무량광불)·아미타유스불타(무량수불)의 두 이름이 있다. 漢譯한 경전에도 여러 가지 이름이 있으나 보통은 아미타불과 무량수불을 쓴다. 여기서 미타도량은 아미타불을 모시고 수행하는 법회라는 뜻이다. 참고로 阿彌陀三尊은 중앙의 阿彌陀佛과 좌우의 觀音·勢至 두 보살을 이른다.

다.55) 왕이 평소에 항상 지의법사(智義法師)56)에게 이르기를, "짐은 죽은 뒤에 호국대룡(護國大龍)이 되어 불법을 받들고 나라를 수호하고자 한다"고 하였다. 법사가 말하기를, "용이란 축생보[畜報]가 되는데 어찌합니까?"라고 하였다. 왕이 말하기를, "나는 세상의 영화를 싫어한 지 오랜지라, 만약 나쁜 응보를 받아 축생이 된다면 짐의 뜻에 합당하다"고 하였다.

왕이 처음에 즉위하여 남산에 장창(長倉)57)을 설치하였으니 길이가 50보, 넓이가 15보였는데, 쌀과 병기를 저장하니, 이것이 우창(右倉)이고, 천은사(天恩寺)58) 서북쪽 산 위에 있는 것은 좌창(左倉)이다. 다른 책에는 건복(建福) 8년 신해(辛亥, 591)59)에 남산성(南山城)60)을 쌓았는데, 둘레가 2천 8백 50보라고 하였다. 곧 진평왕(眞平

---

54) 永隆二年辛巳 : 중국 唐 高宗의 연호(680-681). 그 2년은 681년이다. 이 해 9월에 開耀로 改元했고 문무왕은 7월에 죽었다.

55) 葬於東海中大巖上 : [史]에 의하면, 화장한 후 藏骨하였다고 한다. 그래서 그 바위를 大王巖이라고 하고 文武王의 水中陵이라고 한다. 대왕암의 위치는 感恩寺 부근인 경상북도 월성군 양북면 봉길리이며, 해변에서 약 200m 가량 떨어진 바다 가운데 있는 자연 바위를 인공적으로 파서 사용하였다고 한다. 문무왕릉에 관한 기사는 이곳 외에도 [史]와 [遺] 卷1 王曆에 기록되어 있다. 기사의 표현은 각기 다르나 내용은 비슷하다. 문무왕릉에 관해서는 다음 논문을 참조. 張忠植 외,『新羅文武大王』, 東國大學校 新羅文化研究所, 1994. 姜仁求,「新羅王陵의 再檢討(3)」,『三國遺事의 綜合的 檢討』, 1987 ;『古墳研究』, 學研文化社, 2000.

56) 智義法師 : 신라 문무왕대의 승려. 여기 외에는 기록이 없다.

57) 長倉 : 남산성 안에 있던 큰 창고로 [史]에 의하면, 문무왕 3년(663) 봄 정월에 설치하였다고 한다. 이 창고는 군량미를 비축해두던 일반 성곽의 창고와는 달리, 국왕 직속의 內庫와 같은 것이었다는 견해도 있다.

58) 天恩寺 : 慶州市 塔洞에 있던 절. 여기 외에는 기록이 없다.

59) 建福八年辛亥 : 신라 眞平王 6년(584)-善德王 2년(633)까지 사용한 연호. 건복 8년은 眞平王 13년(591)에 해당한다.

60) 南山城 : [史]에 의하면, 眞平王 13년(591)에 축조하였다는 南山新城으로서 정상부를 중심으로 돌로 쌓은 성이다. 현재 경상북도 慶州市 南山에 그 일부가

王)⁶¹⁾ 때에 처음으로 쌓았던 것을 이때 중수한 것이다. 또 부산성(富
山城)⁶²⁾을 쌓기 시작하여 3년만에 마쳤고, 안북하(安北河)⁶³⁾ 가에
철성(鐵城)⁶⁴⁾을 쌓았다. 또한 서울에 성곽을 쌓고자 이미 관리를 갖
추라고 명령하였다. 그때 의상법사가 이 소식을 듣고 글을 보내 아뢰

남아 있다. 지금까지 발견된 南山新城碑에 의하면, 이 산성을 축조하기 위해 각
지방의 백성들이 군을 단위로 촌주의 지휘 하에 부역동원되었던 것을 알 수 있
다. 비문에는 만약 3년 내에 성이 무너지면 처벌을 받겠다는 서약문이 담겨져
있다.(朴方龍,「慶州 南山新城의 研究」,『考古歷史學誌』10, 東亞大學校博物
館, 1994. 李鍾旭,「南山新城碑를 통해 본 新羅의 地方統治體制」,『歷史學報』
64, 1974. 李鉄勳,「南山新城碑의 역역편성과 郡(中)上人-최근에 발견된 제9비
를 중심으로」,『釜山史學』30, 釜山史學會, 1996)

61) 眞平王 : 신라의 제26대 왕(?-632). 재위 579-632. 대내적으로 중앙의 통치제
도를 크게 정비하였으며, 대외적으로는 중국의 수나라 당나라와 통교하여 對中
外交의 단서를 열었다. [遺] 卷1 紀異 天賜玉帶條의 주석 8) 참조.

62) 富山城 : 경상북도 월성군 건천읍 송선리 오봉산(해발 729m)에 있는 포곡식
산성. 文武王 3년(663)에 축성을 시작하여 3년만인 666년에 완공하였다. 신라
왕경의 외곽성으로 서쪽의 방어를 위해 쌓은 石城이다. 지금은 朱砂山城이라고
도 하며 사적 제25호로 보호되고 있다. 성 안에는 남문지, 군창지, 연병장지, 주
암사 등의 건물터와 연못, 우물터, 암문지, 지맥석 등이 남아 있다. 효소왕대 得
烏谷이 이곳에서 부역했다는 설화가 전해진다. [遺] 卷2 紀異 孝昭王代 竹旨郎
條, [史] 卷6 新羅本紀 文武王 3年條, [史] 地理志 三國有名未詳地分條 참조.
부산성 등 신라 왕경의 산성에 관한 자세한 사항은 다음 논문을 참조. 朴方龍,
「新羅王都의 守備-慶州地域 山城을 中心으로」,『新羅文化』9, 東國大新羅文
化研究所, 1992, pp.25-38.

63) 安北河 : [史] 卷7 新羅本紀 文武王 15年 9月條에 安北河에 연하여 關城을
쌓고 또 鐵關城을 쌓았다는 기사가 있다. 이때의 鐵關을 德源지방으로 비정하
고 있으므로 안북하는 지금의 咸鏡南道 文川郡 德源面 北面川(지금의 북한 함
경남도 원산시 덕원동 부근)에 해당한다.(李丙燾,『國譯 三國史記』, p.122 ;
『韓國古代史研究』, 博英社, 1976)

64) 鐵城 : [史] 卷7 新羅本紀 文武王 15年條에 安北河에 關城을 설치하고 또 鐵
關城을 쌓았다고 하였다.『新唐書』新羅傳에는 '其國連山數十里 有峽 固以鐵
闔 號鐵門 新羅常屯弩士數千 守之' 라고 하였다. 그 소재에 관하여 池內宏은
함경남도 德源面의 望德山 古城으로 비정한 바 있다.(池內宏,「眞興王の戊子
巡境碑と新羅の東北境」,『古蹟調査特別報告』6, 1928) 鐵城이란 명칭은 이 곳
외에 慶南 固城지방에서도 보이고 있다.

기를, "왕의 정교(政敎)가 밝으면, 비록 풀 언덕에 땅 금을 그어서 성으로 삼아도 백성이 감히 넘지 못하고, 가히 재앙을 씻어서 복이 될 것이나, 정교가 밝지 못하면, 비록 장성이 있더라도 재해를 없앨 수 없을 것입니다"65)라고 하였다. 왕은 이에 역사를 중지하였다.

인덕(麟德)66) 3년 병인(丙寅, 666) 3월 10일에 어떤 민간의 길이(吉伊)67)라는 여종이 한 번에 세 아들을 낳았다. 총장 3년 경오(庚午, 670) 정월 7일에는 한기부(漢歧部)68)의 일산(一山)69) 급간(級干)70) 〈또는 성산(成山)71) 아간(阿干)72)〉의 여종이 한 번에 네 아이를 낳았는데, 딸 하나에 아들 셋이었다. 나라에서 상으로 곡식 2백 석73)을 주었다.

---

65) 王之政敎明…災害未消 : 이와 비슷한 내용이 [史] 卷7 新羅本紀 文武王 21年 條에 「王欲新京城 問浮屠義相 對曰 雖在草野茅屋 行正道 則福業長 苟爲不然 雖勞人作城 亦無所益 王乃止役」이라고 보인다. 두 기록은 전체적인 뜻은 거의 같지만 문장표현이 달라 서로 다른 전승에 의한 것임을 알 수 있다. 그리고 이러한 기록은 義相을 중심으로 당시 승려가 가졌던 국가와 사회에 대한 인식을 알 수 있는 중요한 자료로 평가된다.(정병삼, 『의상 화엄사상 연구』, 서울대학교 출판부, 1998, p.78)

66) 麟德 : 중국 唐 高宗의 연호(664-666). 인덕 3년은 곧 乾封 원년으로 666년이다.

67) 吉伊 : 신라 때의 인물로 여종으로 기록되어 있다. 이곳 외에 다른 기록이 없다.

68) 漢歧部 : 한기부를 포함한 사로6촌에 대한 자세한 사항은 다음 기록과 논문을 참조. [遺] 卷1 紀異 新羅始祖 赫居世王條. 姜仁求, 「斯盧六村과 國家의 成立段階 試考」, 『韓國史學』 15, 韓國精神文化硏究院, 1995, pp.1-48.

69) 一山 : 신라 때의 인물. 이곳 외에 다른 기록이 없어 자세한 사항은 알 수 없다.

70) 級干 : 신라 17관등 중의 제9관등으로 級湌, 級伐湌, 及伏干이라고도 한다. 진골을 제외하고는 육두품만이 받을 수 있는 관등으로 아래 관등인 대내마와는 많은 차이가 있었다. 흔히 행정관부의 차관직에 보임되었다. 공복의 빛깔은 緋色이었다. [史] 卷38 職官志(上) 참조.

71) 成山 : 신라 때의 인물. 이곳 외에 다른 기록이 없어 자세한 사항은 알 수 없다.

72) 阿干 : 신라 17관등 중 제6관등인 阿湌을 말한다. 阿尺干 또는 阿粲이라고도 하였다. [史] 卷38 職官志(上) 참조. 아찬에 대한 보다 자세한 사항은 다음 논문을 참조. 權惠永, 「新羅官等 阿湌 奈麻에 대한 考察」, 『國史館論叢』 21, 1991, pp.36-49.

73) 石 : [正]에는 石에서 가로획이 생략된 형태로 기재되어 있다. 이러한 표기는

또 고구려를 쳐서 그 나라의 왕손[74]을 데려다가 진골(眞骨)[75]의 지위에 두었다.

왕이 하루는 서제(庶弟) 거득공(車得公)[76]을 불러 이르기를, "네가 재상[冢宰][77]이 되어 백관을 고루 다스리고 사해(四海)를 태평하게 하라"고 하였다. 공이 말하기를, "폐하께서 만약 소신으로 재상을 삼고자 하신다면, 원컨대 신은 국내를 가만히 다니면서 민간 부역의 괴

신라시대 도량형으로 사용하는 경우에 쓰여졌다. 즉 신라에서는 돌을 뜻하는 石과 量制에서 사용하는 石의 글자를 다르게 표기하여 서로를 명확히 구분하였다고 한다. 이러한 예는 함안 성산산성에서 출토된 목간에서 찾아볼 수 있다.(尹善泰, 「咸安 城山山城 出土 新羅木簡의 用途」, 『震檀學報』88, 震檀學會, 1999)

74) 王孫 : 고구려의 安勝을 말한다. 고구려가 망한 다음 해인 669년에 안승은 4천여 호를 거느리고 신라에 귀순하였다. 674년 신라에서는 그를 報德王에 봉하고, 문무왕 20년(680) 문무왕의 누이동생과 혼인시켜 金馬渚(지금의 익산시 금마면)에 살게 하였다. 또 683년에는 제3관등인 蘇判을 내리고 金氏 성을 하사하여 왕경에 거주하도록 하였다. 이와 같은 후대는 고구려 유민을 위무하기 위한 것이었다. 한편, 안승의 출계에 대하여 [史] 卷22 高句麗本紀 寶藏王 27年條에는 보장왕의 庶子로, 『新唐書』高麗傳에는 보장왕의 外孫으로, [史] 新羅本紀에는 연정토의 아들로 서로 다르게 기술되어 있다.

75) 眞骨 : 신라 골품제에 있어서 聖骨 다음의 상위 신분. 부모 중 어느 한편만이 성골인 경우에 해당하는 신분. 진덕왕대 이후 성골이 소멸됨에 따라 김춘추가 진골로서 왕위를 계승하였다. 왕위가 성골에서 진골로 넘어간 이유에 대한 견해로는 母系의 변화에서 찾는 설과 7세대 동일친족집단의 교체로 보는 설 등이 있다. 그러나 왕위계승권을 독점한 성골집단의 규모가 3세대 家系 정도로 작았기 때문에 남녀 모두의 대가 끊어진 것으로 이해하는 설이 대표적이다.(李基東, 「新羅骨品制研究의 現況과 그 課題」, 『新羅骨品制社會와 花郞徒』, 1984) 성골과 진골 자체에 관한 보다 자세한 사항은 다음 논문을 참조. 田美姬, 「新羅의 聖骨과 眞骨-그 實體와 王統의 骨轉換의 의미」, 『韓國史研究』102, 韓國史研究會, 1998, pp.115-142.

76) 車得公 : 생몰년 미상. 문무왕의 동생. [遺] 卷1 紀異 太宗春秋公條에는 車得令公이라고 하였다. [史]에는 거득공에 관한 기록이 보이지 않는다.

77) 冢宰 : 周나라 때 6관의 長으로서 천자를 보좌하고 백관을 통제하는 관직이었으며, 후대의 吏部尚書에 해당한다. 그러나 본문에 나오는 총재가 신라의 어떤 관직이었는지는 확실하지 않다. 집사부의 중시직으로 추정하는 견해가 있다.(李基白, 「新羅 執事部의 成立」, 『新羅政治社會史研究』, 1974)

롭고 편안함과 조세의 가볍고 무거운 것과 관리의 청렴하고 탐오함을
살펴본 뒤에 취임하고자 합니다"라고 하였다. 왕은 그 말을 쫓았다.
공은 치의(緇衣)를 입고 비파를 든 거사(居士)78)의 차림으로 서울
[京師]을 떠났다. 아슬라주(阿瑟羅州)79)〈지금의 명주(溟州)80)〉, 우수주
(牛首州)81)〈지금의 춘주(春州)82)〉, 북원경(北原京)83)〈지금의 충주(忠州)84)〉

---

78) 居士 : 불교를 믿는 在家信者를 말한다. 아마도 머리를 기르고 승복을 입었던
   것 같다.
79) 阿瑟羅州 : 何瑟羅州. 지금의 강원도 강릉지방. 고구려 때의 河西良.
80) 溟州 : 지금의 강원도 강릉. 원래 고구려의 영토였으나 진흥왕 11년(550)에 신
   라에 복속되었다. 그 뒤 선덕여왕 8년(639)에 阿瑟羅州로 北小京을 삼았으나
   태종무열왕 5년(658)에 다시 소경을 폐하고 州를 두었다. 삼국통일 후에는 신라
   9주의 하나인 河西州가 설치되었으며 경덕왕 16년(757)에는 溟州라고 하였다.
   혜공왕이 다시 何瑟羅州로 고쳤는데, 고려 태조가 東原京으로 고쳤다가 同 23
   년(940)에 다시 溟州로 환원되었다.([史] 卷35 地理志2 溟州條 참조) 이후 여
   러 이름을 거쳐 고려 忠烈王 34년(1308)에 江陵府로 개칭되었다. 조선 효종이
   縣으로 낮추었다가 뒤에 다시 府로 복구하였다. 정조가 縣으로 낮추었다가 다
   시 높였다.
81) 牛首州 : 지금의 강원도 春川. 신라 朔州의 옛지명. 牛頭州 또는 首若州라고
   도 한다. 牛首州의 설치기사는 [史] 地理志에는 善德王 6년(637)으로, [史] 職
   官志에는 文武王 13년(673)으로 기재되어 있다. 또한 牛頭州라고 표기된 기록
   은 奈解尼師今代부터 憲德王代까지 광범위하게 나타나고 있다. 이후 景德王代
   朔州로 개명한 뒤 哀莊王・憲德王代에도 牛頭州라는 명칭이 계속 사용되었다.
82) 春州 : 지금의 강원도 춘천. 신라 朔州의 고려시대 지명. 고려 성종이 安邊府
   에 속하게 했으나 신종이 安陽都護府로 높였다가 다시 知春州事로 낮추었다. 조
   선 태종이 春川郡으로 이름을 고쳤다가 都護府로 높였다. 영조가 縣으로 낮추었
   다가 다시 복구하였다. 고종이 留守府로 높였다가 뒤에 다시 郡으로 고치고 觀
   察府를 설치하였다.
83) 北原京 : 지금의 강원도 原州. 신라 朔州에 속한 小京의 하나. 북원경을 고려
   태조가 原州로 이름을 낮추었다. 원종이 知州事로 복구하였다가 더 높여 靖原都
   護府로 삼았다. 이후 여러 이름을 거쳐 영조가 縣으로 낮추었다가 복구하고 다시
   고종이 郡으로 고쳤다.
84) 忠州 : 지금의 충주. 따라서 본문에서 북원경의 위치에 대해 지금의 충주라고
   한 것은 잘못되었다. 原州라고 해야 옳다. 충주의 연혁에 관해 살펴보면, 충주는
   신라 中原京의 고려시대 지명이다. 중원경을 고려 태조가 忠州로 이름을 고쳤

을 거쳐 무진주(武珍州)85)〈지금의 해양(海陽)86)〉에 이르러 마을[理閈]87)
을 순행하니, 주의 관리 안길(安吉)88)이 그를 이인(異人)으로 보고
자기집으로 받아들여 정성껏 대접하였다. 밤이 되자 안길이 처첩 세
사람을 불러 말하기를, "오늘 밤에 거사손님을 모시고 자는 사람은 종
신토록 해로하겠다"고 하였다. 두 처가 말하기를, "차라리 함께 살지
못할지언정 어떻게 딴 사람과 함께 잔단 말이요"라고 하였다. 그 중의
한 처가 말하기를, "공이 만약 종신토록 같이 살기를 허락한다면 명을
따르겠습니다"라고 하면서 그대로 쫓았다. 이튿날 아침 거사가 작별
하고 떠나려 할 때 말하기를, "나는 서울 사람으로 내 집은 황룡(皇
龍)89)과 황성(皇聖)90)의 두 절 사이에 있고, 내 이름은 단오(端午)〈속
에서는 단오를 거의(車衣)라고 한다.〉이니, 주인이 만약 서울에 오면 내집

다. 성종이 牧州를 두었다가 州節度使를 두었다. 이후 여러 가지 이름을 거쳐
　　조선 영조가 縣으로 낮췄다가 다시 복구하고, 고종이 郡으로 고쳤다.
85) 武珍州 : 지금의 光州市. 신라 武州의 옛지명. 신라 九州의 하나. 신라 신문왕
　　6년(686)에 처음으로 武珍郡에 州를 설치하였다.
86) 海陽 : 지금의 전라남도 光州.
87) 理閈 : 里閈, 곧 마을이라는 뜻이다.
88) 安吉 : 신라 때 武珍州의 관리. 여기 외에 다른 기록이 없다.
89) 皇龍 : 皇龍寺. 慶州市 구황동에 있던 신라 최대의 호국사찰로서 왕실과 밀접
　　한 관계를 가지고 운영되었다. 眞興王 12년에 짓기 시작하여 동왕 27년(566) 또
　　는 동왕 30년(569)에 완성되었다. 丈六像과 9층 목탑 등을 조성하였다.(『皇龍寺
　　遺蹟發掘調査報告書』, 文化財管理局, 1984. 金相鉉, 「黃龍寺九層塔考」, 『중재
　　장충식박사화갑기념논총-역사학편』, 1992, pp.35-52. 趙由典, 「新羅 皇龍寺 九
　　層木塔址 基壇土 出土 遺物의 性格」, 『중재장충식박사화갑기념논총-역사학편』,
　　1992, pp.581-608) 최근 황룡사의 중금당과 가람배치의 특색에 주목한 논고는
　　다음과 같다. 梁正錫, 「皇龍寺 中金堂의 造成과 丈六尊像」, 『先史와 古代』 12,
　　1999 : 「新羅 皇龍寺・北魏 永寧寺 그리고 日本 大官大寺」, 『韓國史學報』 9,
　　2000.
90) 皇聖 : 皇聖寺. 경상북도 월성군 서면 모량리에 있던 절. 여기 외에는 다른 기
　　록이 없다.

을 찾아주면 좋겠소"라고 하고, 서울로 돌아와 재상이 되었다.

나라의 제도에 해마다 외주(外州)의 향리 한 사람을 서울에 있는 여러 관청에 올려보내 지키게 하였다.〈주 : 지금의 기인(其人)[91]이다.〉 안길이 마침 상수(上守)[92]할 차례가 되어 서울에 오게 되자, 두 절 사이에 있는 단오거사의 집을 물었으나 아는 사람이 없었다. 안길이 오랫동안 길가에 있었는데, 한 늙은이[93]가 지나다가 그의 말을 듣고 한참동안이나 생각하다 말하기를, "두 절 사이에 있는 집은 대궐[大內]이고, 단오란 바로 거득영공(車得令公)으로, 외군(外郡)에 가만히 다닐 때 그대와 무슨 사연과 약속이 있었던 것 같소"라고 하였다. 안길이 그 사실을 말하자 노인이 이르기를, "그대는 궁성의 서쪽 귀정문(歸正門)[94]으로 가서 출입하는 궁녀를 기다렸다가 사실을 말하시오"라고 하였다. 안길이 그 말을 쫓아서 무진주의 안길이 문 밖에 왔다고

---

91) 其人 : 고려 초 향리의 자제를 인질로 서울에 머물게 한 제도이다. 지방호족세력을 견제하기 위한 조치로서 향리세력을 회유 또는 견제하기 위한 신라의 上守吏에서 연유하였다. 그러나 신라의 상수리제도는 향리 본인을 서울에 番上케 했던 점에서 고려의 기인제도와는 다르다. 조선시대에도 계승되었으나 大同法이 실시되자 炭木을 바치는 사람으로 변하였다.(韓㳓劤,『其人制硏究』, 一志社, 1992)

92) 上守 : 신라 때에 지방의 향리가 교대로 서울에 거주하게 한 제도로 지방세력을 중앙에서 통제하는 효과가 있었다.

93) 老翁 : 통일기 신라에 등장하는 老翁 또는 老人은 단순한 늙은이가 아닌 男性神을 의미한다. 이전의 老嫗로 표현되던 女性神이 정치체제의 완비와 정복전쟁의 영향으로 인해 남성으로 변화하여 나타난 것이다.(崔光植,「三國史記 所載 老嫗의 性格」,『史叢』25, 고려대학교사학회, 1981)

94) 歸正門 : 궁성인 월성 서쪽에 있던 문이다. 경덕왕 24년(765) 3월 3일에 왕이 귀정문 누상에서 忠談을 맞아 차를 얻어 마시고 安民歌를 지어주도록 했다는 기록으로 미루어 볼 때 2층의 문루였음을 알 수 있다. 지금의 월성에는 門址로 추정되는 것이 여러 곳에 있다고 한다.(민덕식,「신라의 경주 월성고」,『동방학지』66, 1990) [遺] 卷2 紀異 景德王 忠談師 表訓大德條 참조.

하였다. 거득공이 듣고 달려나와 손을 잡고 궁중으로 들어가서 공의 부인을 불러내어 안길과 함께 잔치를 베풀었는데, 음식이 50가지나 되었다. 이 사실을 임금께 아뢰니, 성부산(星浮山)[95]〈또는 성손호산(星損乎山)〉 아래의 지역을 무진주 상수리의 소목전(燒木田)[96]으로 삼아 벌채를 금지하고, 사람들이 감히 가까이 하지 못하게 하니, 경향의 사람들이 모두 부러워하였다. 산 아래에 밭 30묘[97]가 있어 종자 세 섬을 뿌리는데, 이 밭이 풍작이면 무진주도 풍작이 되고, 흉년이면 무진주도 역시 흉년이 들었다고 한다.

---

95) 星浮山 : 위치 미상. [遺] 卷1 紀異 太宗春秋公條에 이 산의 이름이 만들어진 유래에 대한 두 가지 설이 기록되어 있다.

96) 燒木田 : 궁중과 여러 관청에 땔나무를 공급하는 연료밭.

97) 畝 : '무'가 본음. 중국에서 온 田畜의 면적단위. 4방 6자를 1步, 100보를 1畝, 100묘를 1頃이라고 하였다. 혹은 周尺 5자 4방을 1보, 240보를 1묘라고 하기도 하였다.(朴興秀, 「한국 고대의 量田法과 量田尺에 관한 연구」, 『한불연구』 1, 연세대학교 한불문화연구소, 1974, pp.57-95. 朴興秀, 「韓·中 古代 度量衡制度의 比較考察」, 『제3회국제학술회의논문집』, 한국정신문화연구원, 1985, pp.745-777)

39. 萬波息笛

第三十一神文大王 諱政明 金氏 開耀元年辛巳七月七日卽位 爲聖考文武大王 創感恩寺於東海邊〈寺中記云 文武王欲鎭倭兵 故始創此寺未畢而崩 爲海龍 其子神文立 開耀二年畢 排金堂砌下 東向開一穴 乃龍之入寺旋繞之備 蓋遺詔之藏1)骨處 名大王岩 寺名感恩寺 後見龍現形處2) 名利見臺〉明年壬午五月朔〈一本云天授元年 誤矣〉 海官波珍喰3)朴夙淸奏曰 東海中有小山 浮來向感恩寺 隨波往來 王異之 命日官金春質〈一作春日〉占之曰 聖考今爲海龍 鎭護三韓 抑又金公庾信乃三十三天之一子 今降爲大臣 二聖同德 欲出守城之寶 若陛下行幸海邊4) 必得無價大寶 王喜 以其月七日 駕幸利見臺 望其山 遣使審之 山勢如龜頭 上有一竿竹 晝爲二 夜合一〈一云山亦晝夜開合如竹〉 使來奏之王御感恩寺宿

明日午時 竹合爲一 天地振5)動 風雨晦暗七日 至其月十六日風霽波平 王泛海入其山 有龍奉黑玉帶來獻 迎接共坐 問曰 此山與竹 或判或合如何 龍曰 比如一手拍之無聲 二手拍則有聲 此竹之

---

1) 藏 : [斗][浩] 葬.
2) 處 : [正][晚] 処. [順] 処(가필). [品] 処. [斗][浩][六] 處.
3) 喰 : [浩] 湌(喰과 상통). [史] 卷38 職官志(上)에는 湌.
4) 邊 : [正][晚][順] 边. [品] 边(邊의 약자). [斗][浩][六] 邊.
5) 振 : [斗][浩][六] 震.

爲物 合之然後有聲 聖王以聲理天下之瑞也 王取此竹 作笛吹之
天下和平 今王考爲海中大龍 庾信復爲天神 二聖同心 出此無價大
寶 令我獻之

王驚喜 以五色錦彩金玉酬賽之 勅使斫竹出海時 山與龍忽隱不
現 王宿感恩寺 十七日 到祗[6]林寺西溪邊 留駕晝饍 太子理恭〈卽
孝昭大王〉守闕 聞此事 走馬來賀 徐察奏曰 此玉帶諸窠皆眞龍也 王
曰 汝何知之 太子曰 摘一窠沈水示之 乃摘左邊第二窠沈溪 卽成
龍上天 其地成淵 因號龍淵

駕還 以其竹作笛 藏於月城天尊庫 吹此笛 則兵退病愈 旱雨雨
晴 風定波平 號萬波息笛 稱爲國寶 至孝昭大王代 天授四年癸巳
因失[7]禮郎生還之異 更封號曰萬萬波波息笛 詳見彼傳

---

6) 祗：[品][浩] 祇.
7) 失：[品][斗][浩][民] 夫. [遺] 卷3 塔像 栢栗寺條와 卷4 義解 慈藏定律條
   에는 夫.

만파식적

　　제31대 신문대왕(神文大王)1)의 이름은 정명(政明)이며, 성은 김씨다. 개요(開耀)2) 원년 신사(辛巳, 681) 7월 7일에 왕위에 올랐다. 부왕[聖考]인 문무대왕(文武大王)3)을 위해 동해 가에 감은사(感恩寺)4)를 세웠다.〈절에 있는 기록에는 이런 말이 있다. 문무왕이 왜병을 진압하고자 이 절

---

1) 神文大王 : 신라의 제31대 왕. 재위 681-692. 文武王의 맏아들로 이름은 政明이다. 어머니는 波珍湌 善品의 딸 慈儀이다. 國學을 설치하였고, 중앙 관부와 지방제도를 정비하였으며, 五廟制를 제정하였다. [史] 卷8 新羅本紀 神文王條 참조.

2) 開耀 : 중국 唐 高宗의 연호(681-682). 원년 7월은 永隆 2년에 해당한다.

3) 文武大王 : 신라의 제30대 왕. 재위 661-681. 무열왕의 맏아들로 이름은 법민이고 어머니는 문영왕후로 소판 서현의 막내딸이고 유신의 누이이다. 김유신 등과 함께 백제와 고구려를 멸망시키고, 한반도에서 당세력을 축출하고 통일신라를 건국하였다. 죽은 후, 유언에 따라 화장하여 감은사 동쪽 바다에 있는 대왕암에 장사지냈다.([遺] 卷2 紀異 文虎王法敏條, [史] 卷6·7 新羅本紀 文武王條 참조)

4) 感恩寺 : 경상북도 월성군 양북면 용당리에 있었던 절. 681년에 신문왕이 창건하였다. 신라시대에는 成典寺院의 하나로 중시되었다. 1960년과 1979-1980년에 실시된 발굴조사를 통해 금당·중문·강당 등을 갖춘 쌍탑식 가람임이 밝혀졌다. 금당의 바닥구조는 H자형의 받침석과 보를 돌다리처럼 만들고, 그 위에 장방형의 석재를 동서방향으로 깔아 돌마루를 얹어 놓은 것처럼 되어 있다. 그 위에 주초를 배열하고 건물을 세운 특이한 구조로서 금당의 바닥에서부터 일정한 높이의 공간을 만들었다. 이것은 용이 감은사 금당에 들어올 수 있게 했다는 기록과 부합된다. 절터에는 2기의 3층 석탑이 남아 있고, 서쪽의 탑에서 1966년에 사리함이 발견된 바 있다.(김재원·윤무병, 『감은사지발굴보고서』, 을유문화사, 1961. 趙由典, 「感恩寺址 調査槪要」, 『古文化』 19, 1981)

을 처음으로 짓다가 다 끝마치지 못하고 죽어 바다의 용이 되었다. 그 아들 신문왕이 왕위에 올라 개요 2년(682)에 끝마쳤다. 금당 섬돌 아래에 동쪽을 향해 구멍 하나를 뚫어 두었는데, 이는 용이 들어와서 서리고 있게 하기 위해서였다. 대개 유언으로 유골을 간직한 곳5)을 대왕암(大王岩)6)이라고 하고, 절을 감은사라고 이름했으며, 뒤에 용이 나타난 것을 본 곳을 이견대(利見臺)7)라고 하였다.〉 이듬해 임오(壬午, 682) 5월 초하루에〈어떤 책에는 천수(天授)8) 원년(690)이라고 했으나 잘못이다.〉 해

---

5) 藏骨處 : [正]에는 '藏骨處'로 표기되어 있으나 譯者에 따라 이를 '葬骨處'로 보아 해석하기도 한다.([斗][浩]) 이러한 견해 차이는 대왕암에 있어 유골시설의 유무와 연결된다. '藏'으로 보는 견해는 문무왕의 유골을 '감춘' 장치가 있었을 것으로 본다. '葬'으로 보는 견해는 단순히 '장사지냈다'는 의미로 해석하여 散骨도 포함하는 것으로 보고, 대왕암에서 散骨를 했다면 대왕암에 어떠한 특별한 장치가 필요하지 않았다고 본다.(李丙燾, 『國史大觀』, 普文閣, 1955) 그러나 黃壽永은 [史]나 [遺]에서 신라 통일 후에 火葬한 왕의 기록은 '葬'과 '散骨'를 언제나 구별해 사용하였으므로 이 또한 陵寢의 조영사실을 전해주는 것이라고 보았다.(黃壽永, 「文武大王 海中陵」, 『佛國寺三層石塔舍利具와 文武大王海中陵』, 한국정신문화연구원, 1997)

6) 大王岩 : [史] 卷7 新羅本紀 文武王 21年條에는 「羣臣以遺言葬東海口大石上 俗傳 王化爲龍 仍指其石爲大王石」이라고 하였다. 1967년에 경상북도 월성군 양북면 봉길리 해변에서 200m 떨어진 바다에 있는 대왕암을 조사하여 문무왕의 수중릉임을 확인하고 사적 제158호로 지정하였다. 황수영은 수중릉의 가능성을 긍정하면서 대왕릉은 문무왕 화장 직후인 신문왕 원년 7월부터 이듬해 신문왕의 東海口 행차가 이루어진 5월 사이 약 10개월 동안에 이루어졌으며, 대왕암 가운데 넓은 大石의 하부의 암반 중앙에 뚫린 圓孔은 문무왕의 舍利具를 안치하기 위한 시설로 보았다. 이 大石은 육지의 화강암산에서 채취하여 대왕암으로 운반된 것으로 추정하였고, 十자형의 수로도 인공적인 것으로 보았다.(黃壽永, 「文武大王 海中陵」, 『佛國寺三層石塔 舍利具와 文武大王 海中陵』, 한국정신문화연구원, 1997) 이에 반해 李丙燾는 대왕의 유골이 이곳에서 散骨되었으므로 어떠한 인공적인 흔적을 발견할 수 없다고 하였다.(李丙燾, 『國史大觀』, 普文閣, 1955) 그러나 아직 이 문제의 大石 하부에 대한 조사가 이루어지지 않아 구체적으로 어떠한 시설이 마련되어 있는지는 정확히 알 수 없다.

7) 利見臺 : 경상북도 경주군 감포읍 대본리에 있다. 사적 제159호. [麗史] 樂志에 의하면, 왕의 부자가 서로 상봉한 곳이라고 하고, 만남의 기쁨을 노래한 利見臺歌라는 가요가 있었다고 한다. 1970년의 발굴조사에서 건물지를 확인하고 복원하였다.

8) 天授 : 중국 唐 則天武后의 연호(690-692).

관(海官) 파진찬(波珍喰)9) 박숙청(朴夙淸)10)이 아뢰기를, "동해 중의 작은 산 하나가 물에 떠서 감은사를 향해 오는데, 물결을 따라서 왔다 갔다 합니다"라고 하였다. 왕은 이를 이상히 여겨 일관(日官)11) 김춘질(金春質)12)〈또는 춘일(春日)〉에게 점을 치도록 하였다. 그가 아뢰기를, "돌아가신 부왕께서 지금 바다의 용이 되어 삼한(三韓)을 수호

---

9) 波珍喰 : 波珍湌. 신라 17관등 중의 제4관등. 海官, 海干, 破彌干이라고도 한다.([史] 卷38 職官志(上)) 蔚州川前里書石追銘과 丹陽新羅赤城碑에는 波珍干支로, 『隋書』 卷81 열전 신라전에는 破彌干으로, [史] 卷43 列傳 金庾信條(下)에는 海干으로 나온다. 이 波珍湌의 어원에 대해 '波珍'이 '바달' '바돌'로 읽혀지고 '海'의 훈은 '바다'와 통한다는 점을 들어 파진찬은 바다와 연관된 임무를 가진 海尺([遺] 卷1 紀異 第四脫解王條)을 격상시킨 것에서 성립하였다는 견해가 있다. 반면 '海'는 '푸르(淸＞靑)'의 표기로 보아 風(ㅂ릭), 夫里, 伐, 火 등으로 표기되는 城 · 邑을 뜻하는 語形으로 보는 견해도 있다.(徐毅植, 「新羅上代 '干'층의 형성 · 분화와 重位制」, 서울대학교 박사학위논문, 1994, p.14) 한편, 徐毅植은 外位의 하나인 彼日에 대해 蔚珍鳳杵新羅碑에는 '波旦'으로 明活山城作城碑에는 '波日'로 기술되어 있는 점을 들어 波珍은 彼日의 異形態로 보고 파진찬을 外位 彼日과도 연관이 있는 것으로 설명하였다.(徐毅植, 앞의 논문, p.14)

10) 朴夙淸 : 생몰년 미상. 그에 대한 다른 기록은 찾아볼 수 없다.

11) 日官 : 천문의 관측과 점복을 담당하던 관원. 삼국시대 후기 관부에 소속되어 천문, 관상, 역산 등 천문가로서의 실용적 역할을 담당하였다. [史] 卷50 列傳 弓裔條에는 日官이 점을 쳤다는 기록이 보이고, [遺] 卷2 紀異 處容郎 望海寺條와 [遺] 卷3 塔像 栢栗寺條에는 일관이 이상 기후에 대한 해석을 하고 있다. 辛鍾遠는 日官은 고대의 샤만에서 시작하여 점차 그 직능이 日官과 巫로 분화 · 변천한 것으로 보았다. 신라의 경우 일관은 천문관측이 시작되었다고 보는 6세기 또는 첨성대가 설치된 7세기 전반 전까지 占星과 占卜의 두 기능을 겸하였다. 6세기 또는 7세기 전반이 되면서 占星的 수준의 천문직이 생겨났고, 8세기 중엽 이후에는 天文博士 등 천문직 관원을 두었다. 고구려에서는 고분벽화에 4세기 말부터 28星宿圖가 나타나고, 평양 淸岩里寺址의 가람배치가 天文五行思想을 반영한 것으로 보아 이미 당시에 중국의 천문사상을 받아들인 것을 알 수 있다. 백제는 6세기 중엽에 日官部나 曆博士가 있는 것으로 보아 이때 이미 天文 · 曆學분야가 官府로 편성되어 전문관원을 두었음을 알 수 있다.(辛鍾遠, 「古代의 日官과 巫」, 『國史館論叢』 13, 국사편찬위원회, 1990)

12) 金春質 : 생몰년 미상. 그에 대한 다른 기록은 찾아볼 수 없다.

하고 있습니다. 또 김유신공[金公庾信]도 33천[13]의 한 아들로서 지금 인간 세상에 내려와 대신이 되었습니다. 두 성인이 덕을 같이 하여 나라를 지킬 보배를 내어주려 하시니, 만약 폐하께서 해변으로 나가시면 값으로 계산할 수 없는 큰 보배를 반드시 얻게 될 것입니다"라고 하였다. 왕이 기뻐하여 그달 7일에 이견대로 행차하여 그 산을 바라보면서 사자를 보내 살펴보도록 했더니, 산의 형세는 거북의 머리 같고, 그 위에는 한 줄기 대나무가 있는데, 낮에는 둘이 되고 밤에는 합하여 하나가 되었다.〈일설에는 산도 역시 밤낮으로 합치고 갈라짐이 대나무와 같았다고 한다.〉 사자가 와서 그것을 아뢰니, 왕이 감은사로 가서 유숙하였다.

이튿날 오시(午時)에 대나무가 합하여 하나가 되고, 천지가 진동하며 비바람이 몰아쳐 7일 동안이나 어두웠다. 그 달 16일이 되어서야 바람이 자자지고 물결도 평온해졌다. 왕이 배를 타고 그 산에 들어가니, 용이 검은 옥대(玉帶)를 가져다 바쳤다. 왕이 영접하여 함께 앉아서 묻기를, "이 산과 대나무가 혹은 갈라지기도 하고 혹은 합해지기도 하는 것은 무엇때문인가?"라고 하였다. 용이 대답하기를, "이것은 비유하자면, 한 손으로 치면 소리가 나지 않고, 두 손으로 치면 소리가 나는 것과 같아서, 이 대나무라는 물건은 합한 후에야 소리가 납니다. 성왕(聖王)께서는 소리로써 천하를 다스릴 좋은 징조입니다. 대왕께서 이 대나무를 가지고 피리를 만들어 불면 천하가 화평할 것입니다. 이제 대왕의 아버님께서는 바다 속의 큰 용이 되셨고, 유신은 다시 천신(天神)이 되셨는데, 두 성인이 같은 마음으로, 이처럼 값으로 따질

---

13) 三十三天 : 欲界6天 중의 제2천인 忉利天을 의미한다. 33천은 수미산 꼭대기에 있는데, 그 중앙에 帝釋天이 거주하는 善見城이, 사방에 4천이, 4천마다 8개의 성이 있어 모두 33천이 된다.

수 없는 보배를 보내 저를 시켜 이를 바치는 것입니다"라고 하였다.

왕은 놀라고 기뻐하여 오색 비단과 금과 옥으로 보답하고 사자를 시켜 대나무를 베어서 바다에서 나오자, 산과 용은 갑자기 사라져 나타나지 않았다. 왕이 감은사에서 유숙하고, 17일에 기림사(祇林寺)14) 서쪽 냇가에 이르러 수레를 멈추고 점심을 먹었다. 태자 이공(理恭)15) 〈즉 효소대왕(孝昭大王)〉이 대궐을 지키고 있다가 이 소식을 듣고는 말을 달려와서 하례하고 천천히 살펴보고 말하기를, "이 옥대의 여러 쪽들이 모두 진짜 용입니다"라고 하였다. 왕이 말하기를, "네가 어떻게 그것을 아는가?"라고 하셨다. 태자가 아뢰기를, "쪽 하나를 떼어서 물에 넣어보면 아실 것입니다"라고 하였다. 이에 왼쪽의 둘째 쪽을 떼어 시냇물에 넣으니 곧 용이 되어 하늘로 올라가고, 그곳은 못이 되었다. 이로 인해 그 못을 용연(龍淵)으로 불렀다.

왕이 행차에서 돌아와 그 대나무로 피리를 만들어 월성(月城)16)의

---

14) 祇林寺 : 경상북도 월성군 양북면 호암리 함월산에 있다. 선덕여왕 12년(643) 천축의 승려 光有가 창건하여 林井寺라고 했고, 원효가 중창하여 기림사로 개칭했다고 한다. 이 절에는 木塔址, 石造鴟尾, 文籍 등이 전하고, 또한 조선시대에 조성된 건칠보살좌상이 있다.

15) 理恭 : 신문왕의 태자. [史]에는 孝昭王의 휘가 理洪〈一作恭〉이라고 하였다.

16) 月城 : 신라의 王城. [史] 卷1 新羅本紀 婆娑尼師今 22年條에 「月城을 축조하여 왕이 거주하였다」고 하였다. [勝覽] 卷21 慶州府에는 「府의 동남쪽 5리에 있다. 파사왕 22년에 쌓았으며 형상이 半月과 같은 까닭에 이름한 것이다. 흙으로 쌓았는데 둘레가 3천 23자다」라고 하였다. 월성의 유래에 대해서는 탈해가 왕이 되기 전에 瓠公의 집을 빼앗아 살았던 곳으로 뒤에 월성이 되었다고 하는 기록이 [史](卷1 新羅本紀 脫解尼師今條)와 [勝覽](卷21 慶州府)에 전한다. 현재 경주시 인왕동의 평지에 돌출된 구릉지에 위치하고 있으며, 이곳은 남쪽의 蚊川(南川)에 의해 彎曲되어 생긴 지형이다. 성의 규모는 동서폭 860m, 남북폭 250m, 성내 면적 55,000여 평, 성벽길이 약 11,841m이다. 성벽은 동·서·북면은 대체로 흙과 돌로 기초를 다져 쌓고 그 위를 점토로 덮었으며, 남면은 南川과 맞닿는 절벽인 자연지형을 그대로 이용하여 거의 쌓은 흔적이 없다. 월성에

천존고(天尊庫)[17]에 간직하였다. 이 피리를 불면, 적병이 물러가고 병이 나으며, 가뭄에는 비가 오고 장마는 개며, 바람이 자자지고 물결이 평온해졌다. 이를 만파식적(萬波息笛)[18]으로 부르고 국보로 삼았

는 9개의 城門址가 남아 있고 월성 주위로 垓字와 木柵이 있었음이 발견되었다. 지금의 규모는 처음 월성을 쌓았을 때의 규모는 아니며 왕이 移居하기 위해 修茸할 때(炤知麻立干 9년) 크게 수축한 것으로 보인다.(朴方龍,「都城·城址; 新羅」,『韓國史論』15, 국사편찬위원회, 1985) 최근 발굴조사에 의하면 성벽의 외곽으로 東·北·西面에는 인공해자가, 南面에는 南川을 이용한 자연해자가 있었으며, 다시 외곽으로 건물지가 조밀하게 있었음이 밝혀졌다. 해자의 규모는 東門址에서 안압지 사이의 너비가 35-46m이고 북쪽의 너비가 23-42m이다. 보고자는 이 해자를 宮城으로서 마련될 때 함께 갖추어진 것으로 보고 있다.(경주 고적발굴조사단 편,『月城垓字發掘調査報告書』, 1990)

17) 天尊庫 : 天尊은 神仙이나 부처를 이르는 다른 이름(『中文大辭典』)이나 天尊庫는 미상이다. 天尊庫에 대해서는 [遺] 卷3 塔像 栢栗寺條에는「大王聞之 驚駭不勝曰 先君得神笛 傳于朕躬 今與玄琴 藏在內庫 因何國仙忽爲賊俘 爲之奈何 時有瑞雲覆天尊庫」라는 기록이 있고, 內庫와 天尊庫를 동일한 것으로 말하고 있는 것으로 보아 왕실의 귀한 물건을 보관하던 창고인 것으로 보인다.([品] 中, p.51)

18) 萬波息笛 : 萬波息笛 설화에 대해서는 문학적 측면과 민속학적 측면, 역사학적 측면에서 연구되었다. 김영태는 종교적인 측면에서 접근하여 이 설화를 불교설화로 보고, 통일 완성에 대한 감사, 통일 후의 태평구가 및 안일에 빠지지 않게 하기 위한 경계, 성대를 가져다준 聖王(문무왕)·聖臣(김유신)의 무한한 權能과 威德을 崇奉하고 기리는 찬송을 담은 글로 보았다.(金煐泰,「萬波息笛說話攷」,『東國大論文集』11, 동국대출판부, 1973) 문학측면의 연구로 黃浿江은 만파식적 설화를 신라인의 호국불교사상의 하나의 전개로서 호국적 신화에 대한 신앙이라는 측면에서 다루고 있다.(黃浿江,『新羅佛教說話研究』, 일지사, 1975) 민속학적 측면에서 徐延範은 현지에 전승되고 있는 설화를 채집하여 기상변동의 소리인 '거랑끓는 소리(비오기 전에 들리는 소리)'를 만파식적 설화의 원형으로 파악하였다.(徐延範,「방언에서 본 만파식적과 문무왕릉」,『한국민속학』8, 한국민속학회, 1975) 역사학적 측면에서 金相鉉은 김흠돌의 난 등으로 불거진 무열왕권에 대한 반대세력을 제거하고 신라 중대 무열왕권을 확립하기 위하여 유교 정치이념과 예학사상을 도입하여 무열왕권의 정당화 및 중대 전제왕권을 확립해나가던 당시의 상황을 담은 글로 파악하였다.(金相鉉,「萬波息笛說話의 形成과 意義」,『한국사연구』34, 한국사연구회, 1981) 三品彰英은 이 설화의 핵심이 東海龍神의 獻上에 있다고 하고 龍神信仰과 護國思想 그리고 龍神信仰과 竹葉信仰의 습합을 모티브로 해서 생겨난 것으로 보았다.

다. 효소왕대에 이르러 천수(天授) 4년 계사(癸巳, 693)에 실례랑(失
禮郞)19)이 살아 돌아온 기이한 일로 해서 다시 만만파파식적(萬萬派
派息笛)이라고 하였다. 자세한 것은 그 전기에 보인다.

---

19) 失禮郞 : 생몰년 미상. [遺] 卷3 塔像 栢栗寺條에는 '夫禮郞'이라고 하였다.
   이에 의하면 夫禮郞은 大玄薩飡의 아들로서 천수 3년(692)에 화랑이 되어 1천
   명의 무리를 거느렸다고 한다. 이듬해(693)에 도적에게 붙들려갔는데 이때 가야
   금과 만파식적이 함께 사라졌다고 한다. 이후 그의 양친이 栢栗寺에서 기도를
   드리자 萬波息笛을 쪼개어 타고서 친구인 안상과 함께 돌아왔다고 한다. 또한
   [遺] 卷4 義解 慈藏定律條에는 夫禮郞이 대각간이 되었다는 기록이 있다.

40. 孝昭王代 竹旨郎〈亦作竹曼 亦名智官〉

第三十二孝昭王代 竹曼郎之徒 有得烏[1]〈一云谷〉級干 隷名於風流黃卷 追日仕進 隔旬日不見 郎喚其母 問爾子何在 母曰 幢典牟[2]梁益宣阿干 以我子差富山城倉直[3] 馳去行急 未暇告辭於郎 郎曰 汝子若私事適彼 則不須尋訪 今以公事進去 須歸享矣 乃以舌餅一合 酒一缸 率[4]左人〈鄕云皆叱知 言奴僕也〉而行 郎徒百三十七人 亦具儀侍從

到富山城 問閽人 得烏失奚在 人曰 今在益宣田 隨例赴役 郎歸田 以所將酒餅饗之 請暇於益宣 將欲偕還 益宣固禁不許 時有使吏[5]侃珍 管收推火郡能節租三十石[6] 輸送城中 美郎之重士風味 鄙宣暗塞不通 乃以所領三十石[7] 贈益宣助請 猶不許 又以珍節舍知騎馬鞍具貽之 乃許

朝廷花主聞之 遣使取益宣 將洗浴其垢醜 宣逃隱 掠其長子而去 時仲冬極寒之日 浴洗於城內池中 仍合[8]凍死 大王聞之 勅牟梁里

---

1) 烏：[浩] 烏失.
2) 牟：[正] 牟. [品][斗][浩][六][民] 牟.
3) 直：[品] 宣.
4) 率：[正][六] 卒. [品][斗][浩][民] 率.
5) 使吏：본조의 뒷부분에서는 '史上'이라고 하였다.
6) 石：[正][晩][順] 石. [品][斗][浩][六] 石.
7) 石：주 6)과 같음.

人從官者 并合黜遣 更不接公署 不著黑衣 若爲僧者 不合入鍾鼓寺中 勅史上9)侃10)珍子孫 爲枰11)定戶孫12) 標異之 時圓13)測法師是海東高德 以牟梁里人故 不授僧職

初述宗公爲朔州都督使 將歸理14)所 時三韓兵亂 以騎兵三千護送之 行至竹旨嶺 有一居士 平理其嶺路 公見之歡美 居士亦善公之威勢赫甚 相感於心 公赴州理15) 隔一朔 夢見居士入于房中 室家同夢 驚怪尤16)甚 翌日使人問其居士安否 人曰 居士死有日矣使來還告 其死與夢同日矣 公曰 殆居士誕於吾家爾 更發卒修葬於嶺上北峰 造石彌勒一軀 安於塚前 妻氏自夢之日有娠 旣誕 因名竹旨 壯而出仕 與庚信公爲副帥 統三韓 眞德 太17)宗 文武 神文四代爲冢18)宰 安定厥邦

初得烏谷慕郎而作歌曰 去隱春皆理米 毛冬居叱沙哭屋尸以憂音阿冬音乃叱好支賜烏隱 貌19)史年數就音墮支行齊 目煙廻於尸七史伊衣 逢烏支惡知作乎下是 郎也慕理尸心未 行乎尸道尸 蓬次叱巷中宿尸夜音有叱下是

---

8) 合 : [民] 令.
9) 史上 : [品] 使吏. [浩] 使上. 본조의 앞부분에서는 '使吏'라고 하였다.
10) 侃 : [正][晚][順][斗][六] 偘. [品][浩][民] 侃.
11) 枰 : [斗] 秤.
12) 孫 : [品] 長.
13) 圓 : [正][晚][順][品][斗][六] 园. [浩] 圓.
14) 理 : 고려 成宗의 이름 '治'의 피휘.
15) 理 : 주 14)와 같음.
16) 尤 : [正][晚] 尢. [順] 尤(가필). [品][斗][浩][六] 尤. [民] 太 혹은 尤.
    [全] 大.
17) 太 : [正] 大.
18) 冢 : [正][品][斗] 冢. [浩][六] 冢.
19) 貌 : [正][品][斗][浩][六] 皃(貌와 동자).

효소왕대 죽지랑<또는 죽만(竹曼) 또는 지관(智官)>

제32대 효소왕(孝昭王)[1] 때 죽만랑(竹曼郞)[2]의 낭도 중에 득오
(得烏)[3]<또는 곡(谷)> 급간(級干)[4]이 있었다. 풍류황권(風流黃卷)[5]에

---

1) 孝昭王 : 신라의 제32대 왕. 재위 692-702. 神文王의 태자이며, 이름은 理洪
또는 理恭. 신문왕 11년(691)에 태자에 책봉되고, 692년에 즉위하여 左右理方府
를 左右議方府로 고쳤으며, 4년(695)에 西市典과 南市典을 설치하였다. 702년
7월에 죽어 望德寺 동쪽에 장사지냈다. 능은 慶州 남산 동남쪽에 있다. [史] 卷
8 新羅本紀 孝昭王條 참조.

2) 竹曼郞 : 생몰년 미상. 眞德王代 重臣인 述宗公의 아들. 竹旨郞은 竹曼·智
官·竹旨郞 등 3가지로 표기되고 있다. 竹曼은 竹旨와 同音異記로 보인다. 이
이름은 '대-마루-고개'의 뜻을 가지는 竹旨嶺과 관련이 있는데, 죽만의 만은 音
借 '만', 죽지의 지는 訓借 'ㅁㄹ'로 유추된다. 智官은 죽지, 죽만과는 별개의 명
칭으로 죽지랑의 행적을 미화하여 붙인 한자 조어로 보인다.(황패강,「모죽지랑
가 연구」,『어문연구』21, 1991, p.63) 죽지랑은 주로 7세기 후반에 활동했고 여
러 전쟁에 장수로 참가한 기록이 보인다. 진덕왕 3년(649) 8월에 장군으로서 道
薩城전투에 참여하였고, 동왕 5년(651)에는 執事部의 中侍에 처음으로 임명되
었다.([史] 卷5 新羅本紀 眞德王條) 문무왕 원년(661) 7월에 貴幢총관이 된 후
백제 부흥군을 토벌하였고, 동왕 8년(668) 6월에는 京停총관으로서 고구려 원
정군에 참여하였으며, 백제 故地 점령 및 동왕 11년(671) 6월의 羅唐戰爭에서
도 군공을 세웠다.([史] 卷6 新羅本紀 文武王條)

3) 得烏 : 생몰년 미상. 得烏, 得谷, 得烏失, 得烏谷 등 네 가지로 표기하였다. 득
오실과 득오곡은 음운의 대응이 인정되는 同音異記로 보인다. 이 경우의 '-실'
과 '-곡'은 한 가지로 '-실'의 표기로 볼 수 있다. 따라서 그의 명칭은 네 가지로
표기했음에도 불구하고 득오와 득오실의 두 가지로 이해된다.(황패강, 앞의 논
문, p.65) 竹旨의 郞徒였던 得烏의 신분에 관해서는 牟梁部 益宣의 命을 따랐
던 것으로 보아 眞骨이라기 보다는 6두품일 것으로 추정된다.(이종욱,「삼국유
사 죽지랑조에 대한 일고찰」,『한국전통문화연구』2, 대구효성여대 전통문화연
구소, 1986, p.214)

이름을 올려놓고 날마다 출근하였다.6) 열흘 동안 보이지 않기에 낭이 그의 어머니를 불러 아들이 있는 곳을 물었다. 어머니가 말하기를, "당전(幢典)7)인 모량(牟梁)8)의 익선(益宣)9) 아간(阿干)10)이 내 아들을 부산성(富山城)11)의 창직(倉直)으로 뽑아갔는데, 빨리 가느라

4) 級干 : 신라 17관등 중 제9관등. 級湌, 級伐湌, 級伐干이라고도 하였다. 진골을 제외하고는 육두품만이 받을 수 있는 관등으로 흔히 차관직에 보임되었다. ([史] 卷38 職官志(上))

5) 風流黃卷 : 풍류도를 수행하던 낭도들의 이름을 기록한 명부이다. 화랑과 낭도들의 도는 風流道 또는 風月道로 불렀다. 1930년대 초반에 일본학자에 의해 花郎道라는 신조어가 등장한 이래 흔히 쓰였으나 잘못이다.(김상현, 「화랑에 관한 제명칭의 검토」, 『신라문화제학술발표회논문집』 12, 경주시, 1991, p.132) 黃卷은 [遺] 卷4 義解 二惠同塵條에도 보이며 옛사람들이 황색의 종이를 사용하여 書寫한 것에서 유래되었다.

6) 仕進 : 본래 벼슬한다는 말이나 여기서는 관리가 정해진 시간에 출근한다는 의미로 사용되었다.

7) 幢典 : 사용 예가 다른 곳에서는 찾아지지 않는다. 신라의 군대명에 幢이라는 명칭이 많음에 착안하여 당전을 部隊長이라고 추측한 경우도 있다.([品][斗] [浩]) 그러나 리상호는 신라 大奈麻 위품에 해당하는 지방관이라고 하였고 ([리]), 이홍직은 이를 부역징용관과 같은 직명으로 추측하기도 하였다.(이홍직, 「삼국유사 죽지랑조 잡고」, 『황의돈선생고희기념사학논총』, 1960, p.280)

8) 牟梁 : 마을이름이면서 동시에 신라 육부 중의 하나인 모량부. 漸梁部라고도 한다. 蔚珍鳳坪新羅碑에는 岑喙部로 표기하기도 하였다. 西川의 지류인 모량천 유역에 위치하였는데, 그 중심지는 지금의 경주 효현리 또는 월성의 금척리 및 모량리 일대로 추정된다.

9) 益宣 : 생몰년 미상. [史]와 [遺]에 이 이상의 기록을 찾아볼 수 없다.

10) 阿干 : 신라 17관등 중의 제6관등. 阿湌 또는 阿尺干이라고도 한다. 진골과 육두품이 받을 수 있었으며, 육두품이 받을 수 있는 최고의 관등이었다. 차관직에 오를 수 있고 公服은 緋色이었다. 아간은 본서의 기록 외에 昌寧眞興王拓境碑에 표기되어 있다. 이 외에『梁書』卷54 新羅傳에는 '謁旱支'로, 迎日冷水里碑와 蔚珍鳳坪新羅碑 및 丹陽赤城碑에는 '阿干支'로, 大邱戊戌塢作碑와『隋書』卷81 列傳 新羅傳에는 '阿尺干'으로 표기되어 있다. 이러한 표기들은 阿干支-阿干-阿湌-阿干의 순으로 변천되었다고 한다.(權悳永, 「新羅官等 阿湌·奈麻에 대한 考察」, 『國史館論叢』 21, 1991, pp.36-49)

11) 富山城 : 경상북도 월성군 건천읍 송선리에 있는 산성. 사적 제25호. 신라 문무왕 3년(663)에 축성을 시작하여 3년만인 666년에 완공하였다. 신라 왕경의 외곽

고 미처 낭에게 말씀드릴 겨를도 없었습니다"라고 하였다. 낭이 말하기를, "당신 아들이 만약 사사로운 일로 그곳에 갔다면 찾아볼 필요가 없지만, 이제 공사로 갔다니 마땅히 가서 대접해야겠소"라고 하고, 이에 설병(舌餅) 한 합과 술 한 병을 가지고 좌인(左人)〈우리말에 개질지(皆叱知)12)라고 하니 노복(奴僕)을 말한다.〉을 거느리고 갔다. 낭의 무리 1백37명도 위의를 갖추고 따라갔다.

부산성에 이르러 문지기[閽人]에게 득오실이 어디에 있느냐고 물었다. 문지기는 답하기를, "지금 익선의 밭에서 예에 따라 부역하고 있습니다"라고 하였다. 낭은 밭으로 가서 가져간 술과 떡을 대접하였다. 익선에게 휴가를 청하니 함께 돌아가려고 했으나 익선은 굳이 거부하고 허락하지 않았다. 그때 사리(使吏) 간진(侃珍)13)이 추화군(推火郡)14) 능절(能節)의 조 30석을 거두어 성 안으로 수송하고 있었는데,

---

성으로 서쪽의 방어를 위해 쌓은 石築山城으로서 朱砂山·五峰山 등으로도 불리는 해발 729m의 富山의 정상부를 중심으로 한 골짜기를 감싸 마련된 포곡식 산성이다. 규모는 성벽 길이 7.5m, 성내 면적 100만 평의 초대형 성곽이다. 4개의 성문터 중 남문터가 비교적 잘 남아 있다. 성안에는 건물터가 6개소, 우물터가 4개소, 못이 2개소가 있으며 신라성곽으로서는 드물게 보이는 暗門(1개)과 雉城(2개)을 갖추고 있다. 『世宗實錄』 地理志에 軍倉이 있었다는 기록을 보아 후대에 와서도 慶州는 물론 永川, 迎日지역까지 군량을 비축하고 방어하는 본거지가 되었음을 알 수 있다. 永川과 淸道에서 慶州로 들어오는 길과 고개를 따라서 위치하고 있어서 王都 防衛의 성곽으로서 뿐만 아니라 고구려를 정벌하기 위한 작전기지로서 축조되었을 것으로 생각된다.(朴方龍, 「都城·城址 ; 新羅」, 『韓國史論』 15, 국사편찬위원회, 1995, pp.383-387 ; 「新羅都城의 守備」, 『新羅文化』 9, 동국대 신라문화연구소, 1992)

12) 皆叱知 : 李丙燾는 '갇지'의 借字로서 '거지'(乞人)의 原語로 보았는데 대체로 이에 동조하고 있다. 辛鍾遠은 『訓蒙字會』에서 '隸'의 훈을 '거러치'라고 한 것에서 개질지(皆叱知)는 이것을 음역한 것으로 보았다.(신종원, 「삼국유사 '효소왕대 죽지랑'조 역주」, 『한국사상사학』 6, 1994, p.97)

13) 侃珍 : 생몰년 미상. 본 기록 외에 [史]와 [遺]에 기록이 없다.

14) 推火郡 : 지금의 경상남도 밀양군. [史] 地理志에 의하면, 경덕왕 때 密城郡으

죽만랑이 선비를 소중히 여기는 풍모를 아름답게 보고, 익선의 어리석은 고집과 융통성 없음을 비루하게 여겨, 가지고 가던 조 30석을 익선에게 주고 도움을 청하였다. 그래도 허락하지 아니하므로 또 진절(珍節) 사지(舍知)15)의 말안장을 주니 그때야 허락하였다.

조정의 화주(花主)16)가 이를 듣고 사자를 보내 익선을 잡아다가 그 더러움을 씻기려고 하니 익선이 도망하여 숨었으므로 그 맏아들을 잡아갔다. 그때는 중동(仲冬)의 몹시 추운 날이였으므로 성 안의 못에서 목욕을 시켰더니 이내 얼어 죽었다. 대왕이 이를 듣고 칙령을 내려, 모량리 사람으로서 벼슬하는 자는 모두 쫓아내어 다시는 관서에 관계하지 못하게 하고, 승복[黑衣]17)을 입지 못하게 했으며, 만약 승려가 된 자라도 종고(鐘鼓)를 단 큰 절18)에는 들어가지 못하게 하였다. [왕은] 사(史)에게 명하여 간진의 자손을 올려 평정호손(枰定戶孫)19)으로 삼고 그를 표창하였다. 이때 원측(圓測)20)법사는 해동(海

로 개명되었다.

15) 舍知 : 신라 17관등 중의 제13관등으로 小舍라고도 하였다. 사두품 출신이면 받을 수 있는 관등으로 公服은 황색이었다.

16) 花主 : 화랑집단을 주관하던 관직. 원래 반관반민적으로 조직된 화랑도는 동시에 여러 단체가 존재하여 국가에서는 이들을 보호·지도·육성하기 위해 화주를 두었을 것이다.(李基東,「新羅 花郎徒의 社會學的 考察」,『新羅 骨品制 社會와 花郎徒』, 韓國硏究院, 1980. 이종욱,「신라 화랑도의 편성과 조직·변천」,『신라문화제학술발표회논문집』10(화랑문화의 재조명), 경주시, 1989. 金相鉉,「화랑에 대한 제명칭의 검토」,『신라문화제학술발표회논문집』12(신라사상의 재조명), 경주시, 1991)

17) 黑衣 : 먹물들인 승복.

18) 鐘鼓寺 : 종과 북을 갖춘 비교적 규모가 큰 절을 의미하는 것 같다.

19) 枰定戶孫 : 李丙燾는 孫을 長으로 보고 唐制의 一里의 사무를 통할하는 호라고 하였다. 그러나 三品彰英은 이를 비판하였다. 홍기문과 리상호는 평정호를 일정한 특권을 누리는 자일 것으로 추측하였으나 분명하지 않다.

20) 圓測 : 613-696년. 신라의 고승. 이름은 文雅이고 신라의 왕족출신이었다고는

東)의 고승이었으나 모량리 사람이었기 때문에 승직을 주지 않았
다.21)

　　이전에 술종공(述宗公)22)이 삭주도독사(朔州都督使)23)가 되어 장
차 임지로 가려 하는데, 이때 삼한에 병란이 있었으므로 기병 3천 명

하나 확실치 않다. 3세에 출가하고 15세에 入唐하였다. 唯識學의 대가로 당에서
명성을 떨쳤고, 則天武后의 존경과 귀의를 받았다. 신라의 신문왕이 그의 귀국
을 여러 차례 무후에게 요청했으나 귀국하지 못하고 당에서 죽었다. 따라서 원
측이 모량리 출신이었기에 승직을 주지 않았다는 이 기록에는 의문이 있다. 이
에 대해서는 [遺]의 본 기사의 내용을 그대로 신빙하는 입장(조명기, 『신라불교
의 이념과 역사』, 신태양사, 1962, pp.164-165), 부정하는 입장(문명대, 「신라 법
상종의 성립문제와 그 미술」 상, 『歷史學報』 62, 1974, p.152), 위 사건의 장본인
은 원측이 아닌 그 제자 道證일 것이라는 견해(박종홍, 「원측의 唯識哲學」, 『한
국사상사-고대편』, 법문사, 1966, p.58)가 있다. 저서로는 『성유식론소』 10권,
『해심밀경소』 10권, 『인왕경소』 3권, 『금강반야론』, 『관소연론』, 『반야심경소』,
『무량의경소』 등 23부 108권에 달하나 현존하는 것은 『반야심경찬』 1권, 『인왕
경소』 1권과 티벳장경에 번역되어 있는 『해심밀경소』 10권만이 전한다.(조명기,
『신라불교의 이념과 역사』, 신태양사, 1962, pp.158-167) 현재 중국 西安의 興敎
寺에 원측의 사리탑이 있다.
21) 大王聞之…不授僧職 : 辛鍾遠은 이러한 모량부 탄압기사를 신라 중고시대 왕
　　비족 모량부, 즉 岑喙部세력을 견제하고 중대의 질서를 성립시킨 일대 사건으
　　로 보았다.(신종원, 「단석산신선사 造像銘記에 보이는 미륵집단에 대하여-신라
　　중고기의 왕비족 岑喙部」, 『역사학보』 143, 1994) 이종욱은 이 기사를 통해 이
　　같은 국왕의 처벌은 중고시대 이래 중앙집권적인 왕권을 강화시켜나가는 한 방
　　법으로 지방통치를 할 때 시행되었다고 하였다.(이종욱, 「삼국유사 죽지랑조에
　　대한 일고찰」, 『한국전통문화연구』 2, 대구효성여대 전통문화연구소, 1986)
22) 述宗公 : 생몰년 미상. 竹旨郎의 아버지. 眞德王 때에 閼川公 등과 함께 남산
　　의 于知巖에 모여 국사를 의논하기도 했고, 金庾信 등과 함께 遠源寺를 세우기
　　도 하였다. [遺] 卷1 紀異 眞德王條 참조.
23) 朔州都督使 : 朔州는 지금의 강원도 춘천지방이다. 신라 善德王 때에는 牛首
　　州라고 하여 軍主를 두었고, 文武王 때에는 首若州라 했고, 景德王은 삭주로
　　개칭했으며, 고려 때에는 春州라고 하였다.([史] 卷35 地理志2, [史] 卷9 新羅
　　本紀 景德王 2年條, [勝覽] 卷46 春川都護府條) 都督은 주의 장관으로서 이보
　　다 앞서 軍主, 摠官 등으로 불렸다. 元聖王 원년(785)에 총관을 도독으로 개칭
　　했음에 유의하면, 술종공의 관직이 삭주도독사라고 한 것은 정확한 서술이 아니
　　다.

으로 그를 호송하였다. 일행이 죽지령(竹旨嶺)24)에 이르렀을 때, 한 거사가 그 고개길을 닦고 있었다. 공은 이를 보고 찬탄하였고, 거사 또한 공의 위세가 성함을 존대하여 서로 마음에 감동되었다. 공이 주의 치소에 부임한 지 한 달이 되던 때25) 꿈에 거사가 방에 들어오는 것을 보았는데, 부인도 같은 꿈을 꾸었다. 더욱 놀라고 괴이히 여겨 이튿날 사람을 보내 그 거사의 안부를 물었다. 사람들이 말하기를, "거사가 죽은 지 며칠되었습니다"라고 하였다. 사자가 돌아와서 그 사실을 아뢰었는데, 그가 죽은 날이 꿈꾸던 바로 그날이었다. 공이 말하기를, "아마 거사가 우리 집에 태어날 것이다"라고 하였다. 다시 군사를 보내 고개 위 북쪽 봉우리에 장사지내고, 돌로 미륵불 한 구를 만들어 무덤 앞에 봉안하였다. 부인은 꿈을 꾼 날로부터 태기가 있더니 아이를 낳자 이름을 죽지(竹旨)라고 하였다. 장성하여 벼슬길에 나아가 부수(副帥)가 되어 유신공과 함께 삼한을 통일하였고, 진덕(眞德)·태종(太宗)·문무(文武)·신문(神文)의 4대에 걸쳐 재상이 되어 나라를 안정시켰다.

처음에 득오곡이 낭을 사모하여 노래를 지었으니26) 이렇다.

---

24) 竹旨嶺 : 보통 지금의 죽령으로 비정한다. 죽령은 경상북도 영풍군 풍기읍과 충북 단양군 대강면과의 경계인 689m의 고개에 있다. 신라 제8대 아달라이사금 4년(157)에 개통된 죽령은 진흥왕 때에는 신라와 고구려와의 국경이었다. 진흥왕 12년(551)에 신라의 居柒夫 등이 고구려를 침공하여 죽령 이북 高峴 이남의 10군을 점령한 바 있고, 고구려는 이 지역의 회복을 위해 고심하였다.
25) 朔 : 그 달의 1일이다. 따라서 隔朔은 翌月의 의미로 쓰였다.
26) 初得烏谷慕郎而作歌 : 처음 득오공이 죽지랑을 그리며 노래를 지었다고 하여 그 지은 연대를 분명히 밝히지 않았다. 이 때문에 慕竹旨郎歌의 제작시기에 관해서는 연구자간에 논의가 분분하다 慕竹旨郎歌 관한 연구성과는 다음과 같다. 김문일, 「향가에 대한 일시고-모죽지랑가에 대하여-」, 『국어국문학보』 창간호, 동국대학교, 1958. 신수식, 「모죽지랑가의 창작년대 연구-신라 제23대 진덕왕초

간 봄 그리워하매

[임께서 더] 못 살으사 울어 설워하더이다

애닯음 나토시던 모습이

해 거듭하는 즈음에 가이더이다

눈 돌이킬새

만나 뵙기 어찌 지으오리까

낭이여, 그리는 마음에 가올 길

다봊 마을에 잘 밤 있사오리까

화득오작-」, 『국어국문학』 23, 국어국문학회, 1961. 김완진, 「모죽지랑가 해독의 고구」, 『진단학보』 48, 진단학회, 1979. 유창균, 「향가의 해독을 위한 시론-기삼, 모죽지랑가의 '호지'를 중심으로-」, 『배달말』 16, 1991. 이연숙, 「모죽지랑가고」, 『한국문학논총』 13, 1992.

41. 聖德王

第三十三聖德王 神龍二年丙午 歲禾[1]不登 人民飢甚 丁未正月 初一日至七月三十日 救民給租 一口一日三升爲式 終事而計 三十 萬五百碩也 王爲太宗大王刱[2]奉德寺 說仁王道場七日 大赦 始有 侍中職〈一本系孝成王〉

---

1) 禾 : [正] □. [順] 禾(가필). [品][斗][浩][六] 禾.
2) 刱 : [浩] 創.

성덕왕

제33대 성덕왕(聖德王)[1] 신룡(神龍)[2] 2년 병오(丙午, 706)에 흉년
이 들어 인민들의 굶주림이 심하였다.[3] 이듬해 정미(丁未, 707) 정월
초하루부터 7월 30일까지 백성을 구제하기 위해 곡식[4]을 나누어 주었

---

1) 聖德王 : 신라의 제33대 왕. 재위 702-737. 성은 金氏이고 이름은 興光으로 본
   명은 隆基였으나 唐 玄宗의 이름과 같아 고쳤다고 한다. 神文王의 둘째 아들이
   며 孝昭王의 同母弟이다. 효소왕이 아들 없이 죽자 國人에 의해 왕으로 추대되
   어 702년에 즉위하였다. 이 왕대는 中代 專制王權을 확립한 신문왕 이후 전성
   기를 구가한 시기로 이해된다. 성덕왕이 왕권강화를 추구한 면모는 여러 가지
   측면에서 엿볼 수 있다. 유교적인 忠君思想이 담겼을 것으로 추측되는 百官箴
   을 지어 群臣에게 제시하였고, 典祀署를 설치했으며, 詳文司를 通文博士로 고
   쳤다. 새로 궁궐을 짓기도 했고, 물시계인 漏刻을 처음으로 만들었다. 唐 玄宗
   이 보낸 조서 중에는 '그 문장과 예악은 군자의 기품을 드러냈다'는 구절이 있
   다. 또한 당과의 빈번한 외교 교섭을 통해 당의 문물·제도를 흡수하여 왕권강
   화의 기반을 확고히 할 수 있었다. 737년에 왕이 돌아가자 移車寺 앞쪽에 장사
   지냈다.([史] 卷8 新羅本紀 聖德王條. 李基白,『新羅政治社會史硏究』, 一潮閣,
   1974. 金壽泰,「新羅 聖德王·孝成王代 金順元의 政治的 活動」,『東亞硏究』3,
   西江大 東亞硏究所, 1983)
2) 神龍 : 중국 唐 中宗의 연호(705-706). 신룡 2년은 신라 성덕왕 5년(706)에 해
   당한다.
3) 人民飢甚 : [史] 卷8 新羅本紀 聖德王 5년 春正月條에도「국내의 기근자에
   대하여 창고를 풀어서 구제하였다」라는 기사와 8月條에「이 해에 곡식이 잘 여
   물지 않았다」라는 기사가 있다.
4) 租 : [史] 卷8 新羅本紀 聖德王條에는 '粟'으로 나온다. [史]에서 租·粟의
   용례를 보면, 일반민에 대한 대량적인 진휼에는 보통 粟이 많이 보이며, 귀족의
   살림에 대한 賜給 또는 각별한 개인에 대한 賜穀에는 보통 賜租(이러한 경우에
   는 보통 2, 3百石이다.)로 나온다. 특히, 신라 문무왕 8년조에서는 租粟의 구별

는데,[5] 한 사람에 하루 3승(升)[6]으로 하였다. 일을 마치고 계산해보
니 모두 30만 5백 석이었다. 왕이 태종대왕(太宗大王)[7]을 위해 봉덕
사(奉德寺)[8]를 창건하고, 인왕도량(仁王道場)[9]을 7일 동안 열고 크

을 뚜렷이 하였음을 알 수 있다. 즉 삼국사기 전체의 穀名을 통해 볼 때 粟은
역시 조이며 租(稻穀)와 穀만이 동일물로 사용한 것을 알 수 있다.(李弘稙, 「三
國史記의 '租'의 用法」, 『韓國古代史의 硏究』, 1971)

5) 救民給租 : [史] 卷8 新羅本紀 聖德王 6年 正月條에 「백성들이 많이 굶어 죽
으므로 사람들에게 하루에 粟穀 3승씩을 7월에 이르기까지 내주어 살렸다」고
하였다.

6) 升 : 도량형제도는 삼국시대 이전부터 이미 제정되어 이용되어 왔다. 1승은 장
년 농부의 양손을 모아 담기는 양을 말하며 1되라고도 하였다. 상고 때의 1되는
약 300㎤였을 것으로 추측된다. 이러한 표준량제도는 신라 문무왕 21년(681)에
당나라제도에 따라 3배량으로 개혁되었을 것으로 추측되어 이때부터 1되는
596.4㎤가 되어 고려 문종때까지 전해진다. 이후 고려 문종은 종래의 단일량제
를 4종의 異量器제도로 바꿨으나 조선 세종 때 다시 단일량기제도로 바뀌어 이
후 큰 변화는 없었다.(朴興秀, 『新羅 및 高麗 때의 量制度와 量尺에 관하여』,
학술원, 1972)

7) 太宗大王 : 602-661. 신라 제29대 태종무열왕. 재위 654-661. 성은 김씨, 이름
은 春秋, 시호는 武烈, 廟號는 太宗이다. 진지왕의 손자로서 伊湌 金龍春의 아
들이며, 어머니는 진평왕의 딸인 天明夫人이다. 비는 金庾信의 누이동생인 文
姬이다. 진덕여왕이 죽자 親唐외교와 내정개혁을 통해 신장된 세력기반을 바탕
으로 上大等 閼川을 배제시키면서 왕위에 올랐다. 즉위하던 해에 아버지 용춘
을 文興大王으로, 어머니 천명부인을 文貞太后로 추증하여 왕권의 정통성을 확
립하고, 理方府格 60여 조를 개정하는 등의 율령정치를 강화하였다. 3년(656)에
는 당에서 귀국한 金仁問을 軍主에, 5년(658)에는 당에서 귀국한 文王을 집사
부 中侍로 삼아 직계 친족에 의한 지배체제를 구축하였다. 7년(660)에는 그의
즉위에 절대적인 기여를 한 金庾信을 상대등으로 임명하여 왕권을 보다 강화할
수 있는 계기를 마련하였다. 이처럼 태종무열왕은 내정에서 왕권을 안정시키고,
친당외교를 통해 당나라를 후원세력으로 삼은 후, 고구려와 백제에 대한 전쟁을
수행하였다.([史] 卷5 新羅本紀 太宗武烈王條)

8) 奉德寺 : 경상북도 慶州市의 北川 부근에 있던 절로 성덕왕이 태종무열왕을
위해 창건하였다. 경덕왕이 부왕 성덕왕을 위해 황금 12만근으로 大鐘을 만들려
다 뜻을 이루지 못하고 죽자, 그 아들인 혜공왕이 완성하여 '聖德大王神鐘'이라
고 하고 이 절에 봉안하였다. 뒤에 이 절은 북천에 묻히게 되자 1460년(세조 5
년)에 종을 靈妙寺에 옮겨 달았다고 한다. 종은 현재 경주국립박물관에 보존되
어 있다.([遺] 卷3 塔像 奉德寺鐘條. 權相老 編, 『韓國寺刹全書』, 1979) 성덕

게 사면하였다.10) 이때부터 비로소 시중(侍中)11)의 직을 두었다.〈어떤

책에는 효성왕(孝成王) 때의 일이라고 한다.〉

　　왕의 봉덕사 창건에 대하여 형제상속으로 왕위를 계승한 성덕왕이 태종무열왕
　　을 내세워 그의 정통성을 인식시키고, 또한 전제왕권을 더욱 강화시켜 보려는 의
　　도로 파악한 견해가 있다.(李昊榮,「新羅中代王室과 奉德寺」,『史學志』8, 1974)
　9) 仁王道場 : 道場의 일차적 의미는 부처님이 성도하신 장소이나 차차 사원의
　　별칭으로 사용되었고, 또 특정한 불교의식을 행하는 장소와 그 의식 자체를 포
　　함하는 뜻으로 사용되었다. 여기서의 도량은 법회의식의 의미로 쓰였다. 仁王道
　　場이란『仁王經』에 의거한 법회의식으로 百高座會와 비슷한 것으로 생각된다.
　　인왕도량은 신라 진흥왕 12년(551)에 열렸던 것이 최초이며, 성덕왕대의 이 법
　　회는 2회에 해당한다.『仁王經』은『仁王般若波羅蜜經』 또는『仁王護國般若波
　　羅蜜經』의 약칭이며, 護國과 깊은 관련이 있는 경으로서 우리 나라에서는 신라
　　때에 시작하여 고려 때에 빈번히 열렸던 인왕백고좌회(백고좌회 또는 인왕회라
　　고 한다.)의 근거가 되었다.
10) 大赦 : 일반 죄인을 모두 사면하는 것. 왕의 즉위 때나 국가의 경축일에 시행
　　하는 특권이다.
11) 侍中 : 신라 執事部의 장관직. [史]에 의하면, 진덕여왕 5년(651)에 처음 설치
　　되어 中侍라고 했고, 경덕왕 6년(747)에 시중으로 개칭했다고 한다. 그런데 성
　　덕왕대에 비로소 시중직을 두었다는 本書의 이 기록은 [史]의 기록과는 다르다.
　　성덕왕대를 전후한 때에 시중이 전환한다는 견해도 있다.([品] 中, p.70) 시중의
　　임명자격은 제5관등인 大阿湌에서 제2관등인 伊湌까지 규정되어 있어 진골출
　　신만이 취임할 수 있었는데 때로는 국왕의 근친이 임명되기도 하였다. [史] 新
　　羅本紀에는 약 1세기에 걸쳐 30여 명의 시중이 나타나고 있다. 이 시중은 통일
　　신라의 전제정치 하에서 정치기구의 핵심적 존재인 집사부의 장으로서 행정부
　　의 수반으로서의 지위를 가졌다. 이처럼 시중이 정치적으로 중요한 지위를 누리
　　게 된 것은 바로 왕권과 아주 밀접한 관련을 맺고 있었기 때문이다. 그러나 뒤
　　에는 점점 독자적인 세력을 형성하여 오히려 왕권을 제약하는 존재로 변화하였
　　다.([史] 新羅本紀. 李基白,「新羅 執事部의 성립」, 앞의 책, 1974. 金壽泰, 앞
　　의 논문, 1983)

42. 水路夫人

聖德王代 純貞公赴江陵太¹⁾守〈今溟²⁾州〉 行次海汀晝饍 傍有石嶂
如屛臨海 高千丈 上有躑躅花盛開 公之夫人水路見之 謂左右曰
折花獻者其誰 從者曰 非人跡所到 皆辭不能 傍有老翁 牽牸牛而
過者 聞夫人言折其花 亦作歌詞獻之 其翁不知何許人也

便行二日程 又有臨海亭 晝饍³⁾次 海龍忽攬夫人入海 公顚倒躄
地 計無所出 又有一老人告曰 故人有言 衆口鑠金 今海中傍生 何
不畏衆口乎 宜進界內民 作歌唱之 以杖打岸 則⁴⁾可見夫人矣 公
從之 龍奉夫人出海獻之 公問夫人海中事 曰⁵⁾七寶宮殿 所饍⁶⁾甘
滑香潔 非人間煙火 此⁷⁾夫人衣襲異香 非世所聞 水路姿容絶代
每經過深山大澤 屢被神物掠攬

衆人唱海歌 詞曰 龜乎龜乎出水路 掠人婦女罪何極 汝若悖⁸⁾逆
不出獻 入網捕掠燔之喫

---

1) 太：[正] 大.
2) 溟：[正] 冥. [順] 溟(가필). [品][斗][浩][六][民] 溟.
3) 饍：[正] 鐥(饍과 동자). [浩] 膳. [品][斗][六] 饍.
4) 則：[正] □. [順] 則(가필). [品][斗][浩][六] 則. [民] 則 혹은 乃.
5) 曰：[正] 四. [品][斗][浩][六][民] 曰.
6) 饍：[正] 鐥(饍과 동자). [品][斗][浩][六] 饍.
7) 此：[浩][民] 且.
8) 悖：[正][品][斗][六] 傍. [浩] 悖.

老人獻花歌曰 紫布岩乎邊希 執音乎手母牛放敎遺 吾肹不喻慚
肹伊賜等 花肹折叱可獻乎理音如

수로부인

성덕왕(聖德王) 때 순정공(純貞公)1)이 강릉(江陵)2)〈지금의 명주(溟州)〉 태수(太守)3)로 부임하는 길에 바닷가에서 점심을 먹었다. 그 곁에는 바위 봉우리가 병풍과 같이 바다를 둘러 있고, 높이가 천 길이나 되고, 그 위에는 철쭉꽃이 활짝 피어 있었다. 공의 부인 수로(水路)4)가 그것을 보고 좌우 사람들에게 말하기를, "저 꽃을 꺾어다 줄 사람은 없는가?"라고 하였다. 그러나 종자들이 말하기를, "사람의 발길이 닿기 어려운 곳입니다"라고 하면서 모두 사양하였다. 그 곁으로 한 늙은이5)가 암소를 끌고 지나가다가 부인의 말을 듣고 그 꽃을 꺾어와

1) 純貞公 : 여기 외에는 기록이 없다. 실재 인물인지 어떤 인물인지 알 수 없다.
2) 江陵 : 지금의 강원도 강릉. 삼국시대에는 먼저 고구려의 세력권에 포함되어 미천왕 14년(313)에는 河西良(또는 河西羅라고도 한다.)이었으나, 진흥왕 11년 (550)에 신라 영토에 포함된 것으로 보인다.([史] 卷35 地理志2 新羅 溟州. [勝覽] 卷44 江陵大都護府 古跡條)
3) 太守 : 신라시대의 지방관으로 連率이라고도 한다. 삼국통일 무렵까지 郡은 군사적 성격이 강하였으므로 그 장관 명칭도 幢主라는 군부대의 지휘관 이름을 사용하였으나, 삼국통일후 당나라 제도의 영향을 받아 태수로 개칭되었다. 관등상으로는 舍知 이상 重阿湌까지의 관등을 가진 자로 보임하였다.(姜鳳龍,『新羅地方統治體制硏究』, 1994, 서울대박사학위논문)
4) 水路 : 聖德王代에 강릉태수에 임명된 純貞公의 부인이다. 이 기사의 설화적 성격으로 인해 수로부인, 순정공, 노옹 등을 실재했던 역사적 인물로 보지 않고 상징적 의미로 해석하는 경우가 많다. 수로부인을 '水神의 영신의례에 등장하는 신령'으로 해석하는 경우도 있고([品] 中, p.74), 단순히 탐미적인 미녀 정도로 해석하는 사람도 있다.

또한 가사를 지어 바쳤다. 그 늙은이는 어떤 사람인지 알 수 없었다.

  다시 이틀 길을 가다가 또 임해정(臨海亭)에서 점심을 먹고 있었는
데, 바다의 용이 갑자기 부인을 끌고 바다로 들어가버렸다. 공이 엎어
지면서 땅을 쳐보아도 아무런 방법이 없었다. 또 한 노인이 말하기를,
"옛사람의 말에 여러 사람의 말은 쇠도 녹인다6)고 했으니, 이제 바다
속의 미물[傍生]7)인들 어찌 여러 사람의 입을 두려워하지 않겠습니
까? 마땅히 경 내의 백성을 모아 노래를 지어 부르면서 막대기로 언
덕을 치면 부인을 볼 수 있을 것입니다"라고 하였다. 공이 그 말을 따
르니, 용이 부인을 받들고 바다에서 나와 바쳤다. 공이 부인에게 바다
속의 일을 물으니, [부인이] 대답하기를, "칠보 궁전에 음식은 달고
부드러우며 향기롭고 깨끗하여 인간의 음식[煙火]8)이 아니었습니다"
라고 하였다. 이 부인의 옷에는 이상한 향기가 풍겼는데, 이 세상에서
는 맡아보지 못한 것이었다. 수로는 용모와 자색이 세상에서 뛰어나
깊은 산이나 큰 못을 지날 때마다 여러 번 신물(神物)에게 붙들려갔
다.

  여러 사람이 해가(海歌)9)를 불렀는데 가사는 이렇다.

---

5) 老翁 : 이 老翁을 巫的 존재로 보는 견해가 있다.(崔光植,『韓國古代祭儀硏
  究』, 고려대학교박사학위논문, 1989) 이 水路夫人條에서 '非人跡所到'라고 한
  것처럼 凡人들이 도달할 수 없는 곳인 신성지역을 노옹이 오를 수 있었던 점이
  나, 수로부인이 海龍에게 납치되었을 때 해결방안을 제시하는 것을 보면 巫的
  존재로 보는 것이 타당할 듯하다.(崔仁杓,「三國遺事 水路夫人條의 歷史的 性
  格」,『韓國傳統文化硏究』, 曉星女大 韓國傳統文化硏究所, 1987)
6) 衆口鑠金 : 뭇사람의 말은 쇠같이 단단한 물건도 녹일 수 있다는 뜻이다. 여러
  사람의 말은 무서운 힘을 가지고 있다는 것을 비유한 것이다.
7) 傍生 : 축생. 짐승.
8) 煙火 : 熟食, 곧 불에 익힌 음식.
9) 海歌 : 작자, 연대 미상의 신라 가요. 성덕왕 때의 수로부인이 동해안에서 갑

거북아 거북아 수로를 내놓아라

남의 부녀를 빼앗아 간 죄가 얼마나 큰가

네가 만약 거역하고 내놓지 않으면

그물로 잡아 구워 먹으리라

노인10)의 헌화가(獻花歌)는 이렇다.

붉은 바위 가에

잡은 암소 놓게 하시고

나를 아니 부끄러워하시면

꽃을 꺾어 바치오리다

자기 해룡에게 납치당하자 남편 순정공이 사람들을 모아 불렀다는 노래이다. 이
노래는 내용과 주제가 [遺] 卷2 紀異 駕洛國記條에 수록되어 있는 龜旨歌와
비슷하다. 그러나 구지가는 사구체이고 해가는 팔구체인 점이 다르다.

10) 老人 : 老翁으로도 표기하였다. 소를 끌고 가는 노옹을 다년간 잃었던 자기의
心牛를 붙들어 그 소의 고삐를 잡은 노인, 곧 자기 法悅을 즐기면서 그립던 本
家鄕으로 돌아가는 禪僧으로 해석하는 이도 있다. 그러나 노인을 탐미적인 미
녀 앞에서 애정을 읊고 있는 완악한 완부일 뿐이라고 해석하는 이도 있다.

43. 孝成王

　　開元十年壬戌十月　始築關門於毛火[1]郡　今毛火村　屬慶州東南境　乃防日本塞垣也　周廻六千七百九十二步五尺　役徒三萬九千二百六十二人　掌員元眞角干

　　開元二十一年癸酉　唐人欲征北狄　請兵新羅　客使六百四人來還國

---

1) 火：[正] 大. [品][斗][浩][六][民] 火.

효성왕[1)]

개원(開元) 10년 임술(壬戌, 722)[2)] 10월에 처음으로 모화군(毛火郡)에 관문(關門)[3)]을 쌓았다. 지금의 모화촌(毛火村)으로 경주(慶州)[4)]의 동남지역에 속하니, 곧 일본(日本)[5)]을 방어하는 요새였다. 둘

---

1) 孝成王 : 신라의 제34대 왕. 재위 732-742. 성은 金氏이고 이름은 承慶이다. 聖德王의 둘째 아들이며 어머니는 炤德王后이다. 비는 伊湌 順元의 딸 惠明夫人 김씨이다. 724년에 태자로 책봉되었다가 부왕이 죽자 즉위하였다. 왕은 즉위하면서 司正府의 丞과 左右議方府의 승을 모두 佐로 개칭하였다. 당나라와의 활발한 교류로 선진문물을 수입하였다. 740년에는 파진찬 永宗의 모반사건이 있었으나 평정하였다. 왕은 재위 6년만인 742년 5월에 죽어 시호를 孝成이라고 하고, 유명에 따라 法流寺 남쪽에서 화장하여 유골을 동해에 뿌렸다.([史] 卷9 新羅本紀 孝成王條)

2) 開元十年壬戌 : 開元은 중국 唐 玄宗 때의 연호(712-741). 개원 10년은 聖德王 21년(722)에 해당한다. [史] 卷8 聖德王 21年 10月條에 「毛伐郡城을 축조하여 일본의 도적들이 침입하는 길을 차단했다」는 기록과 일치한다. 따라서 축성사실을 孝成王代에 기록한 것은 이상하다.

3) 關門 : 경상북도 월성군 외동면 모화리와 경상남도 울주군 범서면 두산리 사이에 있는 석축산성. 사적 제48호. 聖德王 21년(722)에 축조하였다. 毛伐郡城이라고도 하며, [勝覽] 등에도 관문의 소재에 관하여 전하고 있다. 지금은 관문성이라고 한다. 이곳은 蔚山市 방면에서 慶州市에 이르는 교통의 요충지이며, 관문에 이어서 좌우의 산지에 長城과 大峴山城 등이 있어서 동해방어의 거점이되었다. 지금은 대개 허물어져 성문지로 추정되는 석축이나 창고지, 병사지 등이 남아 있다. [史] 卷8 聖德王 21年條에는 「築毛伐郡城 以遮日本賊路」라고 되어 있고, [史] 卷34 地理志1 新羅 臨關郡條에는 「臨關郡 本毛火郡 聖德王築城 以遮日本賊路」로 되어 있다.([勝覽] 卷21 慶州府 古跡條. 井上秀雄, 「三國遺事와 日本關係」, 『三國遺事의 綜合的 考察』, 1987, 韓國精神文化硏究院)

4) 慶州 : 지금의 경상북도 慶州市. 삼한시대에는 진한의 12국 가운데 斯盧國이

레는 6천 7백 92보[6) 5자[7)이고, 동원된 역부는 3만 9천 2백 62명이며,
감독관[掌員]은 원진(元眞)[8) 각간(角干)[9)이었다.

있었던 곳으로, [史]에 의하면 BC 57년에 朴赫居世가 이곳을 중심으로 徐羅伐
을 세웠다. 基臨尼師今 10년(307)에 新羅로 개칭·발전하여 이후 992년 동안
신라의 왕도 역할을 하였다. 고려가 신라를 합병한 935년(태조 18)에 처음으로
경주라고 불렀으며, 940년(태조 23) 영남지방의 행정 관청인 安東大都護府가
설치되었다.([史]. [遺]. [勝覽] 卷21 慶州府 古跡條. 慶州市,『慶州市誌』, 1971)

5) 日本 : 이 기사에 일본의 지리적 위치를 알려주는 내용은 없으나 모화군을 통
하여 왕도 경주로 왔다고 기술하고 일본군의 침입을 상정하고 있었던 것을 보
면, 현실적인 국가명칭으로 생각된다. 즉, 여기서 말하는 일본은『舊唐書』·『新
唐書』日本傳의 일본이며 大和朝廷을 가리키는 것으로 생각된다. 한편, 이 관
문성 축성 10년 후인 730년에는 [史] 卷8 新羅本紀 聖德王 30年條에「日本國
兵船三百艘 越海襲我東邊 王命將出兵 大破之」라는 무력충돌기사가 보인다.
(井上秀雄, 앞의 논문, 1987)

6) 步 : 우리 나라와 중국에서 예로부터 두 지점 사이의 거리를 나타내는 데에 쓰
이던 기준으로 장년 남자의 보폭을 따서 그것의 배수치로써 나타냈다. 이러한
방법은 중국에서 먼저 쓰인 것으로 주나라 주공 때는 1보의 길이를 周尺 8자로
정하였고, 춘추전국시대에는 주척 6자 4치로 바뀌었다가 다시 주척 6자로 정하
였다. 당나라 때는 5자가 1보의 길이가 되었다. 이때 실질적인 거리는 보폭과는
상관 없었다. 이처럼 1보의 길이가 여러 번 바뀐 것은 그것이 거리의 기준으로
쓰인 것은 물론 농지의 넓이를 측량하는 기준이 되었기 때문에 量田丈量法의
개혁 때마다 바뀌게 된 것이다. 한편, 우리 나라에서의 보는 본래 중국제도와는
달라서 거리측량에만 쓰여왔다. 그러나 통일신라 때 문무왕이 중국제도를 본따
서 1보의 길이를 표준척도의 6자로 고치고 그 제도를 絹布의 길이를 재는 데에
도 사용하였다.([史]. [遺]. 朴興秀,「度量衡과 國樂論叢」,『朴興秀博士論文集』,
1980)

7) 尺 : 우리 나라의 도량형제도는 중국에 기원을 둔 척관법을 사용하였으나 시
대에 따라 우리 고유의 것으로 개발하여 사용하였다. 고구려의 고구려척은 1자
가 35.51cm를 기준으로 하였고, 신라는 周尺인 20.45cm를 그대로 사용하였으며,
고려시대에는 十指尺, 즉 0.45cm를 기준으로 하는 고유한 高麗尺을 제정하였
다. 이 고려척은 일본에까지 전래되어 일본의 도량형 제도의 기초가 되었다. 조
선시대 세종대왕 때에는 길이·부피 및 무게뿐만 아니라 시간을 측정하기 위한
해시계와 같은 독자적인 도량형기를 개발하였다.(朴興秀, 앞의 논문, 1980)

8) 元眞 : 여기 외에는 기록이 없어 자세히 알 수 없다.

9) 角干 : 신라의 京位 17관등 중 최상위 관등인 伊伐飡의 다른 명칭. 伊伐干, 于
伐飡, 角粲, 舒發翰, 舒伐邯이라고도 한다. 신라 中代에는 각간 위에 大角干, 太

개원 21년 계유(癸酉, 733)[10]에 당나라 사람들이 북쪽 오랑캐[北
狄][11]를 치려고 신라에 청병하여[12] 사신 6백 4명이 왔다가 본국으로
돌아갔다.

大角干 등의 관등을 신설하여 김유신과 같이 공로가 있는 사람에게 수여하였다.

10) 開元二十一年癸酉 : 聖德王 32년에 해당한다.

11) 北狄 : 북쪽 오랑캐. 여기서는 渤海·靺鞨을 가리킨다.

12) 請兵新羅 : [史] 卷8 聖德王 32年條와 『舊唐書』의 渤海靺鞨傳, 『新唐書』의
渤海傳·新羅傳 등에도 이와 같은 기사가 나온다. 신라는 당의 청병으로 출병
하여 발해를 공격하였으나 실패하였다. 그러나 그 결과 성덕왕 35년(735)에는
당과의 외교적 현안이었던 국경문제를 泪江(大洞江)으로 확정짓게 된다.

44. 景德王 忠談師 表訓大德

德[1]經等大王備禮受之 王御國二十四年 五岳三山神等 時或現
侍於殿庭

　三月三日 王御歸[2]正門樓上 謂左右曰 誰能途中得一員榮服僧
來 於是適有一大德 威儀鮮潔 徜徉而行 左右望而引見之 王曰 非
吾所謂榮僧也 退之 更有一僧 被衲衣負櫻筒〈一作荷簣〉 從南而來
王喜見之 邀致樓上 視其筒中 盛茶具已 曰 汝爲誰耶 僧曰忠談
曰 何所歸來 僧曰 僧每重三重九之日 烹[3]茶饗南山三花嶺彌勒世
尊 今茲旣獻而還矣 王曰 寡人亦一甌茶有分乎 僧乃煎茶獻之 茶
之氣味異常 甌中異香郁烈 王曰 朕嘗聞師讚耆婆郎詞腦歌 其意甚
高 是其果乎 對曰然 王曰 然則爲朕作理[4]安民歌 僧應時奉勅歌
呈之 王佳之 封王師焉 僧再拜固辭不受

　安民歌曰 君隱父也 臣隱愛賜尸母史也 民焉狂尸恨阿孩古爲賜
尸知民是愛尸知古如 窟理叱大肹生以支所音物生此肹喰惡支[5]治
良羅 此地肹捨遣只於冬是去於丁 爲尸知國惡支[6]持以 支知古如

---

1) 德 : [民]은 이 앞에 빠진 글이 있는 것으로 보았다.
2) 歸 : [正][晚][順] 故. [品] 皈(歸와 동자). [斗][浩][六] 歸.
3) 烹 : [正][晚][順] 烹. [品][斗][浩][六] 烹.
4) 理 : 고려 成宗의 이름 '治'의 피휘.
5) 支 : [正][品][斗] 攴. [浩][六] 支.

後句 君如臣多支民隱如 爲內尸等焉國惡太[7]平恨音叱如

讚耆婆郞歌曰[8] 咽嗚爾處米 露曉邪隱月羅理 白雲音逐于浮去
隱安支[9]下 沙是八陵隱汀理也中 耆郞矣兒史是史藪邪 逸烏川理
叱磧惡希 郞也持以支[10]如賜烏隱 心未際叱肹逐內良齊 阿耶 栢史
叱枝次高支[11]好 雪是毛冬乃乎尸花判也

王[12]玉莖長八寸[13] 無子廢之 封沙梁夫人 後妃滿月夫人 諡景
垂太[14]后 依忠角干之女也

王一日詔表訓大德曰 朕無祐[15] 不獲其嗣 願大德請於上帝而有
之 訓上告於天帝 還來奏云 帝有言 求女卽可 男卽不宜 王曰願轉
女成男 訓再上天請之 帝曰 可則可矣 然爲[16]男則國殆矣 訓欲下
時 帝又召曰 天與人不可亂 今師往來如隣里 漏洩天機 今後宜更
不通 訓來以天語諭之 王曰 國雖殆 得男而爲嗣足矣 於是滿月王
后生太子 王喜甚

至八歲王崩 太子卽位 是爲惠恭大王 幼冲故太[17]后臨朝 政條不
理 盜賊蜂起 不遑備禦 訓師之說驗矣 小帝旣女爲男故 自期晬至
於登位 常爲婦女之戱 好佩錦囊 與道流爲戱 故國有大亂 終[18]爲

---

6) 支：[正][品] 攴. [斗][浩][六] 支.
7) 太：[正][浩] 大. [品][斗][六] 太.
8) 讚耆婆郞歌曰：[正]에는 이 부분을 다른 줄로 바꿔 썼으나, 잘못이다.
9) 支：[正][斗] 攴. [品][浩][六] 支.
10) 支：주 5)와 같음.
11) 支：주 9)와 같음.
12) 王：[六] 玉.
13) 寸：[正] □. [品][斗][浩][六][民] 寸.
14) 太：[正] 大.
15) 祐：[浩][六] 祐.
16) 爲：[六] 有.
17) 太：[正][品] 大. [斗][浩][六] 太.

宣德與金良相¹⁹⁾所弑 自表訓後 聖人不生於新羅云

---

18) 終 : [正][品][六] 修. [斗][浩][民] 終.
19) 良相 : [斗][浩] 敬信.

경덕왕[1] · 충담사 · 표훈대덕

[당나라에서 보낸] 『도덕경[德經]』 등을 대왕이 예를 갖추어 받았
다.[2] 왕이 나라를 다스린 지 24년에 오악(五岳)[3]과 삼산(三山)[4]의

1) 景德王: 신라의 제35대 왕. 재위 742-765. 성은 金氏이고 이름은 憲英이다. 聖
德王의 셋째 아들이고 孝成王의 동생이다. 효성왕이 아들이 없어 태자로 책봉
되었다가 742년에 왕위를 계승하였다. 747년에 中侍를 侍中으로 개칭했고, 國學
의 여러 학업과정에 박사와 조교를 두었으며, 748년에는 貞察 1명을, 749년에는
천문박사 1명과 누각박사 6명을, 758년에는 율학박사 2명을 두었다. 757년에는
지방 9개 주의 명칭을 비롯한 군현의 명칭을, 759년에는 중앙관부의 관직명을
모두 중국식으로 바꾸었다. 757년에 내외관리의 녹봉을 없애고 녹읍을 부활시켰
다. 왕은 眞表로부터 菩薩戒를 받았고, 이 밖에도 忠談, 月明, 太賢, 元表, 李純
등 많은 고승을 만나 자문을 구하기도 하였다. 경덕왕릉은 경주시 내남면 부지
리에 있다.
2) 德經等大王備禮受之: [史] 卷9 新羅本紀 孝成王 2年 夏4月條에는 「唐使臣
邢璹 以老子道德經等文書 獻于王」이라고 하였다. 따라서 이 구절은 앞의 항목
孝成王條에 들어가야 할 것이다.
3) 五岳 : 五嶽은 동쪽은 吐含山, 남쪽은 智異山, 서쪽은 鷄龍山, 북쪽은 太白山,
중앙은 父岳이었다. 이 중 父岳은 公山이라고도 하며 지금의 大邱市 八公山이
다. 그러나 당시의 중악을 경주시 斷石山으로 보는 견해도 있다.(金庠基, 「花郞
과 彌勒信仰에 대하여」, pp.8-11) 父岳은 押督國 같은 소국을 대표하는 산이며,
신라가 神文王 9년(689)에 達句伐로 천도하려던 계획과 관련하여 중시되었을
것이라는 견해가 있다.(李基白, 「新羅五嶽의 成立과 그 意義」, 『新羅政治社會
史研究』, 1974, pp.198-211. 文暻鉉, 「新羅人의 山岳崇拜와 山神」, 『新羅文化祭
學術發表會論文集』12, 新羅文化宣揚會, 1991, pp.19-20)
4) 三山 : 奈歷(習比部), 骨火(切也火郡), 穴禮(大城郡)을 이른다. 奈歷을 지금
의 狼山에 비정하는 설이 있다.(李丙燾, 『國譯 三國史記』, pp.498-499. 洪淳昶,
「新羅의 三山五嶽과 新羅人의 山岳崇拜에 대하여」, 『三上次男博士喜壽記念論
文集(歷史篇)』, 1985, p.248) 骨火는 지금의 永川市 完山洞과 汎魚洞 일대의

신들이 때로는 혹 대궐 뜰에 나타나 [왕을] 모셨다.

3월 3일에 왕이 귀정문(歸正門)5)의 누 위에 나가서 좌우의 측근에게 말하기를, "누가 길거리에서 위의(威儀) 있는 승려 한 사람을 데려올 수 있겠느냐?"라고 하였다. 이때 마침 위의가 깨끗한 고승 한 분이 배회하고 있었다. 좌우 측근들이 그를 보고 데려다 보이니, 왕이 말하기를, "내가 말하는 위의 있는 승려가 아니다"라고 하면서 그를 물리쳤다. 다시 한 승려가 납의(衲衣)를 입고 앵통(櫻筒)을 지고서〈또는 삼태기를 졌다고도 한다.〉 남쪽에서 왔다. 왕이 그를 보고 기뻐하면서 누 위로 맞아서 그 통 속을 보니, 다구(茶具)가 들어 있을 뿐이었다. 왕이 묻기를, "그대는 누구요?"라고 하니, 승려가 대답하기를, "충담(忠談)6)이옵니다"라고 하였다. [왕이] 묻기를, "어디서 오시오?"라고 하니, 승려가 대답하기를, "소승은 3월 3일[重三]과 9월 9일[重九]에는 남산(南山) 삼화령(三花嶺)7)의 미륵세존(彌勒世尊)8)에게 차를 다려 공

완산으로 비정되나, 경주 金剛山에 비정한 설도 있다.(李丙燾, 『國譯 三國史記』, p.499) 穴禮는 현재 慶州市 북부의 魚來山으로 비정된다. 그러나 지금의 청도와 밀양의 중간에 있는 鳧山(李丙燾, 『國譯三國史記』, p.499) 또는 단석산(金庠基, 「花郎과 彌勒信仰에 대하여」, 『李弘植博士回甲紀念韓國史學論叢』, 1968, pp.8-11) 또는 慶州市 魚來山(金侖禹, 「新羅時代 大城郡에 관한 小考」, 『新羅文化』 3・4合輯, 1987, p.61)으로 비정하는 견해도 있다.

5) 歸正門 : 왕이 臨御한 歸正門은 경덕왕 22년 李純이 好樂하는 왕에게 '改過自新 以永國壽'를 諫奏하였던 正室에 비유되는 곳으로 문무왕 때 재상 車得恭이 民政潛行할 때 도움을 받은 武珍州 州吏 安吉을 접견한 장소이다. 『東京雜記』에 「卽歸正乃最外之正門 又曰 歸正西門也 闕之西向」이라고 한 것으로 보아 歸正門은 궁궐 서쪽의 문임을 알 수 있다.(『三國史記』 卷9, 경덕왕 22년조. 閔周冕, 『東京雜記』 卷3, 東京雜記刊誤條)

6) 忠談 : 생몰년 미상. 신라 景德王 때의 승려. 향가를 잘 지었으며 讚耆婆郎歌와 安民歌는 그의 대표작이다. 櫻筒에 茶具를 갖춰 다니면서 경주 남산 삼화령의 미륵세존에게 해마다 3월 3일과 9월 9일에 차 공양을 올린 茶人으로도 유명하다.

양하는데, 지금도 차를 드리고 돌아오는 길입니다"고 하였다. 왕이 말하기를, "과인에게도 차 한잔을 줄 수 있소?"라고 하니, 승려가 곧 차를 다려 왕에게 드렸는데,9) 차의 맛이 이상하고 찻잔 속에는 특이한 향이 풍겼다. 왕이 말하기를, "짐이 일찍이 듣기로는 스님이 기파랑(耆婆郎)을 찬양한 사뇌가(詞腦歌)10)가 그 뜻이 매우 높다고 하던데, 과연 그러하오?"라고 하니, 대답하기를, "그러하옵니다"고 하니, 왕이 말하기를, "그렇다면 짐을 위해 백성을 편안히 다스릴 노래를 지어주시오"라고 하니, 승려가 즉시 칙명을 받들어 노래를 지어 바쳤다. 왕

---

7) 三花嶺 : 이와 관련되는 기사는 [遺] 卷5 孝善 貧女養母條의 「孝宗郎遊南山鮑石亭-或云三花述」이다. 三花述은 三花峰으로 남산의 嶺名이다. 삼화령은 花郎의 遊覽地로서 神仙思想에 의한 仙女傳說의 華山으로부터 기인된 것으로 생각된다.(金宅圭, 「三國遺事의 民俗體系」, 『三國遺事의 綜合的 檢討』, 한국정신문화연구원, 1987, pp.590-591. [品] 中, p.88)

8) 彌勒世尊 : 승려 生義는 경주 남산 골짜기 땅 속에서 石彌勒을 파내 三花嶺으로 옮기고 그곳에 절을 지어 生義寺라고 하고 살았다. 善德王 13년(644)의 일인데, 이 불상이 훗날 충담이 차를 공양한 그 미륵세존이다.([遺] 卷3 塔像 生義寺石彌勒條) 이 불상은 1925년에 국립경주박물관으로 옮겨졌고, 그후 민가에서 두 挾侍菩薩像도 찾아 옮김으로써 三尊像을 갖추게 되었다.

9) 烹茶饗南山…煎茶獻之 : 신라의 승려와 화랑도에는 飮茶의 풍속이 있었으며, 차는 불전의 중요한 공양물 중의 하나이기도 하였다. 忠談이 남산의 미륵삼존에게 차를 공양했듯이 寶川과 孝明도 오대산의 문수보살에게 차를 공양하였다. ([遺] 卷3 塔像 溟州五臺山寶叱徒太子傳記條) 그리고 궁중에도 차가 있었음은 경덕왕이 승려 月明에게 品茶 한 봉을 하사했다는 기록([遺] 卷5 感通 月明師兜率歌條)으로 알 수 있다.

10) 詞腦歌 : 이에 관한 해석은 여러 가지가 있다. 詞와 腦를 각각 음차와 훈차로 읽어 시골 노래로 해석하는 경우(鄭寅普, 「朝鮮文學原流草本第一篇」, 『朝鮮語文硏究』1, 연희전문학부출판부, 1930, pp.26-29), 사뇌야지방에서 기원하여 유행하던 노래로서 후일에는 신라의 시가 전체를 대표하는 노래가 되었다고 보는 경우(정병욱, 『한국고전시가론』, 신구문화사, 1982, p.78), 향가 중에서도 내용이 매우 깊고 고상한 노래에 대한 특별한 명칭이라고 보는 경우(최철, 『향가의 문학적 해석』, 연대출판부, 1990, p.7) 등이 있다. 다만, 사뇌가는 향가의 하위유형에 속하고 嗟辭가 있는 10구체 향가라는 것은 일반적인 해석이다.

이 그를 아름답게 여겨 왕사(王師)로 봉하니, 승려는 두 번 절하고 굳이 사양하며 받지 않았다.

안민가(安民歌)는 이렇다.

임금은 아버지요

신하는 사랑하실 어머니요

백성은 어리석은 아이라 하실지면

백성이 그 사랑을 알리라

꾸물거리며 사는 물생(物生)에게

이를 먹여 다스린다

이 땅을 버리고 어디 가려 할지면

나라 안이 유지됨을 알리이다

아아, 임금답게, 신하답게, 백성답게 할지면

나라 안이 태평하리이다

기파랑을 찬미한 노래는 이렇다.[11]

열치고

나타난 달이

흰 구름을 쫓아 떠가는 것이 아닌가

새파란 시내에

---

11) 讚耆婆郞歌曰 : 본문에는 독립된 하나의 항목으로 되어 있으나 이것은 景德王
忠談師 表訓大德條에 연결된 내용으로 誤刻임이 분명하다.(朴魯埻, 「讚耆婆郞
歌曰條의 位置設定 問題」, 『문화비평』 15, 아한학회, 1973, pp.149-154)

파랑의 모습이 있도다

일오천(逸烏川)12) 조약돌에서

낭이 지니신

마음가를 좇으려 하노라

아아! 잣나무 가지 드높아

서리 모를 화판(花判)이여

왕은 옥경(玉莖)의 길이가 8치나 되었다. 아들이 없으므로 왕비를 폐하여 사량부인(沙梁夫人)13)으로 봉하였다. 후비 만월부인(滿月夫人)의 시호는 경수태후(景垂太后)이며 의충(依忠)14) 각간의 딸이었다.

왕이 하루는 표훈(表訓)15) 대덕(大德)16)을 불러 말하기를, "짐이

---

12) 逸烏川 : 위치 미상.

13) 沙梁夫人 : [遺] 卷1 王曆 景德王條에 보이는 三毛夫人이다. 삼모부인은 伊湌 順貞의 딸이며, 아들을 낳지 못해 왕비에서 폐해져 出宮되어 沙梁夫人으로 봉 해졌다. 경덕왕 13년(754)에 皇龍寺鐘을 주성할 때 삼모부인은 시주였다.([史] 卷9 新羅本紀 景德王條. [遺] 卷3 塔像 皇龍寺鐘 芬皇寺藥師 奉德寺鍾條)

14) 依忠 : [史] 卷8 新羅本紀 聖德王條에는 義忠으로 표기되어 있으나 동일인물 로 생각된다. 성덕왕 34년(735)에 賀正使로 입당하였다가 당 현종이 패강 이남 에 대한 신라의 영유권을 인정하는 조서를 가지고 돌아왔다. 효성왕 원년(737) 에는 中侍가 되었다가 同王 3년 정월에 사망하였다.([史] 卷8 新羅本紀 聖德王 32年條·孝成王 元年 및 3年條 참조) 한편, 『冊府元龜』 卷971 外臣部 朝貢 開 元 23年 正月條에도 김의충의 입당사실이 기록되어 있다.

15) 表訓 : 생몰년 미상. 8세기 중반에 주로 활동하였고, 義相 10대 제자 중의 한 사람이며, 興輪寺金堂十聖으로 塑像이 봉안되기도 했던 華嚴學僧이다. 皇福寺 와 佛國寺에 주석하기도 했고, 금강산에 表訓寺를 창건하기도 하였다. 金大城 에게 華嚴敎學 중의 三種三昧를 강의하기도 하여 佛國寺 및 石窟庵 창건에 영 향을 끼치기도 하였다.(金相鉉, 『신라화엄사상사연구』, 민족사, 1991, pp.56-57)

16) 大德 : 고려 및 조선 승려의 법계 중 하나이다. 본래는 부처님을 지칭하던 말 이었으나 뒤에 지혜와 덕망이 높은 승려들에 대한 존칭으로도 사용되었다.

복이 없어 아들을 두지 못했으니, 원컨대 대덕께서 상제(上帝)께 청하여 아들을 두게 해주시오"라고 하였다. 표훈이 천제(天帝)에게 올라가 고하고 돌아와서 아뢰기를, "상제께서 말씀하시기를, 딸을 구한다면 가능하나 아들은 합당하지 못하다고 하셨습니다"라고 하였다. 왕이 말하기를, "원컨대 딸을 바꿔 아들로 해주시오"라고 하였다. 표훈이 다시 하늘에 올라가 청하니, 상제가 말하기를, "될 수는 있지만, 아들이 되면 나라가 위태로울 것이다"라고 하였다. 표훈이 내려오려 할 때 상제가 다시 불러 말하기를, "하늘과 사람 사이를 어지럽게 할 수는 없는데, 지금 스님은 마치 이웃 마을처럼 왕래하면서 천기(天機)를 누설했으니, 이후로는 다시 다니지 말라"라고 하였다. 표훈이 돌아와 천제의 말로써 왕을 깨우쳤으나, 왕은 말하기를, "나라는 비록 위태로울지라도 아들을 얻어서 뒤를 잇는다면 족하겠소" 라고 하였다. 이리하여 만월왕후가 태자를 낳으니 왕이 매우 기뻐하였다.[17]

태자가 8세 때에 왕이 돌아가 왕위에 오르니, 이가 혜공대왕(惠恭大王)[18]이다. 나이가 어렸으므로 태후가 조정에 나섰으나 정사가 다

---

17) 王一日詔表訓大德曰…滿月王后生太子 王喜甚 : 혜공왕 탄생설화에 대해서 天帝에게 청하여 경덕왕이 아들을 얻도록 해준 표훈의 노력을 경덕왕의 전제주의를 도와준 것으로 보는 견해가 있다.(李基白,『신라정치사회사연구』, 一潮閣, 1974, p.217) 그러나 표훈은 천제의 권위를 빌려서 왕이 아들 얻기를 고집하면 나라가 위태로워질 것이라고 일깨워주었음에도 왕이 이를 받아들이지 않은 결과 나라가 어지럽게 되었다는 의미로 해석하는 경우도 있다.(金相鉉,『신라화엄사상사연구』, 민족사, 1991, p.287)

18) 惠恭大王 : 신라의 제36대 왕. 재위 765-780. 8세의 나이로 왕위에 올라 어머니인 滿月夫人이 섭정하였다. 혜공왕 4년에 大恭과 大廉의 난, 6년에 金融의 난, 11년에 金隱居·廉相·正門의 난이 있었다. 16년에 金志貞의 난으로 혜공왕이 죽음으로써 신라의 중대 왕실은 막을 내렸다.([史] 卷9 新羅本紀 惠恭王 條 참조)

스려지지 못하고, 도적이 벌떼처럼 일어나 미처 막을 수가 없었으니,
표훈스님의 말이 맞았다. 어린 왕은 이미 여자로서 남자가 되었으므로
돌날부터 왕위에 오를 때까지 언제나 여자들이 하는 장난을 하고, 비
단주머니 차기를 좋아하며, 도류(道流)와 어울려 희롱하였다. 그러므
로 나라에 큰 난리가 있어[19] 마침내 왕은 선덕왕[宣德][20]과 김양상
(金良相)[21]에게 살해되었다. 표훈 이후로는 신라에 성인이 나지 않았
다고 한다.

---

19) 國有大亂 : 惠恭王 16년에 일어난 伊湌 김지정(?-780)의 반란을 말하는 것으
로 보인다.

20) 宣德 : 宣德王. 신라의 제37대 왕. 재위 780-785. 성은 김씨이고 이름은 良相이
다. 奈勿王의 10세손으로 아버지는 김효방이다. 경덕왕 23년(764)에 시중이 되
었다가 惠恭王 10년(774)에 伊湌으로서 上大等이 되었고 同王 13년 4월에 글
을 올려 시국 정치를 極論하였다. 그후 同王 16년에 일어난 金志貞의 반란을
진압하고 왕위에 올랐다.

21) 金良相 : 혜공왕 16년에 일어난 이찬 김지정의 반란을 김양상(선덕왕)과 金敬
信이 함께 진압하고 있는 기사가 [史] 卷9 新羅本紀 惠恭王 16年條에 나타나
고 있기 때문에 본 기록의 김양상은 원성왕 김경신을 이르는 것으로 보인다.

45. 惠恭王

　大曆之初　康州官署大堂之東　地漸陷成池〈一本大寺東小池〉從¹⁾十三尺　橫七尺　忽有鯉魚五六　相繼而漸大　淵亦隨大

　至二年丁未　又天狗墜於東樓南　頭如瓮　尾三尺許　色如烈火　天地亦振

　又是年　今²⁾浦縣³⁾稻田五頃中　皆米顆成穗　是年七月　北宮庭中先⁴⁾有二星墜地　又一星墜　三星皆沒入地　先時⁵⁾宮北厠圊中二莖蓮生　又奉聖寺田中生蓮　虎入禁城中　追覓失之　角干大恭家　梨木上雀集無數　據安國兵法下卷云　天下兵大亂　於是大赦修省

　七月三日　大恭角干賊起　王都及五道州郡　并九十六角干相戰大亂　大恭角干家亡　輸其家資寶帛于王宮　新城長倉火燒　逆黨之寶穀在沙梁牟梁等里中者　亦輸入王宮

　亂彌三朔乃息　被賞者頗多　誅死者無算⁶⁾也　表訓之言國殆　是也

---

1) 從 : [浩] 縱.
2) 今 : [品] 金.
3) 縣 : [正][晚][順] 縣. [品][斗][浩][六] 縣.
4) 先 : [六] 없음.
5) 時 : [浩][民] 是.
6) 算 : [正] 筭. [品][斗][浩][六] 算.

혜공왕[1]

    대력(大曆)[2] 초년에 강주(康州)[3] 관청의 대당(大堂) 동쪽에서 땅
이 점점 꺼져 못이 되니〈어떤 책에는 큰 절의 동쪽 조그만 못이라고 하였다.〉
세로가 13자, 가로가 7자였다. 갑자기 잉어 5, 6마리가 서로 연속하여
점점 커지고 못도 따라서 커졌다.[4]

---

1) 惠恭王 : 신라의 제36대 왕. 재위 765-780. 이름은 乾運이며, 景德王의 嫡子이
  다. 어머니는 舒弗邯 義忠의 딸로서 金氏인 滿月夫人이다. 처음 왕비는 神巴夫
  人으로 魏正角干의 딸이며, 다음 왕비는 昌昌夫人으로 金將角干의 딸이다. 8세
  에 즉위하였으므로 太后(어머니 만월왕후)가 섭정하였다. 惠恭王 4년(768)에
  一吉湌 大恭과 그의 동생인 阿湌 大廉이 반란을 일으킨 것을 계기로 왕이 통치
  한 시기에는 많은 반란이 일어나 사회가 불안하였다. 결국 同王 16년(780)에는
  金良相과 金敬信이 반란을 일으켰는데, 그 난 중에 왕과 왕비가 살해되었다. 이
  보다 앞서 景德王 때에는 專制主義를 강화하려는 정치개혁이 시도되었다. 곧
  경덕왕 16년(757)에 전국의 州郡縣의 이름을 고쳤으며, 동왕 18년에는 관제의
  이름을 漢式으로 고쳐 정비하였다. 그런데 이러한 개혁은 점차 실패로 기울면
  서, 혜공왕 12년(776)에는 경덕왕 이전의 관제나 지명이름으로 복구되었다. 이
  것은 신라 중대 이래의 전제 개혁이 실패로 끝났으며, 오히려 귀족세력이 왕권
  을 능가할 정도로 신장되었음을 알려준다.(李基白, 「新羅 惠恭王代의 政治的
  變革」,『社會科學』2, 1958 ;『新羅政治社會史硏究』, 1974, pp.238-247)
2) 大曆 : 중국 唐 代宗의 연호(766-779).
3) 康州 : 신라 景德王 때 또는 고려 초기에 지금의 경상남도 晉州지방을 부르던
  이름이다. [勝覽] 卷30 晉州牧의 建治沿革條에 「本百濟居列城 新羅文武王取
  而置州 神文王分居陁州 置晉州摠管 景德王改康州 惠恭王復爲菁州 高麗太祖
  又改康州 成宗二年置牧 十四年改晉州 置節度使 號定海軍隷山南道」라고 하였
  다.
4) 地漸陷成池…淵亦隨大 : [史] 卷9 新羅本紀 惠恭王 2年條에 「春正月 二日並
  出 大赦 二月 王親祀神宮 良里公家 牝牛生犢五脚 一脚向上 康州地陷成池 縱

2년 정미(丁未, 767)5)에는 또 천구성[天狗]6)이 동루(東樓) 남쪽에 떨어졌다. 머리는 항아리만하고, 꼬리는 3자 가량이나 되며, 빛은 활활 타오르는 불과 같았고, 하늘과 땅도 진동하였다.

또 이 해에 금포현(今浦縣)7)의 5경(頃)8) 가량의 논 속에서 모든 쌀알이 이삭을 이루었으며, 이해 7월에 북궁(北宮) 뜰 안에 먼저 별 두 개가 땅에 떨어지고, 또 별 한 개가 떨어지더니, 별 세 개가 모두 땅 속으로 들어갔다.9) 이보다 앞서 대궐 북쪽 뒷간 속에서 두 줄기 연(蓮)이 나더니, 또 봉성사(奉聖寺)10) 밭 속에서도 연이 났다.11) 범이

<hr>

廣五十餘尺 水色靑黑」이라고 하였다. 地陷은 地裂·山崩·地震 등과 함께 變亂을 경고하는 뜻으로 史書에 자주 기록되었다.

5) 二年丁未 : 大曆 2년, 곧 767년으로 惠恭王 3년에 해당한다.

6) 天狗 : 天狗星. 곧 소리를 내는 流星이나 혜성을 가리키는데, 이것이 나타나면 兵亂의 징조로 생각되었다. [史] 卷9 新羅本紀 惠恭王 2年條에 「冬十月 天有聲如鼓」라고 한 것을 말한다.

7) 今浦縣 : 다른 곳에서는 나타나지 않는다. 今과 金은 발음이 같기 때문에 金浦縣을 가리키며, 지금의 경기도 金浦郡 金浦邑에 해당된다. [史] 卷35 地理志 2 漢州 長堤郡條에 「金浦縣 本高句麗黔浦顯 景德王改名 今因之」라고 하였다. 今浦顯의 「모든 쌀알이 이삭을 이루었다」는 것은 [史] 卷9 新羅本紀 惠恭王 3年條에 「九月 金浦縣禾實皆米」라고 한 사실을 가리킨다. 여기서도 今浦縣은 金浦縣임을 알 수 있다.

8) 頃 : 토지의 면적을 표시하는 단위. 柳馨遠의 『磻溪隨錄』田制(上)에 「古者 畝式 六尺爲一步 百步爲一畝 百畝爲一頃」이라고 하였다.

9) 三星皆沒入地 : [史] 卷9 新羅本紀 惠恭王 3年 秋7月條에 「三星隕王庭 相擊 其光如火迸散」이라고 하였다. 隕石이 여러 개 잇따라 떨어지는 것도 역시 재앙이 뒤따르는 것으로 신앙되었다.

10) 奉聖寺 : 경주시 동성동에 있었던 사찰. 神文王 5년(685)에 惠通의 청으로 왕이 信忠의 명복을 빌기 위해 창건하였다. [史] 卷8 新羅本紀 神文王 5年 3月條에 「奉聖寺成」이라고 하였는데, [遺] 卷5 神呪 惠通降龍條에 「初神文王發疽背 請候於通 通至 呪之立活 乃曰 陛下 曩昔爲宰官身 誤決臧人信忠爲隷 信忠有怨 生生作報 今玆惡疽亦信忠所祟 宜爲о創伽藍 奉冥祐以解之 王深然之 創寺 號信忠奉聖寺 寺成 空中唱云 因王創寺 脫苦生天 怨已解矣」라고 하였다. 이 절에는 四天王寺·感恩寺·奉德寺·奉恩寺와 함께 成典이 설치되어 있었다.

궁성[禁城] 안에 들어온 것[12]을 쫓아가 찾았으나 놓쳤다. 각간(角干) 대공(大恭)[13]의 집 배나무 위에 참새가 수없이 모여들었다. 『안국병법(安國兵法)』[14] 하권에 의하면, [이런 일이 있으면] 천하에 큰 병란이 일어난다고 했으므로, 이에 임금은 대사령[大赦]을 내리고, 몸을 닦고 반성하였다.

7월 3일에 각간 대공의 반란이 일어나고, 서울과 오도(五道) 주군(州郡)의 총 96명의 각간들이 서로 싸워 [나라가] 크게 어지러웠다.[15] 각간 대공의 집이 망하자, 그 집의 재산과 보물과 비단 등을 모

11) 田中生蓮 : 밭 중에 자란 연은 사회가 혼란해진다는 징조를 나타낸다. 다만 [史] 卷9 新羅本紀 惠恭王代의 기록에는 나타나 있지 않다. 이것은 奉聖寺와 연관하여 기록되었는데, 이 절은 신라 사회의 혼란이나 패망을 예시하는 것과 연고되어 있다. 神德王 1년(912)에 봉성사 바깥 문 동서의 21칸에 까치가 깃들여 집을 지음으로써 신라의 패망을 미리 알렸다.([遺] 卷2 紀異 孝恭王條)

12) 虎入禁城 : 호랑이가 궁성으로 들어온다는 표현도 혼란을 예시하는 것이다. 이것은 [史] 卷9 新羅本紀 惠恭王 4年 6月條에 「虎入宮中」이라고 하였고, 同王 6年 6月條에는 「虎入執事省 捉殺之」라고 하였다.

13) 大恭 : 출신을 정확하게 알 수는 없으나, 惠恭王 4년(768)에 동생 大廉과 더불어 반란을 일으키다가 실패하여 죽임을 당하였다. [史] 卷9 新羅本紀 惠恭王 4年 秋7月條에 「一吉湌大恭與弟阿湌大廉叛 集衆圍王宮三十三日 王軍討平之 誅九族」이라고 하였다. 그러나 [遺] 卷2 紀異 惠恭王條에서는 「大曆二年丁未」, 곧 혜공왕 3년에 일어난 것으로 기재되어 있다. [史]의 기록이 옳을 것으로 생각한다.

14) 安國兵法 : 兵書일 것으로 추측되나 現傳하지 않으며, 저자나 저술연대 등은 알려져 있지 않다.

15) 九十六角干相戰大亂 : 각간은 신라의 17관등 중의 제1관등인 伊伐湌을 가리키는데, 이 기록은 96명의 각간이 동시에 있었다기 보다는 여러 族長이 서로 다툰 것으로 이해된다.(金哲埈, 「新羅 貴族勢力의 基盤」, 『韓國古代社會硏究』, 지식산업사, 1975, p.245) 대공의 난 외에 혜공왕 때에는 많은 반란이 일어났다. 惠恭王 6년(770)에는 大阿湌 金融이 난을 일으켰으며, 동왕 11년 6월에 金隱居가 난을 일으켰는데, 곧 이어 8월에는 伊湌 廉相과 侍中 正門이 모반하였다. 또한 혜공왕 16년에는 伊湌 志貞이 난을 일으켰는데, 이 난을 평정하기 위해 上大等 金良相과 伊湌 金敬信이 擧兵하였고 이런 와중에 왕이 시해되었다. 그렇지

두 왕궁으로 옮겼다. 신성(新城)의 장창(長倉)16)이 불에 타자 사량(沙梁)·모량(牟梁) 등의 마을17) 안에 있던 역적들이 보(寶)에 보관한 곡식18)도 왕궁으로 실어들였다.

난리가 3개월만에 멎었다. 상을 받은 사람도 제법 많았으나 죽임을 당한 자도 수없이 많았으니, 표훈(表訓)의 말에 나라가 위태롭다고 한 것19)이 이것이었다.

만 이러한 반란이 모두 혜공왕에게 반대하여 일어난 것은 아니다. 그 중 대공이나 대렴·김융·김양상·김경신 등은 反혜공왕적인 입장이었다면, 김은거나 염상·정문·지정 등은 親혜공왕적 입장에서 난을 일으켰다.(李基白,「新羅 惠恭王代의 政治的 變革」, 앞의 책, pp.232-237)

16) 新城長倉 : 慶州 南山의 新城에 설치되었던 長倉(곡물창고)이다. [史] 卷6 新羅本紀 文武王 3年條에「春正月 作長倉於南山新城 築富山城」이라고 하였다. 곧 장창은 문무왕 3년(663)에 설치되었다.

17) 沙梁牟梁等里 : 里는 서울인 慶州에 있었던 말단 행정구역이다. [史] 卷3 新羅本紀 慈悲麻立干 12年條에「春正月 定京都坊里名」이라고 하였다. 곧 사량부와 모량부 내에 있던 里를 말한다. 사량부와 모량부에 대해서는 [遺] 卷1 紀異 桃花女 鼻荊郎條의 주석 8)과 [遺] 卷1 紀異 智哲老王條의 주석 7) 참조.

18) 寶穀 : 대부분의 譯註本에 보물과 곡식으로 해석되어 있다. 그러나 寶에 보관된 곡식으로 해석할 수 있다. 이때의 '寶'는 곡식을 쌓아두고 그 이식으로 일정한 사업을 하는 재단이다. [遺] 卷4 義解 圓光西學條에「故光於所住嘉栖寺 置占察寶 以爲恒規」라고 하였다. 신라에서는 일찍부터 보가 설치되어 있었다.

19) 表訓之言國殆 : 표훈은 의상의 제자로서 불국사에 住錫하고 있었으며, 興輪寺의 金堂十聖 속에 포함되어 그 西壁에 塑像으로 모셔졌다. 景德王은 아들이 없자 표훈에게 上帝께 올라가 자식을 점지해줄 것을 부탁하였다. [遺] 卷2 紀異 景德王 忠談師 表訓大德條에「王一日詔表訓大德曰 朕無祐 不獲其嗣 願大德 請於上帝而有之 訓上告於天帝 還來奏云 帝有言 求女卽可 男卽不宜 王曰 願轉女成男 訓再上天請之 帝曰 可則可矣 然爲男則國殆矣」라고 하였다. 곧 혜공왕은 본래 여자로 점지되었으나 남자로 바뀌었기 때문에 나라가 위태로워졌다.

46. 元聖大王

伊飧[1]金周元 初爲上宰 王爲角干 居二宰 夢脫幞頭 著素笠 把十二絃琴 入於天官寺井中 覺而使人占之 曰脫幞頭者 失職之兆 把琴者 著枷之兆 入井 入獄之兆 王聞之甚患 杜門不出

于時阿飧[2]餘三或本餘山[3]來通謁 王辭以疾不出 再通曰 願得一見 王諾之 阿飧[4]曰 公所忌何事 王具說占夢之由 阿飧[5]興拜曰 此乃吉祥之夢 公若登大位而不遺我 則爲公解之 王乃辟禁左右 而請解之 曰脫幞頭者 人無居上也 著素笠者 冕旒之兆也 把十二絃琴者 十二孫傳世之兆也 入天官井 入宮禁之瑞也 王曰 上有周元 何居上位 阿飧[6]曰 請密祀北川神可矣 從之

未幾 宣德王崩 國人欲奉周元爲王 將迎入宮 家在川北 忽川漲不得渡 王先入宮卽位 上宰之徒衆 皆來附之 拜賀新登之主 是爲元聖大王

諱敬信 金氏[7] 蓋厚夢之應也 周元退居溟州 王旣登極 時餘山已

---

1) 飧：[品][浩] 湌(飧과 상통). [史] 卷38 職官志(上)에는 湌.
2) 飧：주 1)과 같음.
3) 或本餘山：[正][六]에는 본문으로 기재되어 있으나, [品][斗][浩]는 세주로 보았다.
4) 飧：주 1)과 같음.
5) 飧：주 1)과 같음.
6) 飧：주 1)과 같음.
7) 氏：[正][品][六] 武. [斗][浩][民] 氏.

卒矣 召其子孫賜爵 王之孫8)有五人 惠忠太9)子 憲平太10)子 禮英
匝干 大龍夫人 小龍夫人等也

　　大王誠知窮達之變 故有身空詞腦歌〈歌亡未詳〉 王之考大角干孝
讓 傳祖宗萬波息笛 乃傳於王 王得之 故厚荷天恩 其德遠輝

　　貞元二年丙寅十月十一日 日本王文慶〈按日本帝紀 第五十五主11)文
德王疑是也 餘無文慶 或本云是王太12)子〉 擧兵欲伐新羅 聞新羅有萬波
息笛退兵 以金五十兩 遣使請其笛 王謂使曰 朕聞上世眞平王代有
之耳 今不知所在 明年七月七日 更遣使 以金一千兩請之曰 寡人
願得見神物而還之矣 王亦辭以前對 以銀三千兩賜其使 還金而不
受 八月 使還 藏其笛於內黃殿

　　王卽位十一年乙亥 唐使來京 留一朔而還 後一日 有二女進內庭
奏曰 妾等乃東池靑池〈靑池卽東泉寺之泉也 寺記云 泉乃東海龍往來聽法之
地 寺乃眞平王所造 五百聖衆 五層塔 幷納田民焉13)〉 二龍之妻也 唐使將
河西國二人14)而來 呪我夫二龍及芬皇寺井等三龍 變爲小魚 筒貯
而歸15) 願陛下勅二人 留我夫等護國龍也 王追至河陽館16) 親賜
享宴 勅河西人曰 爾輩何得取我三龍至此 若不以實告 必加極刑 於
是出三魚獻之 使放於三處 各湧水丈餘 喜躍而逝 唐人服王之明聖

　　王一日17)請皇龍寺〈注 或本云 華嚴寺又金剛寺18)〉 蓋以寺名經名19) 混之

___

8) 孫：[品] 子.
9) 太：[正] 大.
10) 太：주 9)와 같음.
11) 主：[正][品] 年. [斗][浩][六][民] 主.
12) 太：주 9)와 같음.
13) 焉：[正][晚][順] 판독미상. [品][斗][浩][六][民] 焉.
14) 人：[正][晚] ／ (오른쪽이 없음). [順] 人(가필). [品][斗][浩][六][民] 人.
15) 歸：[正][晚][順] 故.
16) 館：[正][品][浩] 舘. [斗][六] 館.

也20)〉 釋智海入內 講21)華嚴經五旬 沙彌妙正 每洗鉢於金光井〈因

太22)賢法師得名〉邊 有一黿浮沈井中 沙彌每以殘食 餧而爲戲23) 席

將罷 沙彌謂黿曰 吾德汝日久 何以報之 隔數日 黿吐一小珠 如欲

贈遺 沙彌得其珠 繫於帶端 自後大王見沙彌愛重 邀致內殿 不離

左右 時有一匝干 奉使於唐 亦愛沙彌 請與俱行 王許之 同入於唐

唐帝亦見沙彌而寵愛 承24)相左右莫不尊信 有一相士奏曰 審此沙

彌 無一吉相 得人信敬 必有所將25)異物 使人檢看 得帶端小珠 帝

曰 朕有如意珠四枚 前年失一个 今見此珠 乃吾所失也 帝問沙彌

沙彌具陳其事 帝內26)失珠之日 與沙彌得珠同日 帝留其珠而遣之

後人無愛信此沙彌者

王之陵在吐含岳西洞鵠寺〈今崇福寺〉 有崔致遠撰碑 又刱27)報28)

恩寺 又望德29)樓 追封祖訓入30)匝干爲興平大王 曾祖義官匝干爲

神英大王 高祖法宣大阿干爲玄聖大王31) 玄聖之考卽摩叱次匝干

---

17) 曰 : [正] 口. [品][斗][浩][六][民] 曰.

18) 寺 : 이 뒤에 [正] 香. [品] 是. [斗][浩][六] □. [民] 者.

19) 名 : 이 뒤에 [正] 光. [品] 交. [斗][浩][六] □. [民] 名은 衍文.

20) 注或本…混之也 : [正][六]에는 본문으로 기재되어 있으나, [品][斗][浩]는
세주로 보았다. 세주로 보는 것이 옳다.

21) 講 : [正][六] 稱. [品][斗][浩][民] 講.

22) 太 : 주 9)와 같음.

23) 戲 : [正][品][斗][六] 戱. [浩] 戯.

24) 承 : [品][民] 丞.

25) 將 : [正][品][斗][浩] 持. [六] 將.

26) 內 : [斗] 日 [浩][民] 思.

27) 刱 : [浩] 創.

28) 報 : [品] 奉.

29) 德 : [品] 恩.

30) 訓入 : [史] 卷10 新羅本紀 元聖王 卽位年條에는 魏文.

31) 玄聖大王 : [正][品][六] 玄聖大王玄聖大王. [斗][浩][民] 玄聖大王.

원성대왕

이찬(伊湌)1) 김주원(金周元)2)이 처음에 상재(上宰)3)가 되고, 왕

---

1) 伊湌 : 신라 17관등의 제2관등인 伊湌을 말한다.
2) 金周元 : 자식이 없었던 宣德王 때에 김주원은 왕위계승 서열에서 가장 우선
   이었고 金敬信은 그 다음이었다. 왕이 죽자 마침 비가 와 北川이 불어났는데,
   江北에 거주했던 김주원이 건너올 수 없게 되자 群臣들이 金敬信을 왕으로 세
   웠다. 그런데 이러한 사실은 김경신이 왕위계승자로 인정받았던 김주원을 무력
   으로 제압하고 스스로 왕위에 올랐음을 가리킨다.(李基白,「上大等考」,『歷史學
   報』19, 1962 ;『新羅政治社會史硏究』, 一潮閣, 1974, pp.120-121) 왕위쟁탈전
   에서 패퇴한 김주원은 서울에 있지 못하고 본래 자기의 연고지인 강릉으로 退
   去하여 강릉 김씨의 시조가 되었다. 신라 하대에 落鄕豪族은 이렇게 하여 성립
   되어갔다. 강릉에 퇴거한 김주원세력은 신라 정계에 상당한 영향력을 행사하였
   다. 그의 아들 중 金憲昌은 아버지가 왕이 되지 못한 데에 불만을 품고 반란을
   일으켰으나 실패하였고, 헌창의 아들 梵文도 반란을 일으키다가 제거되었다. 그
   러나 김주원의 또다른 아들인 宗基는 신라 조정에 깊이 관여하였다. 한편 [史]
   나 [遺]에는 나오지 않지만, 김주원의 아들로 身이 있다. 지금의 강릉 김씨들은
   모두 身의 후손으로 전해지고 있으며, 또한 김주원의 아버지는 惟靖인데 그는
   武烈王의 아들인 文汪의 曾孫으로 기록되어 있다.(金時習,「世系圖」,『梅月堂
   集』上, 亞細亞文化社, 1973, p.2) 김주원은 [史] 卷10 新羅本紀 元聖王 卽位
   年條에 宣德王의 族子라고 하였으나 [史] 卷44 列傳 金陽條에는 太宗 武烈王
   의 6世孫으로 기록되어 있다. 물론 이 기록은 상기한『梅月堂集』의 世系圖에는
   5世孫으로 되어 있어 차이가 있다. [史]의 기록이 옳을 것으로 생각한다. 이로
   보면 김주원의 가계는 무열왕의 후손으로, 상대등과 侍中職을 지내온 집안이며
   신라 중대 왕권강화에 크게 협력했다고 추론된다.(金貞淑,「金周元家系의 성립
   과 그 變遷」,『白山學報』28, 1984, p.193)
3) 上宰 : 이곳 외에 따로 잘 나타나 있지 않으나, [史]에 나오는 宰相을 가리키
   는 것으로 이해되기도 한다. 上大等이나 侍中으로 이해되나,(鈴木靖民,「金順
   貞・金邕-新羅政治의 一考察-」,『朝鮮學報』45, 1967 ;『古代의 朝鮮』, 1974,
   p.195) 신라 통일기에 국가기구를 초월하는 특수한 宰相制度가 있었던 것으로

은 각간(角干)으로서 이재(二宰)4)의 자리에 있었는데, 꿈에 머리에
쓴 두건[幞頭]5)을 벗고 흰 갓을 썼으며 12현금을 들고 천관사(天官
寺)6) 우물 속으로 들어갔다. [왕은] 꿈을 깨어 사람을 시켜 점을 쳤
더니, 말하기를, "두건을 벗은 것은 관직을 잃을 징조요, 가야금을 든
것은 칼을 쓸 징조요, 우물 속으로 들어간 것은 옥에 갇힐 징조입니
다"라고 하였다. 왕은 그것을 듣고 매우 근심하여 문을 잠그고 밖으로
나오지 않았다.

　그때 아찬(阿飡)7) 여삼(餘三)8), 어떤 책에는 여산(餘山)이라고 하
는 이가 와서 뵙기를 청했으나, 왕은 병을 핑계로 사양하고 나오지 않

추측되기도 한다.(木村誠,「新羅宰相制度」,『人文學報』118, 東京都立大學, 1977,
pp.34-38) [遺] 외에 나오는 上宰로 불리운 인물로 金順貞(『續日本紀』卷33
寶龜5年 3月 癸卯條)과 憲康王 때의 金林甫(崔文昌侯全集)가 있다. [遺]에서
상재는 왕위계승서열 제1번 후보라는 의미로 쓰였다.
4) 二宰 : 이곳 외에 따로 잘 나타나 있지 않으나, [史]에 나오는 宰相을 가리키
는 것으로 이해되기도 한다. 신라 통일기에 국가기구를 초월하는 특수한 宰相制
度가 있었던 것으로 추측되기도 한다.(木村誠,「新羅宰相制度」,『人文學報』118,
東京都立大學, 1977, pp.34-38) 二宰는 次宰를 가리키는 듯하며, [遺]에서 이재
는 왕위계승서열 제2번 후보라는 의미로 쓰였다. 앞의 주석 3) 참조.
5) 幞頭 : 頭巾의 하나. 貴人이 쓰는 모자로 後周의 武帝 때 처음 만들어졌으며,
展脚幞頭와 交脚幞頭의 두가지가 있었다. 통일신라시대에는 신분에 따라 그 종
류가 달리 사용되었다. [史] 卷33 雜志 色服條에는 신분에 따라 사용하는 복두
를 법으로 정하여 놓았다.
6) 天官寺 : 慶州市 五陵의 동쪽에 있었던 신라시대의 절. 金庾信이 창건했다고
하는데, 그가 어려서 通情한 娼妓의 집을 절로 만들었으며 천관은 娼妓의 이름
이었다. [勝覽] 卷21 慶州府 古跡條와 『東京雜記』卷2 古蹟條에 자세한 내용
이 전한다.
7) 阿飡 : 신라 17관등의 제6관등인 阿湌 또는 阿尺干을 말한다. 육두품 귀족이
오를 수 있는 최고의 관등이다.
8) 餘三 : 이곳 외의 [史]에 전혀 나타나지 않은 인물이다. 다만 육두품 출신으로
이해되고 있다.(李基白,「新羅 六頭品 硏究」,『省谷論叢』2, 1971 ;『新羅政治
社會史硏究』, 1974, pp.53-54)

왔다. [아찬이] 다시 연락하여 말하기를, "꼭 한 번 뵙기를 원합니다"
라고 하므로 왕이 이를 허락하였다. 아찬이 묻기를, "공께서 꺼리는
것은 무엇입니까?"라고 하니, 왕이 꿈을 점쳤던 사유를 자세히 말하였
다. 아찬은 일어나 절하고 말하기를, "이는 매우 좋은 꿈입니다. 공이
만일 큰 자리에 올라서 저를 버리지 않으신다면 공을 위해서 꿈을 풀
어 보겠습니다"라고 하였다. 왕이 이에 좌우 사람들을 물리치고 해몽
을 청하였다. [아찬이] 말하기를, "두건을 벗은 것은 위에 앉는 이가
없음이요, 흰 갓을 쓴 것은 면류관을 쓸 징조요, 12현금을 든 것은 12
대 자손에게9) 왕위를 전할 징조요, 천관사 우물에 들어간 것은 궁궐
[宮禁]로 들어갈 상서입니다"라고 하였다. 왕이 말하기를, "위에 주원
이 있는데 내가 어떻게 왕위에 오를 수 있단 말이오?"라고 하였다. 아
찬이 말하기를, "비밀리에 북천(北川)10)의 신에게 제사지내면 가능할
것입니다"라고 말하였다. [왕은] 그대로 따랐다.

　얼마 안 되어 선덕왕(宣德王)11)이 세상을 떠나자 나라 사람들은
김주원을 받들어 왕으로 삼아 장차 궁으로 맞아들이려고 하였다. 그의

---

9) 十二孫 : 元聖王은 奈勿王의 12세손임을 뜻한다.
10) 北川 : 閼川이라고도 한다. [勝覽] 卷21 慶州府 山川條에「東川 一云北川 一
　　云閼川 在府東五里 出楸嶺入堀淵」이라고 하였다.
11) 宣德王 : 신라의 제37대 왕. 재위 780-785. 성은 金氏이며 이름은 良相(또는
　　亮相([遺] 卷1 王曆))이고 나물왕의 10세손이다. 아버지는 海湌 孝芳이며, 어
　　머니는 金氏 四炤夫人으로 聖德王의 딸이다. 왕비는 具足夫人으로 角干 良品
　　의 딸이다.(또는 義恭 阿湌의 딸이라고도 한다) 金良相은 경덕왕 23년에 侍中
　　으로, 惠恭王 10년에는 上大等으로 임명되었고, 동왕 13년에는 상소하여 時政
　　을 논의하였다. 혜공왕 16년에 伊湌 志貞 등이 난을 일으키자 金良相과 金敬信
　　등이 擧兵하여 지정 등을 죽였다. 난중에 혜공왕이 시해되자 金良相이 즉위하
　　여 선덕왕이 되었다. 新羅史는 선덕왕 때부터 시대가 구분된다. 선덕왕으로부터
　　敬順王 때까지를 [史]에서는 下代라고 하며, [遺]에서는 下古라고 하였다.

집이 북천의 북쪽에 있었는데 갑자기 냇물이 불어 건널 수가 없었다. [이에] 왕이 먼저 궁에 들어가 왕위에 오르자, 상재(上宰)의 무리들이 모두 와서 따르고12) 새로 오른 임금에게 축하를 드리니, 이가 원성대왕(元聖大王)13)이다.14)

[왕의] 이름은 경신(敬信)이요, 성은 김씨이니 대개 길몽이 맞은 것이었다. 주원은 명주(溟州)15)로 물러나 살았다. 경신이 왕위에 올랐으나, 이때 여산은 이미 죽었으므로 그의 자손들을 불러 벼슬을 주었다. 왕에게는 자손이 다섯 있었으니, 혜충(惠忠)태자16)ㆍ헌평(憲平)

---

12) 上宰之徒衆 皆來附之 : 이 부분은 金敬信과 金周元이 무력에 의한 왕위쟁탈전을 감행했을 것이라고 추측하게 한다. 그 결과 싸움에 진 김주원세력이 강릉으로 退去하지만, 한편 그 무리가 김경신에게 來附하기도 하였다.

13) 元聖大王 : 신라의 제38대 왕. 재위 785-798. 이름은 敬信 또는 敬愼(『唐書』에는 敬則이라고 함) 奈勿王의 12世孫으로 아버지는 孝讓大阿干이며, 할아버지는 訓入匝干이다. 어머니는 朴氏 繼烏夫人이며, 妃는 金氏 淑貞夫人으로 神述角干의 딸이다. 宣德王 때에 上大等으로 있었는데, 왕이 슬하에 자식이 없이 돌아가자 群臣이 왕의 族子인 周元을 세우려 하였다. 주원의 집이 서울의 북쪽 20여 리에 있었다. 마침 비가 와서 閼川의 물이 불어나 주원이 건너올 수 없게 되자, 하늘의 뜻이라고 생각하고는 경신을 모셔 왕으로 삼았다. 원성왕 4년(788)에 讀書三品科를 실시하였으며, 同王 6년에는 발해에 사신을 보내기도 하였다. 동왕 7년에는 伊湌 悌恭이 반란을 일으켰으나 실패하였다. 또한 원성왕 때에 摠管을 都督으로 바꾸었으며, 奉恩寺를 창건하였다.

14) 國人欲奉周元爲王…是爲元聖大王 : [史] 卷10 新羅本紀 元聖王 卽位年條에도 비슷한 趣旨의 내용이 기록되어 있다. 다만 [遺]에는 '川'이라고 했는데, 그것은 北川이며 [史]에는 '閼川'으로 기록되어 있다.

15) 溟州 : 지금의 江陵지역. [遺] 卷1 紀異 馬韓條의 주석 22)와 [遺] 卷1 紀異 智哲老王條의 주석 11) 참조.

16) 惠忠太子 : 元聖王의 長子인 仁謙太子이다. 인겸은 원성왕 2년(786)에 태자로 봉해졌으나, 원성왕 7년(791) 正月에 죽어 諡號를 惠忠이라고 하였다. [史] 卷10 新羅本紀 昭聖王 元年 夏5月條에「追封考惠忠太子 爲惠忠大王」이라고 하였다. 원성왕이 죽은 후에 인겸의 아들인 俊邕이 즉위하여 昭聖王이 되었다. 昭聖王 元年(799)에 왕의 아버지인 인겸을 혜충대왕으로 봉하였다. 곧 혜충은 인겸의 시호로서 太子名인 동시에 추봉 왕명이었다.

태자17)·예영(禮英)18)잡간(匝干)19)·대룡(大龍)부인·소룡(小龍)
부인20) 등이다.

대왕은 실로 인생의 곤궁하고 영달하는 이치를 알게 되었으므로 신
공사뇌가(身空詞腦歌)21)를 지었다.〈노래는 없어져 알 수 없다.〉 왕의 아버
지 대각간(大角干)22) 효양(孝讓)23)이 선조 때부터 지녀온 만파식적
(萬波息笛)24)을 왕에게 전하였다. 왕은 이것을 얻게 되었으므로 하늘
의 은혜를 두텁게 입어 그 덕이 멀리 빛났다.

---

17) 憲平太子 : 원성왕의 次子인 義英太子이다. 인겸태자가 죽고 난 후 원성왕 8
년(792) 8월에 태자로 봉해졌으나, 同王 10년 2월에 죽어 시호를 헌평이라고 하
였다.
18) 禮英 : 元聖王의 셋째 아들로 孝眞이라고도 한다. 禮英의 아들로 均貞과 憲貞
이 있다. 헌정의 아들인 悌隆이 제43대 僖康王이 되었으며, 균정의 아들인 祐徵
이 제45대 神武王이 되었다. 예영은 신무왕 때에 惠康大王으로 추봉되었다.
([史] 卷10 新羅本紀 神武王條)
19) 匝干 : 신라 17관등의 제3관등. 蘇判 또는 迊湌이라고도 한다. 여기서는 예영
의 관위가 잡간으로 나와 있으나, [史] 卷10 新羅本紀 神武王條에는 伊湌(17관
등 중 제2관등)으로 나와 있어 차이가 있다.
20) 大龍夫人·小龍夫人 : 원성왕의 딸들인데, 이 외의 다른 기록에 전혀 나타나
있지 않다.
21) 身空詞腦歌 : 원성왕이 지었다는 鄕歌. 그 내용은 전하지 않는다.
22) 大角干 : 신라 17관등 중의 제1관등인 角干보다도 위에 두어졌던 관위이며, 大
舒發翰이라고도 한다. [史] 卷38 職官志(上)에「太宗王七年滅百濟論功 授大
將軍金庾信大角干 於前十七位之上加之 非常位也」라고 하였다. 곧 대각간은
非常位로 설치되었으며, 백제 멸망 직후 김유신에게 처음 수여되었다. 고구려
멸망 직후인 文武王 8년(669)에 다시 김유신에게 太大角干이 수여되었는데, 그
것은 대각간보다 높은 비상위 관위였다.
23) 孝讓 : 元聖王의 아버지로서 원성왕 元年(785)에 明德大王으로 추봉되었다.
그의 관위는 [遺] 본문에서 大角干으로, [遺] 卷1 王曆에서는 제5위인 大阿干
으로, [史] 卷10 新羅本紀 元聖王 元年 2月條에는 제7위인 一吉湌으로 기록되
어 있다. 부인은 朴氏로 繼烏夫人이며 昌近伊己의 딸인데, 시호를 昭文王后라
고 하였다.
24) 萬波息笛 : [遺] 卷2 紀異 萬波息笛條의 주석 18) 참조.

정원(貞元) 2년 병인(丙寅, 786)25) 10월 11일에 일본왕 문경(文
慶)26)〈일본제기(日本帝紀)27)를 보면 제55대 군주인 문덕왕(文德王)이 이 임금인
듯하다. 이 밖에 문경은 없다. 어떤 책에는 이 왕의 태자라고 하였다.28)〉이 군사를
일으켜 신라를 치려다가 신라에 만파식적이 있다는 말을 듣고 군사를
철퇴하고, 사자를 보내 금 50냥으로 피리를 [보자고] 청하였다. 왕이
사자에게 이르기를, "내가 듣기에는 상대 진평왕(眞平王) 때에 그것
이 있었다고 하는데29) 지금은 어디에 있는지 알 수가 없다"고 하였다.
이듬해 7월 7일에 다시 사자를 보내 금 1천 냥으로 청하기를, "과인이
그 신비로운 물건을 보기만 하고 그대로 돌려보내겠습니다"라고 하였
다. 왕은 전과 같은 대답으로써 이를 거절하고 은 3천 냥을 그 사자에

---

25) 貞元二年丙寅 : 貞元은 중국 唐 德宗의 연호(785-804). 정원 2년은 786년(元
聖王 2년)으로 일본 桓武天皇의 延曆 5년에 해당된다. 이 해로부터 다음 해의
7월 7일에 사신을 보내왔다는 사실은 [史]나 일본측 자료에 전혀 나타나 있지
않다.
26) 文慶 : 貞元 2년(786) 당시에 일본에는 桓武天皇(재위 781-806)이 있었으며,
그의 이름은 山部이다. 文慶이라는 이름은 나타나 있지 않다.
27) 日本帝紀 : [遺] 卷1 紀異 延烏郎 細烏女條에는 『日本帝記』가 나와 있는데,
같은 책을 가리킨 듯하다. 그러나 일본 史書에는 文慶이 신라에 사신을 보낸 사
실이 기록되어 있지 않다.
28) 文德王…是王太子 : 일본 제55대 文德天皇의 재위기간은 850-858년이므로 貞
元 2년(786)과는 연대가 크게 차이가 난다. 또한 文德天皇의 이름은 道康이며,
文慶으로 불리지는 않았다. 문경이 文德王의 태자라는 것은 역시 연대의 차이
가 너무 크게 나므로 믿을 수 없다. 만약 문경이 786년에 사신으로 온 천황의
태자였다면, 그는 桓武天皇의 長子인 安殿親王에 해당된다. 安殿親王은 물론
785년에 태자로 세워졌고 平城天皇으로 즉위했으나, 文慶으로 불린 기록은 보
이지 않는다.
29) 眞平王代有之耳 : 眞平王은 신라의 제26대 왕이며, 자세한 것은 [遺] 卷1 紀
異 天賜玉帶條의 주석 8) 참조. 다만 [遺] 卷2 紀異 萬波息笛條에는 萬波息笛
이 제31대 神文王 때에 만들어 전해졌다고 기록되어 있다. 萬波息笛條의 기록
이 옳다.

게 주고, [보내온] 금은 돌려주고 받지 않았다. 8월에 사자가 돌아가
자, 그 피리를 내황전(內黃殿)30)에 간직하였다.

왕이 즉위한 지 11년 을해(乙亥, 795)에 당나라 사자31)가 서울에
와 한 달 동안 머물다가 돌아갔다. 그 하루 뒤에 두 여자가 내정(內庭)
에 와서 아뢰기를, "저희들은 동지(東池)32)·청지(靑池)〈청지는 곧 동
천사(東泉寺)33)의 샘이다. 절의 기록에 의하면 이 샘은 동해의 용이 왕래하면서 불법
을 듣던 곳이요, 절은 바로 진평왕(眞平王)이 세웠으며, 5백 성중(聖衆)과 5층탑과
전민(田民)을 아울러 헌납했다고 하였다.〉에 있는 두 용의 아내입니다. 당나
라 사자가 하서국(河西國)34) 사람 둘을 데리고 와서, 우리 남편인 두
용과 분황사(芬皇寺)35) 우물에 있는 용까지 [모두] 세 마리에게 술법

---

30) 內黃殿 : 궁성 내의 건물로 萬波息笛을 보관한 곳이었다. [遺] 卷2 紀異 萬波
息笛條에는 「以其竹作笛 藏於月城天尊庫」라고 하였다. 月城 내의 天尊庫가
內黃殿에 속한 것이었는지는 분명하지 않다.

31) 唐使 : 元聖王 11년(795) 乙亥에 당나라 사신이 왔다는 기록은 [史]는 물론
중국측 기록에도 보이지 않는다.

32) 東池 : [遺] 卷4 義解 賢瑜伽 海華嚴條에 「宮吏走報曰 東池已溢 漂流內殿五
十餘間」이라고 하였다. 곧 동지는 궁전 내에 있던 연못이다.

33) 東泉寺 : [遺] 卷1 紀異 新羅始祖 赫居世王條에 「剖其卵得童男 形儀端美 驚
異之 浴於東泉〈東泉寺在詞腦野北〉身生光彩」라고 하였다. 동천사는 동천으로
인해 붙여진 이름이다. 알에서 깨어난 朴赫居世를 産浴시켰던 동천은 신라 국
가에서 신성시되었던 곳이었음이 분명하다. 그러므로 [遺] 본문에서는 동해 龍
이 왕래하는 곳이라고 하였다. 동천은 詞腦野의 북쪽에 있다고 한다.

34) 河西國 : 중국 영역 내에 있었던 것으로 추정되나, 정확한 위치는 알 수 없다.
중국에서는 甘肅省 내에 있는 黃河 以西지역을 河西라고 칭한다. [遺] 본문의
하서국은 이 지역과 연관하여 생각될 수 있고, 반드시 행정단위로서의 國은 아
니었을 듯하다.

35) 芬皇寺 : 경주시 구황동의 皇龍寺址 북쪽에 있는 절. 신라 善德女王 3년(634)
에 창건되었다. 선덕여왕 12년(643)에 자장이 당나라로부터 대장경을 가지고 귀
국하자, 그를 분황사에 머무르게 하였다. 특히 원효는 이 절에 머물면서『華嚴
經疏』등 많은 저술을 남겼다. 원효가 죽은 뒤, 그의 아들 薛聰은 원효의 소상
을 만들어 이 절에 안치하였다. 그 밖에도 이 절에는 솔거가 그린 관음보살상이
있었고, 左殿의 벽에 있었던 千手大悲像은 영험이 있기로 유명하다. 또한 景德

을 써서 작은 물고기로 변하게 하여 통에 넣어 가지고 돌아갔습니다.
바라옵건대 폐하께서는 그 두 사람에게 명령하여 우리 남편들인 호국
룡(護國龍)을 머무르게 해주십시오"라고 하였다. 왕은 하양관(河陽
館)36)까지 쫓아가서 친히 연회를 열고 하서국 사람들에게 명하기를,
"너희들은 어찌해서 우리 나라의 세 용을 잡아 여기까지 왔느냐? 만
일 사실대로 고하지 않으면 반드시 극형에 처할 것이다"라고 하였다.
그제야 [하서국 사람들이] 고기 세 마리를 내어 바치므로, 세 곳에 놓
아주자, 각각 물 속에서 한 길이나 솟구치고 기뻐 뛰놀면서 가버렸다.
[이에] 당나라 사람들은 왕의 명철하고 거룩함에 감복하였다.

왕이 어느 날 황룡사(皇龍寺)37)〈주 : 어떤 책에는 화엄사(華嚴寺)38)라고

王 14년(755)에는 乃末 强古가 약사여래입상을 만들어 이 절에 봉안하였다. 고
려시대에는 韓文俊이 지은 和諍國師碑가 건립되어 있었고, 그 비편은 지금도
가끔 발견된다. 신라의 문화재로는 분황사석탑과 石井 등이 있다. 석탑은 본래
9층이었으나 현재 3층만 남아 있는 모전탑이다. 석정은 [遺] 본문의 芬皇寺井
을 가리키며, 護國龍이 살았던 것으로 전해진다.

36) 河陽館 : 경상북도 永川 河陽面에 있었던 신라의 館舍로 추측되지만 확실하
지 않다.

37) 皇龍寺 : 경주시 구황동에 있었던 신라의 사찰. 眞興王 14년(553)에 짓기 시작
하여 동왕 30년(569)에 완성하였다. 慈藏의 건의로 이 절에 9층탑이 세워진 것
은 善德女王 14년(645)이다. 황룡사에는 9층탑 외에 신라 3보 중의 또 하나인
丈六尊佛像, 과거불인 迦葉佛의 宴坐石, 率居가 그린 금당벽화, 聖德大王神鐘
보다 앞서 주조되고 4배나 큰 鐘이 있었다. 발굴결과 황룡사지는 약 2만여 평에
달하는 것으로 확인되었다. 자세한 것은 [遺] 卷3 塔像 皇龍寺丈六條 또는 皇
龍寺九層塔條 참조.

38) 華嚴寺 : 全羅南道 求禮郡 馬山面 智異山에 있는 華嚴寺를 지칭한 듯하다.
이 절은 [勝覽]에 시대가 분명하지 않으나 煙氣라는 승려가 세웠다고 기록하였
고, 『大華嚴寺事蹟』 등에는 眞興王 5년(544) 인도 승려인 緣起祖師가 건립하
였다고 했으며, 『求禮續誌』에는 진흥왕 4년에 연기조사가 세웠다고 하였다. 현
재 이 절에는 각황전과 대웅전 등 많은 건물이 전하며, 石燈과 四獅子石塔·露
柱·東西五層石塔·石經 등 중요한 유물이 전해오고 있다. 각황전 서남쪽 臺上
에 3층 석탑과 석등이 있고 이 석탑의 중앙에서 그 탑을 받고 서있는 僧像과 석

했고 또는 금강사(金剛寺)[39]라고 했는데, 아마 절 이름과 불경의 이름을 혼동한 것 같다.〉의 중 지해(智海)[40]를 대궐 안으로 청하여 화엄경을 50일 동안 강론하게 하였다. 사미(沙彌)[41] 묘정(妙正)[42]이 매번 금광정(金光井)[43]〈태현(太賢)[44] 법사로 인해 지어진 이름이다.〉가에서 바리때를 씻었는데, [그때] 자라 한 마리가 우물 속에서 떴다가 다시 가라앉곤 하므로

등 옆에 꿇어앉은 僧像을 합쳐 孝臺라고 부른다. 화엄사의 석조물이 8세기 후반부터 9세기에 걸쳐 조성되었기 때문에 화엄사의 창건설화나 그 뒤에 자장의 중건에 대해서는 믿을 수 있는 것이 아니다. 다만 신라 하대에 화엄사는 의상계 화엄종의 十刹 속에 포함되어 있다. 이와는 달리 강원도 溟州郡 五臺山의 華嚴寺로도 생각될 수 있다. 그러나 이 절은 [遺] 卷3 塔像 臺山五萬眞身條에는 華嚴社로 기록되어 있으며, 뒤에 華藏寺로 고쳐졌기 때문에 분명한 것은 아니다.

39) 金剛寺 : 어느 절인지 알려져 있지 않다. 本文에서 金光井과 緣故되어 있기 때문에 [遺] 卷5 神呪 明朗神印條의 金光寺를 가리키는 듯하다. 금광사는 명랑이 창건한 사찰로 금강사와 발음이 비슷하다.

40) 智海 : 신라 景德王 때의 화엄종 승려로 추측되나, 다른 곳에 전혀 나타나지 않는다. 본문에서 화엄경을 강론했으며 金光井과 緣故되고 있는 점 등으로 미루어 [遺] 卷4 義解 賢瑜伽 海華嚴條의 法海와 동일 인물로 추론되지만 확실하지 않다.

41) 沙彌 : śramaṇera 또는 śramaṇerika의 音寫. 불교 僧團 중에 10戒를 받고 불도를 닦는 7세 이상 20세 미만의 출가한 남자를 말한다.

42) 妙正 : 원성왕 때의 승려. 그에 관하여 본문 외의 다른 기록에 전혀 나타나지 않는다.

43) 金光井 : 궁정 내에 있는 우물. [遺] 卷4 義解 賢瑜伽 海華嚴條에 「景德王天寶十二年癸巳 夏大旱 詔入內殿 講金光經 以祈甘霆 一日齋次 展鉢良久 而淨水獻遲 監吏詰之 供者曰 宮井枯涸 汲遠故遲爾 賢聞之曰 何不早云 及晝講時 捧爐默然 斯須井水湧出 高七丈許 與刹幢齊 闔宮驚駭 因名其井曰金光井」이라고 하였다. 景德王 12년(753)에 태현이 金光經을 講하면서 祈雨祭를 지내자 고갈되었던 궁정의 우물에서 물이 솟아 올라왔으므로, 그 우물을 금강정이라고 불렀다.

44) 太賢 : 青丘沙門이라고도 한다. 신라 景德王 때의 고승. 생몰년 미상. 전기는 따로 전하는 것이 없으며, [遺] 卷4 義解 賢瑜伽 海華嚴條에는 瑜伽宗의 개산조로서 慶州 南山에 있는 茸長寺에 주석하였다고 하였다. 圓測의 법을 이은 道證의 제자이다. 『成唯識論古迹記』 10권·『梵網經古迹記』 3권 등 많은 저술을 남겼다.

사미는 매번 먹다 남은 밥을 [자라에게] 주면서 장난하였다. 법석[席]
이 끝날 무렵 사미가 자라에게 말하기를, "내가 너에게 은덕을 베푼
지가 오래인데 너는 무엇으로 갚으려 하느냐?"고 하였다. 며칠 후에
자라는 조그만 구슬 한 개를 입에서 토하더니 [사미에게] 주려는 듯
하므로, 사미는 그 구슬을 얻어 허리띠 끝에 달았다. 그후로부터 대왕
은 사미를 보면 사랑하고 소중히 여겨 내전에 맞아들여 좌우에서 떠
나지 못하게 하였다. 이때 잡간(匝干) 한 사람이 당나라에 사신으로
가게 되었는데, 그도 사미를 사랑하여 같이 가기를 청하니, 왕은 이를
허락하였다. [이들이] 함께 당나라에 들어가니 당나라의 황제도 사미
를 보고 사랑하게 되고, 승상(承相)과 좌우 신하들도 모두 그를 존경
하고 신뢰하지 않는 이가 없었다. 한 관상보는 사람이 황제에게 아뢰
기를, "이 사미를 살펴보니 한 군데도 길한 상이 없는데 남에게 신뢰
와 존경을 받으니, 틀림없이 이상한 물건을 가졌을 것입니다"라고 하
였다. [황제가] 사람을 시켜서 몸을 뒤져보니 허리띠 끝에 조그만 구
슬이 있었다. 황제가 말하기를, "짐에게 여의주(如意珠)[45] 네 개가 있
었는데 지난 해에 한 개를 잃었다. 이제 이 구슬을 보니 바로 내가 잃
었던 것이다"라고 하였다. 황제가 사미에게 [그 구슬을 가진 연유를]
물으니, 사미는 그 사실을 자세히 말하였다. 황제가 생각해보니 구슬
을 잃었던 날은 사미가 구슬을 얻은 날과 같았다. 황제가 그 구슬을

---

45) 如意珠 : cintāmaṇi의 번역. 摩尼는 珠玉의 총칭이다. 摩竭魚(상상의 물고기)
의 머리 속에서 나왔다고도 하며, 帝釋天이 갖고 있던 물건이 부서져 떨어진
것, 또는 불타의 舍利가 변한 것이라고 한다. 願望을 성취시켜주는 구슬로써 원
하는 보물이나 옷·음식 등을 가져다주며, 병고나 惡·재난 등을 없애주는 공덕
이 있다고 한다. 法이나 佛德에 비유되기도 하고 경전의 공덕을 상징적으로 나
타낸다고도 한다.

빼앗아두고 그를 [신라로] 돌려 보냈더니, 그 뒤로는 이 사미를 사랑하고 신뢰하는 이가 없었다.

왕의 능46)은 토함산[吐含岳] 서동(西洞)의 곡사(鵠寺)〈지금의 숭복사(崇福寺)47)〉에 있으며, 최치원(崔致遠)48)이 지은 비문49)이 있다. [왕은] 또 보은사(報恩寺)50)와 망덕루(望德樓)51)를 세웠다. 조부 훈입

---

46) 王之陵 : 元聖王陵은 [史] 卷10 新羅本紀 元聖王 14年 夏6月條에 「以遺命擧柩 燒於奉德寺南」이라고 하였다. 그러나 본문 및 [遺] 卷1 王曆 元聖王條에는 「陵在鵠寺 今崇福寺」라고 하였다.

47) 崇福寺 : 경상북도 慶州市 外東面 미방리에 있었던 사찰. 최치원이 지은 비문에 의하면, 신라 宣德王 이전에 波珍湌 金元良이 창건하여 鵠寺라고 하였는데, 원성왕이 죽자 이 곳에 陵을 만들고 지금의 위치로 절을 옮겼다고 한다. 그 뒤 景文王이 즉위하여 꿈에 원성왕을 뵙고, 이 절을 증축한 뒤 능원 수호와 명복을 빌게 하였다. 憲康王 때 이 절의 이름을 大崇福寺라고 하였다. 현재 이 곳에는 東西의 탑 2기와 金堂址·石壇 등 많은 문화재가 남아 있다.

48) 崔致遠 : 857-?. 신라 말의 학자이며 문장가로 본관은 慶州. 字는 孤雲 또는 海雲. 육두품 출신으로 아버지는 肩逸이다. 12세인 景文王 8년(868)에 당으로 유학하여, 874년에 賓貢科에 합격하였다. 당나라에서 宣州의 漂水縣尉 등의 관직을 역임하였으며, 황소의 난이 일어나자 高騈의 종사관으로서 討黃巢檄이라는 명문을 지었다. 憲康王 11년(885)에 귀국하였으며, 眞聖女王 8년(894)에는 時務策 十餘條를 올렸으나 진골 귀족의 반대로 받아들여지지 않자 은둔하여 승려와 더불어 지냈다. 시문집으로『桂苑筆耕集』등 많은 저술이 있다.

49) 崔致遠撰碑 : 大崇福寺碑를 말한다. 현재 비는 없어졌으나 비문은『朝鮮金石總覽』上卷이나『崔文昌侯全集』등에 전한다. 숭복사지에서는 이 비의 파편이 발견된다. 최치원이 憲康王 11년(885)에 귀국하자 그 다음 해에 왕명을 받들어 大崇福寺碑文을 지었다.

50) 報恩寺 : [史] 卷10 新羅本紀 元聖王 10年 秋7月條에 「始創奉恩寺」라고 하였다. '報'와 '奉'은 뜻이 통하므로 보은사와 봉은사는 같은 절이었던 것으로 생각된다. [史] 卷38 職官志(上)에 「奉恩寺成典 衿荷臣一人 惠恭王始置」라고 하였으며, 따로 보은사가 나타나 있지 않다. 봉원사에 금하신이나 副使 등의 관직이 혜공왕 때에 두어졌으므로, 봉은사는 혜공왕 때에 건립하기 시작하여 원성왕 10년에 완성된 것으로 이해된다.

51) 望德樓 : [史] 卷10 新羅本紀 元聖王 10年 秋7月條에 「起望恩樓於宮西」라고 하였다. 또한 달리 망덕루가 나오지 않기 때문에 망은루를 가리킨 듯하다. 망은루에 대해서도 상세하게 알려져 있지 않다.

(訓入)52) 잡간을 추봉하여 홍평대왕(興平大王)이라고 하고, 증조 의
관(義官)53) 잡간을 신영대왕(神英大王)이라고 하고, 고조 법선(法
宣) 대아간(大阿干)을 현성대왕(玄聖大王)이라고 하였다. 현성대왕
의 아버지는 곧 마질차(摩叱次) 잡간이다.

---

52) 訓入 : 元聖王의 할아버지이며 興平大王으로 추봉되었다. [史] 卷10 新羅本
紀 元聖王 卽位年條에는 魏文으로 나와 있고, 그의 관등이 본문에서 匝干이라
고 한 것과는 달리 伊飡이라고 하였다. 또한 그는 [史] 卷8 新羅本紀 聖德王
11년(712) 3월에 執事部 侍中에 임명되어, 동왕 12년 10월에 늙음을 이유로 물러
나고 있다.

53) 義官 : 元聖王의 曾祖이며 神英大王으로 추봉되었다. [史] 卷10 新羅本紀 元
聖王 卽位年條에는 義寬으로 나와 있고, 그의 관등도 본문에서 匝干이라고 한
것과는 달리 伊飡이라고 하였다. 義寬은 삼국 통일전쟁 중에 장군으로 활약하
였고, [史] 卷6 新羅本紀 文武王 10年 秋7月條에는 백제 殘兵과의 싸움에서
退去하여 면직되기도 하였다. 문무왕 20년에는 신라에 歸服한 報德王 安勝에게
의관의 딸을 처로 삼게 하였다.

47. 早雪

第四十哀莊王 末年戊子 八月十五日 有雪

第四十一憲德王 元和十三年戊戌 三月十四日 大雪〈一本作丙寅誤
矣 元和盡十五 無丙寅1)〉

第四十六文聖王 己未五月 十九日 大雪 八月一日 天地晦暗

---

1) 寅 : [斗] 黃.

이른 눈

제40대 애장왕(哀莊王)[1] 말년 무자(戊子, 808) 8월 15일에 눈이 내렸다.[2]

제41대 헌덕왕(憲德王)[3] 원화(元和) 13년 무술(戊戌, 818) 3월 14일에 많은 눈이 내렸다.[4]〈어떤 책에는 병인(丙寅)이라고 했으나, 이는 잘못이다. 원화는 15년으로 끝났으므로 병인은 없다.〉

제46대 문성왕(文聖王)[5] 기미(己未, 839) 5월 19일에 많은 눈이 내

---

1) 哀莊王 : 신라의 제40대 왕. 재위 800-809. 이름은 淸明(뒤에 重熙로 개명)이며, 昭聖王의 아들로 800년 13세 때에 왕위에 올랐다. 802년에 五廟制를 실시하고, 加耶山 海印寺를 창건하였으며, 日本·唐과의 교린에 힘썼다. 809년 왕의 숙부인 彦承과 동생인 伊湌悌邕이 일으킨 兵亂에 시해되었다.([史] 卷10 新羅本紀 哀莊王條, [遺] 卷1 王曆 哀莊王條 참조)

2) 末年戊子八月十五日有雪 : [史] 卷10 新羅本紀 哀莊王 10年條에 의하면, 애장왕의 말년은 808년이고, '八月大雪'기사는 806년의 [史] 卷10 新羅本紀 哀莊王 8年條에 나온다. [遺]보다 2년이 빠르다.

3) 憲德王 : 신라의 제41대 왕. 재위 809-826. 이름은 彦承이며, 惠忠太子의 아들로 809년에 조카인 애장왕을 시해하고 왕위에 올랐다. 元聖王 6년(790)에 대아찬이 되었다가 승진해 匝湌·侍中·宰相·兵部令·角干 등을 거치고, 哀莊王 2년(801)에 上大等이 되었다. 822년에 金憲昌의 반란을 평정하고, 825년에 별세하여 泉林寺 북쪽에 장사지냈다.([史] 卷10 新羅本紀 憲德王條, [遺] 卷1 王曆 憲德王條)

4) 元和十三年戊戌三月十四日大雪 : 元和는 중국 唐 憲宗의 연호(806-820). 원화 13년은 818년에 해당된다. [史] 卷10 新羅本紀 憲德王條에는 '雪'에 관한 기사가 憲德王 7年 夏5月條와 15年 秋7月條에 보인다.

5) 文聖王 : 신라의 제46대 왕. 재위 839-857. 이름은 慶膺이고, 神武王의 태자이

렸고, 8월 1일에 천지가 어두웠다.6)

다. 846년에 靑海鎭大使 弓福의 반란과 849년의 大昕의 반란을 평정하였다. 孔
雀趾에 장사지냈다.([史] 卷11 新羅本紀 文聖王條)
6) 己未五月十九日大雪 八月一日天地晦暗 : 文聖王 때의 기미년은 839년으로,
문성왕의 즉위 원년이다. 그러나 [史] 卷10 新羅本紀 文聖王條에는 이와 같은
내용의 기사가 보이지 않는다.

48. 興德王 鸚鵡

　　第四十二興德大王　寶曆二年丙午卽位　未幾有人奉使於唐　將鸚鵡一雙而至　不久雌死　而孤雄哀鳴不已　王使人掛鏡於前　鳥見鏡中影　擬其得偶　乃啄[1]其鏡而知其影　乃哀鳴而死　王作歌云　未詳

---

1) 啄 : [正][品] 啅. [斗][浩][六] 啄.

흥덕왕과 앵무새

　제42대 흥덕대왕(興德大王)[1]이 보력(寶曆)[2] 2년 병오(丙午, 826)
에 즉위하고 얼마 안되어 어떤 사람이 당나라에 사신으로 갔다가 앵
무새 한 쌍을 갖고 왔는데, 오래지 않아 암컷이 죽었다. 홀로 남은 수
컷이 애처럽게 울기를 그치지 않자, 왕이 사람을 시켜 [그 새] 앞에
거울을 걸게 하였다. 새는 거울 속의 그림자를 보고 짝을 얻은 줄로
여겨 이내 그 거울을 쪼다가, 그것이 제 그림자임을 알고는 애처롭게
울다가 죽었다. [이에] 왕이 노래를 지었다고 하나,[3] [그 내용은] 알
수 없다.

---

1) 興德大王 : 신라의 제42대 왕. 재위 826-836. 이름은 秀宗(뒤에 景徽로 개명)
　이며, 元聖王의 손자이다. 828년에 張弓福을 靑海大使로 삼았다.([史] 卷10 新
　羅本紀 興德王條 참조)
2) 寶曆 : 중국 唐 敬宗의 연호(825-826).
3) 王作歌云 : [史] 卷10 新羅本紀 興德王元年 冬十二月條에 「妃章和夫人卒…
　王思不能忘…群臣表請再納妃 王曰 隻鳥有喪匹之悲 況失良匹 何忍無情遽再
　娶乎」라는 기사가 이와 관계가 있는 것으로 생각된다.

49. 神武大王 閻長 弓巴[1]

　第四十五神武大王潛邸時 謂[2]俠士弓巴曰 我有不同天之讎[3] 汝
能爲我除之 獲居大位 則娶爾女爲妃 弓巴許之 恊[4]心同力 擧兵
犯京師 能成其事 旣簒[5]位 欲以巴之女爲妃 群臣極諫曰 巴側微
上以其女爲妃則不可 王從之

　時巴在淸海鎭爲軍戍 怨王之違言 欲謀亂 時將軍閻長聞之奏曰
巴將爲不忠 小臣請除之 王喜許之 閻長承旨歸淸海鎭 見謁者通曰
僕有小怨於國君 欲投明公以全身命 巴聞之大怒曰 爾輩諫於王而
廢我女 胡顧見我乎 長復通曰 是百官之所諫 我不預謀 明公無嫌
也 巴聞之引入廳事 謂曰 卿以何事來此 長曰 有忤於王 欲投幕下
而[6]免害爾 巴曰幸矣 置酒歡甚 長取巴之長劍斬之 麾下軍士 驚
懾皆伏地 長引至京師 復命曰 已斬弓巴矣 上喜賞之 賜爵阿干

---

1) 弓巴：[史] 卷44 列傳 張保皐條에는 張保皐 혹은 弓福.
2) 謂 ：[正][順] 謂(가필). [晚] □. [品][斗][浩][六] 謂.
3) 讎：[正][晚][順] 催. [品][斗][浩][六] 讎. [正]에 기재된 催. 글자의 음은
　　'저'인데, 이 글자를 취할 경우 내용상 서로 뜻이 통하지 않는다. 그런데 [史] 卷
　　10 新羅本紀 閔哀王條에는 「謀攻擊王報讎祐徵…以報君父之讎」라는 기사가 보
　　인다. 따라서 [史]의 '讎'가 文理로 보아 뜻이 통하므로 이를 취한다.
4) 恊：[斗][浩][六] 協.
5) 簒：[正][品] 簒. [斗][浩][六] 篡.
6) 而 ：[正][品] 以. [斗][浩][六] 而.

신무대왕 · 염장 · 궁파

　제45대 신무대왕(神武大王)[1]이 왕위에 오르기 전에 의협심이 강한 선비인 궁파(弓巴)[2]에게 말하기를, "내겐 같은 하늘 아래 살 수 없는 원수가 있다.[3] 네가 나를 위해 그를 제거해준다면, [내가] 왕위[大位]를 차지한 후에 너의 딸을 맞아 왕비로 삼겠다"고 하였다. 궁파는 이를 허락하고, 마음과 힘을 같이하여 군대를 일으켜 서울로 쳐들어가서

---

1) 神武大王 : 신라의 제45대 왕. 재위 839. 이름은 祐徵이고, 元聖王의 손자인 均貞의 아들이다. 張保皐와 함께 閔哀王을 시해하고, 839년에 즉위했으나 그 해를 못넘기고 발병해 돌아갔다. 弟兄山 서북면에 장사지냈다.([史] 卷10 新羅 本紀 神武王條 · 閔哀王條, [遺] 卷1 王曆 神虎王條 참조)

2) 弓巴 : [史] 新羅本紀에는 弓福 · 張保皐 등으로도 나온다. 장보고는 唐에 가서 徐州軍의 小將으로 있다가 귀국해 興德王 4년(829)에 지금 莞島의 淸海鎭 大使가 되었다. 이후 祐徵을 도와 閔哀王을 시해하고, 우징을 옹립하니 이가 神武王이다. 845년에 文聖王은 부왕 이후 장보고의 도움에 보답하고자 그의 딸로 次妃를 삼으려 했으나 군신들의 반대로 이루지 못하였다. 장보고는 다음 해에 청해진을 근거지로 반란을 꾀하다가 閻長에게 참살되었다.([史] 卷10 新羅本紀 興德王 · 僖康王 · 閔哀王 · 神武王條, 卷44 列傳 金陽條, 閔哀大王石塔記) [史] 卷44 列傳 張保皐條에는 本紀에서와는 달리, 唐 武寧軍小將으로 있다가 귀국해 興德王으로부터 군사 1만을 얻어 지금의 완도에 청해진을 설치하고, 해상에서의 唐人들의 약탈로부터 신라인을 구하였다고 한다. 그리고 친구인 鄭年이 귀국하자 때맞추어 일어난 僖康王 시해사건에 자극되어, 정년에게 군사 5천을 주어 반란군을 평정하게 하였다. 이에 왕은 장보고를 재상에 임명하고, 정년으로 하여금 대신 청해진을 지키게 하였다고 한다. 이처럼 본기와 열전의 내용에 차이가 있다.

3) 我有不同天之讎 : [史] 卷10 新羅本紀 閔哀王 元年條에 의하면, 祐徵은 張保皐에게 「金明弑君自立 利弘枉殺君父 不可共戴天也」라고 하였다.

그 일을 이룰 수 있었다. [왕이] 이미 왕위를 빼았고 궁파의 딸을 왕
비로 삼으려고 했으나,4) 여러 신하들이 극력으로 간하기를, "궁파는
미천한 신분5)이니 임금께서 그 딸을 왕비로 삼는 것은 불가합니다"고
하여 왕이 그 말을 따랐다.

그때 궁파는 청해진(淸海鎭)에서 군진을 지키고 있었는데, 왕이 약
속을 어긴 것을 원망하여 반란을 꾀하려고 하였다. 이때 장군 염장(閻
長)6)이 이 말을 듣고 [왕에게] 아뢰기를, "궁파가 장차 충성스럽지
못한 일을 하려고 하니, 소신이 그를 제거하게 해주십시오"라고 하니,
왕이 기뻐하여 이를 허락하였다. 염장은 [왕의] 뜻을 받들고 청해진으
로 가서 연락하는 사람[諜者]을 통해 말하기를, "나는 우리 나라 임금
에게 작은 원망이 있소.7) 명철한 공에게 의탁하여 신명을 보전하려고
합니다"고 하였다. 궁파는 이 말을 듣고 크게 성내 말하기를, "너희들
이 왕에게 간하여 나의 딸을 폐하게 하고 어찌 나를 보려고 하느냐?"
고 하였다.8) 염장이 다시 [연락하는 사람을] 통해 말하기를, "그것은
많은 관료가 간한 것이고, 나는 모의에 참여하지 않았으니, 명철하신

---

4) 旣纂位欲以巴之女爲妃 : [史] 卷11 新羅本紀 文聖王條에 의하면, 문성왕은
   張保皐의 딸로서 次妃를 삼으려 했다고 한다.
5) 巴側微 : [史] 卷11 新羅本紀 文聖王 7年條에 「今弓福海島人也」라는 기사가
   보인다.
6) 閻長 : [史] 卷10 新羅本紀 閔哀王 元年條와 文聖王 8年條에 의하면, 閻長은
   武州의 勇壯으로 金陽・張弁・鄭年・駱金 등과 더불어 민애왕을 시해하고 祐
   徵(神武王)을 옹립하였다. 문성왕 8년(846)에는 張保皐를 참살하였다. 그러나
   그 공로로 阿干이 되었다는 [遺]와 같은 내용의 기사는 보이지 않는다.
7) 僕有小怨於國君…有忤於王 : [史] 卷11 新羅本紀 文聖王 8年條에 「閻長伴
   叛國 投淸海」라는 기사가 보인다.
8) 巴聞之大怒曰…見我乎 : [史] 卷11 新羅本紀 文聖王 8年條에 「弓福愛壯士
   無所猜疑 引爲上客」라는 기사가 보이는데, 앞의 [遺]의 기사와는 다르다.

공께서는 [나에게] 혐의를 가지지 마시오"라고 하였다. 궁파가 이 말
을 듣고 청사(廳事)9)에 불러들여 [염장에게] 이르기를, "경은 무슨
일로 여기까지 왔소?"라고 하니, 염장이 말하기를, "왕에게 거스른 일
이 있어 [공의] 막하(幕下)에 들어가 해를 면하려고 할 뿐입니다"고
하였다. 궁파가 말하기를, "다행이다"고 하고, 술자리를 마련하여 매
우 환대하였다. [이때] 염장이 궁파의 장검을 취해 그를 베니, 휘하의
군사들이 놀라고 무서워서 모두 땅에 엎드렸다.10) 염장이 [군사를]
이끌고 서울로 와 복명(復命)하여 말하기를, "이미 궁파를 베었습니
다"고 하니, 왕은 기뻐하면서 그에게 상을 주고 아간(阿干)11) 벼슬을
내렸다.

---

9) 廳事 : 관부의 일을 처리하는 곳으로 官衙・廳舍와 같은 뜻으로 쓰인다.(『後
  漢書』郭丹傳 注,『魏志』曹爽傳 注,『唐書』選擧志)
10) 置酒歡甚…皆伏地 : [史] 卷11 新羅本紀 文聖王 8年條에는「與之飮極歡 及
  其醉 奪弓福劍斬訖 召其衆說之 伏不敢動」라는 기사가 보인다.
11) 阿干 : 신라의 관등. 阿干은 다음과 같이 몇 단계를 거치면서 이름이 바뀌어왔
  다. 阿干支・阿干・阿湌, 그리고 다시 阿干으로 되었다가, 신라 말까지는 阿
  湌・阿餐, 또는 阿韓으로 각기 불린 것으로 추정된다. 직급으로서는 중앙의 1급
  관청의 차관직으로 국가정책입안 및 수행의 실무책임자 또는 지방직의 장・차
  관직에 있는 사람이 차지하였다고 보여진다.(權悳永,「新羅官等 阿湌・奈麻에
  대한 考察」,『國史館論叢』21)

50. 四十八景文大王

王諱膺廉 年十八爲國仙 至於弱冠 憲安大王召郎 宴於殿中 問
曰 郎爲國仙 優遊四方 見何異事 郎曰 臣見有美行者三 王曰 請
聞其說 郎曰 有人爲人上者 而撝謙坐於人下 其一也 有人豪富而
衣儉易 其二也 有人本貴勢而不用其威者 三也 王聞其言而知其賢
不覺墮淚而謂曰 朕有二女 請以奉巾櫛 郎避席而拜之 稽首而退
告於父母 父母驚喜 會其子弟議曰 王之上公主貌¹⁾甚寒寢 第二公
主甚美 娶之幸矣

郎之徒上首範敎師者聞之 至於家問郎曰 大王欲以公主妻公信乎
郎曰然 曰奚娶 郎曰 二親命我宜弟 師曰 郎若娶弟 則予必死於郎
之面前 娶其兄 則必有三美 誡之哉 郎曰聞命矣 旣而王擇辰 而使
於郎曰 二女惟公所命 使歸以郎意奏曰 奉長公主爾 旣而過三朔
王疾革 召群臣曰 朕無男孫 窀穸之事 宜長女之夫膺廉繼之 翌日
王崩 郎奉遺詔卽位 於是範敎師詣於王曰 吾所陳三美者 今皆著矣
娶長故 今登位一也 昔之欽艶弟²⁾主 今易可取二也 娶兄故王與夫
人喜甚三也 王德其言 爵爲大德 賜金一百三十兩 王崩 謚曰景文

王之寢殿 每日暮無數衆蛇³⁾俱集 宮人驚怖 將驅遣之 王曰 寡人

---

1) 貌 : [正][品] 皃(貌와 동자). [斗][浩][六] 貌.
2) 弟 : [正] 第. [品][斗][浩][六][民] 弟.

若無蛇4)不得安寢 宜無禁 每寢吐舌滿胸5)鋪之

乃登位 王耳忽長如驢耳 王后及宮人皆未知 唯幞頭匠一人知之
然生平不向人說 其人將死 入道林寺竹林中無人處 向竹唱云 吾君
耳如驢耳 其後風吹 則竹聲云 吾君耳如驢耳 王惡之 乃伐竹而植
山茱萸6) 風吹則但聲云 吾君耳長〈道林寺 舊在入都林邊〉

國仙邀元郎 譽昕郎 桂元 叔宗郎等 遊覽金蘭 暗有爲君主理邦
國之意 乃作歌三首 使心弼舍知授針卷 送大炬和尚處 令作三歌
初名玄琴抱曲 第二大道曲 第三問群曲 入奏於王 王大喜稱賞 歌
未詳

---

3) 蛇 : [正] 虵.
4) 蛇 : 주 3)과 같음.
5) 胸 : [正][晚][順] 肖. [品] 臂(胸과 동자). [斗][浩][六] 胸.
6) 風吹則竹聲云…而植山茱萸 : [六] 없음.

제48대 경문대왕

왕의 이름은 응렴(膺廉)이고 나이 18세에 국선(國仙)1)이 되었다. 나이 20세[弱冠]2)가 되자 헌안대왕(憲安大王)3)이 낭을 불러 대궐의 궁전에서 잔치를 베풀고4) 묻기를, "낭은 국선이 되어 사방을 두루 돌아다니다가 무슨 이상한 일을 본 일이 있는가?"고 하니, 낭이 대답하기를, "신은 행실이 아름다운 사람 셋을 보았습니다"고 하였다. 왕이 말하기를, "그 이야기를 들려주게"라고 하니, 낭이 말하기를, "남의 윗자리에 있을 만한 사람이면서 겸손하여 남의 밑에 있는 사람이 그 하나이고, 큰 부자이면서 검소하게 옷입는 사람이 그 둘이며, 본래 귀하고 세력이 있으면서 위세를 보이지 않는 사람이 그 셋입니다"고 하였다.5) 왕이 그 말을 듣고 그의 어짊을 알고 자기도 모르는 사이에 눈물을 흘리며 말하기를, "짐에겐 두 딸이 있는데, [낭의] 수발을 들게 하겠네6)"고 하니, 낭은 자리를 피하여 절을 올리고, 머리를 숙이고 물러

---

1) 國仙 : 화랑의 다른 이름. [遺] 卷1 紀異 金庾信條 참조.
2) 弱冠 : [史] 卷11 新羅本紀 憲安王條에는 「王族膺廉年十五歲」로 되어 있다.
3) 憲安大王 : 신라의 제47대 왕. 재위 857-861. 이름은 誼靖, 일명 祐靖. 神武王의 異母弟. 어머니는 照明부인.([史] 卷11 新羅本紀 憲安王條)
4) 召郎宴於殿中 : [史] 卷11 新羅本紀 憲安王條에는 「王會羣臣於臨海殿」으로 되어 있다.
5) 至於弱冠…三也 : 이와 같은 내용이 [史] 卷11 新羅本紀 憲安王 4年條에도 있다.

나왔다. [그 일을] 부모에게 아뢰니 부모는 놀라고 기뻐하며, 그 자제들을 모아 의논하여 말하기를, "왕의 맏공주는 외모가 매우 빈약하고, 둘째 공주는 매우 아름다우니 둘째 공주에게 장가가는 것이 좋겠다"고 하였다.

낭의 무리[화랑도] 중의 우두머리인 범교사(範敎師)[7]라는 자가 이 소리를 듣고 [낭의] 집에 와서 낭에게 묻기를, "대왕께서 공주를 공의 처로 삼으려 한다는데 사실입니까?"고 하니, 낭이 말하기를, "그렇다"고 대답하였다. [그가 또] 묻기를, "어느 공주에게 장가가려고 합니까?"고 하니, 낭이 말하기를, "양친께서 나에게 명하시기를 아우가 마땅하다고 하셨습니다"고 하였다. 범교사가 말하기를, "낭께서 만약 아우에게 장가드시면 나는 반드시 낭의 면전에서 죽을 것이고, 그 언니에게 장가드시면 반드시 세 가지 좋은 일이 있을 것이니 경계하십시오"라고 하였다. 낭이 말하기를, "시키는 대로 하겠습니다"고 하였다. 이윽고 왕이 날을 택하여 낭에게 사람을 보내 말하기를, "두 딸을 공의 의향대로 하겠다"고 하였다. 그 사람이 돌아와서 낭의 뜻을 아뢰기를, "맏공주를 받들겠다고 합니다"고 하였다. 이윽고 석 달이 지나자 왕은 병이 위독하여 여러 신하를 불러 말하기를, "짐은 남손(男孫)이 없으니[8] 죽은 후의 일[9]은 마땅히 장녀의 남편인 응렴(膺廉)이 이을

---

6) 奉巾櫛 : 巾櫛은 수건과 빗. 머리빗고 낯을 씻는 일. 이것을 받든다는 것은 남의 아내가 되어 시중을 든다는 뜻이다.

7) 郎之徒上首範敎師者 : 上首는 화랑의 무리 중 높은 지위를 뜻하고, 範敎師는 잘 알 수 없으나 [史] 卷11 新羅本紀 憲安王 4年 9月條에는 興輪寺僧으로 나와 있다. 따라서 僧이면서 화랑도의 낭도인 것으로 보인다.

8) 朕無男孫 : [史] 卷50 列傳 弓裔條에는 「弓裔新羅人 姓金氏 考第四十七憲安王誼靖 母憲安王嬪御 失其姓名 或云四十八景文王膺廉之子」로 나와 있다. ([品] 中, p.144)

것이다"고 하였다. 이튿날 왕이 돌아가고 낭이 유조를 받들어 즉위하
니, 이에 범교사는 왕에게 가서 아뢰기를, "신이 아뢴 세 가지 아름다
운 일이 지금 모두 밝혀졌습니다. 맏딸에게 장가를 들었으므로 지금
왕위에 오른 것이 첫째이고, 전에 흠모하던 아우공주를 지금 쉽게 취
할 수 있는 것이 둘째이고, 맏공주에게 장가드셔서 왕과 부인께서 매
우 기뻐하시는 것이 셋째입니다"고 하였다. 왕은 그 말을 고맙게 여겨
대덕(大德) 벼슬을 주고,10) 금 1백 30냥을 하사하였다. 왕이 돌아가니
시호를 경문(景文)11)이라고 하였다.

　왕의 침전에 매일 저녁마다 무수한 뱀이 모여들어, 궁인이 놀라고
두려워하여 쫓아내려고 하니 왕이 말하기를, "과인은 만약 뱀이 없으
면 편안한 잠을 잘 수 없으니 마땅히 금하지 말라"고 하였다. [왕이]
잘 때마다 [뱀이] 혀를 내밀고 온 가슴을 가득 차게 덮어주었다.

　[왕이] 즉위하자 왕의 귀가 갑자기 길어져서 당나귀의 귀처럼 되었
다. 왕후와 궁인들은 모두 알지 못하고, 오직 복두장(幞頭匠)12) 한 사
람만이 그것을 알고 있었다. 그러나 평생동안 남에게 말하지 않다가
그 사람이 죽으려 할 때 도림사(道林寺)13)의 대나무숲 속에 들어가

---

9) 窀穸之事 : 窀穸은 죽음을 뜻하나, 여기서는 죽은 후의 일을 가리킨다.

10) 爵爲大德 : 大德은 고승에게 주는 높은 職階. 자세한 것은 [遺] 卷4 義解를
　　참조.

11) 景文 : 景文王. 신라의 제48대 왕. 재위 861-874. 이름은 膺廉. 제43대 僖康王
　　의 아들인 啓明阿飡의 아들. 어머니는 光和부인이고, 부인은 金氏 寧花부인이
　　다. 선린우호정책을 펴서 唐과의 수교를 돈독히 해 2차에 걸쳐 사신이 오고 갔
　　으며, 日本國 사신도 1차 내방하였다. 11년에는 皇龍寺塔을 개조해 2년만에 완
　　성하였다.([史] 卷11 新羅本紀 景文王條 참조)

12) 幞頭匠 : 幞頭는 과거급제자가 紅牌를 받을 때 쓰는 관. 幞頭匠은 복두관을
　　만드는 기술자. 복두는 [遺] 卷2 紀異 元聖大王條에도 나온다.

13) 道林寺 : 慶州에 있던 신라시대 사찰. 黃龍寺 동남방에 있는 폐탑지를 道林寺

사람이 없는 곳에서 대나무를 향해 외치기를, "우리 임금님 귀는 당나귀 귀다"고 하였다. 그후에 바람이 불기만 하면 대나무에서 소리가 나서 "우리 임금님 귀는 당나귀 귀다"고 하였다. 왕은 이것을 싫어하여 마침내 대나무를 자르고 산수유를 심었더니 바람이 불면 단지 "우리 임금님 귀는 길다"라는 소리만 났다.〈도림사는 예전에 서울로 들어가는 숲 근처에 있었다.〉

국선 요원랑(邀元郎)·예흔랑(譽昕郎)·계원(桂元)·숙종랑(叔宗郎)14) 등이 금란(金蘭)15)을 유람할 때, 암암리에 임금을 도와 나라를 다스릴 뜻이 있어서 노래 세수를 짓고, 심필(心弼) 사지(舍知)16)를 시켜 침권(針卷)을 주어 대구화상(大炬和尙)17)의 처소에 보내 세 가지 노래를 짓게 하였다. 첫곡의 이름은 현금포곡(玄琴抱曲)이요, 둘째는 대도곡(大道曲)이요, 셋째는 문군곡(問群曲)이었다.18) [대궐에] 들어가 왕에게 아뢰니 왕은 대단히 기뻐하여 칭찬하고 상을 주었다. 노래는 알 수 없다.

---

14) 國仙邀元郎譽昕郎桂元淑宗郎 : 邀元郎·譽昕郎·桂元·叔宗郎 등은 화랑이었으나 여기 외에는 자료가 없다. 桂元은 桂元郎으로 볼 수 있다.
15) 金蘭 : 강원도 通川의 옛이름. [勝覽] 卷45 通川郡條에「郡命…金蘭」(金克己集)이라는 기사가 있다.
16) 心弼舍知 : 신라시대 憲安王·景文王 시기의 관원으로 보이나 여기 외에는 자료가 없다. 舍知는 신라 17관등 중 제13관등.
17) 大炬和尙 : 신라 眞聖女王 때의 승려. 鄕歌를 잘 지었으며 角干 魏弘과 함께 향가를 수집해『三代目』을 편찬하였다.
18) 玄琴抱曲 大道曲 問群曲 : 신라 憲安王 때 國仙邀元郎 등이 짓고 大炬和尙이 곡을 붙인 노래이나 자세한 것은 알 수 없다.

51. 處容郎 望海寺

第四十九憲康大王之代　自京師至於海內　比屋連墻　無一草屋　笙
歌不絶道路　風雨調於四時

於是大王遊開雲浦〈在鶴城西南　今蔚州〉　王將還駕　晝1)歇於汀邊2)
忽雲霧冥曀　迷失道路　怪問左右　日官奏云　此東海龍所變也　宜行
勝事以解之　於是勅有司　爲龍刱佛寺近境　施令已出　雲開霧散　因
名開雲浦　東海龍喜　乃率七子現於駕前　讚德獻舞奏樂

其一子隨駕入京　輔佐王政　名曰處容　王以美女妻之　欲留其意
又賜級干職　其妻甚美　疫神欽慕之　變爲3)人　夜至其家　竊4)與之宿
處容自外至其家　見寢有二人　乃唱歌作舞而退

歌曰　東京明期月良　夜入伊遊行如可　入良沙寢矣見昆　脚烏伊四
是良羅　二肹隱吾下於叱古　二肹隱誰支下焉古　本矣吾下是如馬於
隱　奪叱良乙何如爲理古　時神現形　跪於前曰　吾羨公之妻　今犯之
矣　公不見怒　感而美之　誓今已後　見畫公之形容　不入其門矣　因此
國人門帖處容之形　以辟5)邪進慶

---

1) 晝：[正][晩][順] 晝. [品][斗][浩][六][民] 畫.
2) 邊：[正][晩][順][東] 边. [品] 边(邊의 약자). [斗][浩][六] 邊.
3) 爲：[正][晩][順] 無. [品][斗][浩][六][民] 爲.
4) 竊：[正][晩][順] 竊. [品][斗][浩][六] 竊.
5) 辟：[正][晩][順][品][斗][六][樹][리] 僻. [民][浩] 辟.

王旣還 乃卜靈鷲山東麓勝地 置寺 曰望海寺 亦名新房寺 乃爲
龍而置也

又幸鮑石亭 南山神現舞於御前 左右不見 王獨見之 有人現舞於
前 王自作舞 以像示之 神之名或曰祥審 故至今國人傳此舞 曰御
舞祥審 或曰御舞山神 或云旣神出舞 審象其貌6) 命工摹刻 以示
後代 故云象審 或云霜髥舞 此乃以其形稱之

又幸於金剛嶺時 北岳神呈舞 名玉刀鈐

又同禮殿宴時 地神出舞 名地伯級干 語法集云 于時山神獻舞
唱歌云 智理多都波都波等者 蓋言以智理國者 知而多逃 都邑將破
云謂也 乃地神山神知國將亡 故作舞以警之 國人不悟 謂爲現瑞
耽樂滋甚 故國終亡

---

6) 貌 : [正][晚][順] 皃(貌와 동자).

처용랑과 망해사

제49대 헌강대왕(憲康大王)[1] 때는 서울[京師]에서 해내에 이르기까지 집과 담장이 잇닿아 있고, 초가는 하나도 없었다. 풍악과 노래소리가 길에 끊이지 않았고, 바람과 비는 사철 순조로왔다.[2]

이때 대왕은 개운포(開雲浦)[3]〈학성(鶴城)[4] 서남쪽에 있으니, 지금의 울주

1) 憲康大王 : 신라의 제49대 왕. 재위 875-886. 諱는 晸. 景文王의 태자. 총민하고 독서를 좋아하여 한 번 본 것을 다 口誦하였다고 한다. 헌강왕 4년(878) 唐 僖宗으로부터 使持節開府儀同三司檢校大尉大都督雞林州諸軍事新羅王에 책봉되었다. 동 8월에 日本國使가 온 것을 朝元殿에서 引見하였고, 동 8년(882) 4월에는 日本國王이 使臣을 보내 黃金 300兩과 明珠 10개를 진상하였다. 동 3년(877)에 王建이 松岳郡에서 출생하였고, 동 11년(885) 3월에 崔致遠이 唐으로부터 귀국하였다.([史] 卷11 新羅本紀 憲康王條 참조)

2) 自京師至於海內…風雨調於四時 : 憲康王 治世의 太平盛世를 서술하였다. 이는 아래의 기술들과도 거의 일치한다. 「[憲康王]六年…九月九日 王與左右登月上樓 四望京都民屋相屬 歌吹連聲 王顧謂侍中敏恭 曰 孤聞今之民間覆屋以瓦不以茅 炊飯以炭不以薪 有是也 敏恭對曰 臣亦嘗聞之如此 因奏曰 上卽位以來 陰陽和 風雨順 歲有年 民足食 邊境謐靜 市井歡娛 此聖德之所致也」([史] 卷11 新羅本紀 憲康王條),「第四十九憲康大王代 城中無一草屋 接角連墻 歌吹滿路 晝夜不絶」([遺] 卷1 紀異 又四節遊宅條).

3) 開雲浦 : [勝覽]에 「開雲浦 在郡南二十五里 新羅憲康王遊鶴城至海浦 忽雲霧晦冥 迷失道 禱于海神開霽 因名焉」(卷22 蔚山條)이라고 하였는데, 지금은 蔚山市 上開洞의 下開에 해당한다.(李有壽,『蔚山地名史』, 蔚山文化院, 1986, p.130 참조)

4) 鶴城 : 蔚州의 別號([勝覽] 卷22 郡名 참조). 戒邊天神이 鶴을 타고 강림했다고 하는 神頭山에서 유래한 명칭. 「世傳 戒邊天神駕鶴降神頭山 主人壽祿 故或謂之鶴城」([勝覽] 卷22 蔚山 大和樓) 이곳을 '神鶴城' 또는 '戒邊城'이라고 하며, 城址가 있었다. 고려 成宗 때에 蔚山의 별호를 '鶴城'이라고 하였다. 지금

(蔚州)〉에 출유하였다. 왕이 바야흐로 환궁하려 하여 물가에서 낮 휴식을 취하였는데, 갑자기 구름과 안개가 깜깜하게 끼어 길을 분간할 수 없게 되었다.[5] 괴이하여 좌우에게 물으니, 일관(日官)[6]이 아뢰기를, "이는 동해룡의 조화입니다. 마땅히 좋은 일을 행하시어 이를 푸셔야 합니다"라고 하였다. 이에 유사에게 칙명을 내려 용을 위해 가까운 지경에 절을 세우게 하였다. 왕령이 내려지자 구름이 개이고 안개가 흩어졌다.[7] 이로 인해 [그 물가를] 개운포라고 이름하였다. 동해룡은 기뻐하여 일곱 아들을 거느리고 왕 앞에 나타나 왕의 덕을 찬양하여 춤을 추며 풍악을 연주하였다.[8]

은 蔚山市 鶴城洞에 그 이름이 남아 있다. 「神鶴城 卽戒邊城 在甑城北」(『蔚山邑誌』卷1)

5) 忽雲霧冥曀 迷失道路 : 이는 龍神 출현과 관련된 雲霧現象인 바, 이를 日蝕現象으로 보는 견해가 있다. 梁柱東은 『樂學軌範』 소재 處容歌(卷5)에서 「新羅盛代昭盛代 天下大平羅候德」의 '羅候'가 日蝕神이며, 忍辱菩薩의 하나인 '羅睺羅'와 연관된다고 보고, 處容을 이에 附會하여 그의 출현과 관련된 '雲霧冥曀'를 日蝕으로, 疫神과 妻의 姦通 現場에서 '歌舞而退'한 處容의 태도를 忍辱行으로 해석하였다.(『古歌研究』, 博文出版社, 1957, pp.381-382 참조) 그러나 '雲霧冥曀'라고 했고, 또 '雲開霧散'의 결과로 淸明한 날씨가 돌아온 것으로 볼 때 이는 어디까지나 雲霧의 現象이요, 日蝕이 아니다.(黃浿江, 「處容歌研究의 史的 反省과 一試考」, 『鄉歌麗謠研究』, 二友出版社, 1985, pp.133-134 참조)

6) 日官 : 天文을 觀象하여 吉凶을 점치던 옛직관의 이름. [遺] 卷2 紀異 萬波息笛條와 卷5 感通 月明師兜率歌條의 '日官', 卷1 紀異 延烏郎 細烏女條에 나오는 '日者'와 같다.

7) 於是勅有司…雲開霧散 : 조화를 부려서 문제를 일으킨 용을 위해 절을 세워줌으로써 문제해결의 새 국면을 연다는 이야기는 불교설화에서 더러 나타나는 모티프다. 일본의 藥師寺緣起에 毒龍이 된 大津皇子가 허공에 올라가 독을 뿜어 천하를 어지럽게 하니, 조정에서는 修圓으로 하여금 呪祓하게 하였다. 그러나 용의 忿氣는 가라앉을 줄을 몰랐다. 결국 용을 위해 절을 세움으로써 평온이 돌아왔다. 그 절이 龍峰寺이다.(『校書群書類從』卷 435 참조)

8) 東海龍喜…讚德獻舞奏樂 : [史]에는 「憲康王」五年…三月 巡幸國東州郡 有不知所從來四人 詣駕前歌舞 形容可駭衣巾詭異 時人謂之山海精靈」([史] 卷11 新羅本紀 憲康王條)라고 하고, [麗史]에는 「新羅憲康王 遊鶴城 還至開雲

그 중 한 아들이 왕의 수레를 따라 서울에 들어와 왕정을 보좌하였
는데,[9] 이름을 처용(處容)[10]이라고 하였다. 왕은 아름다운 여인을 아
내로 맞게 하여 그가 마음을 붙여 머물러 있기를 바랬고, 또 급간(級
干)[11]의 벼슬을 주었다. 그의 아내는 매우 아름다웠으므로[12] 역신(疫

浦 忽有一人奇形詭服 詣王前 歌舞讚德 從王入京 自號處容」(卷71 樂志2)라고
기록되어 있다. 蔚山市 上開洞 開雲浦 바다 가운데 '處容巖'이라고 부르는 바
위가 있다. 이에 관하여 아래와 같은 기록이 있다. 「處容巖 在開雲浦海中 世傳
處容出于巖下」([勝覽] 卷22 蔚山郡 古跡條), 「處容巖 在郡南三十七里開雲浦
中 世傳 新羅時 有人出其上 狀貌奇怪 好歌舞 時人謂之處容翁」(『世宗實錄』
卷150 地理志 慶尙道 蔚山郡條)

9) 其一子隨駕入京 輔佐王政 : 龍子가 입국하여 輔政하는 모티프는 [遺] 卷4 義
解 寶壤梨木條에서 西海龍子 璃目이 祖師知識을 따라 입국하여 그의 교화를
도왔고, 善妙龍이 義相을 따라 신라국에 들어와 그의 傳敎를 도운 것과도 상통
한다.(『宋高僧傳』 卷4 唐新羅國義相傳 참조) 李佑成은 處容의 入京과 輔政을
憲康王의 지방호족에 대한 포섭 내지 견제책으로서 質子를 취해간 것으로 해석
하였다.(앞의 논문, pp.283-295 참조)

10) 處容 : 東海龍의 아들로 신라에 들어가 왕정을 보좌하였으며, 辟邪進慶의 民
俗神으로 받들어졌고, 후대에 궁정의 驅儺의 儀에 처용의 樂舞가 행해져 내려
왔다.(『樂學軌範』 卷5 참조) '處容'의 語義는 미상이다. 俗稱 '제용'이라고 하고,
혹 '芻靈', '草俑'에 비기나, 이는 漢學者流의 附會이다.(梁柱東, 『古歌研究』, 博
文出版社, 1957, p.384 참조) 李龍範은 [史]의 '處容一行의 容貌着衣가 심상치
않았다'는 기술을 여러모로 고찰하여, 처용을 이슬람 상인으로 이해하였다.(「處
容說話의 一考察」, 『大東文化研究』 別輯1, 1972 참조) 무함마드 깐수도 中世
아랍문헌에서 아랍-무슬림들의 신라 내왕의 기술을 이끌어와, 9세기 말에 신라
에 나타난 처용을 '深目高鼻'의 異邦人, 곧 아랍-무슬림으로 간주하였다.(金東
旭 외 2인, 「아랍-무슬림들의 新羅來往과 處容」, 『處容研究論叢』, 蔚山文化院,
1989, pp.311-346 참조) 李佑成은 處容을 地方豪族의 아들로 보았다.(「三國遺
事所載 處容說話의 一分析」, 『處容研究論叢』, pp.283-287 참조)

11) 級干 : 신라 儒理王 때 설정한 17등 관직 중 9등에 해당하며, 級伐湌, 級湌, 及
伐干 등으로 불렸다.([史] 卷38 職官志(上) 참조) 級干은 제6등 阿湌에 이르기
까지 육두품 출신들이 하는 벼슬이었다.(李佑成, 앞의 논문, p.302 참조)

12) 其妻甚美 : '甚美'라고 표현된 處容의 아내는 [遺]가 다룬 아름다운 여인 중의
하나인 바, 水路는 '姿容絶代'(卷2 紀異 水路夫人條) 白月山 二聖을 찾은 娘子
는 '姿儀殊妙 氣襲蘭麝'(卷3 塔像 南白月二聖 努肹夫得 怛怛朴朴條)로 형용
하고 있다.

神)13)이 그를 흠모해 사람으로 변하여 밤에 그의 집에 가서14) 몰래 함께 잤다.15) 처용이 밖에서 집에 돌아와 잠자리에 두 사람이 있는 것을 보고, 곧 노래를 부르고 춤을 추며 물러났다.16)

　노래는 이렇다.

　　　동경 밝은 달에17)

---

13) 疫神 : 사람에게 疫疾을 옮기는 귀신. 고려 處容歌에서는 '熱病神', '熱病大神'으로 일컬었다.(『樂學軌範』卷5 處容歌 참조) 李佑成은 처용처와 간통한 疫神을 '都市貴族의 遊閑公子-墮落한 花郞의 後裔들'의 하나로 추정하였다.(李佑成, 앞의 논문, p.304 참조)

14) 變無人夜至其家 : 위의 원문에서 '無'를 '爲'의 잘못으로 인정하여 해석하였다. 원문대로 한다면, '변하여, 사람 없는 밤에 그의 집에 이르러…'로 해석된다.

15) 變爲[無]人 夜至其家 竊與之宿 : 사람으로 변신한 역신이 처용의 아내와 몰래 간통하는 사실을 두고 '夜輒降靈交媾如生'(『五洲衍文長箋散藁』卷26, 巫覡辨證說)과 같은 降神現象으로, 處容妻의 降神巫로서의 入巫로 해석하는 논의가 있다.(金烈圭,「處容傳承試攷」,『韓國民俗과 文學研究』, 一潮閣, 1971, pp.134-135 참조) 이에 대하여 신화와 설화에서 神靈과의 交媾는 하필 入巫로만 이해되는 것이 아님을 지적하고, 입무의 결과 획득했어야 할 巫覡的 능력에 대한 아무런 시사도 處容妻에게서 볼 수 없다고 하고, 차라리 이는 '夜來者型'에 가까운 話素로 보아야 한다는 견해도 나타났다.(黃浿江, 앞의 논문, pp.130-131 참조) 또 處容妻의 疫神과의 同衾을 異客款待의 俗으로 해석하는 견해도 있었으나, 이와 같은 풍속은 多妻社會의 俗으로, 처용의 경우는 해당되지 않는다고 부정하는 견해도 있다.(金東旭,「處容歌研究」,『韓國歌謠의 研究』, 乙酉文化社, 1961, pp.131-132. 黃浿江,「處容歌考」,『국어국문학』26, 국어국문학회, 1963, pp.117-118 참조)

16) 乃唱歌作舞而退 : 처용의 歌舞自退를 두고 羅睺流의 '忍辱密行'(梁柱東), '自虐', '諦念', '寬容'(尹榮玉), '捨心'(黃浿江), '逐鬼行事'(金映遂) 등 여러 가지 해석이 있다.

17) 東京明期月良 : 이하 '爲理古'까지는 鄕札表記의 鄕歌(處容歌)로 梁柱東의 解讀을 따라서 解讀한다. 그에 따라 이 대목은 '싀볼 ᄇᆞᆰ기 ᄃᆞ래'(동경 밝은 달에)로 읽었다. '東京'은 신라의 서울 慶州. '東京'의 用例는 斷俗寺神行禪師碑(813)에 처음으로 나타나며, 深源寺秀澈和尙楞伽寶月塔碑(893)에는 '東原京'의 用語가 보이며, 신라승 安弘의 『東都成立記』(신라)의 東都도 慶州의 별칭으로 썼다. 고려 處容歌에서 '동경 ᄇᆞᆰ근 ᄃᆞ래'(『樂學軌範』卷5)는 이 대목에 해

　　밤들도록 노니다가[18)

　　집에 들어와 자리를 보니[19)

　　가로리 넷이러라[20)

　　둘은 내 것이고[21)

　　둘은 뉘 것인고[22)

　　본디 내 것이다만[23)

　　앗음을 어찌하리꼬[24)

당한다.

18) 夜入伊遊行如可 : 밤드리 노니다가(밤이 들도록 놀고 다니다가). 처용은 매양 달 밝은 밤에 저자에서 가무를 하였는데, 그 가무하던 곳을 ‘月明巷’이라고 부르게 되었다. 「處容每月夜歌舞於市…其歌舞處 後人名爲月明巷」([勝覽] 卷21 慶州府 古跡 月明巷條) 그가 월명항 밤 저자거리에서 행한 가무는 衆生弘化의 불교적 가무로, 그는 이로써 王政을 보좌했던 것으로 보인다. 그는 好佛的인 東海龍의 자식이었다. 고려 處容歌에서 ‘새도록 노니다가’(『樂學軌範』 卷5)가 이 대목에 해당한다.

19) 入良沙寢矣見昆 : 드러싸 자리보곤(들어와 잠자리를 보니). 고려 處容歌에서 「드러 내자리롤 보니」(『樂學軌範』 卷5)가 이 대목에 해당한다.

20) 脚烏伊四是良羅 : 가로리 네히어라(다리가 넷이러라). 처용처에 대한 역신의 간음의 현장을 直敍한 것이다. 고려 處容歌에서 「가르리 네히로새라」(『樂學軌範』 卷5)가 이 대목에 해당한다.

21) 二肹隱吾下於叱古 : 둘흔 내해엇고(둘은 내 것이었고). 아내에 대한 처용의 소유의식을 나타냈다. 異界로부터 온 處容이 어느덧 인간적인 분별에서 ‘執’에 사로잡혀 있다.(黃浿江, 「處容歌研究의 史的 反省과 一試考」, 『鄕歌麗謠研究』, 二友出版社, 1985, p.151 참조) 고려 處容歌에서 「아으 둘흔 내해어니와」(『樂學軌範』 卷5)가 이 대목에 해당한다.

22) 二肹隱誰支下焉古 : 둘흔 뉘해언고(둘은 뉘 것인고). 간음의 현실 앞에서 갖는 인간적 갈등으로, 용자 처용의 위기로 보는 견해도 있다.(黃浿江, 앞의 논문, p.151 참조) 고려 處容歌에서 「둘흔 뉘해어니오」(『樂學軌範』 卷5)가 이 대목에 해당한다.

23) 本矣吾下是如馬於隱 : 본디 내해다마론(본대 내 것이다마는).

24) 奪叱良乙何如爲理古 : 앗아늘 엇디ᄒ릿고(빼앗음을 어찌하리꼬). 이를 단념, 체념, 초탈 등으로 해석하는 견해가 있으나, 이는 ‘내것’이라는 소유에 대한 인간적 ‘집착’을 버린 無礙自在의 경지를 나타냈다고 하겠다. 가장 추한 보복으로

이때 역신이 본모습을 나타내 처용 앞에 꿇고 말하기를, "제가 공의
부인을 부러워하여 지금 그녀를 범하였습니다. 공이 이를 보고도 노여
움을 나타내지 않으니 감동하고 마음에 미뻐하는 바입니다. 맹세코 이
제 이후로는 공의 형용을 그린 것만 보아도 그 문에 들어가지 않겠습
니다"라고 하였다. 이로 인해 나라 사람이 문에 처용의 형상을 붙여서
사귀를 피하고 경사를 맞아들이게 되었다.[25]

왕은 돌아와 영축산(靈鷲山)[26] 동쪽 기슭의 승지를 점지하여 절을

바뀌어질 수도 있었던, 소유에 매인, 추한 인간적 감정을 마침내 극복하고, 垢穢
遠離의 眞如로 승화되었다고 하겠다.(黃浿江,「處容歌硏究의 史的 反省과 一
試考」,『鄕歌麗謠硏究』, 二友出版社, 1985, p.152 참조) 本生譚에서 佛陀는 제
자에게 말하였다. '여인은 만인에게 共有한 것이다. 賢人은 여인에게 이런 不貞
한 행실이 있다고 알아차려도 노하지 않는다.'(『南傳大藏經』卷29 65. 懊惱本生
物語, p.81 참조) 한편, 본가의 3·4, 5·6구의 표현을 중심으로 처용가의 '淫蕩'
과 '粗雜性'을 말하는 논의가 있었으나(鄭炳昱), 3-6구가 '음탕'하고 '조잡'하면
할 수록 그것이 높은 차원으로 止揚된 7·8구의 세계는 더없이 고상화될 수 있
었다고 하겠다. 과정적으로 나타난 두 남녀의 同衾의 描寫만으로 본가의 '음탕'
과 '조잡성'을 말할 수는 없는 것이다. 앞 구(3·4·5·6)의 '음탕'한 장면 묘사
는 그 자체에 목적이 있기보다는 다음에 오는 7·8구에서의 높은 '昇華'를 전제
하고, 의도적으로 '음탕'의 장면을 제시했던 것이다. 여기에 본가의 力動的인 美
構造가 있다.

25) 因此 國人門帖處容之形 以辟邪進慶 : 處容의 형상을 문에 붙여 辟邪進慶한
신라의 민속은 이때부터 시작되어 내려왔다는 것인데, 조선의 成俔의 詩에「自
從新羅到今日 爭加粉藻圖其容 擬僻妖邪無疾苦 年年元日帖門戶」(『續東文選』
卷5 七言古詩 處容)라고 한 것으로 미루어 해마다 元日에 처용의 화상을 문호
에 붙여 벽사하던 민속이 조선에도 줄곧 내려왔음을 알 수 있다. 鄭東愈는『晝
永篇』에서「正月十四日 閭閻以藁草爲人形 納若干錢於其中 頭腹臂股無所定
處 又或以小兒襦袴等衣被其體 名曰處容 以爲除厄之法 及黃昏 街上兒童十百
爲羣 逐家問處容有無 有者投之 門外羣童 各執其頭脚 左右扯奪 遂片片裂碎
乃各檢其所執之體 有錢者得之 名曰打處容 事無倫義 而亦行之已久」라고 하여
'打處容'의 민속을 소개하였는데, 이때 '處容'을 우리 말로 '제옹'이라고 불렀다.
[正]에 기재된 '僻邪'는 처용의 '自退'에서 보듯이 '邪鬼를 避한다'는 것이다.「僻
辟也」(說文),「若孟子 行辟人可也之類 是自退者言 若曲禮則客還辟 辟拜之類
是辟之言 邊也 屛於一邊也 僻之本義如是」(段注)

세우고 망해사(望海寺)27)라고 하였는데, 또 신방사(新房寺)라고도
이름하였으니 곧 용을 위해 세운 것이다.28)

또 포석정(鮑石亭)29)에 행차했을 때 남산신(南山神)이 어전에 나
타나 춤을 추었는데, 좌우 신하는 보지 못했으나, 왕만 홀로 보았다.30)

26) 靈鷲山 : 文殊山의 東麓으로 蔚州郡 靑良面 栗里와 蔚山市 無去洞에 걸쳐
   있는 해발 351m의 산이다. '靈鷲山'은 天竺의 靈鷲山에서 연유한 이름이며, 辯
   才天女가 山主라고 전한다. 天竺의 靈鷲山과 함께 '第十法雲地'로 菩薩이 거처
   한다고 하며, 불교와 깊은 관계가 있다. 일찍이 朗智, 智通, 緣會 등 고승이 수
   행한 곳이며, 望海寺와 靈鷲寺, 赫木寺 등이 있었다.

27) 望海寺 : 이 절의 소재에 관하여 본문은 「乃卜靈鷲山東麓勝地」라고 시사하였
   는데, '靈鷲山'은 「歃良州阿曲縣之靈鷲山〈歃良今梁州 阿曲一作西 又云求佛 又
   屈弗 今蔚州 置屈弗驛 今存其名〉」([遺] 卷5 避隱 朗智乘雲普賢樹條)이라고
   한 것으로 미루어 阿曲縣 곧 고려시대의 蔚州에 있던 산이다. [勝覽]에 의하면,
   文殊山으로도 불렸는데, 현재 蔚州郡 靑良面 栗里와 蔚山市 無去洞에 걸쳐 있
   는 해발 351m의 산으로 그 동쪽 기슭에 望海寺址 浮屠(보물 173호)가 남아 있
   다.

28) 置寺曰望海寺…乃爲龍而置也 : 東海龍을 위한 勝事가 하필이면 佛寺를 세우
   는 것이었고, 그 결과 '望海寺'가 창건되었던 것이다. 이로 미루어 東海龍은 好
   佛龍임을 알 수 있다. 王은 歌舞에 능한 好佛의 龍子 處容의 輔政을 받았던 것
   이다. 「每月夜 歌舞於市」([勝覽] 卷21 慶州府 古跡 月明巷條)하였다고 한 處
   容의 歌舞는 佛性敎化의 歌舞로, 곧 '輔佐王政'이었을 것이다. 정작 疫神이 犯
   妻하던 밤도 處容은 '서울 밝은 달에 밤들도록 노니다가' 들어왔던 바, 이 역시
   예의 저자에서의 月夜 歌舞, 즉 敎化歌舞로 곧 王政輔佐의 한 실천이었던 것이
   다.(黃浿江, 「處容歌硏究의 史的 反省과 一試考」, 『鄕歌麗謠硏究』, 二友出版
   社, 1985, pp.147-148 참조)

29) 鮑石亭 : 南山 서편 기슭에 있던 신라의 離宮으로, 현재 鮑魚모양의 流觴曲水
   가 남아 있다. 「鮑石亭 在府南七里 金鰲山西麓 鍊石作鮑魚形 故名焉 流觴曲
   水遺跡宛然」([勝覽] 卷21 慶州府) 眞聖王 때 花郞 孝宗郞이 南山의 鮑石亭에
   遊娛하였다는 기사가 있다.([遺] 卷5 孝善 貧女養母 참조) 景哀王 4년(927)
   妃嬪 宗戚들과 이곳에서 宴娛하던 景哀王이 後百濟 甄萱의 공격을 받아 後宮
   에 도망하여 自盡하였다고 한다. 「以冬十一月 掩入王京 王與妃嬪宗戚 遊鮑石
   亭宴娛 不覺賊兵至 倉猝不知所爲 王與妃奔入後宮 宗戚及公卿大夫士女四散
   奔走逃竄 其爲賊所虜者 無貴賤 皆駭汗匍匐 乞爲奴僕而不免 萱又縱其兵 剽掠
   公私財物略盡 入處宮闕 乃命左右索王 王與妃妾數人 在後宮 拘致軍中 逼令王
   自盡 强淫王妃 縱其下 亂其妃妾」([史] 卷12 新羅本紀 景哀王 4年條)

어떤 사람이 앞에 나타나 춤을 추니, 왕이 몸소 춤을 추어 그 모양을
보였다. 신의 이름을 혹 상심(祥審)31)이라고 했으므로 지금까지도 나
라 사람이 이 춤을 전하여 어무상심(御舞祥審) 또는 어무산신(御舞山
神)이라고도 한다. 혹은 이미 신이 나와 춤을 추자 그 형상을 살펴 공
인에게 명하여 본떠 새겨서32) 후대에 보이게 했으므로 상심(象審)이
라고 한다고 하였다. 혹은 상염무(霜髯舞)라고도 하니, 이는 그 형상
을 일컬은 것이다.

　또 금강령(金剛嶺)33)에 행차했을 때 북악신(北岳神)34)이 나와 춤

---

30) 南山神現舞於御前 左右不見 王獨見之 : 남산신의 춤이 왕 한 사람에게만 보
　이고, 좌우 신하들에게는 보이지 않았는데, 이것은 왕에게 주는 警告를 의미하
　는 것이었건만 왕 자신은 물론 신하들도 몰랐다. 비슷한 예로, 부처의 上座였던
　羅婆那拔提는 前生에서 老人을 한낱 놀잇감으로 삼은 惡毒한 王이었다. 이를
　懲戒하기 위해 帝釋天(菩薩)이 그 威信力으로 王에게만 보이게 하여 그 앞에
　나타났다.(낡은 수레에 酪漿의 항아리를 두개 싣고, 두 마리의 늙은 황소에 끌
　리게 하여)(『南傳大藏經』卷30 202. 耽戲本生物語 pp.237-241 참조) 神靈이 護
　持하는 사람은 남들이 못보는 神靈을 獨見하는 경우가 있다. 신라 明神이 眷屬
　들에게 둘러싸여서 오는 광경을 圓珍은 獨見하고 있다. 「天安二年 圓珍師 泛舶
　自唐歸…新羅明神語珍曰 我卜居寺之北野 時百千眷屬 倏來圍繞 唯珍獨見 他
　人不知」(『元亨釋書』卷18 願雜 10之3 神仙5)
31) 祥審 : 南山神의 이름. 그 춤을 '御舞祥審', '御舞山神'이라고 하고, 그 모양을
　본따서 후대에 남겼다고 하여 '象審'이라고 한다 하였으나, '祥審'과 '象審'은 '山
　神'의 音借表記로 보이며, 그 神舞를 일컬어 '霜髯舞'라고 하였는데,'霜髯'은 '흰
　수염'이니, 南山神의 늙은 형상을 말한 것이다. 「霜髯三老如松檜 舊交零落知誰
　輩」(蘇軾, 「寄蔡子華詩」)
32) 摹刻 : 본따서 새김. 여기서는 왕이 혼자 보았던 南山神의 형상을 공인으로 하
　여금 왕이 말한대로 새겨서 만들게 한 것을 말하였다.
33) 金剛嶺 : 金剛山으로 신라의 四靈地의 하나.([遺] 卷1 紀異 眞德王條 참조)
　「金剛山 在府北七里 新羅號北嶽」([勝覽] 卷21 慶州府 山川條) 殉敎한 厭髑을
　장례지낸 산이다. 「邃乃葬北山之西嶺〈卽金剛山也 傳云 頭飛落處 因葬其地〉」
　([遺] 卷3 興法 原宗興法 厭髑滅身條)
34) 北岳神 : 北嶽의 山神. '北岳'은 신라 때 金剛山을 방위에 따라서 붙였던 이름.
　「金剛山 在府北七里 新羅號北嶽」([勝覽] 卷21 慶州 山川條 참조) 이 외에 吐

을 추었으므로 옥도검(玉刀鈐)35)이라고 이름하였다.

또 동례전(同禮殿)36) 잔치 때 지신(地神)이 나와서 춤을 추었으므로 지백(地伯)37) 급간(級干)38)이라고 이름하였다. 『어법집(語法集)』39)에 「그때 산신(山神)40)이 춤을 춰 바치며 노래를 불러 지리다도파도파(智理多都波都波)41)라고 하였다」고 하였는데, 이것은 지혜로 나라를 다스리는 사람이 [형세를 미리] 알고 많이 도망하여 도읍이 장차 파괴된다는 것을 이른다. 곧 지신과 산신이 나라가 장차 망할 것을 알았으므로 춤을 춰 그것을 경고했건만42) 나라 사람이 깨닫지 못하고,

---

含山은 東嶽, 仙桃山은 西嶽, 含月山은 南嶽으로 불렀다.(『慶州邑誌』卷3 山川 條 참조)

35) 玉刀鈐 : 왕이 金剛嶺에 갔을 때 나타나 춤을 춘 北嶽神(山神)을 이름인데, 그 語義는 확실치 않다. 龍王의 이름을 '鈐海'라고 한 元曉傳(『宋高僧傳』卷4)과 北嶽 山神의 이름을 '玉刀鈐'이라고 한 데서, '鈐'은 혹 '神'을 의미하는 '검(kəm>kami)'의 借音이 아니었던가 한다.

36) 同禮殿 : 半月城 안에 있던 殿宇라는 설이 있다.(金宅圭, 『韓·日 文化 比較論: 닮은 뿌리 다른 문화』, 문덕사, 1993, p.112 참조)

37) 地伯 : 地神으로 민속에서 이르는 '터주'이다.

38) 級干 : 신라 17관등 중의 제9관등. 여기서는 處容의 경우와 마찬가지로 神靈의 靈能을 尊待해준 職名으로 실제의 職官은 아니다.

39) 語法集 : 미상의 문헌.

40) 山神 : 北嶽神을 가리켰을 것이나, 혹 南山神을 가리켰을 수도 있다.

41) 智理多都波都波 : 國亡을 예고하는 讖謠로, 그 文意를 본문에서 「以智理國者 知而多逃 都邑將破」로 풀이하였다.

42) 地神山神知國將亡 故作舞以警之 : 본조에 나타난 일련의 歌舞-東海龍(處容)의 獻舞奏樂, 南山神 祥審의 舞, 北嶽神의 呈舞(玉刀鈐), 地神(地伯級干)의 出舞-등은 춤춘 때와 장소는 서로 다르되 한결같이 國亡의 경고를 전달한 神舞였다. 혹 處容의 月明巷에서의 가무도 그와 같은 뜻을 전달하려고 한 輔政의 가무였을 가능성이 있다. 憲康王代의 태평성세임을 시사하는 본조의 서두의 서술에도 불구하고, 이미 이 왕대는 신라 말기의 浮華 墮落한 풍조가 國亡을 재촉하는 단계에까지 와있었던 것으로 보인다. 실제로 憲康王代는 수도권 경제의 파탄과 전국을 대상으로 하는 경제체계의 개편 방치로 경제적 모순이 폭발하기 직전의 상태에 있었다.(李龍範, 앞의 논문, pp.267-269 참조)

도리어 상서가 나타났다고 하여 향락에 너무 심하게 빠졌기 때문에
나라가 마침내 망하였다.43)

---

43) 國人不悟…故國終亡 : 神物이 자주 나타나 춤으로써 닥쳐올 國亡을 경고하였
    으나, 신라 사람이 이를 경고로서 받아들이기보다는 도리어 祥瑞로 알아 더욱
    향락에 빠져 헤어날줄 몰랐기 때문에 결국은 國亡을 자초하고 말았다는 것이다.
    憲康王代의 '盛世'는 끝내 국운을 회복하지 못한 한낱 落照의 빛처럼 허망한 것
    이었음을 서술자는 암시하며, 은연중 비판하고 있다.

52. 眞聖女大王 居陁知

第五十一眞聖女王 臨朝有年 乳母鳧好夫人 與其夫魏弘匝干等 三四寵臣 擅權撓政 盜賊蜂起 國人患之 乃作陁羅尼隱語 書投路 上 王與權臣等得之 謂曰 此非王居[1]仁 誰作此文 乃囚居[2]仁於獄 居[3]仁作詩訴于天 天乃震其獄囚[4]以免之

詩曰 燕丹泣血虹穿日[5] 鄒衍含悲夏落霜[6] 今我失途還似舊[7] 皇 天何事不垂祥[8] 陁羅尼曰 南無亡國 刹尼那帝 判尼判尼蘇判尼于 于[9]三阿干 鳧伊娑[10]婆訶 說者云 刹尼那帝者 言女主也 判尼判 尼蘇判尼者 言二蘇判也〈蘇判爵名[11]〉 于于[12]三阿干[13]者 言三四寵

---

1) 居 : [史] 卷11 新羅本紀 眞聖王 2年條에는 巨.

2) 居 : 주 1)과 같음.

3) 居 : 주 1)과 같음.

4) 囚 : [民] 因.

5) 燕丹泣血虹穿日 : [史] 卷11 新羅本紀 眞聖王 2年條에는 于公慟哭三年旱.

6) 鄒衍含悲夏落霜 : [史] 卷11 新羅本紀 眞聖王 2年條에는 鄒衍含悲五月霜.

7) 今我失途還似舊 : [史] 卷11 新羅本紀 眞聖王 2年條에는 今我幽愁還似古.

8) 皇天何事不垂祥 : [史] 卷11 新羅本紀 眞聖王 2年條에는 皇天無語但蒼蒼.

9) 于于 : [東] 干干.

10) 娑 : [斗][六] 娿.

11) 蘇判爵名 : [正][晚][順][品][斗][浩][六]에는 본문으로 기재되어 있으나, 세주로 처리함이 마땅하다.

12) 于于 : 주 9)와 같음.

13) 干 : [正][晚][順][六] 十. [品][斗][浩][民] 干.

臣14)也 梟伊者 言梟好也

　　此王代 阿飡15)良貝16)　王之季子也　奉使於唐　聞百濟海賊梗於
津島17)　選弓士五十人隨之　船次鵠島〈鄕云骨大島〉　風濤大作　信宿
浹18)旬　公患之　使人卜之　曰 島有神池 祭之可矣　於是具奠於池上
池水湧高丈餘　夜夢有老人　謂公曰 善射一人 留此島中 可得便風
公覺而以事諮於左右曰 留誰可矣　衆人曰 宜以木簡五十片書我輩
名 沈水而鬮之　公從之　軍士有居陁知者 名沈水中 乃留其人 便風
忽起　船進無滯

　　居陁愁立島嶼　忽有老人　從池而出　謂曰 我是西海若 每一沙彌
日出之時　從天而降　誦陁羅尼 三繞此池 我之夫婦子孫皆浮水上
沙彌取吾子孫肝腸 食之盡矣 唯存吾夫婦與一女爾 來朝又必來 請
君射之　居陁曰 弓矢之事 吾所長也 聞命矣 老人謝之而沒 居陁隱
伏19)而待　明日扶桑20)旣暾 沙彌果來 誦呪如前 欲取老龍肝 時居
陁射之 中沙彌 卽變老狐 墜地而斃

　　於是老人出而謝曰 受公之賜 全我性命 請以女子妻之 居陁曰
見賜不遺 固所願也 老人以其女 變作一枝花 納之懷中 仍命二龍
捧居陁趁21)及使船 仍護其船 入於唐境 唐人見新羅船 有二龍負之

---

14) 者 言三四寵臣 : [正][晚][順][品][斗][六][리] 없음. [浩][民] 者 言三四寵
　　臣. [正]에는 없으나, 앞의 「魏弘迊干等 三四寵臣 擅權撓政」으로 미루어 보충
　　함.

15) 飡 : [品][浩] 湌(飡과 상통). [史] 卷38 職官志(上)에는 湌.

16) 貝 : [正] 員. [晚][順][品][斗][浩][六] 貝.

17) 島 : [正][晚][品][六] 梟. [斗][浩][民] 島.

18) 浹 : [正][晚][品] 俠. [斗][浩][六][民] 浹.

19) 伏 : [正][晚][順] 伏. [品][斗][浩][六] 伏.

20) 桑 : [正][晚][順] 枭. [品][斗][浩][六][民] 桑.

21) 趁 : [六] 知.

具事上聞 帝曰 新羅之使 必非常人 賜宴坐於群臣之上 厚以金帛
遺之 旣還國 居陁出花枝 變女同居焉

진성여대왕과 거타지

제51대 진성여왕(眞聖女王)[1])이 나라 정사에 임한 지 몇 해만에 유모 부호(鳧好)[2])부인과 그의 남편 위홍(魏弘)[3]) 잡간(匝干)[4]) 등 서너명의 총신(寵臣)이 권세를 잡고 정사를 휘두르니,[5]) 도적이 벌떼같이 일어났다. 나라 사람이 이를 근심하여 다라니(陀羅尼)[6])의 은어를 지

---

1) 眞聖女王 : 신라의 제51대 왕. 재위 887-897. 이름은 曼이며 憲康王의 女弟이다. 崔致遠의 『文集』 第2卷 謝追贈表와 納旌節表에서는 왕의 이름을 '坦'이라고 하였고, 즉위년도 1년의 오차가 있다. 진성여왕 5년(891) 10월에 北原京(지금의 原州)에서 반란을 일으킨 梁吉이 부하 弓裔를 파견하니, 百餘騎를 이끌고 北原東方의 부락과 溟州管內의 酒泉(강원도 寧越郡 酒泉面) 등 10여 군현을 습격하였고, 다음 6년(892)에는 전라도에서 甄萱이 後百濟를 세웠다. 동 10년(896)에 舊加羅지방에 赤袴賊이 일어나 王畿 西部까지 진격해 들어왔다. 이렇듯 진성왕대는 후삼국시대로 이행하는 신라 말기의 정황을 나타내고 있다.([史] 卷11 新羅本紀 眞聖王條 참조)

2) 鳧好 : 魏弘의 부인이며, 眞聖王의 乳母로서 왕 치세에 국정에 간여하여 폐단이 많았다.

3) 魏弘 : 憲康王 즉위년(875)에 伊湌이었던 魏弘이 上大等이 되었고, 眞聖王 2년(888) 2월까지에 角干으로 승격하였다. 女王과는 진작부터 私通하는 사이였고, 왕이 즉위하자 늘 내정에 출입하여 정사에 간여하였다. 眞聖王 2년(888) 왕명으로 大矩和尙과 함께 향가를 수집하여 『三代目』을 찬진하였다. 그가 죽자 왕은 '惠成大王'의 시호를 내렸다.

4) 匝干 : 蘇判 또는 迊湌이라고도 하며, 신라 17관계의 제3 관등이다.

5) 眞聖女王…擅權撓政 : 이를 [史]는 다음과 같이 기술하고 있다. 「王素與角干 魏弘通 至是 常入內用事…及魏弘卒 追諡爲惠成大王 此後 潛引少年美丈夫兩 三人淫亂 仍授其人以要職 委以國政 由是倭倖肆志 貨賂公行 賞罰不公 紀綱壞弛」([史] 卷11 新羅本紀 眞聖王 2年條)

6) 陀羅尼 : 梵語 Dhāraṇī로, '總持'라 번역하며, '陀羅尼'라고도 쓴다. '知慧' 혹은

어 써서 길 바닥에 던져 두었다.7) 왕과 권신들이 이를 얻어 보고 말하
기를, "왕거인(王居仁)8)이 아니고야 누가 이 글을 지었겠는가?"라고
하고, 곧 거인을 옥에 가두었다. 거인이 시를 지어 하늘에 호소하니,9)
하늘이 곧 그 옥에 벼락을 쳐서 [그는] 벗어나게 되었다.10)

시는 이렇다.

연단(燕丹)11)의 피 눈물에 무지개가 해를 뚫고
추연(鄒衍)12)이 품은 원한 여름에 서리 내렸네

'三昧'를 말하니, 여기서는 '眞言'으로, 梵文을 音 그대로 쓴 것을 口誦한다. 또
'密語'라고도 하는데, 비밀히 하는 뜻이 있다. 흔히 梵文의 짧은 귀절을 '眞言'
또는 '呪'라고 하고, 긴 귀절로 된 것을 '陁羅尼' 또는 '大呪'라고 한다. 「菩薩摩
訶薩八萬人 皆於阿耨多羅三藐三菩提 不退轉 皆得陀羅尼 樂說弁才」(『法華
經』序品 1)

7) 國人患之…書投路上 : [史]는 다음과 같이 기술하고 있다. 「時有無名子 欺謗
時政構辭 榜於朝路」([史] 卷11 新羅本紀 眞聖王 2年條)

8) 王居仁 : 글에 능한 문인으로 大耶州의 隱者. '王巨仁'으로도 쓴다.([史] 卷11
新羅本紀 眞聖王 2年條 참조)

9) 乃囚居仁於獄 居仁作詩訴于天 : [史]에서는 다음과 같이 서술하였다. 「王命
拘巨仁京獄 將刑之 巨仁憤怨 書於獄壁」([史] 卷11 新羅本紀 眞聖王 2年條)

10) 天乃震其獄囚以免之 : [史]는 「其夕忽雲霧震雷雨雹 王懼 出巨仁 放歸」로 서
술하였다.([史] 卷11 新羅本紀 眞聖王 2年條)

11) 燕丹 : 燕의 太子 丹. 戰國時代 燕의 王喜의 아들로, 秦에 인질로 갔다가 도망
해왔다. 秦이 六國을 멸하려 하는 것을 보고, 秦兵이 易水에 이르자 화가 미칠
것을 생각하여, 은밀히 壯士를 양성하더니, 荊軻로 하여금 督亢의 地圖와 樊於
期의 머리를 들고, 秦에 가서 바치게 하여, 秦王을 뵙는 자리에서 왕을 찔러 죽
이려 하였으나, 그만 실패하여 軻는 죽임을 당하였다. 秦은 王翦을 보내 燕을
치게 하니, 王喜는 遼東으로 옮겨가서 丹을 베어 秦에 바쳤으나, 3년만에 秦에
게 요동을 공략당한 끝에 燕은 망하였다.(『史記』卷34 참조)

12) 鄒衍 : 戰國時代 齊의 臨淄 사람. 『史記』에서는 騶衍으로 썼다. 燕의 昭王이
碣石宮을 짓고 그를 師事하였다. 昭王이 죽은 뒤 惠王이 左右의 참언을 믿고
그를 下獄하였더니 하늘을 우러러 곡하니 5월에 서리가 내렸다고 한다. 「淮南
子曰 鄒衍事燕惠王 盡忠 左右譖之王 王繫之獄 仰天而哭 夏五月 天爲之下霜」

지금의 이 내 형국 예와 같건만

황천은 어이하여 아무 조짐 없는가!13)

다라니에는 「나무14)망국 찰나나제 판니판니소판니우우삼아간 부이
사바하」라고 하였다. 풀이하는 이가 말하기를, "찰나나제는 여왕을 말
하고, 판니판니소판니는 소판 두 사람을 말하며〈소판15)은 벼슬 이름〉, 우
우삼아간16)은 서너 사람의 총신을 말하고, 부이는 부호를 말한다"고
하였다.

이 왕의 시대에 아찬(阿飡) 양패(良貝)는 왕의 막내 아들로서 당나
라에 사신으로 가게 되었는데, 백제의 해적이 진도(津島)17)에서 막고
있다는 말을 듣고, 활잡이 50인을 뽑아 데리고 갔다. 배가 곡도(鵠島)18)
〈우리말로 골대섬[骨大島]이라고 한다.〉에 이르니, 풍랑이 크게 일어나 열흘
남짓 묵게 되었다.19) 공이 근심하여 사람을 시켜 점을 치니, 말하기를,

---

13) 燕丹泣血虹穿日…皇天何事不垂祥 : [史]에서는 「于公慟哭三年旱 鄒衍含悲
　　五月霜 今我幽愁還似古 皇天無語但蒼蒼」으로 서술하였다.([史] 卷11 新羅本
　　紀 眞聖王 2年條)
14) 南無 : 梵語(Namas; Namo)의 寫音. 원어는 '敬禮'의 뜻이나, 한역으로는 '歸
　　命'으로 쓰고 있다. 중생이 부처에게 진심으로 歸依 敬順한다 함이다. 보통 이
　　말 뒤에는 佛名이나 經典名이 따르는데, 여기서는 '亡國'이 붙어 있어 특이한
　　예로 보인다.
15) 蘇判 : 신라 17관등 중의 제3관등인 迊飡의 다른 이름. 「儒理王九年 置十七
　　等…三日 迊飡〈或云迊判 或云蘇判〉」([史] 卷38 職官志(上))
16) 阿干 : 신라 17관등 중의 제6관등인 阿飡의 다른 이름.
17) 津島 : 西海에 있는 섬으로 추측되나 확실한 것은 알 수 없다.
18) 鵠島 : 白翎島. 「白翎島本高句麗鵠島 高麗稱白翎鎭」([勝覽] 卷43 康翎 建置
　　沿革條). 「白翎島本高句麗鵠島 高麗改爲白翎鎭」(『世宗實錄』卷152 地理志 黃
　　海道 康翎縣條).
19) 信宿浹旬 : '信宿'은 二泊, 再宿을 뜻한다. 「飛遑陸 公歸不復 於女信宿」(『詩

"섬에 신령한 못이 있으니 그곳에 제사지내야 되겠습니다"고 하였다. 이에 못 위에 제전을 갖추었더니, 못물이 한 길 남짓이나 솟아올랐다. 그날 밤 꿈에 노인이 공에게 말하기를, "활 잘 쏘는 사람 하나를 이 섬 안에 머물게 해둔다면 순풍을 얻으실 수 있습니다"고 하였다. 공이 꿈에서 깨어나 좌우에게 이 일을 묻기를, "누구를 머물게 하면 좋을까?"라고 하니, 여러 사람이 말하기를, "나무 조각 50쪽에 우리 이름들을 써서 물에 띄워 가라앉는 것으로 제비를 뽑읍시다"고 하였다. 공이 이를 따랐다. 군사 중에 거타지(居陁知)[20]란 자가 있어 그의 이름이 물에 가라앉았으므로 그를 머물게 하니, 순풍이 갑자기 일어나 배는 지체없이 나아갔다.

거타가 수심에 쌓여 섬에 서있었더니, 갑자기 한 노인이 못에서 나와 말하기를, "나는 서해약(西海若)[21]인데, 매번 한 승려[沙彌][22]가 해 돋을 때면 하늘에서 내려와 다라니를 외우면서 이 못을 세 바퀴 돌

經』九罿.) '浹旬'은 一旬, 十日間을 뜻한다. 「未浹旬 相繼殞歿 復卿泣哭盡哀」 (『剪燈餘話』兩川都轄院志) '信宿浹旬'은 '二泊 하고, 열흘을 더 머물렀다'로, '열흘 남짓 묵었다'로 이해된다.

20) 居陁知 : 여기 외에서는 볼 수 없는 인명이나, '居陁'를 '居烈'의 異記로 다룬 예가 있다. 「居昌郡 本新羅居烈郡 一名居陁」([勝覽] 卷31 居昌條). 「居昌縣 本新羅居烈郡 一名居陁」([麗史] 卷57 地理志2). 眞平王 때 楓嶽에 娛遊한 三花之徒의 一人인 「第五 居烈郎」([遺] 卷5 感通 融天師 彗星歌 眞平王代條 참조)도 혹 '居陁郎'으로 異記되었던 것이 아닌가 한다.

21) 西海若 : 서해 바다의 神. 若은 海神의 이름. 「河伯…望洋向若而嘆曰」(『莊子』 外篇 秋水 17), 「若 海神」(釋文), 「海若游於玄渚」(張衡, 「西京賦」), 「使湘靈鼓 瑟兮 令海若舞馮夷」(『楚辭』遠遊), 「海若 海神名也」(注). 여기의 '西海若'은 西海의 龍神이다.

22) 沙彌 : 梵語 śrāmaṇeraka의 音寫. 출가하여 十戒를 받고, 아직 具足戒를 받지 않은 20세 미만의 新學 年少者를 이른다. 여기의 沙彌는 그 정체가 老狐로, 보는 이의 눈을 미혹케 하기 위해 외양만 沙彌로 가장한 것이다.

면, 우리 부부와 자손들이 모두 물 위에 떠오릅니다. 승려는 내 자손
의 간과 창자를 취해 다 먹어 버리고, [지금은] 우리 부부와 딸 하나
가 남았을 뿐입니다. 내일 아침에도 반드시 올 것이니, 청컨대 그대는
이를 쏘아 주시오"라고 하였다. 거타가 말하기를, "활 쏘는 일은 나의
장기이니 말씀대로 하겠습니다"고 하였다. 노인은 치사하고 물 속으
로 돌아가고, 거타는 숨어서 기다렸다. 이튿날 동쪽[扶桑]에서 해가
뜨자 중이 과연 와서 전과 같이 주문을 외워 늙은 용의 간을 취하려고
하였다. 이때 거타가 활을 쏘아 맞추니 승려는 즉시 늙은 여우로 변해
땅에 떨어져 죽었다.[23]

이때 노인이 나타나 치사하며 말하기를, "공의 덕택으로 우리 목숨
을 보전하였으니, 내 딸을 아내로 삼아 주십시오"라고 하였다. 거타가
말하기를, "[따님을] 주시고 저버리지 않으시니 진실로 원하던 바입
니다"고 하였다. 노인은 그 딸을 한 가지 꽃으로 바꿔 [그의] 품 속에
넣어 주고, 또 두 용에게 명하여 거타를 받들고 사신이 탄 배를 따라
가 그 배를 호위하게 하여 당나라 지경에 들어갔다. 당나라 사람들이
두 용이 신라의 배를 지고 오는 것을 보고 이 사실을 황제에게 아뢰
니, 황제가 말하기를, "신라 사신은 반드시 비상한 사람일 것이다"고

---

23) 沙彌果來…墜地而斃 : 영웅이 용으로부터 청을 받고, 용을 도와 적을 사살함
으로써 後報를 받는 유형의 설화는 흔히 있다. 「我先祖度王 亦池事亦然始王
嘗居于慶興之望德山下 夢一神翁告曰 我南池之龍也 有客龍據我池 將奪我潛
窟 聞公善射 請以一矢殪我敵 事苟成 我且知德俾慶公之後 王許諾 旣覺 帶囊
鞬 登府之南麓 忽大雨暴作 羣動震慴 而望見雲烟迷茫中 黑龍自東北起 引白龍
交戰 蜿蜒千尺 互相挐攫鱗甲閃閃 與電光爭燭…王乃指黑龍發一矢 正中其腰
於是驚血淋漓 渾池皆赤…說者或以慶後之報 傅合於龍之德」(『朝鮮金石總覽』
下의 慶興赤池紀蹟碑 참조) 조선국조설화에는 위와 같은 두 용의 쟁투담이 따
른다.(『龍飛御天歌』卷4 '黑龍卽殪云云' 註,『五山說藁基』'黃白龍' 참조)

하고, 잔치를 베풀어 [그를] 여러 신하들의 위에 앉히고, 금과 비단을
후하게 주었다. 본국에 돌아와서 거타가 꽃가지를 꺼내니, 꽃이 여자
로 변하였으므로 함께 살았다.24)

---

24) 居陁出花枝 變女同居焉 : 居陁知型으로 [麗史] 世系에 作帝建의 記文이 있
다. 「作帝建…世謂神弓 於是 欲覲父 寄商船 行至海中 雲霧晦暝 舟不行三日
舟中人卜曰 宜去高麗人 作帝建執弓矢 自投海 下有巖石 立其上 霧開風利 船
去如飛 俄有一老翁 拜曰 我是西海龍王 每日晡有老狐 作熾盛光如來像從空而
下 羅列日月星辰 於雲霧間 吹螺擊鼓 奏樂而來 坐此巖 讀臃腫經 則我頭痛甚
聞郎君善射 願除吾害 作帝建許諾 及期 聞空中樂聲 果有從西北來者 作帝建
疑是眞佛 不敢射 翁復來曰 正是老狐 願勿復疑 作帝建撫弓搣箭 候而射之 應
弦而墜 果老狐也 翁大喜 迎入宮 謝曰 賴郎君 吾患已除 欲報大德 將西入唐
覲天子父乎 富有七寶 東還奉母乎 曰 吾所欲者 王東土也…作帝建 乃悟請之
翁以長女齉旻義妻之 作帝建 賫七寶將還…卒後 追尊爲懿祖景康大王 龍女爲
元昌王后…聖源 錄云 昕康大王(卽懿祖)之妻龍女者 平州人 豆恩坫角干之女
子也…」([麗史] 高麗世系) 설화의 관점에서 居陁知와 作帝建을 同系, 즉 惡魔
退治의 영웅설화로 보고, 이 형의 설화는 공식처럼 영웅의 결혼으로 결말짓는다
고 하였다.(張德順, 『韓國說話文學研究』, 서울대학교출판부, 1970, pp.64-65 참
조)

53. 孝恭王

　　第五十二孝恭王　光化十五年壬申〈實朱梁乾化二年也〉　奉聖寺外門東西二十一間　鵲巢　又神德王卽位四年乙亥〈古1)本云天祐十二年　當作貞明元年〉　靈廟2)寺內行廊　鵲巢三十四　烏巢四十　又三月　再降霜六月　斬浦水與海水波相鬪三日

---

1) 古：[正][品] 右. [斗][浩][六][民] 古.

2) 廟：[浩] 妙.[勝覽] 卷21 慶州府 佛宇條와 [遺] 卷3 塔像 靈妙寺丈六條에는 妙.[史] 卷5 新羅本紀 善德王 4年條에는 廟.

효공왕

제52대 효공왕(孝恭王)1) 때인 광화(光化) 15년 임신(壬申, 912)2)

〈실상은 주량(朱梁)3)의 건화(乾化)4) 2년(912)5)이다.〉에 봉성사(奉聖寺)6) 외

---

1) 孝恭王 : 신라의 제52대 왕. 재위 897-912. 성은 김씨이고 이름은 嶢이다. 憲康 王의 아들로 眞聖王 11년(897) 6월에 왕위를 물려받고 즉위하였다. 어머니에 대해서는 [史]와 [遺]의 기록에 혼란이 있다. [遺] 卷1 王曆 孝恭王條에는 왕 의 어머니가 文資王后로 되어 있고, 헌강왕조에는 文資皇后가 헌강왕의 어머니 로 되어 있다. [史] 卷12 新羅本紀 孝恭王 2년條에는 어머니 김씨를 높여 義明 王太后로 삼았다고 하였다. 의명왕태후는 헌안왕의 正妃 懿明夫人과 동일인일 것인데, [史] 卷12 新羅本紀 孝恭王 卽位年條에는 효공왕을 헌강왕의 서자라 고 하였다. [史] 卷11 新羅本紀 眞聖王 9년 冬10월條에는 효공왕의 출생에 관 한 기록이 보인다. 재위시 신라는 왕실의 권위가 떨어져서 지방에서 일어난 弓 裔와 甄萱이 서로 패권을 다투는 형세였다. 효공왕 2년(898)에는 궁예에게 浿 西道·漢山州 관내의 30여 성을 빼앗기고, 효공왕 4년(900)에는 남서쪽의 땅을 견훤에게 빼앗겼으며, 8년(904)에는 북쪽의 땅을 또 궁예에게 빼앗겨 신라의 영 토는 날로 축소되어갔다. 11년(907)에는 또 견훤에게 一善郡 이남의 10여 성을 빼앗겼다. 죽은 뒤 師子寺 북쪽에 장사지냈다고도 하고, 혹은 사자사 북쪽에서 화장하여 뼈는 仇智堤 동산 기슭에 묻었다고도 한다.([史] 卷12 新羅本紀 孝恭 王條)

2) 光化十五年壬申 : 광화는 당 昭宗의 연호(898-900). 광화 15년은 연호의 변천 을 무시한 기록인데, 이를 추산하면, 後梁의 태조, 즉 朱梁의 乾化 2년 임신 (912)에 해당한다.

3) 朱梁 : 중국 五代의 최초의 왕조(907-923)로 唐의 昭宗을 죽이고 哀帝를 폐위 시킨 뒤 朱溫이 세운 後梁을 말한다. 태조 주온은 원래 당 말의 大流賊 黃巢의 부하로서 당에 투항하여 全忠이란 이름을 회사받고 官武軍 절도사·梁王이 되 었다. 대운하의 요충지 卞州(開封)를 근거지로 쇠잔한 당을 대신하여 907년 大 梁(卞州)에 도읍하였다. 주온은 당대의 빈민으로 태어나 무력으로 입신한 권력 자로서 구귀족을 철저히 제거하려 했으나 내분이 일어나 제2대 末帝 때 멸망하

문 동서쪽 21간에 까치가 집을 지었다. 또 신덕왕(神德王)7) 즉위 4년

을해(乙亥, 915)〈고본에는 천우(天祐)8) 12년이라고했으나 마땅히 정명(貞明)9)

원년이라고해야 한다.〉에 영묘사(靈廟寺)10) 안 행랑에 까치집이 34개나

되고, 까마귀집이 40개나 되었다. 또 3월에는 서리가 두 번이나 내렸

고, 6월에는 참포(斬浦)11)의 물이 바닷물과 사흘동안이나 서로 싸웠

다.12)

였다.(『舊唐書』本紀 卷20 昭宗・哀帝條. 『新唐書』本紀 卷10 昭宗・哀帝條)

4) 乾化 : 後梁 太祖가 사용한 두번째 연호(911-914).

5) 乾化 二年 : 孝恭王 16년에 해당한다.

6) 奉聖寺 : [遺] 卷2 紀異 惠恭王條 참조.

7) 神德王 : 신라의 제53대 왕. 재위 912-917. [史] 卷12 新羅本紀 神德王條에
   의하면, 성은 박씨이고, 이름은 景暉이며, 阿達羅王의 먼 자손으로 아버지는 대
   아찬 乂兼(또는 銳謙)이고, 어머니는 貞和夫人, 왕비는 김씨로 義成王后이며
   憲康王의 딸이라고 한다. 그런데 [遺] 卷1 王曆에는 왕의 이름이 景徽, 본명은
   秀宗이라고 하였다. 그러나 이는 興德王의 처음 이름이 秀宗이었다가 뒤에 景
   徽로 개명했던 사실과 혼동한 착오인 듯하다. 또 왕력에는 신덕왕의 외증조부가
   곧 아달라왕의 원손이라고 하였다. 孝恭王이 죽고 아들이 없었으므로 나라 사
   람들의 추대로 즉위하였다. 이로부터 54대 景明王, 55대 景哀王까지의 3대는 박
   씨가 왕이 되었다. 신덕왕대의 신라는 실제로 경주지역을 다스리는데 그쳤고,
   국토의 대부분은 궁예와 견훤의 세력권 속에 들어가 있었다. 장지는 竹城이며,
   또는 화장하여 箴峴에 묻었다고도 한다.

8) 天祐 : 唐의 마지막 황제 哀帝의 연호(904-907). 천우 4년(907)에 당은 멸망
   하였다.

9) 貞明 : 後梁 末帝의 연호(915-920).

10) 靈廟寺 : [遺] 卷1 紀異 善德王知幾三事條 참조.

11) 斬浦 : 신라에서 中祀의 대상으로 중시하던 四瀆, 즉 4개의 큰 하천 중의 東瀆
    으로 吐只河라고도 했는데, 지금의 경상북도 포항시 흥해읍 일대를 흐르는 曲
    江川이다. 이와 관련된 기사는 [史] 卷8 新羅本紀 聖德王 4年條, [史] 卷32 祭
    祀志 中祀 四瀆條, [勝覽] 卷22 興海郡 古跡條에 보인다.

12) 六月 斬浦水與海水波相鬪三日 : [史] 卷12 新羅本紀 神德王 4年 夏4月條에
    「槧浦水與東海水相擊 浪高二十丈許 三日而止」라고 하였다.

54. 景明王

第五十四景明王代　貞明五年戊寅　四天王寺壁畫狗鳴　說經三日
禳1)之　大2)半日又鳴

七年庚辰二月　皇龍寺塔影　倒立於今毛舍知家庭中一朔

又十月　四天王寺五方神　弓絃3)皆絶　壁畫狗出走庭中　還入壁中

---

1) 禳：[正] 讓(가필). [晚][順][品] 壤. [斗] 攘. [浩][六][民] 禳.
2) 大：[正] 犬. [品] 不. [斗][六] 大. [浩] 未.
3) 絃：[斗][浩][六] 弦.

경명왕

제54대 경명왕(景明王)1) 때인 정명(貞明) 5년 무인(戊寅, 918)2)에 사천왕사(四天王寺)3) 벽화 속의 개가 짖으므로, 3일 동안 불경을 강설하여 이를 물리쳤더니, 반나절이 지나자 또 짖었다.

7년 경진(庚辰, 920)4) 2월에는 황룡사(皇龍寺)5) 탑의 그림자가 금모(今毛) 사지(舍知)6)의 집 뜰 안에 한 달 동안이나 거꾸로 서 비쳤다.

또 10월에 사천왕사 오방신(五方神)7)의 활줄이 모두 끊어졌으며,

---

1) 景明王 : 신라의 제54대 왕. 재위 917-924. 성은 朴氏이며 이름은 昇英이다. 神德王의 태자이며, 어머니는 憲康王의 딸인 義成王后 또는 資成王后([遺] 卷 1 王曆)이다. 경명왕은 후삼국이 정립하여 패권을 다투던 때에 왕위에 올랐다. [史] 卷12 新羅本紀 景明王 2年 夏6月條에 「弓裔麾下人心忽變 推戴太祖」라고 하고, 이후 경명왕대의 기록은 고려 太祖 중심으로 기재되었다. 재위 7년만에 죽으니 慶州 黃福寺 북쪽에 장사지냈다.([史] 卷12 新羅本紀 景明王條 참조)

2) 貞明五年戊寅 : 貞明은 後梁 末帝의 연호(915-920). 정명 5년은 己卯(景明王 3년(919))인데, 본문에서는 戊寅(918)이라고하였다. [史]에서는 이와 같은 기사가 경명왕 3년인 919년에 보이므로 본문의 戊寅은 잘못인 듯하다.

3) 四天王寺 : [遺] 卷2 紀異 文虎王法敏條의 주석 32) 참조.

4) 七年庚辰 : 貞明 7년은 景明王 5년(921) 辛巳이며, 庚辰은 前年인 정명 6년이다. 곧 본문은 간지와 연대가 1년의 차이가 있다.

5) 皇龍寺 : [遺] 卷2 紀異 元聖大王條의 주석 37) 참조.

6) 今毛舍知 : 今毛는 여기 외에는 기록이 없어 그 행적을 알 수 없다. 舍知는 신라 17관등 중의 제13관등이며, 小知 또는 小舍라고도 한다.

벽화 속의 개가 뜰의 복판으로 달려나왔다가 다시 벽 속으로 들어갔
다.

---

7) 五方神 : 방위를 담당하는 불교의 수호신. 사방을 지키는 사천왕에 중앙의 신
   을 합쳐 오방신이라고 한다. 방위신앙은 호국사상과도 밀접한 관련이 있기 때문
   에 신라 때에는 호국을 주로 하는 여러 법회 때 이 오방신상을 만들거나 초상으
   로 모시는 일이 성행하였다.(김길상, 앞의 책, 1998)

55. 景哀王

第五十五景哀王卽位　同光二年甲申[1]二月十九日　皇龍寺說[2]百
座說經　兼飯禪僧三百　大王親行香致供　此百座通說禪敎之始

---

1) 甲申 : [正][品][六] 甲辰. [斗][浩][民] 甲申. [正]에는 '甲辰'으로 되어 있
　　으나 연호와 기년을 비교해볼 때 '甲申'의 오기로 보는 것이 타당하다.
2) 說 : [品][浩][民] 設.

경애왕

    제55대 경애왕(景哀王)[1]이 즉위한 동광(同光) 2년 갑신(甲申, 924)[2] 2월 19일에 황룡사(皇龍寺)에서 백좌(百座)[3]를 열어 불경을 풀이하였다. 겸하여 선승 3백 명에게 음식을 대접하고[4] 대왕이 친히 향을 피워 불공을 드렸다. 이것이 백고좌에서 선교(禪敎)를 함께 설한 시초였다.

---

1) 景哀王 : 신라의 제55대 왕. 재위 924-927. 성은 박씨이고 이름은 魏膺이다. 아버지는 神德王, 어머니는 義城王后, 景明王의 친동생이다. 景明王 1년(917)에 伊湌으로서 上大等이 된 뒤, 신라 말의 혼란기에 즉위하였다. 경애왕 4년(927) 정월에 신라는 군사를 내어 고려를 도왔다. 후백제 甄萱은 이해 11월에 신라 왕도를 침입해서 경애왕을 핍박하여 자살하도록 하였다.([史] 卷12 新羅本紀 景哀王條 참조)

2) 同光二年甲申 : 同光은 중국 後唐 莊宗의 연호(923-925). 동광 2년(924)의 간지는 甲辰이 아니라 甲申이다.

3) 百座 : 百高座會의 약칭으로 법회이름이다. 1백 명의 고승을 모시고 법문을 듣는 법회로 「仁王般若經」에 그 배경이 있기에 仁王會라고도 한다. 이 법회는 신라 진평왕 35년(613) 7월 황룡사에서 최초로 개최되었다.

4) 飯禪僧 : 승려들에게 齋食을 베풀던 의식을 飯僧 혹은 齋食이라고 한다. 여기서는 禪僧에게 齋食을 제공했다는 뜻으로 쓰였다.

56. 金傅大王

　　第五十六金傅大王 謚敬順 天成二年丁亥九月 百濟甄[1]萱 侵羅
至高鬱府 景哀王請救於我太[2]祖 命將以勁兵一萬往救之 救兵未
至 萱以冬十一月掩入王京 王與妃嬪宗戚 遊鮑石亭宴娛 不覺兵至
倉卒不知所爲 王與妃奔入後宮 宗戚及公卿大夫士女 四散奔走 爲
賊所虜 無貴賤匍匐乞爲奴婢 萱縱兵摽掠公私財物 入處王宮 乃命
左右索王 王與妃妾數人匿在後宮 拘致軍中 逼令王自盡[3] 而强淫
王妃 縱其下亂其嬪妾 乃立王之族弟傅爲王 王爲萱所擧 卽位 前
王尸殯於西堂 與群下慟哭 我[4]太[5]祖遣使弔祭

　　明年戊子春三月 太[6]祖率五十餘騎 巡到京畿 王與百官郊迎 入
宮[7]相對 曲盡情禮 置宴臨海殿 酒酣 王言曰 吾以不天 浸[8]致禍亂
甄[9]萱恣行不義 喪我國家 何痛[10]如之 因法[11]然涕泣 左右莫不鳴

---

1) 甄 : [正][晩][順] 甄. [品][斗][浩][六][民] 甄.
2) 太 : [正] 大.
3) 盡 : [正][六] 進. [品][斗][浩][民] 盡.
4) 我 : [斗][浩] 없음.
5) 太 : 주 2)와 같음.
6) 太 : 주 2)와 같음.
7) 宮 : [正][品] 없음. [斗][浩][六][民] 宮. [史] 卷12 新羅本紀 敬順王 5年條
　　에는 宮.
8) 浸 : [正][品] 侵. [斗][浩][六] 浸. [民] 浸 혹은 寢.
9) 甄 : 주 1)과 같음.

咽 太12)祖亦流涕 因留數旬 乃廻駕 麾下肅靜13) 不犯秋毫 都人士
女相慶曰 昔甄14)氏之來也 如逢豺15)虎 今王公之至 如見父母

八月 太祖遣使 遺王錦衫鞍馬 幷賜群僚將士有差

清泰二年乙未十月 以四方土16)地盡爲他有 國弱勢孤 不能17)自
安 乃與群下謀 擧土降太18)祖 群臣可否 紛然不已 王太19)子曰 國
之存亡20) 必有天命 當與忠臣義士 收合民21)心 力盡而後已 豈可
以一千年之社稷 輕以與人 王曰 孤危若此 勢不能全 旣不能强 又
不能弱 至使無辜之民 肝腦塗地 吾所不能22)忍也 乃使侍郎金封休
齎書 請降於太祖 太23)子哭泣辭王 徑24)往皆骨山25) 麻衣草食 以
終其身 季子祝髮 隷華嚴 爲浮圖 名梵空 後住法水海印寺云

---

10) 痛：[正][品] 없음. [斗][浩][六][民] 痛. [史] 卷12 新羅本紀 敬順王 5年條
　　에는 痛.
11) 泫：[正][晚] 泣. [品][斗][浩][六][民] 泫.
12) 太：주 2)와 같음.
13) 靜：[史] 卷12 新羅本紀 敬順王 5年條에는 正.
14) 甄：주 1)과 같음.
15) 豺：[正][晚][順] 犲. [品][斗][浩][六][民] 豺.
16) 土：[正][品] 없음. [斗][浩][六][民] 土. [史] 卷12 新羅本紀 敬順王 9年條
　　에는 土.
17) 能：[正][品] 巳. [民] 以. [斗][浩][六] 能. [史] 卷12 新羅本紀 敬順王 9年
　　條에는 能.
18) 太：주 2)와 같음.
19) 太：주 2)와 같음.
20) 亡：[順] 王(가필). [品] 王.
21) 民：[正][品] 없음. [民] 民 혹은 人. [斗][浩][六] 民. [史] 卷12 新羅本紀
　　敬順王 9年條에는 民.
22) 能：[六] 없음.
23) 太：주 2)와 같음.
24) 徑：[六] 없음.
25) 山：이 뒤에 [浩][六] 倚巖爲屋. [史] 卷12 新羅本紀 敬順王 9年條에는 倚
　　巖爲屋.

太26)祖受書　送太27)相王鐵迎之　王率百僚　歸我28)太29)祖　香車
寶馬　連亘三十餘里　道路塡咽　觀者如堵　太祖出郊迎勞　賜宮東一
區〈今正承院〉以長女樂浪公主　妻之　以王謝自國居他國故　以鸞喩之
改號神鸞公主　諡孝穆　封爲正承30)　位在太子之上　給祿一千石31)
侍從員將　皆錄用之　改新羅爲慶州　以爲公之食邑　初王納土來降
太祖喜甚　待之厚32)禮　使告曰　今王以國與寡人　其爲賜大矣　願結
婚於宗室　以永甥舅之好　王答曰　我伯父億廉〈王之考 孝宗角干 追封神
興大王之弟也〉有女子　德容雙美　非是無以備內政　太33)祖娶之　是爲
神成王后金氏〈本朝登仕郎金寬毅所撰王代宗錄云　神成王后李氏　本慶州大尉
李正言爲陝34)州守時　太35)祖幸此州　納爲妃　故或云陝36)州君　願堂玄化寺　三月
二十五日立忌　葬貞陵37)　生一子　安宗也　此外二十五妃主中不載金氏之事　未詳
然而史臣之論　亦以安宗爲新羅外38)孫　當以史傳爲是〉

太祖之孫景宗伷　聘政承39)公之女爲妃　是爲憲承40)皇后　仍封政
承41)爲尙父　太42)平興國三年戊寅崩　諡曰敬順　冊尙父誥曰　勑　姫

---

26) 太 : 주 2)와 같음.
27) 太 : [浩] 大.
28) 我 : [浩][六] 于我. [史] 卷12 新羅本紀 敬順王 9年條에는 于.
29) 太 : 주 2)와 같음.
30) 正承 : [斗][民] 政丞. [浩] 政承. [麗史] 政丞.
31) 石 : [正][晚][順] 石.
32) 厚 : 이 앞에 [浩][六] 以.
33) 太 : 주 2)와 같음.
34) 陝 : [正][斗][浩][六] 俠. [品][民] 陝. '俠'은 '陝'의 오기이다.
35) 祖 : 이 뒤에 [斗][浩] 王.
36) 陝 : [正][斗][浩][六] 俠. [品][民] 陝. '俠'은 '陝'의 오기이다.
37) 陵 : [正][晚] 판독미상. [順] 陵(가필). [品][斗][浩][六][民] 陵.
38) 外 : [晚] 弟.
39) 政承 : [麗史] 政丞. [史] 卷12 新羅本紀 敬順王 9年條에는 正承.
40) 憲承 : [麗史] 獻肅.

周啓聖之初 先封呂望43) 劉漢興王之始 首冊44)蕭45)何 自此大定46)
寰區 廣開基業 立龍圖三十代 躡麟趾四百年 日月重明 乾坤交泰
雖自無爲之主 亦開47)致理之臣 觀光順化衛國功臣上柱國樂浪王
政承48)食邑八千戶金傅 世處49)雞林 官分王爵 英烈振凌雲之氣 文
章騰擲地之才 富有春秋 貴居茅土 六韜三略 恂50)入胸51)襟 七縱
五申 撮歸52)指掌

我太祖始修睦隣53)之好 早認餘風 尋時54)頒駙馬之姻 內酬大節
家國旣歸於一統 君臣宛合於三韓 顯播令名 光崇懿範 可加號尙父
都省令 仍賜推忠愼55)義崇德守節功臣號 勳封如故 食邑通前爲一
萬戶 有司擇日備禮冊命 主者施行 開寶八年十月日

大匡56)內議令兼摠翰林臣翮宣奉行 奉勅如右 牒到奉行 開寶八

41) 承 : [浩] 丞. [麗史] 丞.
42) 太 : 주 2)와 같음.
43) 望 : [正][品] 主. [斗][浩][六][民] 望.
44) 冊 : [正][品][斗] 開. [浩][六][民] 冊.
45) 蕭 : [正][品] 簫. [斗][浩][六][民] 蕭.
46) 自此大定 : [正][品] 自大定. [斗][浩][六][民] 自此大定. [麗史] 自此大定.
    [正]에는 '自大定'으로 기록되어 있으나, 의미상 '此' 또는 '是'가 생략된 것으로
    간주하여 해석하는 것이 자연스럽다.
47) 亦開 : [正][品][六] 乃開. [斗] 亦開. [浩] 亦關. [麗史] 亦關.
48) 承 : [浩] 丞.
49) 處 : [正][品] 없음. [斗][浩][六][民] 處. [麗史] 處.
50) 恂 : [正][晩] 竹. [順] 恂(가필). [品][斗][浩][六] 恂. [民] 拘. [麗史] 拘.
51) 胸 : [正][晩][順] 宵. [品] 脅(胸과 동자). [斗][浩][六] 胸.
52) 歸 : [正][晩][順] 皈. [品] 皈(歸와 동자). [斗][浩][六][民] 歸.
53) 始修睦隣 : [正][品] 須載接陸擲. [斗][浩][六][民] 始修睦隣. [麗史] 始修
    睦隣.
54) 時 : [浩][六] 없음.
55) 愼 : [麗史] 順.
56) 匡 : [正][晩][順] 匡. [品][斗][浩][六][民] 匡.

年十月日 侍中署 侍中署 內奉令署 軍部令署 軍部令無署 兵部令
無署 兵部令署 廣評[57]侍郎署 廣評[58]侍郎無署 內奉侍郎無署 內
奉侍郎署 軍部卿無署 軍部卿署 兵部卿無署 兵部卿署 告推忠
愼[59]義崇德守節功臣尙父都省令 上柱國樂浪郡[60]王 食邑一萬戶
金傅[61]奉勅如右 符到奉行 主事無名 郎中無名 書令史無名 孔目
無名 開寶八年十月日[62]下

史論曰 新羅朴氏昔氏 皆自卵生 金氏從天入金櫃[63]而降 或云乘
金車 此尤詭怪不可信 然世俗相傳爲實事 今但原[64]厥初 在上者
其爲己也儉 其爲人也寬 其設官也略 其行事也簡 以至誠事中國
梯航朝聘之使 相續不絶 常遣子弟 造朝而[65]宿衛 入學而誦[66]習
于以襲聖賢之風化 革鴻荒之俗 爲禮義之邦 又憑王師之威靈 平百
濟高句麗 取其地爲[67]郡縣之[68] 可謂盛矣 然而奉浮屠之法 不知
其弊 至使閭里比其塔廟 齊民逃於緇褐 兵農浸[69]小 而國家日衰

---

57) 評：[正][品][六] 坪. [斗][浩][民] 評.
58) 評：주 57)과 같음.
59) 愼：[麗史] 順.
60) 郡：[正][斗][六] 都. [品][浩][民] 郡.
61) 傅：[正] 傳. [品][斗][浩][六][民] 傅.
62) 八年十月日 ：[斗] 八月十日. [六] 八月十月日.
63) 櫃：[正] 櫃. [品][斗][浩][六] 櫃.
64) 原：[正] 厚. [品][斗][浩][六][民] 原. [史] 卷12 新羅本紀 敬順王條에는
     原.
65) 而：[正][品] 없음. [斗][浩][六] 而. [史] 卷12 新羅本紀 敬順王條에는 而.
66) 誦：[史] 卷12 新羅本紀 敬順王條에는 講.
67) 爲：[正][品][六] 없음. [斗][浩][民] 爲.
68) 之：[正][品][斗][浩] 없음. [六][民] 之. [史] 卷12 新羅本紀 敬順王條에는
     之.
69) 浸：[正][品] 侵. [斗][浩][六] 浸. [民] 浸 혹은 寢. [史] 卷12 新羅本紀 敬

幾何其不亂且亡[70])也哉 於是時 景哀王加之以荒樂 與宮人左右 出
遊鮑石亭 置酒燕衎[71]) 不知甄[72])萱之至 與夫[73])門外韓擒[74])虎 樓
頭張麗華 無以異矣 若敬順之歸命太祖 雖非獲已 亦可佳[75])矣 向
若力戰守死 以抗[76])王師 至於力屈勢窮 則[77])必覆其家[78])族 害及
于無辜之民 而乃不待告命 封府庫 籍郡縣[79]) 以歸之 其有功於朝
廷 有德於生民 甚大 昔錢氏[80])以吳越入宋 蘇子瞻謂之忠臣 今新
羅功德 過於彼遠矣 我太[81])祖妃嬪衆多 其子孫亦繁衍 而[82])顯宗
自新羅外孫卽寶位 此後繼統者 皆其子孫 豈非陰德也[83])歟

新羅旣納土國除 阿干神會 罷外署還 見都城離潰 有黍離離嘆
乃作歌 歌亡未詳

順王條에는 浸.
70) 亡 : [品] 三.
71) 衎 : [正][斗][六] 衛. [品][浩] 衎. [史] 卷12 新羅本紀 敬順王條에는 衎.
72) 甄 : 주 1)과 같음.
73) 夫 : [正][品][斗] 없음. [浩][六] 夫. [史] 卷12 新羅本紀 敬順王條에는 夫.
74) 擒 : [正][品] 檎. [斗][浩][六] 擒.
75) 佳 : [史] 卷12 新羅本紀 敬順王條에는 嘉.
76) 抗 : [品] 抱.
77) 則 : [正][品] 卽. [斗][浩][六][民] 則. [史] 卷12 新羅本紀 敬順王條에는
    則.
78) 家 : [品][六][浩][民] 宗.
79) 郡縣 : [正][品] 群難. [斗][浩][六][民] 郡縣. [史] 卷12 新羅本紀 敬順王
    條에는 郡縣.
80) 氏 : [正] 民. [品][斗][浩][六][民] 氏. [史] 卷12 新羅本紀 敬順王條에는
    氏.
81) 太 : 주 2)와 같음.
82) 而 : [六] 없음.
83) 也 : [史] 卷12 新羅本紀 敬順王條에는 報.

김부대왕

제56대 김부대왕(金傅大王)1)의 시호는 경순(敬順)이다. 천성(天
成)2) 2년 정해(丁亥, 927) 9월에 후백제[百濟]의 견훤(甄萱)이 신라
를 침범해서 고울부(高鬱府)3)에 이르니, 경애왕(景哀王)은 우리 고
려 태조(太祖)에게 구원을 청하였다.4) [태조는] 장수에게 명령하여
강한 군사 1만 명을 거느리고 구하게 했으나 구원병이 미처 도착하기
전에 견훤은 그해 11월에 서울로 쳐들어갔다.5) 이때 왕은 비빈 종척
들과 포석정(鮑石亭)6)에서 잔치를 열고 즐겁게 놀고 있었기 때문에

---

1) 金傅大王 : 敬順王. 재위 927-935. 935년에 고려에게 항복한 후 고려왕조의 후
   대를 받아 대궐 동쪽의 한 구역을 받고 정승의 지위를 얻었으며 봉록 1천 석을
   받았다.([史] 卷12 新羅本紀 敬順王條 참조)
2) 天成 : 중국 後唐 明宗의 연호(926-933).
3) 高鬱府 : 지금의 경상북도 永川市. 이 지방은 처음에 切也火郡이었으나 신라
   景德王代에 臨皐郡으로 고쳐졌다. 고려시대 초에 臨皐郡에 道同·臨川의 2縣
   이 부가되고 永州로 고쳤다. 이 永州의 별칭을 高鬱府라도 하였다.([勝覽] 卷
   22 永川郡條)
4) 請救於我太祖 : 경애왕 4년(927)에 신라에서 고려에 구원을 요청하기 위해 파
   견한 사람은 連式이었다.([麗史] 卷1 太祖 10年 9月條)
5) 冬十一月掩入王京 : 견훤이 신라 王都에 쳐들어간 실제적인 목적은 景哀王이
   추진하고 있던 고려와의 결합을 무산시키고 神德·景明·景哀의 3대에 걸친
   朴氏 왕위의 정통성때문이었으며, 甄萱이 손쉽게 도성의 주연장소에까지 침입
   하여 경애왕 일파를 죽일 수 있었던 것은 왕실 내부의 박씨계와 김씨계의 분열
   결과 김씨 왕족의 동조 하에서 가능했을 것이라는 견해가 있다.(申虎澈, 「新羅
   의 滅亡과 甄萱」, 『忠北史學』 2, 1989)
6) 鮑石亭 : 지금의 경상북도 慶州市 拜洞 南山 서쪽에 있었던 장소. [遺] 卷2

적병이 오는 것도 알지 못하다가 창졸간에 어찌할 줄을 몰랐다. 왕과
비는 달아나 후궁으로 들어가고 종척 및 공경대부(公卿大夫)7)와 사
녀들은 사방으로 흩어져 달아나다가 적에게 사로잡혔으며, 귀천을 가
릴 것 없이 모두 땅에 엎드려 노비가 되기를 빌었다. 견훤은 군사를
놓아 공사간의 재물을 약탈하고 왕궁에 들어가서 거처하였다. 이에 좌
우 사람을 시켜 왕을 찾게 하니 왕은 비첩 몇 사람과 후궁에 숨어 있
었다. 이를 군중으로 잡아다가 왕은 억지로 자결해 죽게 하고 왕비를
욕보였으며, 부하들을 놓아 왕의 빈첩들을 모두 욕보였다. 왕의 족제
(族弟)8)인 부(傅)를 세워 왕으로 삼으니 왕은 견훤이 세운 셈이 되었
다. 왕위에 오르자 전왕의 시체를 서당(西堂)에 안치하고 여러 신하들
과 함께 통곡하였다. 이때 우리 태조는 사신을 보내서 조상하였다.

이듬해 무자(戊子, 928) 봄 3월에 태조가 50여 기병을 거느리고 신
라의 서울[京畿]에 이르니, 왕은 백관과 함께 교외에서 맞아 대궐로
들어가 서로 대해서 정리와 예의를 다하고 임해전(臨海殿)9)에서 잔

紀異 處容郎 望海寺條의 주석 29) 참조.

7) 公卿大夫 : 본래 중국의 夏・殷・周 3대에서 公・卿・大夫의 관리들을 가리
　키는 말이었다. 隋・唐 이후부터는 文散官의 명칭으로 쓰였다. 우리 나라에서는
　고려 光宗 때 唐制를 모방한 문산계가 마련됨에 따라 처음으로 쓰이기 시작하
　였다.(『한국민족문화대백과사전』, 한국정신문화연구원, 1991)

8) 族弟 : 집안의 아우뻘되는 사람. [史]와 [遺]는 朴氏인 景明王・景哀王의 族
　弟로, [麗史]와 『高麗史節要』는 경애왕의 表弟로 기록하고 있다. 이러한 표현
　은 金傅가 경명왕, 경애왕과 姨從兄弟間으로 母系로 연결되어 있었던 데서 나
　왔을 것이다.(張東翼,「金傅의 冊尙父誥에 대한 一考察」,『歷史教育論集』3,
　1982, p.59)

9) 臨海殿 : 신라 때의 궁전. 臨海殿에 관한 가장 오래된 기록은 [史] 卷8 新羅
　本紀 孝昭王 6年條이다. 임해전의 규모는 남북축 약 280m, 동서축 200m에 독
　립건물 13동, 회랑 150칸이었다.(『한국민족문화대백과사전』, 한국정신문화연구
　원, 1991)

치를 열었다. 술이 얼근해지자 왕이 말하기를, "나는 하늘의 도움을 받지 못해서[10] 화란을 불러들였고, 견훤으로 하여금 불의한 짓을 마음껏 행하게 해서 우리 나라를 망쳐 놓았습니다. 이 얼마나 원통한 일입니까?"라고 하고 이내 눈물을 흘리면서 우니, 좌우 사람들도 울지 않는 사람이 없었고 태조 역시 눈물을 흘렸다. 태조는 여기에서 수십 일을 머물다가 돌아갔는데, 부하 군사들은 엄숙하고 정제해서 조금도 침범하지 않으니 왕경의 사녀들이 서로 경하하여 말하기를, "전에 견훤이 왔을 때는 마치 늑대와 범을 만난 것 같더니, 지금 왕공(王公)이 온 것은 부모를 만난 것 같다"고 하였다.

8월에 태조는 사자를 보내 왕에게 금삼(錦衫)과 안장 갖춘 말을 주고 또 여러 관료와 장사들에게도 차등있게 물건을 주었다.[11]

청태(淸泰)[12] 2년 을미(乙未, 935) 10월에 사방 땅이 모두 남의 나라 소유가 되고 나라는 약하고 형세는 고립되어 스스로 지탱할 수가 없으므로 여러 신하들과 함께 국토를 들어 고려 태조에게 항복할 것을 의논하였다. 그러나 여러 신하들의 의논이 분분하여 끝나지 않자 왕태자(王太子)[13]가 말하기를, "나라의 존망은 반드시 하늘의 명에

10) 不天 : 하늘의 도움을 받지 못했다는 것을 말한다. 『左傳』 宣公 12年 '孤不天 不能事君 使君懷怒 以及敝邑 孤之罪也 敢不唯命是聽'
11) 明年戊子春三月…幷賜群僚將士有差 : 같은 내용이 [史]에는 敬順王 5年(辛卯, 531) 春2月條에 기록되어 있다.([史] 卷12 新羅本紀 敬順王 5年條)
12) 淸泰 : 중국 後唐 廢帝의 연호(934-936). 청태 2년은 신라 경순왕 9년(935)에 해당한다.
13) 王太子 : 신라 제56대 왕인 敬順王의 태자. 경순왕 9년(935) 신라는 후백제의 견훤과 고려의 왕건의 세력에 눌려 대항할 힘이 없어 왕이 친히 群臣會議를 열고 고려에 항복할 것을 논의하자, 태자는 충신과 의사를 시켜 민심을 수습하고 나라를 지킬 것을 주장하며 반대하였다. 그러나 대세는 기울어져서 고려에 歸附를 청하는 國書가 전달되자, 통곡하며 개골산에 들어가 麻衣를 입고 풀뿌리 나

있는 것이니 마땅히 충신·의사들과 함께 민심을 수습해서 힘이 다한
뒤에야 그만둘 일이지 어찌 천년의 사직을 경솔하게 남에게 내주겠습
니까?"라고 하였다. 왕이 말하기를, "외롭고 위태롭기가 이와 같으니
형세는 보전될 수 없다. 이미 강해질 수도 없고 더 약해질 수도 없으
니 죄없는 백성들로 하여금 간뇌도지(肝腦塗地)14)케 하는 것은 내가
차마 할 수 없는 일이다"라고 하였다. 이에 시랑(侍郎)15) 김봉휴(金
封休)16)를 시켜 국서를 가지고 태조에게 가서 항복하기를 청하였다.
그러나 태자는 울면서 왕을 하직하고 바로 개골산(皆骨山)17)으로 들
어가서 삼베옷을 입고 풀을 먹다가 세상을 마쳤다. 그의 막내 아들은
머리를 깎고 화엄종에 들어가 중[浮圖]이 되어 승명을 범공(梵空)이
라고했는데, 그뒤로 법수사(法水寺)18)와 해인사(海印寺)19)에 있었다

무 껍질로 연명해가며 일생을 마쳤다고 한다.
14) 肝腦塗地 : 간과 뇌가 땅 위를 바른다는 뜻으로 죽음의 참혹함을 이르는 말이
다.『史記』卷99 劉敬列傳「天下之民 肝腦塗地 父子暴骨中野 不可勝數」.
15) 侍郎 : 신라의 관직 이름. 眞興王 26년에 執事省의 次官에 해당하는 관직으로
典大等을 두었는데, 景德王 6년에 侍郎으로 고쳤으며, 兵部와 倉部의 次官職인
大監과 卿은 경덕왕 때 侍郎으로 고쳤으나, 惠恭王이 다시 본래의 관직 이름으
로 바꿨다.([史] 卷38 職官志(上))
16) 金封休 : 생몰년 미상. 신라 경순왕 때의 문신. 신라의 국력이 극도로 쇠퇴해지
자 경순왕은 고려 태조에게 투항하기로 결정하자, 당시(935) 시랑이던 그가 국
서를 가지고 고려 태조에게 항복하러 갔다.([史] 卷12 新羅本紀 敬順王條)
17) 皆骨山 : 金剛山의 겨울이름. 겨울에는 나무도 무성했던 잎이 떨어지고 앙상
한 가지만 남듯이 산도 앙상한 뼈대만 남는다고 해서 붙여진 이름이다.
18) 法水寺 : 경상북도 성주군 동쪽 가야산 남쪽에 있었던 절. 802년에 창건하여
金塘寺라고 하였으며, 신라가 망하자 경순왕의 작은 왕자 梵空이 중이 되어 이
절에 머물렀다. 고려 중기에 절을 중창하고 법수사로 개칭하였으며, 임진왜란
이후에 폐사가 된 뒤 복원하지 못하였다. 전성기에는 9금당과 8종각 등 1,000여
칸이 넘는 건물이 있었다고 하며, 지금도 곳곳에 석탑·당간지주·주춧돌 등이
산재되어 있다.([勝覽] 卷28 星州牧 佛宇條)
19) 海印寺 : 경상남도 합천군 가야면 가야산에 있는 절. 신라 哀莊王 3년(802)에

고 한다.

태조는 신라의 국서를 받자 태상(太相)[20] 왕철(王鐵)[21]을 보내 맞
게 하였다. 왕은 여러 신하들을 거느리고 우리 태조에게 귀의하니, 향
거보마(香車寶馬)[22]가 30여 리에 이르고, 길은 사람으로 꽉 차고, 구
경꾼들이 담과 같이 늘어섰다. 태조는 교외에 나가서 영접하여 위로하
고 대궐 동쪽의 한 구역〈지금의 정승원(正承院)〉을 주고, 장녀 낙랑공주
(樂浪公主)[23]를 그의 아내로 삼게 하였다. 왕이 자기 나라를 작별하
고 남의 나라에 와서 살았다고 해서 이를 난새에 비유하여 신란공주
(神鸞公主)로 칭호를 고치고, 시호를 효목(孝穆)이라고 하였다. 왕을
봉해서 정승(正承)[24]을 삼으니 자리는 태자의 위이며 녹봉 1천 석을
주었다. 시종과 관원·장수들도 모두 채용해서 쓰도록 했으며, 신라를
고쳐 경주(慶州)라고 하여 이를 경순왕의 식읍(食邑)[25]으로 삼았다.

처음에 왕이 국토를 바치고 항복해오자 태조는 무척 기뻐하여 후한

順應과 利貞 두 대사가 세운 절이다. 의상의 화엄 10찰 중 하나이다.
20) 太相 : 관직 이름.
21) 王鐵 : [麗史] 卷2 太祖 乙未 18年 冬10月條에는 왕철의 관직 이름이 攝侍中
으로 되어 있다. 攝은 [麗史] 卷77 百官志2 西班·左右衛條에 보이며 次·副·
從 등의 뜻으로 보인다.
22) 香車寶馬 : 좋은 수레와 말. 張說, 安樂郡主花燭行詩 '商女香車珠結網 天人寶
馬玉繁纓'
23) 樂浪公主 : 고려 太祖의 9명의 딸 중의 1명이고, 神明王太后 劉氏가 어머니
다. 신라 경순왕의 처이다. 神鸞公主라고도 하였다.
24) 正承 : 政丞. 문무백관의 어른으로서 임금을 보좌하는 수상직이다. 이 명칭은
秦나라의 丞相·相國, 그후의 宰相 등에서 나온 것인데 중국에서는 사용되지
않았다. 고려 때의 관직에서는 태조 18년(935)에 항복해온 경순왕에게 봉한 벼
슬이었다.
25) 食邑 : 국가에서 공신들에게 내려주어 그 땅의 조세수입으로 생활하게 하던
고을. 『漢書』 高帝紀 「吾與天下之豪士賢大夫 共定天下 同安輯之 其有功者 上
致之王 次爲列候 下乃食邑」

예로 그를 대접하고 사람을 시켜 말하기를, "이제 왕이 내게 나라를
주시니 주시는 것이 매우 큽니다. 원컨대 왕의 종실과 혼인을 해서 생
구(甥舅)의 좋은 의를 길이 하고 싶습니다"라고 하였다. 왕이 대답하
기를, "우리 백부 억렴(億廉)26)⟨왕의 아버지 효종(孝宗)27) 각간은 추봉된 신
흥대왕(神興大王)의 아우이다.⟩에게 딸이 있는데, 덕행과 용모가 모두 아름
답습니다. 이 사람이 아니고는 내정(內政)을 맡을 사람이 없습니다"
라고 하였다. 태조가 그에게 장가드니, 이가 신성왕후(神成王后)28)
김씨이다.⟨우리 왕조 등사랑(登仕郎)29) 김관의(金寬毅)30)가 지은 『왕대종록(王代
宗錄)』31)에는 「신성왕후 이씨는 본래 경주(慶州) 대위(大尉) 이정언(李正言)이 합
주(陝州)32)의 지방관으로 있을 때, 태조가 그 고을에 갔다가 그를 왕비로 맞아들였

---

26) 億廉 : [史] 新羅本紀, [遺], [麗史] 卷88 神成王太后金氏條에 보인다. 敬順
王의 伯父이고 神成王太后의 아버지라고 하였으나 [遺] 分注에는 敬順王의 叔
父라고 하였다. 億廉은 신라 제3등 관위인 郡 長官이었다.

27) 孝宗 : 생몰년 미상. 신라 말기의 화랑·대신. 아명은 化達. 문성왕의 후손으로
舒發翰(이벌찬의 다른 이름) 仁慶의 아들이며, 경순왕의 아버지이다. 孝宗郎으
로도 불린다. 효종은 진성여왕의 조카, 즉 헌강왕의 딸을 아내로 맞이하게 되었
다. 그 뒤 902년 大阿湌으로서 집사성 侍中이 되었고, 927년 11월 아들 傅(경순
왕)가 즉위한 후 신흥대왕으로 추봉되었다. 한편 그의 이야기는 화랑도의 의협
심을 나타내는 좋은 실례가 되고 있다.([史] 新羅本紀)

28) 神成王后 : 고려 太祖의 제5비. 慶州 金氏. 匝干知大耶郡事인 億廉의 딸이다.
인품과 용모가 뛰어나 敬順王의 추천으로 고려 태조의 배필이 되었다. 태조는
이러한 결혼을 통해 양 왕실이 결합함으로써 한편으로는 신분혈통적 고귀성을
보장받고, 또 한편으로는 친신라계 호족을 포섭하는데 보다 유리한 위치에 서게
되었을 것이다.

29) 登仕郎 : 文宗 30년(1076)의 官制改革으로 29계급의 文散階가 생겼는데 등사
랑은 제27계급으로 관위는 正九品下이다.([麗史] 百官志 文散階條)

30) 金寬毅 : 고려 毅宗朝에 檢校軍器監이었던 하급관료였다. 『編年通錄』을 편찬
하였다. 이 『編年通錄』은 [麗史] 편찬시 중요한 자료로 사용되었다.

31) 王代宗錄 : 고려 의종 때 金寬毅가 지은 고려왕조에 관한 역사서. 모두 2권으
로 되어 있었다고 하나 현전하지 않는다. 정확한 편찬연대와 간행동기 및 목적
등은 알 수 없다.

다. 그 때문에 그를 합주군(陝州君)이라고도 한다. 그의 원당(願堂)은 현화사(玄化寺)[33]이며, 3월 25일이 기일로, 정릉(貞陵)에 장사지냈다. 아들 하나를 낳으니 안종(安宗)[34]이다.」라고 하였다. 이 밖에 25비주(妃主) 중에 김씨의 일은 실려 있지 않으니 자세히 알 수 없다. 그러나 사신(史臣)의 의론을 봐도 또한 안종을 신라의 외손이라고 했으니 마땅히 사전(史傳)을 옳다고 해야 할 것이다.〉

태조의 손자 경종(景宗) 주(伷)는 정승공(政承公)[35]의 딸을 맞아 왕비를 삼으니, 이가 헌승황후(憲承皇后)[36]이다. 이에 정승공을 봉해서 상보(尙父)[37]로 삼았다. 태평흥국(太平興國)[38] 3년 무인(戊寅, 978)에 죽으니 시호를 경순(敬順)이라고 하였다. 상보로 책봉하는 고명[誥][39]에서 다음과 같이 말하였다.

---

32) 陝州 : 지금의 陝川으로 경상남도 陝州郡에 속한다.

33) 玄化寺 : 京畿道 開豊郡 嶺南面 玄化里(현재 북한의 개성시 장풍군 월고리)에 있던 절이다. 이 절은 顯宗이 어리고 유약하여 부모가 복을 구하고자 지은 절이다.

34) 安宗 : 고려 太祖의 여덟번째 아들인 郁.

35) 政承公 : [史] 新羅本紀에는 '正承公'으로 되어 있다. 정승공은 김부를 가리킨다.

36) 憲承皇后 : 생몰년 미상. 고려의 제5대 왕인 경종의 제1비이며, 성은 金氏이고 本官은 慶州로, 신라의 마지막 왕 경순왕의 딸이다. [麗史]에는 獻肅王后라고 되어 있다. 태조 18년(935)에 경순왕이 항복해왔을 때 태조는 그에게 맏딸 樂浪公主를 그 배필로 삼게 하였는데 憲承皇后는 그 소생으로 태조의 외손녀일 가능성이 높다. 경종 廟室에 합장되었고, 목종 5년(1002)에는 溫敬, 현종 5년(1014)에는 恭孝이었다가 다시 懿穆順聖, 그리고 문종 10년(1056)에는 懷安, 고종 40년(1253)에는 仁厚의 시호가 추증되었다.([麗史] 列傳 卷1 后妃1)

37) 尙父 : 특정한 官號가 아니라 보통명사를 관호와 같이 사용한 것이다. 周 武王이 太公望 呂尙을 尙父로 삼았던 것을 본따서 황제나 왕이 아버지와 같이 존경한 사람에 대하여 사용한 존칭이다.

38) 太平興國 : 宋 太宗의 연호(976-983). 태평흥국 3년은 고려 景宗 3년(978)에 해당한다.

39) 誥 : 金傅의 冊尙父誥는 고려 景宗 즉위년(975) 10월에 사위인 景宗으로부터 尙父都省令에 책봉된 勅書, 즉 告身文書를 말한다. 告身은 새로이 官職·官階·勳·爵 등을 받은 사람에게 국왕이 賜與하는 일정한 書式으로 국가에서 소

"조칙을 내리노니, 희주(姬周)40)가 나라를 처음 세울 때는41) 먼저 여상[呂望]42)을 봉했고, 유한(劉漢)43)이 나라를 세울 때에는 먼저 소하(蕭何)44)를 봉하였다. 이로부터 온 천하[寶區]가 평정되었고 널리

정의 수속을 밟아 當該者에게 給付하는 문서이다. 그러므로 告身은 연대기에 구체적으로 나타나지 않는 국왕의 관료임명체제나 이를 통한 당시 정치체제와 그 집행과정, 나아가서 관료기구의 성격 일반을 해명할 수 있는 중요한 자료가 될 수 있다. 김부가 그의 사위인 경종으로부터 받은 고신은 [遺]·[麗史]·『東文選』에 각각 실려 있다. 다만, 『東文選』에서만 '新羅王金傅加尙父都省令官誥敎書'라고 부르고 있다. 그리고 [麗史]와 『동문선』에서는 많은 고신을 수록하고 있는 중국이나 고려의 문집의 경우와 같이 고신의 전반부인 制詞만 싣고 있는데, [遺]에서는 시행절차를 포함한 고신의 원형을 그대로 싣고 있다. 이는 자료의 원형을 그대로 유지하려는 일연의 노력결과라고 할 수 있다. 그러나 [遺]에서도 원문의 내용만을 그대로 수록했을 뿐 원문의 글자가 어떻게 배열되었는지는 알 수 없다. 고신이 수록된 3사서([遺]·[麗史]·『東文選』)의 두드러진 차이점은 첫머리 글자인 勅과 敎의 사용이라고 할 수 있다. [遺]에서는 勅을, [麗史]와 『동문선』에서는 敎를 사용하고 있는데, 일반적으로 勅은 황제국에서 敎는 제후국에서 사용하고 있는 용어이다. 그러므로 김부의 고신이 황제로서의 위치를 확고히 한 광종을 이은 경종대에 만들어졌다는 것을 염두에 둘 때 [遺]에 실려 있는 勅이 옳은 것으로 여겨진다.

40) 姬周 : 姬는 周 왕실의 성이므로 姬周는 곧 주나라 왕실을 말한다.
41) 啓聖 : 창업이란 뜻으로 사용한 말로 周는 文王과 武王같은 성인이 왕업을 열었기 때문이다.
42) 呂望 : 呂尙. 생몰년 미상. 周 초기의 賢臣 姜太公을 이른다. 강태공은 渭水가에 은거하고 있었는데, 문왕이 그를 맞이해서 太公望이라고하였고, 후에 武王이 그를 스승으로 삼아 師尙父라고 하였다. 그리고 무왕을 도와 은나라를 쳐서 멸망시켰으며, 周의 건국에 큰 공로가 있어 齊의 후로 봉하였다.(『史記』 卷32 齊太公世家 第2)
43) 劉漢 : 劉는 漢 왕실의 성이므로, 한 고조 유방이 한을 세운 것을 의미한다.
44) 蕭何 : ?-BC 197. 沛縣 출신으로 前漢 高祖의 공신이며 시호는 文終이다. 그는 처음에는 秦의 沛縣의 하급관료였으나 일찍부터 漢 고조 유방을 도왔다. 한 고조가 병사를 일으킨 후부터는 그의 참모로 활약하였고 항우와의 전쟁시에는 關中을 지배하여 고조를 배후에서 도왔다. BC 202년 고조가 천하를 평정한 후에 소하의 공을 최고로 평가하여 第一功臣으로 삼았으며, 酇侯로 봉하였다. 장량·한신과 함께 이른바 한대 3걸 중의 한 사람이다.(『漢書』 卷39 蕭何曹參傳 第9)

기업(基業)이 열렸다. 용도(龍圖)45) 30대를 세우고 인지(麟趾)는 4백
년을 이으니,46) 해와 달이 거듭 밝고47) 천지가 서로 조화48)되었다.
비록 자신이 임금으로서는 무능했지만, 신하로서는 도리를 다하였다.
관광순화(觀光順化) 위국공신(衛國功臣) 상주국(上柱國) 낙랑왕정승
(樂浪王政承) 식읍 8천 호(食邑八千戶) 김부는 대대로 계림(雞林)에
살고 있어서 벼슬은 왕의 작위를 받았고, 그 영특한 기상은 하늘을 업
신여길 만하고 문장은 땅을 진동시킬 만한 재주가 있었다.49) 부(富)
는 오랫동안 계속되었고, 귀(貴)는 모토(茅土)50)에 거했으며, 『육도
삼략(六韜三略)』51)은 가슴 속에 들어 있고, 칠종오신(七縱五申)52)을
손바닥으로 잡아 쥐었다.

우리 태조는 비로소 이웃 나라와 화목하게 지내는 우호를 닦으시니,
일찍이 전해 내려오는 풍도를 알아서 이내 부마(駙馬)53)의 인의를 맺

---

45) 龍圖 : 용마가 등에 짊어지고 나온 그림이란 말로서 곧 제왕 출현의 부서를 이
른다. 여기서는 제왕의 역년이란 뜻이다.
46) 躡麟趾四百年 : 躡麟은 『詩經』 周南篇名으로 여기서는 國運을 의미한다. 4백
년을 이었다는 것은 前·後漢에 걸친 기간이다.
47) 重明 : 해와 달이 나란히 빛난다는 뜻이다.
48) 交泰 : 천지음양이 조화하여 천하가 태평하다는 뜻이다.
49) 擲地 : 擲地當作金石聲이란 말이니 곧 문장이 매우 정묘하여 땅에 던지면 청
아한 소리가 난다는 뜻이다.(『晉書』 孫綽傳)
50) 茅土 : 봉토와 같은 말로 곧 제후를 봉할 때 내준 땅이다. 예전에 천자가 제후
를 봉할 때에 그 방향 빛깔의 흙(동은 청, 서는 백, 남은 적, 북은 흑, 중앙은 황
색)을 흰 띠인 白茅에 싸서 주었으므로 모토라고 하여ㅅ
51) 六韜三略 : 兵書를 이르는 말로 육도(文韜·武韜·龍韜·虎韜·豹韜·犬韜)
는 太公望이 지은 것이라고 하고, 삼략(上略·中略·下略)은 黃石公이 지은
것이라고 하나 이 둘이 모두 후세의 위작이라고 한다.
52) 七縱五申 : 七縱은 蜀漢의 諸葛亮이 南蠻의 추장 孟獲을 七縱七擒하였다는
것이니, 곧 전략의 탁월함을 이르는 말이고(『三國志』 蜀志 諸葛亮傳), 五申은
三令五申, 곧 세번 訓令하고 다섯번 申飾한다는 뜻이니 군기의 철저함을 이른
말이다.(『史記』 卷65 孫子吳起列傳)

어 안으로 큰 절의에 보답하였다. 이미 나라가 통일되고 군신이 완전히 삼한으로 합쳤으니, 아름다운 이름은 널리 퍼지고 올바른 규범[懿範]은 빛나고 높았다. 상보도성령(尙父都省令)54)의 칭호를 더해 주고 추충신의숭덕수절공신(推忠愼義崇德守節功臣)의 호를 주니, 훈봉은 전과 같고 식읍은 전후를 합쳐서 1만 호가 되었다. 유사(有司)는 날을 가려서 예를 갖추어 책명할지니 일을 맡은 자는 시행하도록 하라, 개보(開寶)55) 8년(975) 10월 일."

"대광(大匡)56) 내의령(內議令)57) 겸 총한림(摠翰林)58) 신(臣) 핵

---

53) 駙馬 : 駙馬都尉의 약칭이다. 天子의 副車의 말을 관장하는 관직 이름으로, 漢의 武帝가 처음으로 두었다. 魏晉 이후, 천자의 사위를 반드시 이 직에 둔 후로 駙馬가 천자의 사위의 명칭이 되었다.

54) 尙父都省令 : [麗史] 仁宗代에 보이는 都省令이나, 都省관계 기사에 따르면 도성령은 刑罰이나 審議·祈雨儀禮를 행하는 일을 담당하였던 것으로 여겨진다.

55) 開寶 : 宋 太祖의 연호(968-975). 개보 8년은 고려 광종 26년(975)에 해당한다.

56) 大匡 : 고려 초기의 官階. '太匡'으로 표기되기도 한다. 태조가 고려를 세운 직후에 태봉의 관계를 이어받아 태조 2년(919)부터 사용하기 시작하였으며, 文官·武官에게 수여된 관계 중 실질적으로 최고위에 해당되었다. 그러나 성종 14년(995) 고려초의 관계가 중국식의 문산계로 대치되자 종래의 관계가 향직으로 변하면서 대광도 향직으로 변화되었다. 이때 관계가 재정비되면서 16관계 중 제3위가 되었으며 품계는 종1품이었다. 또한 文官의 大匡을 開府儀同三司로 하였다. 충렬왕 34년(1308)의 관명개혁에서도 제1등관을 三重大匡, 다음을 重大匡으로 하고 있다. 또 향직의 관명에서도 1품을 삼중대광·중대광, 2품을 대광이라고 하였다.(朴龍雲, 「貴族社會의 政治體制」, 『高麗時代史』, 一志社, 1985, pp.107-113)

57) 內議令 : 內議省의 장관으로 고려초에 사용된 관직 이름.

58) 翰林 : 고려 태조 때 태봉의 제도를 따라 元鳳省을 두었다가 뒤에 學士院으로 바꾸었으며 현종 때 한림원으로 되었다. 여기에서는 詞命의 制撰을 관장하는 것을 그 본업으로 삼아 왕족을 봉하는 冊文과 신하와 백성에게 내리는 敎書, 將相을 임명하는 制誥 및 왕의 회답인 批答 등 王命과 表·箋 같은 외교문서를 군왕을 대신하여 작성하는 업무를 맡고 있었다.(崔濟淑, 「高麗翰林院考」, 『韓國史論叢』 4, 1981, pp.18-19) 또한 과거의 고시관인 知貢擧로서의 중요한 기능도 담당하였을 뿐만 아니라 書筵官의 기능과 각종 서적편찬사업을 담당하였다.

선(翩宣)59)은 받들어 행하여 위와 같이 칙령을 받들고 직첩이 도착하는대로 봉행하라. 개보 8년 10월 일.

시중(侍中)60) 서명61), 시중 서명, 내봉령(內奉令)62) 서명, 군부령(軍部令)63) 서명, 군부령 무서, 병부령(兵部令) 무서, 병부령 서명, 광평(廣評)64)시랑(侍郎) 서명, 광평시랑 무서, 내봉시랑(內奉侍郎) 무서, 내봉시랑 서명, 군부경(軍部卿) 무서, 군부경 서명, 병부경(兵部卿) 무서, 병부경 서명

이곳에는 宰臣이 겸하는 判翰林院事와 역시 兼官인 정3품의 翰林學士承旨 및 정4품의 翰林學士 등이 있었다.(朴龍雲, 앞의 책, 1985, p.1)

59) 翩宣 : 이곳 외에는 기록이 없다. 변태섭은 이 글자를 '融'으로 보고 이를 당시의 유신으로 유명한 王融이 틀림없다고 하면서 경종 6년에 제찬한 智谷寺 眞觀禪師碑文에 '大匡·內議令·判擅翰林 王融'이라는 내용을 근거로 들고 있다. (변태섭,「중앙의 통치기구」,『한국사』13, 국사편찬위원회, 1993, p.17)

60) 侍中 : 신라 집사성의 우두머리 벼슬로서, 고려시대에는 문하부의 우두머리 벼슬로 종1품 중찬 또는 정승이라고 고쳐 부르기도 하였다.

61) 署 : 署는 서명한 것이고 無署는 서명하지 않은 것이니, 署는 곧 서명했다는 말이다.

62) 內奉令 : 內奉省 장관. 내봉성은 태봉 때의 관청으로 그 명칭이 고려 초기까지 나타나고 있다. 명칭으로 보아 국왕 측근에서 왕명을 받들어 시행하는 행정기구로 보인다. 여기에서는 관리의 인사를 관장하고 그 관원에 특별히 監·理決·評察을 설치하여 행정사무를 評理·監察한 듯하다. 고려의 尙書都省에 해당되며 백관의 총령을 관장하였다.(변태섭,「高麗初期의 政治制度」,『韓沽劤停年紀念史學論叢』, 지식산업사, 1981)

63) 軍部令 : 이 관직 이름을 직접 전하는 사료는 없으나 徇軍部로 추정된다. 徇軍部의 명칭은 [麗史] 百官志 兵曹條의 分注에서 볼 수 있다. 이 기구의 성격에 대해서는 제호족의 군사력과 연결된 협의체적인 군사지휘권의 統帥府로 보는 견해(李泰鎭,「高麗宰府의 성립」,『歷史學報』56, 1972, p.8; 朴龍雲, 앞의 책, 1985, p.86)와 이와 반대의 입장을 보이는 견해가 있다.(邊太燮, 앞의 논문, 1981, p.170)

64) 廣評 : 광평성은 태봉의 최고 중앙관부로 904년의 관제정비 때 설치되어 내정을 총괄하는 기능을 하였다. 그 장관은 匡治奈라고 하였으며 태봉이 멸망한 후 고려시대에 들어와서도 최고의 중앙관부이며 정책결정의 최고정부기관으로 기능하였다.(李泰鎭, 앞의 논문, 1972)

추충신의 숭덕수절공신 상보도성령 상주국 낙랑국왕 식읍 1만호 김부에게 고하노니, 위와 같이 칙령을 받들고 부신(符信)이 도착하는 대로 봉행하라.

주사(主事)[65] 무명(無名),[66] 낭중(郎中)[67] 무명, 서령사(書令史)[68] 무명, 공목(孔目)[69] 무명. 개보 8년 10월 일에 내림."

사론에는 다음과 같이 말하였다.[70]

「신라의 박씨와 석씨는 모두 알에서 나왔다. 김씨는 황금궤 속에 들어서 하늘로부터 내려왔다고 한다. 혹은 황금으로 된 수레를 타고 왔다고 하는데, 이것은 더욱 황당해서 믿을 수가 없다. 그러나 세속에서

---

65) 主事 : 고려의 서리직 중 首位職. 관청에 소속되어 文案·符目 등에 관계된 刀筆之任을 담당하였다. 中書門下省·三司·尙書都官·尙書戶部에 각 6인, 尙書都省·殿中省·宗簿寺에 각 4인, 尙書吏部·尙書考工·尙書兵部·尙書刑部·尙書禮部·尙書工部에 각 2인, 秘書省·典校寺에 각 1인, 그리고 중추원에 10인이 배속되었다. 한편, 서리직으로서의 주사는 공신의 아들에게 음서직으로 주어졌고, 동정직으로도 주어졌으며, 입사직이기도 하여 五部坊里에 임명되기도 하였다.(金光洙, 「高麗時代의 胥吏職」, 『韓國史研究』 4, 1969)

66) 無名 : 署·無署와 같은 말이다.

67) 郎中 : 신라시대에는 중앙의 최고 관부인 집사성 소속의 관원으로 제3등관으로 행정의 실무를 담당하였다. 眞平王 11년(589) 중앙관제의 정비과정에서 설치되었다. 설치 당시에는 大舍로 불렸으며 景德王 18년(759) 漢化政策으로 郎中으로 개명되었다. 고려시대에는 正郎, 郎中, 直郎 등 명칭이 여러 차례 바뀌었고, 조선시대에는 정랑으로 바뀌었다.

68) 書令史 : 고려시대의 胥吏職. 주요 관청에서 文案·符目 등 文簿를 관장하였으며, 행정실무의 말단을 담당하는 刀筆之任이었다. 공신들의 자제에게 음서직으로 주었고, 동정직으로도 설정되어 있었으며, 입사직으로는 五部坊里에 임명되기도 하였다.(김광수, 앞의 논문, 1969)

69) 孔目 : 회계와 공문서를 맡은 관명.

70) 史論曰 : 이 부분은 [史] 卷12 新羅本紀의 말미에 서술되고 있는 '論'을 그대로 인용하고 있다. 그 인용부분은 [史]의 '論曰 新羅朴氏昔氏 皆自卵生…然世俗相傳爲之實事…今但原厥初…豈非陰德之報者歟'까지이다.

는 서로 전하여 사실이라고 한다. 이제 다만 그 시초를 살펴보건대, 위에 있는 이는 그 몸을 위해서는 검소했고 남을 위해서는 너그러웠다. 그 관직을 설치하는 것은 간략히 했고 그 일을 행하는 것은 간소하게 하였다. 성심껏 중국을 섬겨서 산 넘고 바다 건너 조빙(朝聘)하는 사신이 서로 이어져 끊이지 않았으며, 항상 자제들을 중국에 보내 숙위(宿衛)하게 하고 국학에 들어가서 공부하게 하였다. 이리하여 성현의 풍화를 이어받고 오랑캐[鴻荒]의 풍속을 개화시켜서 예의있는 나라로 만들었다. 또 중국 군사의 위엄을 빌어 백제와 고구려를 평정하고 그 땅을 취해 군현을 삼았으니, 가히 장한 일이라고 하겠다. 그러나 불법을 숭상하여 그 폐단을 알지 못하고, 심지어 마을마다 탑과 절이 즐비하고, 백성들은 모두 중[緇褐]71)이 되어 군대나 농민이 점점 줄어들었다. 그리하여 나라가 날로 쇠퇴해가니 어찌 어지러워지지 않을 것이며 또 망하지 않겠는가?

이때 경애왕은 더욱 음란하고 놀기에만 바빠 궁녀들과 좌우 근신들과 더불어 포석정에 나가 술자리를 베풀고 즐겨 견훤이 오는 것도 몰랐으니, 저 문 밖의 한금호(韓擒虎)72)나 누각 위의 장려화(張麗華)73)

---

71) 緇褐 : 승려는 검은 장삼을 입으므로 僧徒를 이렇게 일컬었다.

72) 韓擒虎 : 생몰연대는 불분명하나, 隋의 河南의 東垣(河南省 新安縣) 사람이다. 字는 子通이다. 6세기에 北周·隋의 관료로서 활약하였다. 처음에 북주의 태조에게 출사하여 군공에 의해서 新安太守, 儀同三司·新義郡公이 되었다. 수가 북주를 멸망시키자, 隋에 종사하여 盧州總管이 되었다. 隋가 陳을 정벌하자, 선봉에 서서 정병 500인을 이끌고 陳의 수도 金陵(南京地方)을 파괴하여 陳나라 최후의 왕인 陳叔寶를 체포하였다. 그 공적에 의해서 上柱國의 지위를 수여받아 壽光縣公에 봉해졌고, 이후에는 涼州總管이 되었다. 여기서는 한금호를 견훤에 비유한 것으로 경애왕의 말로가 陳의 후주와 같다는 뜻이다.

73) 張麗華 : 陳의 마지막 왕인 後主(陳叔寶)의 妃. 모습이 아름다워 後主의 총애를 한 몸에 받아, 그것을 기화로 정치에 개입하여 정치를 문란하게 함으로써 陳

와 다를 것이 없었다. 경순왕이 태조에게 귀순한 것은 비록 할 수 없이 한 일이기는 하나, 또한 아름다운 일이라고 하겠다. 만일 힘껏 싸우고 죽기로 지켜 고려 군사에게 반항했더라면, 힘은 꺾이고 기세는 다해서 반드시 그 가족을 멸망시키고 죄없는 백성들에게까지 해가 미쳤을 것이다. 그런데 고명(告命)을 기다리지 않고 부고(府庫)를 봉하고 군현의 호적을 그대로 가지고 귀순했으니, 조정에 대해서는 공로가 있고 백성들에 대해서는 덕이 있는 것이 매우 크다고 하겠다.

옛날 전씨(錢氏)가 오월(吳越)의 땅을 송나라에 바친 일을74) 소자첨(蘇子瞻)75)은 충신이라고 했으니, 이제 신라의 공덕은 그보다 훨씬 크다고 하겠다.

우리 태조는 비빈이 많고 그 자손들도 또한 번성하였다. 현종(顯宗)76)은 신라의 외손77)으로서 왕위에 올랐으며, 그 뒤에 왕통을 계승

의 멸망원인을 만들었다. 隋의 장수 한금호가 金陵을 함락시키자 그녀는 後主와 함께 宮中의 景陽井으로 숨었으나 붙잡혀 죽임을 당하였다. 여기서 장려화는 경애왕의 妃嬪에 비유된다.

74) 昔錢氏吳越入宋 : 錢氏는 5대10국시대 吳越 최후의 왕인 錢俶(929-988, 재위 948-978)을 말한다. 字는 文德, 본명은 弘俶, 시호는 忠懿王이다. 宋의 太宗 太平興國 3년(고려 경종 3년(978))에 宋에 입조하여 13州·1軍·86縣을 헌납하였다.(『宋史』 卷3 太祖本紀) 이러한 吳越國의 멸망은 전숙에 의해 백성의 무고한 피를 흘리지 않고 평화롭게 진행되었다.

75) 蘇子瞻 : 蘇東坡. 1036-1101. 중국 북송의 문인으로 唐宋八大家로 손꼽히는 文豪이다. 眉山(四川省 眉山縣)에서 태어났으며, 이름은 軾이고, 字는 子瞻이다. 남송의 고종으로부터 文忠의 시호를 받았다. 經書와 歷史에 통달한 뛰어난 문장가였다.

76) 顯宗 : 991-1031. 재위 1010-1031. 字는 安世. 태조의 여덟번째 아들인 安宗 郁의 아들이다. 어머니는 경종의 비 孝肅王后 皇甫씨이다. 처음에는 승려가 되어 崇敎寺와 神穴寺에 우거하다가 강조의 정변에 의해 목종이 폐위되자 왕위에 올랐다. 대내적으로는 군현제를 완성하고, 왕을 정점으로 한 강력한 중앙집권체제를 지향하였다. 대외적으로는 강력한 북진정책을 추진하였고, 두 차례에 걸친 거란의 침입을 막아내면서 당시 북방외교의 현안문제였던 대거란관계를 해결하

한 이는 모두 그의 자손이었다. 이것이 어찌 그 음덕이 아니겠는가?」

신라가 이미 땅을 바쳐 나라가 없어지자 아간(阿干)[78] 신회(神會)[79]는 외직을 내놓고 돌아왔는데 도성이 황폐한 것을 보고 서리리(黍離離)[80]의 탄식을 하면서 이에 노래를 지었으나, 그 노래는 없어져서 알 수가 없다.

였다. 능은 선릉으로 경기도 개풍군 중서면 곡령리 陵峴에 있으며, 시호는 元文이다.([麗史] 世家 卷第4 顯宗)

77) 新羅外孫 : 현종은 경종의 제4비인 獻貞王后 皇甫氏가 경종 사망 후에 태조의 아들인 安宗 郁과 私通하여 낳은 왕실혈손이었다. 현종의 아버지 安宗 郁은 [麗史] 卷88 后妃傳에서는 太祖가 경순왕 김부의 伯父 億廉의 딸인 神成王后와의 사이에서 낳은 왕자로 되어 있다. 한편, 신성왕후가 이씨라는 설도 있는데, 이는 仁宗朝에 이자겸의 난을 겪은 후, 이씨세력을 배척하려는 의도와 함께 김부식이 자신의 가계를 분식함과 함께 고려왕실과 특수관계에 있음을 나타내려는 목적에서 왜곡되게 서술한 것으로, [麗史]의 기록은 [史]의 것을 채용한 것이라는 견해가 있다.(萩山秀雄, 「高麗顯宗の卽位に關する高麗史の曲筆を論ず」, 『東洋學報』12, 1920) 한편, 이에 대하여 後大良院夫人과의 구별을 제대로 하지 못한 결과일 뿐이라는 반론도 있다.(하현강, 「高麗前期의 王室婚姻에 對하여」, 『梨大史苑』 7, 1968)

78) 阿干 : 丹陽赤城碑를 통해 볼 때, 신라의 京位 17관등 중의 제6관등인 阿湌을 말한다. 아찬은 골품체제 하에서 6두품이 오를 수 있는 최고위의 관등이었으며 公服은 緋色이었다. 다른 이름으로는 阿尺干·阿粲·閼粲·謁旱支 등이 있다.

79) 神會 : 여기 외에는 기록이 없어 알 수 없다.

80) 黍離離 : 311편의 詩가 수록되어 있는 『詩經』王風篇 중의 한 수이다. 王風篇은 周의 平王·桓王·莊王시대의 시를 채록한 것이다. 黍離離는 평왕 때 洛邑으로 도읍을 옮긴 후 周의 한 大夫가 옛서울 鎬京을 지나다가 종묘와 궁궐이 없어지고 그곳에 피와 기장만이 수북히 자라 있는 모습을 보고 지은 시이다. 원문은 다음과 같다. 「彼黍離離 彼稷之苗 行邁靡靡 中心搖搖 知我者 謂我心憂 不知我者 謂我何求 悠悠蒼天 此何人哉 彼黍離離 彼稷之穗 行邁靡靡 中心如醉 知我者 謂我心憂 不知我者 謂我何求 悠悠蒼天 此何人哉 彼黍離離 彼稷之實 行邁靡靡 中心如噎, 知我者 謂我心憂 不知我者 謂我何求 悠悠蒼天 此何人哉」

57. 南扶餘 前百濟 北扶餘〈已見上〉[1]

　扶餘郡者 前百濟王都也 或稱所夫里郡 按三國史記 百濟聖王十六年[2]戊午春 移都於泗沘[3] 國號南扶餘 注曰 其地名所夫里 泗沘[4] 今之古省津也 所夫里者 扶餘之別號也 已上注[5][6]

　又按量田帳籍 曰所夫里郡田丁柱貼 今言扶餘郡者 復上古之名也 百濟王姓扶氏 故稱之 或稱餘州者 郡西資福寺高座之上 有繡帳焉 其繡文曰 統和十五年丁酉五月日餘州功德大寺繡帳 又昔者 河南置林州刺史 其時圖籍之內 有餘州二字 林州今佳林郡也 餘州今之扶餘郡也

　百濟地理志曰 後漢書曰 三韓凡七十八國 百濟是其一國焉 北史云 百濟東極新羅 西南限大海 北際漢江 其郡[7]曰居拔[8]城 又云固

---

1) 北扶餘〈已見上〉: [正][六]은 본문으로 기재. [品][民][리]는 세주로 기재. [斗][浩]는 '北扶餘'는 본문으로 '已見上'은 세주로 기재함.
2) 十六年 : [正]의 '二十六年'은 '十六年'의 잘못이다. [史] 卷26 百濟本紀 聖王 16年條에는 十六年.
3) 沘 : [正][斗][六] 泚. [品][浩][樹] 沘. [史] 卷26 百濟本紀 聖王 16年條에는 沘.
4) 沘 : 주 3)과 같음.
5) 注 : [浩] 分注.
6) 注曰…已上注 : [正][品][六]에는 본문으로 기재되어 있으나, [斗][浩][民]은 세주로 보았다.
7) 郡 : [品][浩] 都.
8) 拔 : [正] 扶. [品][斗][浩][六] 拔.

麻城　其外更有五方城

　通典云　百濟南接新羅　北距高麗　西[9]限大海

　舊唐書云　百濟扶餘[10]之別種[11]　東北新羅　西渡海至[12]越州　南
渡海至倭　北高麗　其王所居　有東西兩城

　新唐書云　百濟西界越州　南倭　皆踰海　北高麗

　國[13]史本記云　百濟始祖[14]溫祚　其父雛牟王　或云朱蒙　自北扶
餘逃難　至卒本扶餘　扶餘[15]州之王無子　只有三女　見朱蒙知非常人
以第二女妻之　未幾　扶餘州[16]王薨　朱蒙嗣位　生二子　長曰沸流　次
曰溫祚　恐後太[17]子所不容　遂與烏干馬黎等十[18]臣南行　百姓從之
者多　遂至漢山　登負兒岳　望可居之地　沸流欲居於海濱　十臣諫曰
惟此河南之地　北帶漢水　東據高岳　南望沃澤　西阻大海　其天險地
利　難得之勢　作都於斯　不亦宜乎　沸流不聽　分其民　歸彌雛忽居之
溫祚都河南慰禮城　以十臣爲輔翼　國號十濟　是漢成帝鴻佳[19]三年
也　沸流以彌雛忽土濕水鹹　不得安居　歸[20]見慰禮都邑鼎定　人民安

---

9)　西：[斗] 夫.

10)　餘：[正] 夫. [品][斗][浩][六] 餘.

11)　種：[正] 程. [順] 種(가필). [品][斗][浩][六][民] 種.

12)　至：[正][品] 없음. [斗][浩][六][民][樹] 至.

13)　國：[正][品][斗][六] 없음. [浩] 國.

14)　祖：[正] 租. [品][斗][浩][六][民] 祖.

15)　扶餘：[正][品][斗] 없음. [浩][民] 扶餘. [史] 卷23 百濟本紀 百濟始祖 溫
　　祚王 卽位年條에는 扶餘.

16)　州：[史] 卷23 百濟本紀 百濟始祖 溫祚王 卽位年條에는 없음.

17)　太：[正] 大.

18)　十：[正][品] 없음. [斗][浩][六] 十. [史] 卷23 百濟本紀 百濟始祖 溫祚王
　　卽位年條에는 十.

19)　佳：[品][民] 嘉.『漢書』嘉.

20)　歸：[正][晚] 飯.

泰 遂慙悔而死 其臣民皆歸[21]於慰禮城 後以來時百姓樂悅 改號百
濟 其世系與高句麗同出扶餘 故以解[22]爲氏 後至聖王 移都於泗
沘[23] 今扶餘郡〈彌雛忽仁州 慰禮今稷山〉

　按古典記云 東明王第三子溫祚 以前漢鴻佳[24]三年癸卯[25] 自卒
本扶餘 至慰禮城 立都稱王 十四年丙辰 移都漢山〈今廣州〉 歷三百
八十九年 至十三世近肖古王 咸安元年 取高句麗南平壤 移都北漢
城〈今楊州〉 歷一百五年　至二十二世文周王卽位　元徽[26]三年乙卯
移都熊川〈今公州〉 歷六十三年 至二十六世聖王 移都所夫里 國號
南扶餘 至三十一世義慈王 歷一百二十年 至唐顯慶五年 是義慈王
在位二十年 新羅金庾信與蘇定方討平之 百濟國舊有五部 分統三
十七郡 二百餘[27]城 七十六萬戶 唐以其[28]地 分置熊津 馬韓 東明
金漣 德安等 五都督府 仍以[29]其酋長爲都督府刺史 未幾 新羅盡
幷其地 置熊全武三州及諸郡縣 又虎嵓寺有政事嵓 國家將議宰相
則書當選者名 或三四 函封置嵓上 須臾取看 名上有印跡者爲相
故名之 又泗沘[30]河邊[31]有一嵓 蘇定方嘗坐此上 釣魚龍而出 故
嵓上有龍跪之跡 因名龍嵓 又郡中有三山 曰日[32]山 吳山 浮山 國

---

21) 歸 : 주 20)과 같음.
22) 解 : [品][民] 扶餘. [浩] 扶.
23) 沘 : 주 3)과 같음.
24) 佳 : [品] 嘉.『漢書』嘉.
25) 卯 : [正][斗][六] 酉. [品][浩][民] 卯.
26) 徽 : [正] 微. [品][斗][浩][六][民] 徽.
27) 餘 : [正][六] 濟. [品][浩][民] 衍字로 처리함. [斗] 餘.
28) 其 : [正][品] 없음. [斗][浩][六] 其.
29) 以 : [正][品] 없음. [斗][浩][六][民] 以.
30) 沘 : 주 3)과 같음.
31) 邊 : [正][晚][順] 边. [品] 辺(邊의 약자). [斗][浩][六] 邊.
32) 日 : [正][晚] □. [順] 日(가필). [品][斗][浩][六][會] 日.

家全盛之時 各有神人居其上 飛相往來 朝夕不絶 又泗沘³³⁾崖又有
一石 可³⁴⁾坐十餘人 百濟王欲幸王興寺禮佛 先於此石望拜佛 其石
自煖 因名煖石 又泗沘³⁵⁾河兩崖如畫屛 百濟王每遊宴歌舞 故至今
稱爲大王浦 又始祖溫祚乃東明第三子 體洪大 性孝友 善騎射 又
多婁王 寬厚有威望 又沙沸³⁶⁾王〈一作沙伊³⁷⁾王〉 仇首崩 嗣位 而幼
少不能政 卽廢³⁸⁾而立古爾王 或云至樂初二年³⁹⁾己未 乃崩 古爾
方立

---

33) 沘 : 주 3)과 같음.

34) 可 : [六] 없음.

35) 沘 : 주 3)과 같음.

36) 沸 : [史] 卷24 百濟本紀 古爾王條에는 佛. [遺] 卷1 王曆에는 泮.

37) 伊 : [浩] 伴.

38) 廢 : [斗][六] 癈.

39) 樂初二年 : [浩] 樂初三年. [品] 景初三年.

남부여 · 전백제 · 북부여〈이미 위에서 나왔다.〉[1]

　부여군(扶餘郡)은 전백제(前百濟)[2]의 왕도인데, 또는 소부리군(所
夫里郡)이라고도 부른다. 『삼국사기(三國史記)』에 의하면, 「백제 성
왕(聖王)[3] 16년 무오(戊午, 538) 봄에 도읍을 사비(泗沘)로 옮기고
나라이름을 남부여(南扶餘)[4]라고 하였다」고 한다. 주에서는 「그 지명
은 소부리[5]이고, 사비[6]는 지금의 고성진(古省津)[7]이며, 소부리는 부

---

1) 北扶餘〈已見上〉：[遺] 卷1 紀異 北扶餘條 참조.
2) 前百濟：통일신라 말 甄萱이 세운 後百濟와 구분하기 위해 붙여진 이름이다.
3) 聖王：?-554. 武寧王의 아들로 이름은 明穠. 『梁書』百濟傳에는 明으로, 『日
　本書紀』에는 明王 · 聖明王으로 표기되어 있다. [史] 卷26 百濟本紀 聖王條에
　는 「지식이 영매하고, 결단력이 있어 나라 사람이 聖王으로 칭했다」고 한다. 또
　『日本書紀』에는 「天道地理에 통달해 이름이 사방에 퍼졌다」는 기사가 있다. 성
　왕 16년(538)에 의도적 · 계획적으로 泗沘城으로 천도를 단행했는데, 이에는 沙
　(沙宅)씨의 협조를 받았다. 천도 후 국호를 '南扶餘'라고 하고 성씨를 '扶餘'로
　하는 등 扶餘族을 강조해 자긍심을 높이고, 내정을 개혁하였다. 수도에는 上
　部 · 前部 · 中部 · 下部 · 後部 등 5部 5巷制를 실시하고, 지방에는 5方制를 실
　시하였다. 梁朝와의 빈번한 교류로 毛詩博士 · 工匠 · 畫師 등을 초빙해 백제문
　화의 질을 높였다. 그리고 다시 일본에 怒唎思致契 등을 파견해 불교를 전수하
　고, 醫博士 · 易博士 등도 보냈다. 신라와는 동맹관계를 맺어 남하하는 고구려
　를 공동으로 저지하였다. 그러나 신라의 배신으로 한강유역의 故土를 다시 잃었
　을 뿐 아니라 이때부터 다시 신라와 전쟁상태에 들어갔다. 그 결과 왕은 狗川전
　투에서 전사하는 참변을 당하기도 하였다.(盧重國, 『韓國民族文化大百科辭典』,
　韓國精神文化研究院, 1990)
4) 南扶餘：백제 聖王 16년(538)에 泗沘城으로 도읍을 옮기고 나라 이름을 南扶
　餘라고 하였다.([史] 卷26 百濟本紀 聖王 16年條)
5) 所夫里：백제시대 泗沘의 다른 이름. 지금의 扶餘郡.

여의 별호이다」라고 하였는데, 이상은 주이다.

또 『양전장적(量田帳籍)』8)에 의하면, 「소부리군 전정주첩(田丁柱貼)」9)이라고 하였으므로, 지금의 부여군이라고 말하는 것은 먼 옛날의 지명을 되찾은 것이다. 백제왕의 성이 부씨(扶氏)이므로 그렇게 불렀다. 혹은 여주(餘州)라고 부르는 것은 군의 서쪽에 자복사(資福寺) 고좌(高座)10) 위에 수놓은 휘장이 있는데, 그 수놓여진 글에 「통화(統和)11) 15년 정유(丁酉, 997) 5월 일에 여주 공덕대사(餘州功德大寺)12) 수장(繡帳)」이라고 했고, 또 옛날 하남(河南)에 임주자사(林州刺史)를 두었는데, 그때 그림과 책 안에 여주라는 두 글자가 있었으

---

6) 泗沘 : 백제의 세번째 도읍으로 지금의 충청남도 扶餘郡 扶餘邑이다. 所夫里라고도 칭한다. 聖王 16년(538)에 임시적이고 응급적인 도읍이었던 熊津城에서 국가발전을 위해 계획적으로 천도하였다. 따라서 泗沘시기에는 漢城시기의 고구려문화의 영향과 熊津시기의 중국 南朝의 영향과는 달리, 이들 외래문화를 종합해 새로운 백제문화를 창조하게 되었다. 백제 멸망 후 唐은 백제 고토에 5 都督府를 설치하면서 사비성에는 東明都督府를 설치했으나 오래가지 않았다. 신라 景德王 때 扶餘郡으로 개명하였다.

7) 古省津 : 扶餘의 扶蘇山 아래 白馬江에 있던 포구.([勝覽] 卷18 扶餘郡 山川 條)

8) 量田帳籍 : 일종의 토지대장. 백제시대 量田帳籍은 남아 있는 것은 없으나 이 기사로서 그 존재를 확인할 수 있다. 고려 후기 一然의 생존시기까지는 실물이 남아 있었던 것으로 짐작된다.

9) 田丁柱貼 : 여기 외에는 자료가 없어서 알 수 없다. 밭을 경작하는 농부에게 租・庸・調 등을 부과하기 위해 작성한 문서로서 관청의 기둥에 붙여 놓았던 것으로 짐작될 뿐이다.

10) 資福寺高座 : 資福寺는 죽은 사람의 명복을 빌기 위해 세우는 절이다. 造飽寺 또는 願刹이라고도 한다. 高座는 고승의 설법을 위해 절의 강당에 설치하는 높은 대좌이다.

11) 統和 : 중국 遼 聖宗의 연호(983-1011).

12) 餘州功德大寺 : 餘州, 즉 扶餘의 서쪽에 있는 절로서 특별히 공덕을 드리는 큰 절. 지금의 扶餘 無量寺가 아닌가 생각된다. 그 사찰은 扶餘郡에서 서쪽 변두리에 위치하고, 현재 5층 석탑・석등・당간지주 등 고려시대 국보급 유물이 많은 큰 사찰이다.

니, 임주는 지금의 가림군(佳林郡)[13]이고 여주는 지금의 부여군이다.

　백제『지리지(地理志)』[14]에는 「『후한서(後漢書)』에 「삼한은 무릇 78국이고, 백제는 그 중 한 나라이다」라고 하였다」[15]고 하였다. 『북사(北史)』[16]에는 「백제는 동쪽으로 신라에 그쳤고, 서남쪽으로 대해(大海)에 막혔으며, 북쪽으로는 한강에서 끝났는데, 그 군을 거발성(居拔城) 또는 고마성(固麻城)[17]이라고도 하며, 그 밖에 또 오방성(五方城)[18]이 있다」고 하였다.

　『통전(通典)』[19]에는 「백제는 남쪽으로 신라에 접하고, 북쪽으로 고구려에 이르고, 서쪽으로는 대해로 막혔다」고 하였다.

　『구당서(舊唐書)』[20]에는 「백제는 부여의 별종으로 동북쪽은 신라이고, 서쪽으로는 바다를 건너 월주(越州)[21]에 이르고, 남쪽으로는 바

---

13) 林州今佳林郡 : 지금의 扶餘郡 林川面으로 백제시대에는 加林郡이고, 신라 景德王 때에는 嘉林郡이었고, 고려 成宗 때에는 林州刺史를 두었으며, 玄宗 때에는 嘉林縣으로 하였다.([勝覽] 卷17 林川郡 建治沿革條)

14) 百濟地理志 : 여기 외에는 자료가 없어서 알 수 없다. 그러나 여기의 기사를 참작해보면 [史] 地理志를 가리키는 것으로 보인다.

15) 後漢書曰三韓凡七十八國 百濟是其一國焉 : 같은 내용이 [史] 卷37 地理志4 에 있다. 三韓이라는 명칭은 『後漢書』 韓傳에 처음 나온다.([品] 中, p.222 참조)

16) 北史 : 중국 唐의 李延壽가 편찬한 사서로서 魏・北齊・周・隋 등 北朝의 242년 동안의 역사책이다. 모두 100권으로 편성되었다.

17) 居拔城又云固麻城 : 居拔城은 固麻城의 다른 이름이고, 고마성은 熊津城의 다른 이름이다. 『周書』 百濟傳에 고마성, 『隋書』 百濟傳에 나오는 거발성은 곰나루성의 한자표기이다.(李丙燾, 『韓國史』 古代編, 震檀學會, 1959, p.430)

18) 五方城 : 『北史』에 나오는 기사로 중방은 古沙城, 동방은 得安城, 남방은 久知下城, 서방은 刀先城, 북방은 熊津城을 가리킨다.

19) 通典 : 唐의 杜佑가 편찬한 역사책. 모두 200권으로 편성되었다.

20) 舊唐書 : 後晉의 劉昫 등이 勅命에 의하여 지은 唐의 正史. 모두 200권.

21) 越州 : 중국 揚子江 하류지방. 越國의 영토이며, 고대부터 자기생산으로 유명하다. 黑潮해류를 타면 우리 나라의 제주도와 남해안에 쉽게 도달할 수 있다.

다를 건너 왜(倭)에 이르며, 북쪽은 고구려인데, 그 왕이 거처하는 곳에는 동서로 두 성이 있다」고 하였다.

『신당서(新唐書)』22)에는 「백제는 서쪽으로 월주(越州)와 경계하고, 남쪽은 왜인데 모두 바다를 건너고, 북쪽은 고구려이다」라고 하였다.

『국사(國史)』본기(本記)23)에는 다음과 같은 글이 있다. 「백제의 시조는 온조(溫祚)이니, 그 아버지는 추모왕(鄒牟王) 또는 주몽(朱蒙)24)이라고 하였는데, 북부여(北扶餘)에서 난을 피하여 졸본부여(卒本扶餘)25)에 이르렀다. 부여주의 왕은 아들이 없고, 단지 딸 셋만 있었는데, 주몽을 보자 보통 사람이 아닌 것을 알고 둘째 딸로 처를 삼도록 하였다. 얼마 안되어 부여주의 왕이 돌아가니 주몽이 왕위를 이어 받아 아들 둘을 낳았는데, 큰 아들은 비류(沸流)라고 하고 다음은 온조(溫祚)라고 하였다. [그들은] 후에 태자에게 용납되지 못할 것을 두려워하여,26) 마침내 오간(烏干)·마려(馬黎) 등 10명의 신하와 함께 남쪽으로 가니, 따르는 백성이 많았다. 마침내 한산(漢山)에 이르러 부아악(負兒岳)에 올라 살 만한 땅을 바라보았다. 비류가 바닷가에 살기를 바라니 10명의 신하가 간하기를, "오직 이 하남(河南)의 땅은 북쪽으로는 한수(漢水)를 띠고, 동쪽으로는 높은 산에 의지하고,

---

22) 新唐書 : [遺] 卷1 紀異 樂浪國條의 주석 4) 참조.
23) 國史本記 : [史] 卷23 百濟本紀 百濟始祖 溫祚王條에 이와 같은 기사가 실려 있다.
24) 鄒牟王或云朱蒙 : [遺] 卷1 紀異 高句麗條 참조.
25) 卒本扶餘 : [遺] 卷1 紀異 高句麗條의 주석 2) 참조.
26) 恐後太子所不容 : [史] 卷23 百濟本紀 百濟始祖 溫祚王條에 「及朱蒙在北扶餘所生子來爲太子…」라는 기사가 있고, 또 [史] 卷13 高句麗本紀 始祖 東明聖王 19年條에 「夏四月 王子類利自扶餘與其母逃歸 王喜之 立爲太子…」라는 기사가 있다. 類利는 후에 고구려의 제2대 琉璃明王이 되었다.

남쪽으로는 기름진 평야를 바라보고, 서쪽으로는 대해에 막혔으니, 그 천험의 지리(地利)는 얻기 어려운 형세이므로 여기에 도읍하는 것이 또한 마땅하지 않겠습니까?"고 하였다.

비류는 듣지 않고 백성을 나누어 미추홀(彌雛忽)[27]에 가서 살았다. 온조는 한강 남쪽 위례성[河南慰禮城]에 도읍하고 10명의 신하로서 보좌하게 하고 국호를 십제(十濟)[28]라고 하니, 이때가 한나라 성제 (成帝) 홍가(鴻佳)[29] 3년(BC 18)이었다. 비류는 미추홀의 땅이 습하고 물이 짜서 편안하게 살 수 없었는데, [온조가] 위례성에 도읍을 정하고 인민이 편안한 것을 와서 보고 마침내 부끄럽고 후회되어 죽으니, 그 신하와 백성들이 모두 위례성으로 귀속하였다. 후에 백성들이 올 때에 기뻐하였다고 하여 국호를 백제(百濟)로 고쳤다.

그[백제] 세계(世系)는 고구려와 더불어 부여에서 함께 나왔으므로 해(解)로써 성씨를 삼았다.[30] 후에 성왕(聖王) 때에 이르러 도읍을 사비(泗沘)로 옮기니 지금의 부여군이다.〈미추홀은 인주(仁州)[31]이고 위례

---

27) 彌雛忽 : 지금의 仁川 文鶴山 부근을 가리킨다. 이곳은 탁자식(북방식) 지석묘가 다수 분포되어 있고, 청동기유물도 부근에서 출토된 적이 있어 약간의 근거가 될 수 있다. 그러나 사료상으로나 고고학적으로 특별한 근거가 있는 것은 아니다. 따라서 이곳 외에 彌雛忽의 위치로서 南陽半島의 麻道面 白谷里 일대와 坡州郡 積城面 舟月里土城이 있는 곳도 주목되고 있다.

28) 十濟 : 李丙燾는 十濟國號說은 조작적인 설화라고 보지만, 그러나 이를 통해 夫餘系 일파가 辰韓의 중심지인 伯濟를 아우르고 百濟가 건국되는 과정을 알 수 있다고 하였다.(李丙燾,『韓國史』古代篇, 震檀學會, 1959)

29) 鴻佳 : 鴻嘉(『漢書』). 중국 前漢 成帝의 연호(BC 20-BC 17).

30) 以解爲氏 : 백제의 王姓氏에 관해서는 扶餘氏說과 解氏說이 있다. 해씨설은 백제의 왕실이 고구려와 같이 부여에서 나왔다고 해서 나온 성씨이다. 安鼎福은『東史綱目』에서 溫祚를 解溫祚로 본 바 있다. 근래에는 부여씨와 해씨를 모두 백제의 왕성으로 보는 견해가 있다.(盧重國,『百濟政治史研究』, 서울대학교 대학원박사학위논문, 1986, p.58)

는 지금의 직산(稷山)32)이다.〉」

『고전기(古典記)』33)에 의하면 다음과 같다.

「동명왕(東明王)의 셋째 아들 온조는 전한 홍가 3년 계묘(癸卯, BC 18)에 졸본부여로부터 위례성에 이르러 도읍을 세우고 왕이라고 칭하였다. [온조왕] 14년 병진(丙辰, BC 5)에는 도읍을 한산(漢山)〈지금의 광주(廣州)〉으로 옮겨 389년을 지냈으며, 13대 근초고왕(近肖古王)34) 함안(咸安)35) 원년(371)에 이르러 고구려의 남평양(南平壤)36)을 취하고 도읍을 북한성(北漢城)〈지금의 양주(楊州)〉으로 옮겨 105년을 지냈다. 22대 문주왕(文周王)37)이 즉위하여 원휘(元徽)38) 3

---

31) 仁州 : 지금 仁川의 고려시대 지명. 고려 仁宗은 慶源郡이 順德王后의 고향이라고 하여 仁州라고 개명해 승격시켰고, 조선 太祖 때 慶源府를 다시 仁州로 복구하였다.

32) 稷山 : [史] 卷23 百濟本紀 百濟始祖 溫祚王條 참조.

33) 古典記 : 여기에만 나오는 책명으로 자세한 것은 알 수 없다.

34) 近肖古王 : 백제의 제13대 왕. 재위 346-375. 比流王의 아들이다. 『古事記』에는 照古王, 『日本書紀』에는 肖古王으로 표기되어 있다. 왕권강화에 힘쓰고, 영역을 확대하였다. 博士 高興으로 하여금 書記라는 국사책을 최초로 편찬케 하였으며, 고구려와의 전쟁에서 주도권을 잡고 平壤까지 들어가 故國原王을 전사하게 하는 등 백제역사에서는 드물게 대고구려전에서 우위를 점하였다. 또 대고구려전을 위해 漢山으로 도읍을 옮기기도 하였다. 신라와는 동맹관계를 유지하고, 東晉과는 외교관계를 돈독히 하였다. 倭와도 선린책을 써서 王仁・阿直岐 등을 파견해 천자문・논어 등을 보내 왜의 유학을 크게 일으키는 계기를 만들었다. 또한 중국의 遼西지방을 경략해 역사상 최초로 해외로 진출하여 해외상업을 크게 일으키기도 하였다.

35) 咸安 : 중국 東晉의 簡文帝의 연호(371-372).

36) 南平壤 : 같은 내용이 [史] 卷37 地理4 百濟條에 나온다. 南平壤에 대해 최근 북한의 박진욱은 황해남도의 하성 부근의 장수산성으로 비정하고 있다.(박진욱, 「안악3호분의 주인공에 대하여」, 『조선고고연구』 1990-2. 姜仁求, 「平壤學界의 高句麗古墳 調査研究成果分析」, 『北韓의 韓國學研究成果分析』, 韓國精神文化研究院, 1990)

37) 文周王 : 백제의 제22대 왕. 재위 475-477. 蓋鹵王의 아들이다. 왕이 죽은 해가 [史] 卷30 年表에는 3년으로 되어 있고, 卷26 百濟本紀 文周王條에는 4년으로

년 을묘(乙卯, 475)에 도읍을 웅천(熊川)〈지금의 공주(公州)〉으로 옮겨
63년을 지냈으며, 26대 성왕(聖王) 때에 이르러 도읍을 소부리로 옮기
고 국호를 남부여(南扶餘)라고 하고, 31대 의자왕(義慈王)[39]에 이르
기까지 1백 20년을 지냈으며, 당나라 현경(顯慶) 5년(660), 곧 의자왕
재위 20년에 신라의 김유신(金庾信)[40]이 소정방(蘇定方)[41]과 함께
이를 토벌하여 평정하였다.

　백제국은 전에 5부가 있어 37군 2백여 성 76만 호로 나누어 통치하
였다. 당나라는 그 땅에 웅진(熊津)·마한(馬韓)·동명(東明)·금련
(金漣)·덕안(德安) 등 5도독부(都督府)를 나누어 두고,[42] 그 추장을
도독부자사(都督府刺史)로 삼았으나, 얼마 안되어 신라가 그 땅을 모
두 아우르고 웅주(熊州)·전주(全州)[43]·무주(武州)[44]의 3주와 여

　되어 있다. 고구려의 침입으로 한성이 함락되고 부왕인 蓋鹵王이 전사할 때 태
　자의 신분으로 신라에 가서 원군 1만 명을 요청해 거느리고 왔으나 무효로 돌아
　갔다. 그 해 9월 漢城에서 즉위하고 熊津으로 천도하였다.
38) 元徽 : 중국 宋(劉) 後廢帝의 연호(473-476).
39) 義慈王 : 생몰연대 미상. 백제의 제31대 왕. 재위 641-660. 武王의 長子. 孝로
　서 海東曾子라는 칭송을 들었다. 내정을 개혁하고, 친고구려정책으로 전환하였
　다. 신라의 40여 성을 탈취하고, 大耶城을 공격해 성주 品釋(김춘추의 사위)과
　그 가족을 죽여 김춘추의 원한을 깊이 샀다. 초기에는 의욕적으로 정치를 폈으
　나, 만년에는 사치와 방종으로 일관해 신라와의 잦은 충돌로 국고를 낭비하고
　귀족들의 내분으로 政情이 극히 문란하게 되었다. 마침 신라는 김춘추가 즉위하
　여 金庾信과 더불어 부국강병책을 쓰고 唐과 연합해 마침내 백제를 멸망시켰
　다. 의자왕은 왕자·왕비와 함께 당나라로 끌려가서 洛陽에서 병사하였다. 사후
　洛陽城 北邙山에 매장된 것으로 전하고 있으나, 무덤의 위치는 알 수 없다.
40) 金庾信 : [遺] 卷1 紀異 金庾信條와 [遺] 卷2 紀異 後百濟 甄萱條의 주석
　40) 참조.
41) 蘇定方 : [遺] 卷2 紀異 文虎王法敏條의 주석 11) 참조.
42) 分置熊津馬韓東明金蓮德安等五都督府 : [遺] 卷1 紀異 太宗春秋公條 참조.
43) 全州 : 지금의 全州. 고려 太祖 때 全州로 개명하였다. [遺] 卷2 紀異 後百濟
　甄萱條의 주석 21) 참조.

러 군현을 두었다.

또 호암사(虎嵒寺)45)에는 정사암(政事嵒)이 있다. 국가에서 장차 재상을 뽑으려 할 때 당선될 사람 3, 4명의 이름을 써서 함에 넣고 봉하여 바위 위에 놓아두고 얼마 후에 보고 이름 위에 인장자국이 있는 자를 재상으로 삼았기 때문에 그렇게 이름하였다.

또 사비하(泗沘河)의 강변에 바위 하나가 있다. 소정방이 일찍이 그 위에 앉아서 고기와 용을 낚아서 바위 위에 용이 꿇어 앉은 자국이 있기 때문에 용암(龍嵒)으로 이름하였다.

또 군 안에는 3개의 산이 있어 일산(日山)46)·오산(吳山)47)·부산(浮山)48)이라고 한다. 국가가 전성했을 때에는 각각 신인(神人)이 그 위에 살면서 날아서 서로 왕래함이 아침 저녁으로 끊이지 않았다.

또 사비하의 절벽에 또 돌 하나가 있어 10여 인이 앉을 만하다. 백제왕이 왕흥사(王興寺)49)에 가서 예불하려고 할 때는 먼저 이 돌에서 부처를 바라보고 절을 하였는데 그 돌이 저절로 따뜻해졌으므로 돌석(煍石)50)으로 이름하였다.

---

44) 武州 : 지금의 光州. 신라 景德王 때 武州로 되었다가 고려 太祖 때 光州로 개명되었다. [遺] 卷2 紀異 後百濟 甄萱條의 주석 19) 참조.
45) 虎嵒寺 : 백제시대의 사찰. 지금의 충청남도 扶餘郡 窺岩面 白馬江변에 있었다고 전해진다.
46) 日山 : 충청남도 扶餘郡 扶餘邑에 있던 백제시대의 산이름. 현재 어느 산인지 알 수 없으나 陵山里 뒷산이 아닌가 추측될 뿐이다.
47) 吳山 : 백제시대의 산이름. 지금의 충청남도 扶餘郡 扶餘邑 東南里 뒷산(烏山)으로 전해오고 있다.
48) 浮山 : 충청남도 扶餘郡 扶餘邑 窺岩面 白馬江 남쪽 강변에 있는 산.
49) 王興寺 : 충청남도 扶餘郡 窺岩面 新里 白馬江 서안에 있던 절. '王興'이란 銘文瓦片이 발견된 바 있다. [遺] 卷1 紀異 太宗春秋公條의 주석 35), 卷2 紀異 武王條의 주석 20) 참조.
50) 煍石 : 지금의 충청남도 扶餘郡 扶餘邑 낙화암에서 물이 순류로 흘러가는 곳

또 사비하의 양 절벽이 마치 그림병풍과 같아서 백제왕이 매번 놀고 잔치하고 노래하고 춤을 추었으므로 지금도 대왕포(大王浦)51)라고 부른다.

또 시조 온조는 동명의 셋째 아들로서 몸이 크고 성품이 효도와 우애가 있었으며 말타기와 활쏘기를 잘하였다.

또 다루왕(多婁王)52)은 [성품이] 관후(寬厚)하여 위엄과 덕망이 있었다. 또 사비왕(沙沸王)53)〈또는 사이왕(沙伊王)〉은 구수(仇首)가 돌아가자 왕위를 이었으나 어려서 정치를 할 수 없었으므로 즉시 폐하고, 고이왕(古爾王)54)을 세웠다. 혹은 낙초(樂初) 2년55) 기미(己未)에 [사비왕이] 돌아가자 고이왕이 곧 왕위에 올랐다고도 한다.」

에 있는 바위로 自溫臺로 불린다.([勝覽] 卷18 扶餘郡 古跡條)

51) 大王浦 : 충청남도 扶餘郡 扶餘邑 官北里 扶蘇山의 서북록 白馬江에 있던 나루터.([勝覽] 卷18 扶餘郡 山川條)

52) 多婁王 : 백제의 제2대 왕. 재위 28-76. 溫祚王의 아들. 나라의 남쪽 州郡에서 밭벼농사를 시작했으며, 북쪽 말갈의 침략저지에 노력하였다.

53) 沙沸王 : 백제의 제7대 왕. 재위 234. [史] 卷24 百濟本紀에는 沙伴王, [遺] 卷1 王曆에는 沙泮王으로 나온다.

54) 古爾王 : 백제의 제8대 왕. 재위 234-286. 肖古王의 동생. 제6대 仇首王이 사망 후 沙伴王이 어려서 즉위했으나 곧 폐위시키고 왕위에 올랐다. 古爾王의 출계에 대해『周書』와『隋書』의 百濟傳에「百濟始祖仇台」라는 기사가 나온다. '仇台'를 '구이'로 읽고 '고이'와 음이 비슷하다고 해 동일인으로 보고 실질적인 백제건국자로 추정하는 견해가 있다. 또 [史]·[遺]에는「肖古王母弟」로 나오고 있어, 고이를 초고왕 어머니의 동생으로 해석하고, 溫祚와는 다른 優台-沸流의 왕통으로 보려는 견해가 있다. 고이왕은 즉위 후 국가체제를 정비해 집권력을 강화하는 등 고대국가로서의 토대를 튼튼히 하였다. 중앙관제를 6佐平 16官等制로 완비하고, 馬韓과의 附庸관계를 청산하고, 樂浪·帶方과도 적극적인 정책을 써서 공격하는 등 실질적인 한강유역지방의 영도자가 되었다.

55) 樂初二年 : 景初는 중국 魏 明帝의 연호(237-239). 景初三年으로 보는 견해도 있다.

58. 武王〈古本作武康 非也 百濟無武康〉

　　第三十武王 名璋 母寡居 築室於京師南池邊 池龍交1)通而生 小名薯童 器量難測 常掘薯蕷 賣爲活業 國人因以爲名

　　聞新羅眞平王第三公主善花〈一作善化〉 美艷無雙 剃髮來京師 以薯蕷餉閭里群童 群2)童親附之 乃作謠 誘群童而唱之云 善化公主主隱 他密只嫁良置古 薯童房乙夜矣卯3)乙4)抱遺去如

　　童謠滿京 達於宮禁 百官極諫 竄流公主於遠方 將行 王后以純金一斗贈行

　　公主將至竄所 薯童出拜途中 將欲侍衛而行 公主雖不識其從來 偶爾信悅 因此隨行 潛通焉 然後知薯童名 乃信童謠之驗 同至百濟 出母5)后所贈金 將謀計活 薯童大笑曰 此何物也 主曰 此是黃金 可致百年之富 薯童曰 吾自少6)掘薯之地 委積如泥土 主聞大驚曰 此是天下至寶 君今知金之所在 則此寶輸送父母宮殿何如 薯童曰 可 於是聚金 積如丘陵 詣龍華山師子寺知命法師所 問輸金

---

1) 交：[正][順] 文. [晚][品][斗][浩][六][民] 交.
2) 群：[六] 郡.
3) 卯：[六][리] 卵.
4) 乙：[浩] 없음.
5) 母：[六] 王.
6) 少：[正][晚][順][品][斗][六] 小. [浩][民] 少.

之計 師曰 吾以神力可輸 將金來矣 主作書 幷金置於師子⁷⁾前 師
以神力 一夜輸置新羅宮中 眞平王異其神變 尊敬尤甚 常馳書問安
否 薯童由此得人心 卽王位

一日 王與夫人欲幸師子寺 至龍華山下大池邊 彌勒三尊出現池
中 留駕致敬 夫人謂王曰 須創大伽籃於此地 固所願也 王許之 詣
知命所 問塡⁸⁾池事 以神力一夜頹山 塡⁹⁾池爲平地 乃法像彌勒三
會¹⁰⁾ 殿 塔 廊廡 各三所創之 額曰彌勒寺〈國史云王興寺〉眞平王遣
百工助之 至今存其寺〈三國史云 是法王之子 而此傳之獨女之子 未詳〉

---

7) 子：[浩] 子寺.
8) 塡：[正][晩][順] 塡. [品] 預. [斗][浩][六][民] 塡.
9) 塡：[正][晩][順] 塡. [品] 塡. [斗][浩][六][民] 塡.
10) 會：[正][晩][順][品][斗][六][相] 會. [浩][民] 尊.

무왕 〈고본은 무강(武康)이라고 썼으나 잘못이다. 백제에는 무강이 없다.1)〉

제30대 무왕(武王)2)의 이름은 장(璋)이다. 어머니는 서울[京師]
남지(南池) 가에 집을 짓고3) 과부로 살더니, 그 못의 용과 관계하여

---

1) 百濟無武康 : '康'은 '寧'과 통하므로 '武康王'은 '武寧王'(501-523)의 異寫로
볼 수 있다. 따라서 '百濟無武康'은 잘못이다.([斗] p.270 참조) [遺] 卷1 王曆
에는 '第三十 武王 或云武康 獻丙'이라고 하였다. 古本과 현지 전설의 '武康王',
즉 '武寧王'의 說을 근거로 역사적 실존인물로 인정하는 논의도 제기되었다.(史
在東, 「薯童說話硏究」, 『鄕歌麗謠硏究』(黃浿江 外), 二友社, 1985, pp.223-229
참조) [勝覽]에 수록된 彌勒寺 緣起의 世傳도 '武康王'으로 표기하고 있다. 「世
傳 武康王旣得人心 立國馬韓 一日 王與善花夫人 欲幸獅子寺 至山下大池邊
三彌勒出現池中 夫人謂王曰 願建伽藍於此地 王許之 詣知命法師 問塡池術 師
以神力 一夜頹山塡池 乃創佛殿又作三彌勒像 新羅眞平王 遣百工助之 有石塔
極大 高數丈 東方石塔之最」([勝覽] 卷33 益山郡 佛宇條) 益山의 雙陵에 관한
기사에서 [勝覽]은 「雙陵在五金寺峯西數百步 高麗史云 後朝鮮武康王及妃陵
也 俗號末通大王陵 一云百濟武王 小名薯童 末通卽薯童之轉」([勝覽] 卷33 益
山郡)이라고하여 武康의 俗號 末通과 武王의 小名 薯童을 한 가지로 인정하여
武王과 武康王을 동일시하는 태도를 나타냈다. [麗史]에서는 「益州…有後朝鮮
武康王及妃陵 俗號末通大王陵 一云百濟武王 小名薯童」([麗史] 卷57 全羅道
金馬郡)이라고하여 武康王과 武王을 어느 정도 관련지었으나, '末通'과 '薯童'
의 音轉上의 관련은 말하지 않았다. 두 문헌이 武康王을 後朝鮮의 왕으로 일컫
는 한편, 백제 武王으로 보는 설도 소개하고 있는 셈이다.
2) 武王 : 백제의 제30대 왕. 재위 600-641. 法王의 아들로 風儀英偉하고, 志氣豪
傑하였다고 하며, 父王이 즉위한 다음 해에 죽었으므로 이어서 왕위를 이었다.
그러나 본조의 薯童 기사는 武王의 潛邸時代의 사실로 쓰고 있으나, 역사적 실
존인물인 백제의 武王의 사실과는 대부분 일치하지 않는다.([史] 卷27 百濟本
紀 武王條 참조)
3) 築室於京師南池邊 : 세상에 전하기를, 益山의 五金寺 남쪽 100여 보 거리의
馬龍池를 이에 비정하기도 한다. 「馬龍池 在五金寺南百餘步 世傳 薯童大王母

[장을] 낳고,4) 어렸을 때 이름을 서동(薯童)5)이라고 하였다. 그 도량
이 커서 헤아리기 어려웠다.6) 늘 마를 캐다 팔아서 생업을 삼았으므
로 나라 사람이 그로 인해 이름을 지었다.7)

[그는] 신라 진평왕(眞平王)8)의 셋째 공주 선화(善花)〈또는 선화(善
化)〉가 더없이 아름답다고 듣고, 머리를 깎고 [신라의] 서울로 왔다.
마로써 마을의 뭇아이들을 먹이니, 아이들이 그를 가까이 따랐다. 이

築室處」([勝覽] 卷33 益山郡 山川條) 口傳에는 扶餘의 南池를 이에 부회하기
도 한다.(崔常壽,『韓國民間傳說集』, 通文館, 1958, p.121 참조)
4) 母寡居 築室於京師南池邊 池龍交通而生 : [遺] 卷3 興法 法王禁殺條에는
「百濟第二十九法王…升遐 武王繼統 父基子構」라고 하여 法王과 武王과의 父
子관계를 明記하고 있어, 寡婦와 池龍 사이에서 태어난 아들로 기술한 본조 기
문과는 상치한다. 이는 異類交婚說話의 한 유형으로 보인다.
5) 小名薯童 : [遺] 卷1 王曆에서는 武王의 小名을 '一耆篩德'이라고 하였다.
6) 母寡居…器量難測 : 사람의 여인과 비인간적 존재와의 결연에 의한 이상출생
의 모티프는 설화에서 흔히 나타나는 바 이른바 '異類交婚'의 결과로 탄생하는
아이는 대개 비범한 인물로 시사되고 있다.(黃浿江,「서동요 연구」,『新羅文化』
3·4합집, 東國大學敎新羅文化硏究所, 1987, p.9 참조) 여기 池龍을 왕이 되기
전의 法王으로, 潛龍시절 여인과 관계하여 비공식으로 두게 된 아들을 薯童, 즉
武王, 상대한 戀人을 서동의 어머니로, 궁궐 주변(池邊)에 살았던 과부로 추정
하는 논의도 일부에 있다.(최래옥,「서동의 정체」,『韓國文學史의 爭點』, 集文
堂, 1986, p.163. 金煐泰,「龍神說話의 思想性」,『삼국유사와 문예적 가치 해명』,
새문사, 1982, p.II-84. 金榮洙,「薯童謠硏究 再考」,『國文學論集』14, 檀國大
國語國文學科, pp.14-16 참조)
7) 常掘薯蕷…國人因以爲名 : '薯童'이라고 일컬은 데서 생긴 설화이므로 믿을
수 없고, 이는 武王의 아명이 아니라, 그 훨씬 이전의 東城王(牟大·牟都·末
多)의 이름으로, 왕 15년에 신라와 통혼한 사실을 로맨스화한 설화일 것으로 추
정한 견해가 있다.([斗] p.271 참조)
8) 新羅眞平王 : 薯童을 東城王의 아명으로 본 李丙燾는 武王과 동시대인으로
하기 위해 '新羅 眞平王'으로 조작한 것으로 보고, 실상은 毗處麻立干이라야 한
다고 하였다.([斗] p.271 참조) 본조 기사는 신라 眞平王과 백제 武王이 마치
翁壻關係에 있었던 것처럼 설화하고 있으나, 이는 사실과 다르다. 이 시대는 신
라와 백제 양국이 그와 같은 선린관계에 있지 않았다. 양국간 전쟁으로 寧日이
없었던 시대이다.

에 노래를 지어 뭇아이들을 꾀여 부르게 하였다. 노래는 이렇다.

선화공주님은
남 모르게 사귀어 두고
서동의 방을 밤에 마를 안고 간다[9]

동요가 서울에 두루 퍼져 대궐[宮禁]에까지 달하니, 백관이 임금께
극간하여 공주를 먼 곳으로 귀양보내게 되었다.[10] 바야흐로 떠나려고
할 때 왕후는 순금 한 말을 주고 가게 하였다.

공주가 귀양살 곳으로 가는데, 서동이 도중에 나와 절하고, 장차 시
위하여 가고자 하였다. 공주는 그가 어떻게 오게되었는지는 알 수 없
었으나, 우연히 믿고 기뻐하였고, 이로 인해 따라가다가 몰래 정을 통
하였다.[11] 그 뒤에 서동의 이름을 알고, 동요의 영험[12]을 믿었다. 함

---

9) 夜矣卯乙抱遺去如 : 梁柱東은 '卯乙'을 '몰'로 읽고, '몰래'(密)로 해석하였다.
(梁柱東, 『古歌研究』, 博文出版社, 1957, pp.451-453 참조) 이에 대하여 '乙'이
'-을'(목적격 조사)임을 지적하고, '卯乙'을 '모를'로 읽고, '마(薯蕷)'를로 해석하
는 견해가 제시되었다.(南豊鉉, 「薯童謠의 '卯乙'에 대하여」, 『國語學研究-白影
鄭炳昱先生還甲紀念論叢』 I, 新丘文化社, 1983, pp.188-197 참조)

10) 竄流公主於遠方 : 설화에서 '쫓겨나는 딸'은 대개 셋째 딸인 바, 선화공주도
셋째딸이다.(金鍾雨, 「'薯童謠'研究」, 『三國遺事와 문예적 가치해명』(金烈圭·
申東旭 編), 새문사, 1982, pp.1-72 참조)

11) 因此隨行 潛通焉 : 미천한 사나이가 꾀를 써서 貴女를 취하고, 성공한다는 설
화적 모티프로, 崔孤雲傳의 破鏡奴에 대비된다. 파경노는 교묘한 속임수로 정
승의 딸에 접근하여 그녀의 마음을 사로잡아 성례하고, 그로 인하여 출세한다.
(林明德 編, 「崔孤雲傳」, 『韓國漢文小說全集』 卷4, 中國文化大學出版部, 1980,
p.441 참조)

12) 童謠之靈驗 : 오래전부터 古人은 동요의 讖謠的 성격을 인정해왔다. 「堯乃微
服 游於康衢 聞兒童謠曰 立我蒸民 莫匪爾極 不識不知 順帝之則 堯喜問曰 誰
教爾爲此言 童兒曰 我聞之大夫 問大夫 大夫曰 古詩也 堯還宮 召舜 因禪以天
下 舜不辭而受之」(『列子』 卷4 仲尼篇) 「自古街巷童謠之興 初無意義 而出於

께 백제에 이르러 모후가 준 금을 내어 장차 생계를 꾀하려 하니, 서동이 크게 웃으며 말하기를, "이게 도대체 무엇이오?"라고 하였다. 공주는 말하기를, "이것은 황금이니 백년의 부를 이룰 것입니다"고 하였다. 서동이 말하기를, "내가 어려서부터 마를 캐던 곳13)에는 이런 게 진흙처럼 마구 쌓여 있어요"라고 하였다.14) 공주가 이 말을 듣고 크게 놀라 말하기를, "이는 천하의 진귀한 보물입니다. 그대가 지금 금이 있는 곳을 아신다면, 이 보물을 부모님 궁전에 보내는 것이 어떻겠습니까?"라고 하니, 서동이 좋다고 하였다. 이에 금을 모아 언덕과 같이 쌓아두고, 용화산(龍華山)15) 사자사(師子寺)16)의 지명법사(知命法師)에게 가서 금을 수송할 방법을 물었다. 법사가 말하기를, "내가

無情 不容人僞之雜 純乎虛靈之天 自能感通前定 識應不爽」(金安老, 「龍泉談寂記」, 『大東野乘』 卷13)

13) 吾自少掘薯之地 : 薯童이 마를 캤던 곳으로 뒤에 금을 얻은 곳이다. 세상에 전하기는 益山 報德城 남쪽 五金寺 자리라고 한다. 「五金寺 在報德城南 世傳薯童事母至孝 堀薯蕷之地 忽得五金 後爲王 創寺其地因名焉」([勝覽] 卷33 益山郡 佛宇條)

14) 薯童曰 吾自少掘薯之地 委積如泥土 : 뜻 밖의 횡재를 얻어 長者가 된다는 잠자리 長者型 설화의 모티프와 같다.(柳田國男, 『昔話と文學』, 創元社, 1940, pp.328-329 참조)

15) 龍華山 : 益山 북쪽에 있는 산으로 彌勒山이라고도 한다. 「龍華山 在郡北八里 一名彌勒山」([勝覽] 卷33 益山郡 山川條) 이 산에서 琵琶形銅劍과 중국 戰國時代의 銅劍인 桃氏劍이 출토된 바 있고, 五金山에서는 粗紋鏡과 細形銅劍이 출토된 바 있다. 益山지역이 韓傳의 乾馬國으로 상정되기도 한다.(金貞培, 「準王 및 辰國과 三韓正統論의 諸問題」, 『韓國史研究』 13, p.25. 金元龍, 「益山五金山出土 多鈕細文鏡과 細形銅劍」, 『考古美術』 第8卷 第3號, pp.1-4. 金貞培, 「三韓社會의 '國'의 解釋問題」, 『韓國史研究』, 韓國史研究會, 1979, pp.1-15 참조)

16) 師子寺 : 龍華山上에 있던 암자로, 知命法師가 주석했던 곳이다. 「師子庵 在龍華山上 兩岩如壁 俯臨無地 石逕勾連 攀緣而升 乃知命所住處」([勝覽] 卷33 益山郡 佛宇條)

신력으로 보낼 수 있으니, 금을 가져오시오"라고 하였다. 공주는 편지를 써서 금과 함께 사자사 앞에 가져다 두었다. 법사는 신력으로 하룻밤 사이에 신라 궁중으로 날라다 두었다. 진평왕은 그 신통한 조화를 이상히 여겨 더욱 존경하여 늘 편지를 보내 안부를 물었다. 서동은 이로 인해 인심을 얻어 왕위에 올랐다.

하루는 왕이 부인과 함께 사자사로 가려고 용화산 아래 큰 못가에 이르자 미륵삼존이 못 가운데서 나타나므로 수레를 멈추고 경배하였다. 부인이 왕께 이르기를, "이곳에 꼭 큰 가람을 세우는 것이 저의 소원입니다"고 하니, 왕이 이를 허락하였다. 지명(知命)[17]법사에게 가서 못을 메울 일을 의논하니, 신력으로 하룻밤 사이에 산을 헐어 못을 메워 평지를 만들었다. 이에 미륵(彌勒)[18]삼회(三會)를 법상(法像)으로 삼아[19] 전(殿)·탑·낭무(廊廡)를 각각 세 곳에 세우고, 절이름을 미륵사(彌勒寺)〈『국사(國史)』에는 왕흥사(王興寺)라고 하였다.[20]〉라고 하

---

17) 知命 : [史] 卷4 新羅本紀 眞平王條와 『海東高僧傳』 卷2 釋智明條에 보이는 新羅僧 智明과 동일인으로 보는 견해도 있다.(김성기, 「서동요에 대한 시고」, 『송하이종출박사화갑기념논문집』, 太學社, 1989, p.68 참조) 그러나 백제승 知命을 이름의 독음이 같다는 사실만으로 智明과 동일시하는 것은 무리일 듯하다.

18) 彌勒 : 彌勒菩薩. 미래에 釋尊의 佛位를 잇는 菩薩. 南인도의 바라문의 자식으로 釋尊의 제자가 되었으나, 석존에 앞서 입멸하여 天界 兜率天에 태어나 현재는 彌勒의 淨土인 兜率 內院에서 天人을 위하여 설법하고 있다. 人壽 8만세, 釋尊 滅後 56억 7천만 년이 되었을 때 이 세상에 하생하여 龍華樹 아래에서 성불하고, 3회에 걸쳐 설법하고, 釋尊의 설법에 누락된 중생을 제도한다고 하여 '一生補處의 菩薩'이라고 한다.

19) 乃法像彌勒三會 : 彌勒三會는 兜率天에서 하생한 彌勒菩薩이 龍華樹 아래에서 법회를 3번 여는 것을 말한다. 위의 대목을 '이에 彌勒三會를 法像으로 하여'로 해석하는 견해도 있다.([相] p.165 참조)

20) 國史云 王興寺 : [史]에는 '王興寺'의 記文이 다음과 같이 보인다. 「[太宗武烈王…七年]…十一月…五日 王行渡雞灘 攻王興寺岑城」([史] 卷5 新羅本紀 太宗武烈王條). 「[法王]…二年 春正月 創王興寺 度僧三十人」([史] 卷27 百濟本

였다.21) 진평왕은 백공을 보내 이를 도왔다.22) 지금도 그 절이 남아

있다.〈『삼국사(三國史)』에는 이[서동]를 법왕(法王)의 아들이라고 했는데,23) 여기

서는 홀어미의 아들이라고 전하니, 알 수 없다.〉

紀 法王條). 「[武王]三十五年春二月 王興寺成 其寺臨水 彩飾壯麗 王每乘舟
入寺行香 三月 穿池於宮南 引水二十餘里 四岸植以楊柳 水中築島嶼 擬方丈仙
山」([史] 卷27 百濟本紀 武王條). 「[義慈王]二十年…六月 王興寺衆僧 皆見若
有船楫隨大水入寺門」([史] 卷28 百濟本紀 義慈王條). [遺]에는 「法王…庚申
度僧三十人 創王興寺於時都泗沘城〈今扶餘〉 始立栽而升遐 武王繼統 父基子
構 歷數紀而畢成 其寺亦名彌勒寺」(卷3 興法 法王禁殺條)라고 하였다. 위의
기사들로 볼 때 '王興寺'는 法王이 扶餘(泗沘城) 땅에 세우고, 미완인 채 他界
한 것을 아들 武王이 계승하여 634년에 완공한 절이다. 일명 '彌勒寺'라고 한다
고 하였으나, 이를 益山 龍華山의 '彌勒寺'로 보기는 어렵지 않은가 한다. 薯童
을 東城王으로 인정한 李丙燾는 위의 國史의 기술에 대하여 '彌勒寺'를 武王
때 建造한 '王興寺'로 오인한 것이라고 하였다.([斗] p.272 참조) 그러나 [史]에
서는 東城王代와 武王代에 '彌勒寺'에 관한 아무런 기사도 볼 수 없다.

21) 至龍華山下大池邊…額曰彌勒寺 : 못을 메워 그 자리에 절을 세웠다는 류의
寺刹緣起譚은 여기 彌勒寺 외에도, 通度寺, 金山寺, 寶鏡寺, 湧泉寺 등 여러
사찰에 널리 분포되어 있다. 그리고 못을 메우는 일에는 神術을 부리는 異僧이
나 老翁의 怪力行使가 이야기된다. 여기서는 知命이 절터 조성에 神力을 발휘
하고 있다. 彌勒寺 조성에 관한 일련의 설화를 두고, '백제 멸망 후 신라의 비호
를 받으려는 寺衆들이 지어낸 것'이라고 보는 견해도 있다.(金東旭, 『國文學槪
說』, 民衆書館, 1961, p.34 참조) 1980년에 시작된 彌勒寺址(全北益山郡金馬面
箕陽里) 발굴로, 이 절이 당초 3탑 3금당의 가람배치였음이 밝혀졌다. 이때 '大
中12年'(858)의 年記를 음각한 토기 파편이 나왔다.

22) 眞平王遣百工助之 : 武王(서동)이 즉위한 해는 600년으로, 이때 신라는 眞平
王 22년이다. 632년에 진평왕이 죽을 때까지 丈人(眞平王)과 사위(武王)는 각
각 30여 년간 자국을 다스렸다. 641년에 무왕이 죽을 때 신라는 善德女王이 나
라를 다스린 지 10년이 된다. 결국 武王은 丈人과 妻兄이 다스리는 신라와 대
치하여 40여 년간 백제를 다스린 것이 된다. 武王은 즉위 후 3년부터 신라와 약
13회의 전쟁을 치르고 있다.([史]) 신라의 장수는 武王의 손아래 동서인 金龍
春이다. 일부 史家는 이를 일러 '同壻戰爭'(申采浩)이라고 불렀다. 彌勒寺를 창
건할 때 眞平王이 匠人들을 보내 도와주었다는 것에 대하여, 겉으로는 사위의
나라에 보낸 호의적 지원으로 보이나, 이면적으로는 彌勒寺 창건에 따른 막대
한 재원투자를 이끌어 국력을 소모케 하려고 했던 의도적인 방편으로 해석하는
견해도 있다.(金榮洙, 「'薯童謠'硏究 再考」, p.166 참조)

23) 三國史云 是法王之子 : 「武王諱璋 法王之子」([史] 卷27 百濟本紀 法王條)

59. 後百濟 甄萱

三國史本傳云 甄萱尙州加恩縣人也 咸通八年丁亥生 本姓[1]李
後以甄爲氏 父阿慈个 以農自活 光啓中據沙弗城〈今尙州〉 自稱將
軍 有四子 皆知名於世 萱號傑出 多智略[2]

李碑[3]家記云 眞興大王妃思刀 諡曰白䀉夫人 第三子仇輪公之
子 波珍干善品之子角干酌珍 妻王咬巴里生角干元善 是爲阿慈个
也 慈之第[4]—[5]妻上院夫人 第二妻南院夫人 生五子一女 其長子
是尙父萱 二子將軍能哀 三子將軍龍蓋 四子寶蓋 五子將軍小蓋
一女大主刀金

又古記云 昔一富人居光州北村 有一女子 姿容端正 謂父曰 每
有一紫衣男到寢交婚 父謂曰 汝以長絲貫針刺其衣 從之 至明尋絲
於北墙下 針刺於大蚯蚓之腰 後[6]因姙生一男 年十五 自稱甄萱 至
景福元年壬子稱王 立都於完山郡 理四十三年 以淸泰元年甲午[7]

---

1) 姓 : [六] 性.
2) 光啓中…多智略 : [史]에는 이 부분이 없다. [民]에서는 본문의 三國史를 『舊
   三國史』로 보고, 본문의 해당부분에 대해 『舊三國史』의 문장을 인용한 것으로
   보았다.
3) 碑 : [品][斗][浩][民] 碑. 본조의 뒷부분에는 '碑'로 기재되어 있다.
4) 第 : [正][晩][順] 弟. [品][斗][浩][六][民] 第.
5) 一 : [正][晩][順] 없음. [品][斗][浩][六][民] 一.
6) 後 : [斗][浩] 없음.
7) 元年甲午 : [斗] 二年乙未. 본조의 뒷부분에서는 '二年乙未'라고 하였다.

萱之三子纂8)逆　萱投太9)祖　子金剛10)卽位　天福元年丙申　與高麗
兵會戰於一善郡　百濟敗績國亡11)云12)

初萱生孺褓時　父耕于野　母餉之　以兒置于林下　虎來乳之　鄉黨
聞者異焉　及壯體貌13)雄奇　志14)氣倜儻不凡

從軍入王京　赴西南海防戍　枕戈待敵　其氣15)恒爲士卒先　以勞爲
裨將　唐昭宗景福元年　是新羅眞聖王在位六年　嬖竪在側　竊弄國權
綱紀紊弛16)　加之以飢饉　百姓流移　群盜蜂起　於是萱竊有叛17)心　嘯
聚徒侶　行擊京西南州縣　所至響應　旬月之間　衆至五千　遂襲武珍
州自王　猶不敢公然稱王　自署爲新羅西南18)都統　行全州刺史兼御
史中承上柱國漢南郡19)開國公　龍紀20)元年己酉也　一云景福元年
壬子

是時北原賊良吉雄强　弓裔自投爲麾下　萱聞之　遙授良吉職爲裨21)
將　萱西巡至完22)山州　州民迎勞　喜得人心　謂左右曰　百濟開國六

---

8) 纂：[正][晩][順][東] 纂. [品][斗][浩][六][民] 纂.
9) 太：[正] 大.
10) 金剛：[浩] 神劍. 본조의 뒷부분에서는 즉위한 것은 '金剛'이 아니라 '神劍'이
　　라고 하였다.
11) 亡：[順] 王(가필). [品] 王.
12) 云：[品] 亡.
13) 貌：[正][品] 兒(貌와 동자). [斗][浩][六][民] 貌.
14) 志：[六] 없음.
15) 其氣：[浩] 其勇氣.
16) 弛：[正][晩][順] 弛. [品][斗][浩][六][民] 弛.
17) 叛：[正][晩] □.[順] 叛(가필). [品][斗][浩][六] 叛. [民][東] 覩. [史] 卷
　　50 列傳 甄萱條에는 覩.
18) 南：[品][斗][浩][民] 面. [史] 卷50 列傳 甄萱條에는 面.
19) 郡：[正][斗] 國. [品][浩][六][東] 郡. [史] 卷50 列傳 甄萱條에는 郡.
20) 紀：[正][晩][順][斗][六] 化. [品][浩][民] 紀.
21) 裨：[順] 稗(가필). [品] 稗.

百餘年 唐高宗以新羅之請 遣將軍蘇定方 以船兵十三萬越海 新羅
金庾信卷土歷黃山 與唐兵合攻百濟滅之 予今敢不立都 以雪宿憤
乎 遂自稱後百濟王 設官分職 是唐光化三年 新羅孝恭王四年也

貞明四年戊寅 鐵原京衆心忽變 推戴我太23)祖卽位 萱聞之遣使
稱賀 遂獻孔雀扇 地理山竹箭等 萱與我太祖 陽和陰剋 獻驄馬於
太24)祖 三年25)冬十月 萱率三千騎 至曹物城〈今未詳〉 太祖亦以精
兵來與之角

萱兵銳 未決勝負26) 太27)祖欲權和 以老其師 移書乞和 以堂弟
王信爲質 萱亦以外甥眞虎交質 十二月 攻取居西28)〈今未詳〉等二
十餘城 遣使入後唐稱藩29) 唐策授檢校太30)尉兼侍中判百濟軍事
依前都督行全州刺史 海東四面都統 指揮兵馬判31)置等事 百濟王
食邑二千五百戶

四年眞虎暴卒 疑故殺 卽囚王信 使人請還前年所送驄馬 太32)祖
笑還之

天成二年丁亥九月 萱攻取近品33)城〈今山陽縣〉 燒之 新羅王求救
於太34)祖 太35)祖將出師36) 萱襲取高鬱府〈今蔚州〉 進軍族37)始林

22) 完：[正][晚][順] 皃(貌와 동자). [品][斗][浩][六][民] 完.
23) 太：주 9)와 같음.
24) 太：주 9)와 같음.
25) 三年：[民] 同光三年.
26) 負：[史] 卷50 列傳 甄萱條에는 否.
27) 太：주 9)와 같음.
28) 西：[品][東] 昌. [史] 卷50 列傳 甄萱條에는 昌.
29) 藩：[正][晚][順] 潘. [品][斗][浩][六][民] 藩.
30) 太：주 9)와 같음.
31) 判：[品][浩][東] 制. [史] 卷50 列傳 甄萱條에는 制.
32) 太：주 9)와 같음.
33) 品：[品][斗] 昷.

〈一云雞林西郊〉卒入新羅王都 新羅王與夫人出遊鮑石亭 時由是甚敗
萱强引夫人亂之 以王之族弟金傅[38])嗣位 然後虜王弟孝廉 宰相英
景 又取國帑[39])珍寶兵仗 子女[40])百工之巧者 自隨以歸

太[41])祖以精騎五千 要萱於公山下大戰 太[42])祖之將金樂崇[43])謙
死之 諸軍敗北 太[44])祖僅以身免 而不與相抵 使盈其貫 萱乘勝轉
掠大木城〈今若木縣[45])〉京山府[46])康州[47]) 攻缶谷城[48]) 又義成府之守
洪述 拒戰而死 太[49])祖聞之曰 吾失右手矣

四十二年庚寅 萱欲攻古昌郡〈今安東府[50])〉大擧而石山營寨 太[51])
祖隔百步 而郡北缾山營寨 累戰萱敗 獲侍郎金渥 翌日萱收卒 襲
破順州[52])城 城主元逢不能禦 棄城宵遁 太[53])祖赫怒 貶爲下枝縣〈今

---

34) 太 : 주 9)와 같음.
35) 太 : 주 9)와 같음.
36) 師 : [正][晩][順] 帥. [品][斗][浩][六][民] 師.
37) 族 : [品][浩][民] 於.
38) 傅 : [正][晩] 傳. [品][斗][浩][六][民] 傅.
39) 帑 : [正][品][斗] 없음. [浩][六] 帑. [史] 卷50 列傳 甄萱條에는 帑.
40) 女 : [浩] 弟.
41) 太 : 주 9)와 같음.
42) 太 : 주 9)와 같음.
43) 崇 : 이 앞에 [正] 申(가필).
44) 太 : 주 9)와 같음.
45) 縣 : [正][品][斗][浩] □. [六][東] 縣.
46) 京山府 : 이 뒤에 [六]은 세주로 '今星州'를 추가함.
47) 康州 : 이 뒤에 [六]에는 세주로 '今晉州'를 추가함.
48) 缶谷城 : 이 뒤에 [六]에는 세주로 '今不詳'을 추가함.
49) 太 : 주 9)와 같음.
50) 府 : [正][品][斗][浩] □. [六][東] 府.
51) 太 : 주 9)와 같음.
52) 州 : [正][品] 없음. [斗][浩][六][民] 州. [麗史] 州.
53) 太 : 주 9)와 같음.

豊山縣 元逢本順州54)城人故也〉

　新羅君臣以衰季 難以復興 謀引我太55)祖 結好爲援 萱聞之 又
欲入王都作惡 恐太56)祖先之 寄書于太57)祖曰 昨者國相58)金雄廉
等將召足下入京 有同鼈應黿聲 是欲鷃披準59)翼 必使生靈塗炭 宗
社丘墟 僕是以先著祖鞭 獨揮韓鉞60) 誓百寮如皎日 諭六部以義風
不意奸61)臣遁逃 邦君薨變 遂奉景明王表弟 獻62)康王之外孫 勸
卽尊位 再造危邦 喪君有君 於是乎在 足下勿63)詳忠告 徒聽流言
百計窺覦 多方侵擾 尙不能見僕馬首 拔僕牛毛 冬初都頭索湘束手
於64)星山陣下 月內 左將65)金樂曝骸於66)美利67)寺前 殺獲居多
追禽不少68) 强嬴若此 勝敗可知 所期者 掛弓於平壤之樓 飮69)馬
於浿江之水 然以前月七日 吳越國使班尙書至 傳王詔旨 知卿與高
麗 久通和好 共契隣盟 比因質子之兩亡 遂失和親之舊好 互侵疆

---

54) 州 : 주 52)와 같음.
55) 太 : 주 9)와 같음.
56) 太 : 주 9)와 같음.
57) 太 : 주 9)와 같음.
58) 國相 : [浩][六][東] 新羅國相. [麗史] 卷1 太祖 10年 12月條에는 新羅國相.
59) 準 : [品][民] 隼.
60) 鉞 : [品] 越.
61) 奸 : [正][晚][順] 奸. [品][斗][浩][六] 奸.
62) 獻 : [品][浩][民] 憲. [麗史] 憲.
63) 勿 : [品][浩][民][東] 不.
64) 於 : [正][晚][順][品] 없음. [斗][浩][六] 於. [麗史][史] 卷50 列傳 甄萱條
　　에는 於.
65) 將 : [麗史] 相.
66) 於 : 주 64)와 같음.
67) 利 : [品] 理. [史] 卷50 列傳 甄萱條에는 理.
68) 少 : [正][品][斗][浩][六] 小. [民] 少.
69) 飮 : [六] 飯.

境 不戢干戈 今專發使臣 赴卿本道 又移文高麗 宜各相親比 永孚
于休 僕義篤尊王 情深事大 及聞詔諭 卽欲祗70)承 但慮足下欲罷
不能 困而猶鬪 今錄詔書寄呈 請留心詳悉 且免獱迭德 終必貽譏
蚌71)鷸72)相持 亦爲所笑 宜迷復之爲誡 無後悔之自貽

天成73)二74)年正月 太75)祖答曰 伏奉吳越國通和76)使班尚書所
傳詔旨77)書一道 兼蒙足下辱示長書敍事者 伏以華軺膚使 爰到78)
制書 尺素好音 兼蒙79)敎誨 捧芝檢而雖增感激 闢華牋而難遣嫌疑
今託80)廻軒 輒敷危衽81) 僕仰承天假 俯迫人推 過叨將帥之權 獲
赴經綸之會 頃82)以三韓厄會 九土凶荒 黔黎多屬於黃巾 田野無非
其83)赤土 庶幾弭風塵之警 有以救邦國之災 爰自善隣 於爲結好
果見數千里農桑樂業 七八年士卒閑眠 及至癸84)酉年 維時陽月 忽
焉生事 至乃85)交兵 足下始輕敵以直前 若螳蜋86)之拒轍 終知難

---

70) 祗 : [正][晚] 祇. [順] 祇(가필). [品][斗][浩][六] 祗.
71) 蚌 : [六] 蛙.
72) 鷸 : [正][晚][順] 鷸. [品][斗][浩][六][民] 鷸.
73) 天成 : [正][晚][順][品] □□. [斗][浩][六][民] 天成.
74) 二 : [品][民] 三. [麗史][史] 卷50 列傳 甄萱條에는 三.
75) 太 : 주 9)와 같음.
76) 和 : [正][晚][順][品] 없음. [斗][浩][六][民][東] 和. [麗史][史] 卷50 列
    傳 甄萱條에는 和.
77) 旨 : [浩] 없음. [民] 旨는 衍文.
78) 到 : [品][浩][民] 致.
79) 蒙 : [麗史][史] 卷50 列傳 甄萱條에는 承.
80) 託 : [正][品] 托. [斗][浩][六] 託.
81) 衽 : [正] 袵(衽과 상동). [品] 衽. [斗][浩][六] 衽. [麗史] 袵.
82) 頃 : [正][晚][順] 項. [品][斗][浩][六][民] 頃.
83) 其 : [麗史][史] 卷50 列傳 甄萱條에는 於.
84) 癸 : [浩] 乙.
85) 乃 : [麗史][史] 卷50 列傳 甄萱條에는 於.
86) 蜋 : [浩] 螂(蜋과 동자).

而勇退 如蚊子之負山 拱手陳辭 指天作誓 今日之後 永世歡和 苟
或渝盟 神其殛矣 僕亦尙止戈之武⁸⁷⁾ 期不殺之仁 遂解重圍 以休
疲卒 不辭質子 但欲安民 此卽我有大德於南人也 豈期歃血未乾
凶威復作 蜂蠆之毒 侵害於生民 狼虎之狂 爲梗於畿甸 金城窘忽⁸⁸⁾
黃屋震驚 仗義尊周 誰似桓文之霸 乘間謀漢 唯看莽卓之奸⁸⁹⁾ 致
使王之至尊 枉稱子於足下 尊卑失序 上下同憂 以爲非有元輔之忠
純 豈得再安社稷 以僕心無匿惡 志切尊王 將援置於朝廷 使扶危
於邦國 足下見毫釐之小利 忘天地之厚恩 斬戮君主⁹⁰⁾ 焚燒宮闕 葅
醢卿佐 虔劉士民 姬姜⁹¹⁾則取以同車 珍寶則奪之相⁹²⁾載 元惡浮
於桀紂 不仁甚於獍梟 僕怨⁹³⁾極崩天 誠深却日 約効鷹鸇之逐 以
申犬馬之勤 再擧干戈 兩更槐柳 陸擊⁹⁴⁾則雷馳電激 水攻則虎搏⁹⁵⁾
龍騰 動必成功 擧無虛發 逐尹卿⁹⁶⁾於海岸 積甲如山 禽雛造⁹⁷⁾於
城邊⁹⁸⁾ 伏屍⁹⁹⁾蔽野 燕山郡畔 斬吉奐於軍前 馬利〈疑伊山郡〉城
邊¹⁰⁰⁾ 戮隨晤於纛下 拔任存¹⁰¹⁾〈今大興郡〉之日 刑¹⁰²⁾積等數百人捐

---

87) 武 : [正][晩][順] 止. 고려 惠宗의 이름 '武'의 결획피휘.
88) 忽 : [品][東] 迫. [浩][民] 急.
89) 奸 : 주 61)과 같음.
90) 主 : [品] 王. [麗史][史] 卷50 列傳 甄萱條에는 王.
91) 姜 : [品][斗][六][民] 妾.
92) 相 : [品][浩][東] 稛. [麗史][史] 卷50 列傳 甄萱條에는 稛.
93) 怨 : [品] 惡.
94) 擊 : [浩] 戰.
95) 搏 : [正] 愽. [六] 摶. [品][斗][浩][民] 搏.
96) 卿 : [麗史][史] 卷50 列傳 甄萱條에는 邠.
97) 造 : [麗史] 祖.
98) 城邊 : [東] 邊城. [麗史] 邊城.
99) 屍 : [正][品] 尸. [斗][浩][六] 屍.
100) 邊 : [正][品] 없음. [斗][浩][六] 邊. [麗史][史] 卷50 列傳 甄萱條에는 邊.
101) 任存 : [浩] 任存城.

軀　破淸川103)縣104)〈尙州領內縣名〉之時　直心等四五輩授首　桐藪〈今

桐華105)寺〉望旗而潰散　京山衘璧以投降　康州則自南而來106)　羅府則

自西107)移屬　侵攻若此　收復寧遙　必期泚水營中　雪108)張耳千般之

恨　烏江岸上　成漢王一捷之心　竟息風波　永淸寶海　天之所助　命

欲109)何歸　況承吳越王殿下　德洽包荒　仁深字小　特出綸於丹110)禁

諭戢難於靑丘　旣奉訓謨111)　敢不尊奉　若足下祗承睿旨　悉戢凶機

不唯副上國之仁恩　抑112)可紹海東113)之絶緖　若不過而能改　其如

悔不可追〈書乃崔致遠作也〉

　長興三年甄萱臣龔直　勇而有智略　來降太114)祖　萱捉龔直二子一

女　烙斷股筋　秋九月　萱遣一吉　以船兵入高麗禮城江　留三日　取鹽

白貞115)三州船一百艘　焚之而去〈云云〉

　淸泰元年甲午　萱聞太116)祖屯運州〈未詳〉　遂簡甲士　蓐食而至

未117)及營壘　將軍黔弼以勁騎擊之　斬獲三千餘級　熊津以北三十餘

---

102) 刑 : [浩] 邢. [麗史][史] 卷50 列傳 甄萱條에는 邢.

103) 淸川 : [麗史] 卷1 太祖 11年條에는 靑州.

104) 縣 : [民] 縣은 衍文.

105) 華 : [正][晩][順] 蕐. [品][斗][浩][六][民] 華.

106) 來 : [麗史] 來歸.

107) 西 : [麗史] 西而.

108) 雪 : [正] 霛. [品][斗][浩][六][民] 雪.

109) 欲 : [麗史] 將.

110) 丹 : [正][晩][順] 舟. [品][斗][浩][六][民] 丹.

111) 謨 : [正][晩][順] 謀. [品][斗][浩][六][民] 謨.

112) 抑 : [斗][浩] 抑.

113) 海東 : [正][品][六] 東海. [斗][浩][民] 海東. [史] 卷50 列傳 甄萱條에는 海東.

114) 太 : 주 9)와 같음.

115) 貞 : [正][斗][浩][六] 眞. [品] 貞.

116) 太 : 주 9)와 같음.

城 聞風自降 萱麾下術士宗訓 醫者之[118]謙[119] 勇將尙逢[120]雀[121]弼等 降於太[122]祖

　　丙申正月 萱謂[123]子曰 老夫[124]新羅之季 立後百濟名 有年于今矣 兵倍於北軍 尙爾不利 殆天假手爲高麗 盍[125]歸順於北王 保首領矣 其子神劍 龍劍 良劍等三人皆不應 李磾家記云 萱有九子 長曰神劍〈一云甄成〉 二子太[126]師謙腦 三子佐承龍述 四子太[127]師聰智 五子大阿干宗祐 六子闕 七子佐承位興 八子太[128]師靑丘 一女國大夫人 皆上院夫人所生也

　　萱多妻妾 有子十餘人 第四子金剛 身長而多智 萱特愛之 意欲傳位 其兄神劍 良劍 龍劍知之憂悶[129] 時良劍爲康州都督 龍劍爲武[130]州都督 獨神劍在側 伊飱[131]能奐使人 往康武[132]二州 與良劍等謀 至淸泰二年乙未春三月 與英順等勸神劍 幽萱於金山佛宇 遣人殺金剛 神劍自稱大王 赦境內〈云云〉

---

117) 未：[正][晩][順] 末. [品][斗][浩][六][民] 未.
118) 之：[史] 卷50 列傳 甄萱條에는 訓.
119) 謙：[正][晩][順] 謙. [品][斗][浩][六] 謙.
120) 逢：[品][浩] 達. [史] 卷50 列傳 甄萱條에는 達.
121) 雀：[品][斗][浩] 崔. [史] 卷50 列傳 甄萱條에는 崔.
122) 太：주 9)와 같음.
123) 謂：[正] 胃. [品][斗][浩][六] 謂.
124) 夫：[浩] 父.
125) 盍：[正] 蓋. [品][斗][浩][六][民] 盍.
126) 太：주 9)와 같음.
127) 太：주 9)와 같음.
128) 太：주 9)와 같음.
129) 悶：[正] 憫.
130) 武：주 87)과 같음.
131) 飱：[品][浩] 飱(飱과 상통).
132) 武：[正][晩][順] 企. 고려 惠宗의 이름 '武'의 결획피휘.

初萱寢未起 遙聞宮庭呼喊[133]聲 問是何聲歟 告父曰 王[134]年老
暗於軍國政要 長子神劍攝父王位 而諸將歡賀聲也 俄移父於金山
佛宇 以巴達等壯士三十人守之 童謠曰 可憐完山兒 失父涕連洒

萱與後宮年少男女二人 侍婢古比女 內人[135]能乂[136]男等囚繫 至
四月 釀酒而飲醉守卒三十人[137] 而與小元甫香乂[138] 吳琰[139] 忠
質等以海路迎之 旣至 以萱爲十年之長 尊號爲尙父 安置于南宮
賜楊[140]州食邑田庄[141]奴婢四十口 馬九匹 以其國先[142]來降者信
康爲衙前[143]

甄萱婿將軍英規密語其妻曰 大王勤勞四十餘年 功業垂成 一旦
以家人之禍 失地 從[144]於高麗 夫貞女不可[145]二夫 忠臣不事二主
若捨己君 以事逆子耶[146] 何顔以見天下之義士乎 況聞高麗王公仁
厚勤儉 以得民心 殆天啓也 必爲三韓之主 盍致書以安慰我王 兼
慇懃於王公 以圖後[147]來之福乎 妻曰 子之言是吾意也

於是天福元年丙申二月 遣人致意於太祖曰 君擧義旗 請爲內應

---

133) 喊：[正][晚][順][斗] 喴. [品][浩][六][民] 喊.
134) 王：[正] 五. [品][斗][浩][六][民] 王.
135) 內人：[麗史][史] 卷50 列傳 甄萱條(附 神劍)에는 季男.
136) 乂：[正][六] 又. [品][斗][浩] 乂.
137) 人：[麗史]에는 '人' 아래에 闕文이 있음.
138) 乂：[正] 又. [品] 文. [斗][六] 又. [浩] 乂. [麗史] 乂.
139) 琰：[麗史] 淡.
140) 楊：[正][品] 揚. [斗][浩][六] 楊.
141) 庄：[正][晚][順] 庒. [品][六][民] 庄. [斗][浩] 莊.
142) 先：[六] 없음.
143) 前：[麗史] 官.
144) 從：[史] 卷50 列傳 甄萱條(附 英規)에는 投.
145) 可：[品][浩] 事. [史] 卷50 列傳 甄萱條(附 英規)에는 事.
146) 耶：[品][浩][六][民] 則. [史] 卷50 列傳 甄萱條(附 英規)에는 則.
147) 後：[史] 卷50 列傳 甄萱條(附 英規)에는 將.

以迎王師 太[148]祖喜 厚賜其使者遣之 謝英規曰 若蒙恩一合 無道
路之梗 卽先致謁於將軍 然後升堂拜夫人 兄事而姊尊之 必終有以
厚報之 天地[149]鬼神皆聞此語

六月 萱告太[150]祖 老臣所以投身於殿下者 願仗殿下威稜 以誅
逆子耳 伏望大王[151]借以神兵 殲其賊亂 臣雖死無憾 太[152]祖曰
非不欲討之 待其時也 先遣太[153]子武及[154]將軍述希 領步騎十[155]
萬 趣天安府 秋九月 太[156]祖率三軍至天安 合兵進次一善 神劍以
兵逆之 甲午 隔一利川相對 王師背艮向坤而陣[157]

太[158]祖與萱觀兵 忽白雲狀如劍戟起 我師向彼行焉 乃鼓行而進
百濟將軍孝奉 德述 哀述 明吉等 望兵勢大而整 棄甲降於陣前
太[159]祖勞慰之 問將帥所在 孝奉等曰 元帥神劍在中軍 太[160]祖命
將軍公萱等 三軍齊進挾擊 百濟軍潰北

至黃山炭峴 神劍與二弟 將軍富達 能奐等四十餘人出[161]降 太[162]

---

148) 太 : 주 9)와 같음.
149) 地 : [正][晩][順] 下. [品][斗][浩][六] 地. [史] 卷50 列傳 甄萱條(附 英
　　　規)에는 地.
150) 太 : 주 9)와 같음.
151) 王 : [六] 人.
152) 太 : 주 9)와 같음.
153) 太 : 주 9)와 같음.
154) 武及 : [正][晩][順] 及正. 여기서 正는 고려 惠宗의 이름 '武'의 결획피휘.
　　　[品][六] 及武. [斗] 及. [浩][民] 武及.
155) 十 : [品] 一. [史] 卷50 列傳 甄萱條(附 英規)에는 一.
156) 太 : 주 9)와 같음.
157) 陣 : [正] 陳. [品][斗][浩][六][民] 陣. [史] 卷50 列傳 甄萱條(附 英規)에
　　　는 陣.
158) 太 : 주 9)와 같음.
159) 太 : 주 9)와 같음.
160) 太 : 주 9)와 같음.

祖受降 餘皆勞之 許令與妻子上京 問能奐曰 始與良劍等密謀 囚
大王立其子者 汝之謀也 爲臣之義 當如是乎 能奐俛首不能言 遂
命誅之 以神劍僭位爲人所脅 非其本心 又且歸命乞罪 特原其死
甄萱憂懣發疽 數日卒於黃山佛舍 九月八日也 壽七十

太163)祖軍令嚴明 士卒不犯秋毫 州縣安堵 老幼皆呼萬歲 謂英
規曰 前王失國後 其臣子無一人慰之者 獨卿夫妻 千里嗣音 以致
誠意 兼歸美於寡人 其義不可忘 許職左承 賜田一千頃164) 許借驛
馬三十五匹 以迎家人 賜其二子以官

甄萱起唐景福元年 至晉天福元年 共四十五年 丙申滅

史論曰 新羅數窮道喪 天無所助 民無所歸 於是群盜投隙而作
若猬毛然 其劇者弓裔 甄萱二人而已 弓裔本新羅王子 而反以家165)
國爲讎 至斬先祖之畫像 其爲不仁甚矣 甄萱起自新羅之民 食新羅
之祿 而166)包藏禍心 幸國之危 侵軼都邑 虔劉君臣 若禽獸 實天
下之元惡 故弓裔見棄於其臣 甄萱産禍於其子 皆自取之也 又誰咎
也 雖項羽李密之雄才 不能敵漢唐之興 而況裔萱之凶人 豈可與我
太167)祖相抗歟

---

161) 出：[正][晚][順][品][斗][六] 生. [浩][民] 出.
162) 太：주 9)와 같음.
163) 太：주 9)와 같음.
164) 頃：[正][晚][順] 項. [品][斗][浩][六][民] 頃.
165) 家：[品][浩]宗. [史] 卷50 列傳 甄萱條(附 英規)에는 宗.
166) 而：[正][品] 없음. [斗][浩][六][民] 而. [史] 而.
167) 太：주 9)와 같음.

후백제의 견훤

『삼국사(三國史)』 본전(本傳)[1]에는 「견훤(甄萱)[2]은 상주(尙州) 가은현(加恩縣)[3] 사람[4]으로, 함통(咸通) 8년[5] 정해(丁亥, 867)에 태

---

1) 三國史本傳 : [史] 卷50 列傳 甄萱條를 가리키는 듯 한데, 거기에 실린 내용
 이 본문의 기록과 꼭 일치하지는 않는다. 말하자면 본문의 「咸通八年丁亥生」이
 나 또는 「光啓中…多智略」 등의 기록이 나와 있지 않다. 그러므로 본문은 『舊
 三國史記』 列傳 甄萱條의 인용일 것으로 추론되기도 한다.

2) 甄萱 : ?-936. 후백제를 건국하였고 尙州 加恩縣 사람이다. 본성은 李氏였으
 나 뒤에 '甄'으로 성을 삼았으며, 黃磵 甄氏의 시조이기도 하다. 아버지는 阿慈
 介(또는 阿慈介)였는데, 李碑家記에는 진흥왕의 曾孫인 角干 元善이라고 하였
 다. 견훤은 上院夫人을 비롯하여 처첩이 많았으며, 神劍·良劍·龍劍·金剛·
 聰智·宗祐·位興·靑丘·國大夫人 등 10여 인의 자녀가 있었다. 그 중 넷째
 아들인 금강에게 왕위를 물려주려 하자, 맏아들인 신검 등이 난을 일으켜 견훤
 을 金山寺에 가두었다. 몰래 탈출하여 고려에 항복하자, 왕건은 견훤을 尙父로
 대우해 주고 楊州를 食邑으로 주었다. 936년 왕건과 함께 후백제를 평정하는 戰
 場에 참가하여 신검 등이 항복하자, 견훤은 화병을 얻어 黃山의 佛寺에서 죽었
 다.

3) 加恩縣 : [勝覽] 卷29 聞慶縣의 屬縣條에 「加恩縣 在縣南四十一里 本新羅加
 害縣 景德王改名嘉善 爲古寧郡領縣 高麗改今名 顯宗屬尙州 恭讓王時來屬」
 이라고 하였다. 加恩縣은 고려 말 이후에는 聞慶縣의 속현이었으며, 고려 顯宗
 때에는 尙州의 속현이었다. 신라시대에는 尙州 관내의 古寧郡에 속해 있었다.
 [史] 卷34 地理志1 古寧郡條에 「本古寧加耶國 新羅取之 爲古冬攬郡〈一云 古
 陵縣〉 景德王改名 今咸寧郡 領縣三 嘉善縣 本加害縣 景德王改名 今加恩縣
 冠山縣 本冠縣〈一云 冠文縣〉 景德王改名 今聞慶縣 虎溪縣 本虎側縣 景德王
 改名 今因之」라고 하였다. 가은현은 지금의 경상북도 咸昌인 古寧郡의 領縣이
 었으므로, 상주와 함창 부근에 있었다고 비정된다.

4) 尙州 加恩縣人 : 물론 [史] 卷50 列傳 甄萱條에서도 같이 기록되어 있다. 그
 러나 견훤의 출신에 대해서는 尙州와 光州라는 두 설이 있다. 사료가 명시한 바

어났으며, 본래의 성은 이(李)씨였는데 뒤에 견(甄)으로 씨를 삼았다. 아버지 아자개(阿慈个)는 농사지어 생활했는데,[6] 광계(光啓)[7] 연간에 사불성(沙弗城)〈지금의 상주(尙州)〉[8]에 웅거하여 스스로 장군[9]이라고 일컬었다. 아들 넷이 있어 모두 세상에 이름이 알려졌는데, 그 중에 견훤의 이름이 남보다 뛰어났고 지략이 많았다」라고 하였다.

를 그대로 믿는 상주출신설은 申虎澈의 「後百濟와 관련된 여러 異說들의 종합적 검토」(『國史館論叢』 29, 1991)에 나타나 있다. 반면 광주출신설은 金庠基의 「甄萱의 家鄕에 대하여」(『李秉岐頌壽紀念論文集』, 1966 ;『東方史論叢』, 1974) 와 박경자의 「甄萱의 勢力과 對王建關係」(『淑大史論』, 1973) 등에 나타나 있다.

5) 咸通八年 : 咸通은 중국 唐 懿宗의 연호(860-873). 咸通 8년은 신라 景文王 7년(867)에 해당한다. [史] 卷50 列傳 甄萱條에는 그의 생년이 기재되어 있지 않다.

6) 阿慈个 以農自活 : 阿慈个는 甄萱의 아버지. 같은 내용이 [史] 卷50 列傳 甄萱條에 나와 있으나, '阿慈介'로 기록되어 있다. 또한 이 기록으로 견훤의 출신을 농민으로 추론하기도 한다. [史] 卷12 新羅本紀 景明王 2年 秋7月條에 「尙州賊帥阿玆盖 遣使降於太祖」라고 하였고, [麗史] 卷1 太祖 元年 9月 甲午條에 「尙州賊帥阿字盖 遣使來附」라고 하였다. 尙州의 賊帥로 [史]의 本紀에는 阿玆盖가 나와 있고 [麗史]에는 阿字盖가 나와 있는데, 이 둘은 동일인으로 견훤의 아버지와 같은 사람일 것으로 생각된다. 그럴 경우 견훤의 출신은 지방 호족으로 추론된다.

7) 光啓 : 중국 唐 僖宗의 연호(885-887)

8) 沙弗城〈今尙州〉: 沙弗은 沙伐, 곧 지금의 경상북도 尙州에 해당된다. [勝覽] 卷28 尙州牧 建置沿革條에 「本沙伐國〈一云 沙弗〉 新羅沾解王取以爲州 法興王改上州置軍主 眞興王改上洛郡 神文王復爲州 景德王改今名 惠恭王復爲沙伐州 高麗初復改爲尙州」라고 하였다. 沙伐國 또는 沙弗國은 신라에 병합되어 上州・上洛郡 등으로 불리다가, 경덕왕 때에 尙州로 고쳐졌다.

9) 將軍 : 원래는 신라 최고의 軍官이었는데, 신라 말에 지방 호족이 스스로 장군이라고 칭하기도 하였다. 신라 말의 지방호족은 크게 세 부류, 즉 落鄕豪族・土着豪族・軍鎭勢力으로 나뉜다. 낙향호족은 본래 중앙귀족이었으나 왕위를 둘러싼 정권쟁탈전에서 패퇴하여, 지방의 연고지로 나아가 호족이 된 세력이다. 토착호족은 이전에 村主와 같은 자들이 점점 세력을 키워 신라 말에 지금의 군단위나 그 이상의 지역을 장악한 지방세력가이다. 이들 토착 호족이 스스로를 '軍' 또는 '城主'라고 불렀다. 군진세력은 해상활동을 통해 富와 군사력을 축적한 지방세력가이다.

『이비가기(李碑家記)』10)에는 「진흥대왕(眞興大王)11)의 왕비 사도
(思刀)의 시호는 백숭부인(白䞐夫人)이다.12) 그의 셋째 아들 구륜(仇
輪)13)공의 아들 파진간(波珍干) 선품(善品)14)의 아들 각간 작진(酌
珍)15)이 왕교파리(王咬巴里)16)를 아내로 맞아 각간 원선(元善)을 낳
으니 이가 바로 아자개이다. 아자개의 첫째 마누라는 상원부인(上院
夫人)이요,17) 둘째 마누라는 남원부인(南院夫人)이며, 아들 다섯과

---

10) 李碑家記 : 이것은 견훤의 가계에 대해 기록한 '李碑家記'의 誤記라고 한다.
    (李丙燾,『譯註 三國遺事』, 東國文化社, 1965, p.272) 이와는 달리, '李碑家의
    記錄'으로 해석하여 견훤의 家系譜로 해석하기도 한다.(신호철,「견훤의 出身과
    사회적 진출」,『東亞研究』17, 1989) 본조의 뒷부분에는 '李碑家記'로 되어 있어
    서 이병도의 설이 더 타당한 것 같다.

11) 眞興大王 : [遺] 卷1 紀異 眞興王條의 주석 1) 참조.

12) 思刀 諡曰白䞐夫人 : 眞興王妃 思刀夫人은 [史] 卷4 新羅本紀 眞興王 卽位
    年條에 「朴氏 思道夫人」이라고 하였고, [遺] 卷1 王曆에는 「一作息道夫人朴氏
    牟梁里英失角干之女」라고 하였다. 곧 진흥왕비는 思刀·思道·息道 등으로 불
    렸다. 그러나 [史]나 본문 외 [遺]의 어느 곳에도 白䞐夫人으로 諡號되었다는
    기록은 없다.

13) 仇輪 : 眞興王의 아들. [史] 新羅本紀에는 長子인 銅輪과 次子인 舍輪이 나
    와 있고, 셋째 아들로 仇輪은 어느 곳에도 보이지 않는다.

14) 波珍干善品 : 甄萱의 曾祖父이며, 眞興王의 孫子이고 아버지는 仇輪公이다.
    다만 [史] 卷6 新羅本紀 文武王 卽位年條에 「妃慈儀王后 波珍湌善品之女也」
    라고 하였고, [遺] 卷1 王曆 文武王條에 「妃慈義〈一作訥〉王后 善品海干之女」
    라고 하였다. 문무왕비의 아버지인 善品이 본문의 善品과 동일인인지는 분명하
    지 않다. 波珍干·波珍湌·海干 등은 모두 신라 17관등 중의 제3관등에 해당된
    다.

15) 角干酌珍 : 甄萱의 할아버지. 여기 외에는 기록이 없다. 角干은 신라 17관등
    중의 제1관등이다.

16) 王咬巴里 : 견훤의 할머니. 본문 외에 달리 전하는 기록이 없다.

17) 慈之第一妻上院夫人 : '慈'는 阿慈个를 가리킨다. [正]에는 '一'자가 누락되어
    있다. 그러나 바로 뒤에 「第二妻南院夫人」이라고 하였기 때문에 상원부인은 아
    자개의 첫째 부인이다. 본문 뒷부분에 나오는『李碑家記』에는 上院夫人이 甄萱
    의 처로 나와 있어서, 두 상원부인이 동명이인인지 아니면 기록의 혼란인지 분
    명하지 않다. 또한 여기에 나와 있는 두 부인의 이름은 물론 아자개의 다른 이
    름인 元善, 상원부인의 소생인 能哀·龍蓋·寶蓋·小蓋·大主刀金 등은 다른

딸 하나를 낳았다. 그의 맏아들이 상보(尙父) 훤(萱)이요, 둘째 아들
은 장군 능애(能哀)요, 셋째 아들은 장군 용개(龍蓋)요, 넷째 아들은
보개(寶蓋)요, 다섯째 아들이 장군 소개(小蓋)이며, 맏딸은 대주도금
(大主刀金)이다」라고 하였다.

또 『고기(古記)』[18]에는 「옛날에 부자 한 사람이 광주(光州)[19] 북
촌(北村)에 살고 있었으며, 딸 하나를 두었는데 모습이 매우 단정하였
다. [딸이] 아버지께 말하기를, "매번 자줏빛 옷을 입은 남자가 침실
에 와서 관계하고 갑니다"라고 하자, 아버지가 이르기를, "너는 긴 실
을 바늘에 꿰어 그 남자의 옷에 꽂아 두어라"라고 하여 그 말대로 하
였다. 날이 밝자 실을 찾아 북쪽 담장 밑에 이르니 바늘이 큰 지렁이
허리에 꽂혀 있었다. 이로 말미암아 아기를 배어 한 사내아이를 낳았
는데, 나이 15세가 되자 스스로 견훤이라고 일컬었다. 경복(景福) 원년
임자(壬子, 892)[20]에 이르러 왕이라고 일컫고 완산군(完山郡)[21]에

곳에 전혀 나타나지 않는다.

18) 古記 : 주로 蚯蚓說話로 구성되어 있는데, 그러한 전승은 본문 외에 [史]의 列
傳 甄萱條 등 다른 문헌에 나타나 있지 않다. 이 설화에 나오는 光州 北村의 여
자는 기록에서 제시한대로 견훤의 어머니로 파악하기도 한다. 이와는 달리 견훤
의 처가 부회된 것이라는 설도 있다.(신호철, 「甄萱의 出身과 사회적 進出」,
『東亞硏究』 17, 1989) 그리하여 견훤의 처가는 광주지역의 토착 호족세력을 형
성하였다고 한다.

19) 光州 : 지금의 光州市. [勝覽] 卷35 光山縣 建置沿革條에 「本百濟武珍州 新
羅取百濟 仍置都督 景德王十六年改武州 眞聖王六年甄萱襲據稱後百濟 尋移
都全州 弓裔以高麗太祖爲精騎太監 帥舟師略定州界 城主池萱以甄萱壻 堅守
不降 至太祖十九年 討神劍滅之 二十三年改光州」라고 하였다. 광주는 본래 백
제의 武珍州였으며 신라 경덕왕 16년 이후 신라 하대에는 武州라고 불렸고, 고
려 태조 23년 이후 지금의 이름으로 고쳐졌다. 그후 고려 후기에 海陽縣·翼
州·化平府·武珍府 등으로 불리다가, 恭愍王 22년(1373) 이후 조선 시대에 다
시 光州牧으로 고쳐졌다.

20) 景福元年壬子 : 景福은 중국 唐 昭宗의 연호(892-893). 경복 원년 임자는 신

도읍을 정하였다. 나라를 다스린지 43년[22] 청태(淸泰) 원년 갑오(甲午, 934)[23]에 견훤의 세 아들이 반역했으므로, 견훤은 고려 태조에게 가서 항복하였다. 아들 금강(金剛)이 즉위하였다.[24] 천복(天福) 원년 병신(丙申, 936)[25]에 고려 군사와 일선군(一善郡)[26]에서 싸워 패하니 후백제는 멸망했다」고 하였다.

　처음에 견훤이 나서 포대기에 싸였을 때, 그의 아버지는 들에서 밭

라 眞聖王 6년(892)이다.

21) 完山郡 : 본문의 뒷부분이나 [史] 卷50 列傳 甄萱條에는 完山州로 고쳐져 있다. [勝覽] 卷33 全州府 建置沿革條에 「本百濟完山〈一云比斯伐 一云比自火〉 新羅眞興王十六年置完山州 二十六年州廢 神文王復置完山州 景德王十五年改今名 以備九州 孝恭王時 甄萱建都於此 稱後百濟 高麗太祖十九年 討平神劒 改安南都護府 二十三年復爲全州」라고 하였다. 전주는 본래 백제의 完山 또는 比斯伐, 比自火로 불렸는데, 진흥왕 이후 신라에 병합되면서 完山州로 불렸고, 경덕왕대 이후 지금의 이름으로 고쳐졌다. 고려시대에는 安南大都護府 등의 여러 이름으로 불렸으며, 恭愍王 5년(1356) 이후 조선 초기에는 完山府로 불리다가, 太宗 3년(1403) 이후 지금의 이름으로 되었다. 이로 보면 신라 하대에는 全州로 불렸는데, 견훤이 도읍하면서 完山州라고 했는지는 분명하지 않다.

22) 理四十三年 : 甄萱이 自立한 892년부터 神劒・良劒・龍劒의 세 아들에게 왕위를 빼앗기는 934년까지 43년 동안 후백제를 다스렸다.

23) 淸泰元年甲午 : 淸泰는 중국 五代, 後唐 廢帝의 연호(934-936). 청태 원년은 고려 태조 9년(934)이다. 여기의 '淸泰元年甲午'는 '淸泰二年乙未'의 잘못인 듯 하다. 견훤의 세 아들이 반역한 기사는 본문의 뒷부분이나 [史] 卷50 列傳 甄萱條에 청태 2년의 일로 기록되어 있다.

24) 金剛卽位 : 여기는 '金剛'으로 되어 있으나 '神劒'의 잘못인 듯 하다. 본문의 뒷부분이나 [史] 卷50 列傳 甄萱條에는 甄萱이 넷째 아들인 金剛을 사랑하였으므로, 그의 형들인 神劒・良劒・龍劒 3형제가 난을 일으켜 「幽萱於金山佛字 遣人殺金剛 神劒自稱大王 大赦境內」라고 하였다.

25) 天福元年丙申 : 天福은 중국 五代, 後晉 高祖와 出帝의 연호(936-943). 천복 원년 병신은 고려 太祖 11년(936)이다.

26) 一善郡 : 지금의 경상북도 善山郡에 해당된다. [勝覽] 卷29 善山都護府 建置沿革條에 「本新羅一善郡 眞平王陞爲州置軍主 神文王廢州 景德王改爲崇善郡 高麗成宗十四年 改爲善州刺史 顯宗九年屬尙州 仁宗二十一年改一善縣」라고 하였다.

을 갈고 있었다. 어머니가 아버지에게 밥을 가져다주려고 아이를 수풀 아래 놓아 두었더니 범이 와서 젖을 먹였는데, 마을 사람들은 이 말을 듣고 이상하게 여겼다. [아이가] 장성하게 되자 몸집이 크고 외모가 기이하게 생겼으며, 기품이 활달하여 범상치 않았다.27)

종군(從軍)하여 서울로 들어갔다가 서남의 해변으로 가서 변경을 지켰는데, 창을 베개삼아 적을 대비하였으니 그의 기상은 항상 사졸에 앞섰으며 그 공로로 비장(裨將)28)이 되었다. 당나라 소종(昭宗) 경복 원년(892)은 신라 진성왕(眞聖王)29)의 재위 6년이다. 이때 왕의 총애를 받는 신하가 곁에 있어서 국권을 농간하니, 기강은 문란하고 해이 하였으며,30) 그 위에 기근까지 덮치니 백성들은 떠돌아다니고 도둑들이 벌떼처럼 일어났다.31) 이에 견훤은 몰래 반역할 마음을 품고 무리를 불러 모아 서울의 서남 주현들을 공격하니, 이르는 곳마다 [백성들이] 호응하여 한 달 동안에 무리는 5천 명이나 되었다. 드디어 무진주

27) 初萱生孺褓時…氣偶儻不凡 : 같은 내용이 [史] 卷50 列傳 甄萱條에 있다.
28) 裨將 : [史]의 職官志에 나오지 않아 정확한 것은 알 수 없다. 아마 신라의 西南 海岸을 관할하였던 장수였을 것으로 추정된다. 또한 이 점은 견훤이 신라 국가의 軍人으로 출세하였으며, 그의 세력 기반 내에는 일부 토착 호족세력도 있었겠지만, 군인조직 내지 해상의 軍鎭세력이 상당히 자리하였을 것으로 추론된다.
29) 眞聖王 : [遺] 卷2 紀異 眞聖女大王 居陁知條 참조.
30) 嬖竪在側 竊弄國權 : [史] 卷11 新羅本紀 眞聖王 2年條에 「王素與角干魏弘通 至是 常入內用事 仍命與大矩和尙 修集鄕歌 謂之三代目云 及魏弘卒 追諡 爲惠成大王 此後 潛引少年美丈夫兩三人淫亂 仍授其人以要職 委以國政 由是 佞倖肆志 貨賂公行 賞罰不公 紀綱壞弛」라고 하였다. 본문의 '嬖竪'는 角干 魏弘 또는 少年 美丈夫를 가리킨다.
31) 百姓流移 群盜蜂起 : [史] 卷11 新羅本紀 眞聖王 3年條에 「國內諸州郡 不輸 貢賦 府庫虛竭 國用窮乏 王發使督促 由是 所在盜賊蜂起 於是 元宗哀奴等 據 沙伐州叛」이라고 하였다.

(武珍州)를 습격하여 스스로 왕이 되었으나, 감히 공공연하게 왕이라고 일컫지는 못하고32) 스스로 신라서남도통 행전주자사 겸어사중승 상주국 한남군개국공(新羅西南都統 行全州刺史 兼御史中承上柱國 漢南郡開國公)33)이라고 하였다. [이때가] 용기(龍紀) 원년 기유(己酉, 889)34)였는데 혹은 경복 원년 임자(壬子, 892)라고도 한다.

이때 북원(北原)35)의 도둑 양길(良吉)36)의 세력이 몹시 강성하니, 궁예(弓裔)37)는 자진해 가서 그의 부하가 되었다. 견훤이 이 소식을

---

32) 從軍…猶不敢公然稱王 : [史] 卷50 列傳 甄萱條에 같은 내용이 나와 있다. 다만 본문에 비해 [史] 卷50 列傳 甄萱條에는 「…其勇氣…衆至五千人…」이라고 하여, '勇'字와 '人'字가 더 첨가되었다. 또한 본문에서 '國權'과 '叛心'이 [史] 卷50 甄萱條에서는 각각 '政柄'과 '覬心'으로 기록되었다.

33) 新羅西南都統 行全州刺史 兼御史中承上柱國 漢南郡開國公 : 甄萱이 스스로를 불렀던 호칭이다. [史] 卷50 列傳 甄萱條에는 「新羅西面都統 指揮兵馬制置持節都督 全武公等州軍事 行全州刺史兼御史中丞 上柱國漢南郡開國公 食邑二千戶」라고 하였다. 본문의 뒷부분에 견훤은 唐으로부터 「檢校太尉兼侍中判百濟軍事 依前都督行全州刺史 海東四面都統 指揮兵馬判置等事 百濟王 食邑二千五百戶」이라는 관작을 받았다. 이러한 긴 칭호는 국내에서 민심을 수습하는데 쓰인 것이 아니라, 외교적 측면에서 필요했던 것이다. 실제로 견훤은 외교에 유능하였으며, 남중국의 吳越은 물론 일본과 교류하려 했고, 왕건의 배후세력인 契丹과도 국교를 맺고 있었다.

34) 龍紀元年己酉 : 龍紀는 [正]에 龍化로 되어 있으나 龍紀의 잘못이다. 龍紀는 중국 唐 昭宗의 연호(889). 龍紀元年己酉는 신라 眞聖王 3년에 해당된다. [史] 卷11 新羅本紀 眞聖王 6年條에 「完山賊甄萱據州 自稱後百濟 武州東南郡縣降屬」이라고 하였으므로, 견훤이 후백제를 일으키는 본문의 기사는 '龍化元年'이 아니라 '景福元年'이 옳다.

35) 北原 : 지금의 강원도 原州. [遺] 卷2 紀異 文虎王法敏條 참조.

36) 良吉 : [史] 卷50 列傳 弓裔條에는 梁吉로 되어 있다. 그의 출신에 대해서는 알려져 있지 않다. [史] 卷11 新羅本紀 眞聖王 5年條에는 「冬十月 北原賊帥梁吉 遺其佐弓裔 領百餘騎 襲北原東部落及溟州管內 酒泉等十餘郡縣」이라고 하였다. 酒泉은 영월군 주천면인데, 여기서는 주천면을 포함한 제천지역을 가리킨 듯하다.

37) 弓裔 : 後高句麗의 건국자. 재위 901-918. 성은 김씨. 아버지는 신라 제47대 왕인 憲安王이고 어머니는 이름이 알려져 있지 않은 궁녀이다. 제48대 景文王의

들고 멀리서 양길에게 직책을 주어 비장(裨將)으로 삼았다. 견훤이 서
쪽으로 순행하여 완산주(完山州)에 이르니 주(州)의 백성들이 영접하
면서 위로를 드렸다. 견훤은 인심을 얻은 것이 기뻐서 좌우 사람들에
게 말하기를, "백제가 개국한 지 6백여 년에38) 당나라 고종(高宗)은
신라의 요청에 의하여 소정방(蘇定方)39)을 보내어 수군 13만 명으로
바다를 건너오고, 신라의 김유신(金庾信)40)은 군사를 몰아 황산(黃

아들이라고 하기도 한다. 궁예는 태어나면서부터 신라 조정에서 배척을 받아 신
분을 속이고 유모 밑에서 자랐다. 일찍이 世達寺에 출가하여 善宗이라고 하였
다. 眞聖王 즉위 후 草賊이 일어나자, 그는 箕萱에게 의탁하여 뜻을 펴고자 했
으나 잘 대우해 주지 않자, 892년(眞聖王 6년)에 양길의 부하로 들어갔다. 양길
의 군사를 빌어 원주로부터 醴泉·寧越·平昌·蔚珍·江陵 등을 점령한 그는
이를 기반으로 한강과 임진강 연안을 공략한 후, 901년에 스스로 왕이라고 칭하
고 고구려의 계승자임을 자칭하였다. 이후 918년에 이르기까지 28년 동안 통치
하다가 왕건을 추대한 세력에 의해 축출되어, 변복 차림으로 도망가다가 平康지
역의 백성에게 피살되었다. [史] 卷50 列傳에는 弓裔條가 실려 있다. 이 기록은
그에 관해 포학하고 미신적인 인물로 묘사하고 있다. 그 결과 궁예는 매우 부정
적으로 연구되었다.(金哲埈,「後三國시대 지배 세력의 性格에 대하여」,『李相
佰博士回甲記念論叢』, 1964) 그러나 [史] 弓裔條는 고려시대에 매우 윤색되어
필요 이상으로 나쁘게 기록되었다. 그리하여 궁예에 대하여 재평가가 시도되었
다.(金杜珍,「高麗初期 法相宗과 그 사상」,『韓沽劢博士停年記念史學論叢』,
1981, pp.220-221) 그후 궁예에 대해서는 고려 건국과정에서의 희생양이었다는
생각에서 너무 긍정적으로 연구되기도 한다.(李貞信,「弓裔政權의 성립과 변천」,
『藍史鄭在覺博士古稀記念東洋學論叢』, 1984. 趙仁成,「弓裔政權의 중앙 정치
조직」,『白山學報』33, 1986) 그러나 궁예는 후삼국시대에 그 중의 한 국가를
경륜할 수 있는 역량을 가졌지만, 그것을 통합하면서 새로운 사회를 건설하는
데에는 실패한 인물로 부각되어야 한다.(金杜珍,「弓裔의 彌勒世界」,『韓國史
市民講座』10, 1992, pp.24-27)

38) 謂左右曰 百濟開國六百餘年 : [史] 卷50 列傳 甄萱條에「謂左右曰 吾原三國
之始 馬韓先起 後赫世勃興 故辰卞從之而興 於是 百濟開國金馬山六百餘季」
이라고 하였다.

39) 蘇定方 : [遺] 卷1 紀異 太宗春秋公條, 卷2 紀異 文虎王法敏條 참조.

40) 金庾信 : [史] 卷41·42·43 列傳 金庾信條에 자세한 전기가 실려 있다. [遺]
卷1 紀異 太宗春秋公條, 卷2 紀異 文虎王法敏條 참조.

山)41)을 지나 당나라 군사와 합세하여 백제를 쳐서 멸망시켰다.42)
[그러니] 내가 이제 기어코 도읍을 세워 옛날의 원한을 씻지 않겠는
가?"라고 하였다. 드디어 스스로 후백제 왕이라고 일컫고 관직을 설치
하였으니, 이때는 당나라 광화(光化)43) 3년(900)이요, 신라 효공왕
(孝恭王)44) 4년이다.

　정명(貞明)45) 4년 무인(戊寅, 918)에 철원경(鐵原京)46)의 민심이
졸지에 변하여 우리 태조를 추대하여 왕위에 오르게 하였다.47) 견훤

---

41) 黃山 : 지금의 충청남도 連山. [史] 卷36 地理志3 熊州 管內의 黃山郡條에 「本
　　百濟黃等也山郡 景德王改名 今連山縣」라고 하였다.
42) 唐高宗以新羅之請…攻百濟滅之 : 같은 기사를 [史] 卷50 列傳 甄萱條에는 「摠
　　章中 唐高宗以新羅之請 遣將軍蘇定方 以船兵十三萬越海 新羅金庾信卷土 歷
　　黃山至泗沘 與唐兵合 攻百濟滅之」라고 하였다. 이러한 백제멸망에 대해서는
　　[遺] 卷1 紀異 太宗春秋公條와 卷2 紀異 文虎王法敏條에 상세하게 나와 있다.
43) 光化 : 중국 唐 昭宗의 연호(898-901).
44) 孝恭王 : [遺] 卷2 紀異 孝恭王條 참조.
45) 貞明 : 중국 五代의 後梁 末帝의 연호(915-921).
46) 鐵原京 : [勝覽] 卷47 鐵原都護府 建置沿革條에 「本高句麗鐵圓郡 新羅景德
　　王改鐵城郡 後弓裔起兵 略取高句麗舊地 自松嶽郡來都 修葺宮室 窮極奢侈 國
　　號泰封 及高麗太祖卽位 徙都松嶽 改鐵圓爲東州 成宗十四年置團練使」라고 하
　　였다.
47) 衆心忽變 推戴我太祖卽位 : [史] 卷50 列傳 弓裔條에 「夏六月 將軍弘述·白
　　玉·三能山·卜沙貴 此洪儒·裴玄慶·申崇謙·卜知謙之少名也 四人密謀 夜
　　詣太祖私第 言曰 今主上淫刑以逞 殺妻戮子 誅夷臣寮 蒼生塗炭 不自聊生 自
　　古廢昏立明 天下之大義也 請公行湯武之事 太祖作色拒之曰 吾以忠純自許 今
　　雖暴亂 不敢有二心 夫以臣替君 斯謂革命 予實否德 敢效殷周之事乎 諸將曰
　　時乎不再來 難遭而易失 天與不取 反受其咎 今政亂國危 民皆疾視其上如仇讎
　　今之德望未有居公之右者 況王昌瑾所得鏡文如彼 豈可雌伏取死獨夫之手乎 夫
　　人柳氏聞諸將之議 迺謂太祖曰 以仁伐不仁 自古而然 今聞衆議 妾猶發憤 況大
　　丈夫乎 今羣心忽變 天命有歸矣 手提甲領進太祖 諸將扶衛 太祖出門 令前唱曰
　　王公已擧義旗 於是前後奔走 來隨者不知其幾人 又有先至宮城門 鼓噪以待者
　　亦一萬餘人」이라고 하였다. 곧 洪儒·裴玄慶·申崇謙·卜知謙 등이 모의하여
　　궁예를 축출하고 王建을 옹립한 사건을 말한다.

은 이 소식을 듣고 사자를 보내 경하하고48) 공작선(孔雀扇)과 지리산
(地理山)49)의 대화살 등을 바쳤다. 견훤은 우리 태조와 겉으로는 화
친하는 체하면서 속으로는 상극이 되었다. 그는 태조에게 총마(驄馬)
를 바치더니,50) [동광] 3년(925)51) 겨울 10월에는 기병 3천 명을 거
느리고 조물성(曹物城)52)〈지금은 알 수 없다.〉까지 이르렀다. 태조도 역
시 정병(精兵)을 거느리고 와서 그와 대전하였다.

견훤의 군사가 날래어 승부를 결판낼 수가 없었다. 태조는 잠정적
으로 화해함으로써 견훤의 군사를 피로케 하고자, 글을 보내 화친을
청하고 당제(堂弟) 왕신(王信)53)을 볼모로 삼으니 견훤도 외생질 진
호(眞虎)54)를 볼모로 교환하였다. 12월에 견훤은 거서(居西)55)〈지금

---

48) 遣使稱賀 : [史] 卷50 列傳 甄萱條에는 「秋八月 遣一吉湌閔郃稱賀」라고 하
   였다.

49) 地理山 : 智異山을 말한다. 경상남도와 전라남·북도에 걸쳐 있는 名山으로
   標高 1915m이다. [史] 卷32 祭祀志에 「中祀 五岳 東吐含山〈大城郡〉南地理山
   〈菁州〉云云」이라고 하였다. 통일신라시대에 지리산은 五岳 중의 하나로 알려
   져 있었다.

50) 獻驄馬於太祖 : [史] 卷50 列傳 甄萱條에 「同光二年秋七月 遣子須彌强 發大
   耶聞韶二城卒 攻曹物城 城人爲太祖固守且戰 須彌强失利而歸 八月 遣使獻驄
   馬於太祖」라고 하였다. 곧 [史]에서는 왕건에게 驄馬를 바치는 기록이 견훤의
   아들인 須彌强의 曹物城 공격과 연계하여 기술되었다.

51) 三年 : 同光 3년이다. 同光은 중국 後唐 莊宗의 연호(923-926). 동광 3년은 신
   라 景哀王 2년이다.

52) 曹物城 : [麗史] 卷1 太祖世家에는 曹物郡으로 나와 있으나, 정확한 위치를
   알 수 없다. 당시 고려와 후백제의 전투가 치열했던 지역은 두 나라가 각각 신
   라와 通交할 수 있는 安東이나 陜川의 주변지역이었다. 따라서 조물성은 尙州
   나 안동의 서북지역이었을 것으로 추측된다.

53) 王信 : 고려가 후백제와 서로 교환한 質子이며, 이 외의 다른 행적이 알려져
   있지 않다.

54) 眞虎 : 후백제가 고려와 서로 교환한 質子이며, 이 외의 다른 행적이 알려져
   있지 않다.

55) 居西 : [史] 卷50 列傳 甄萱條에는 居昌으로 되어 있다. 거창은 본래 居烈郡

은 자세히 알 수 없다.〉 등 20여 성을 쳐서 빼앗고 사자를 후당(後唐)[56]
에 보내서 번신이라고 일컬으니, 후당에서는 그에게 검교태위 겸시중
판백제군사(檢校太尉 兼侍中 判百濟軍事)의 벼슬을 주고 전과 같이
도독행전주자사 해동사면도통 지휘병마판치등사 백제왕(都督行全州
刺史 海東四面都統 指揮兵馬判置等事 百濟王)이라고 하고 식읍(食
邑)은 2천 5백 호로 하였다.

[동광] 4년(926)[57]에 진호가 갑자기 죽으니 [견훤은] 고의로 죽였
다고 의심하여 즉시 왕신을 가두고, 사람을 보내 전년에 보냈던 총마
를 돌려보내라고 청하였다. 태조는 웃으면서 그 말을 돌려보냈다.

천성(天成)[58] 2년 정해(丁亥, 927) 9월에 견훤은 근품성(近品城)[59]
〈지금의 산양현(山陽縣)〉을 쳐서 빼앗고 이를 불사르니, 신라왕이 태조에
게 구원을 청하였다. 태조가 장차 군사를 동원하고자 했는데,[60] 견훤

(또는 居陁)이었는데, 경덕왕 때 고쳐진 이름이다. 이때에 거창지역이 왕건의
수중에 있었는지는 분명하지 않다.

56) 後唐 : 중국 五代의 두번째 왕조(923-936). 건국자는 李存勗이다. 그의 선조는
突厥 沙陀部의 朱邪氏로, 朱邪赤心 때에 唐朝가 李國昌이라는 이름을 하사하
였다. 이국창의 아들인 克用은 唐末에 北邊의 대호족으로서 黃巢의 亂 때에 唐
朝를 도와 河東節度使가 되었다. 극용의 아들인 존욱이 923년 魏州에서 帝位에
오르고는 같은 해에 後梁을 멸망시키고 洛陽에 도읍하였다. 그가 莊宗이다. 후
당은 2대 明宗 때에 그의 사위인 石敬瑭(後晉 高祖)에게 멸망당하였다.

57) 四年 : 同光 4년(926)이다. [史] 卷50 列傳 甄萱條에도 같은 기사가 나와 있
다.

58) 天成 : 중국 後唐 明宗의 연호(926-929) 천성 2년은 고려 太祖 10년에 해당한
다.

59) 近品城 : 신라시대에 醴泉郡의 領縣 중의 하나인 近品縣을 말한다. 경덕왕 때
에 嘉猷縣으로 고쳤으며 고려 때에 山陽縣이라고 하였다. [史] 卷34 地理志1
尙州 管內 醴泉郡條에 「嘉猷縣 本近〈一作巾〉品縣 景德王改名 今山陽縣」이라
고 하였다.

60) 太祖將出師 : 같은 기사에 대해 [史] 卷50 列傳 甄萱條에는 「冬十月」에 일어
난 것으로 명기하였다.

은 고울부(高鬱府)61)〈지금의 울주(蔚州)62)〉를 습격하여 빼앗고 족시림
(族始林)〈또는 계림(雞林)의 서쪽 교외〉63)으로 진군하여 졸지에 신라 왕도
(王都)로 들어갔다. 신라왕은 부인과 함께 포석정(鮑石亭)64)에 나가
놀던 참인지라, 이 때문에 더욱 쉽게 패하였다. 견훤은 왕의 부인을
억지로 끌어내어 욕보이고,65) 왕의 친족 아우뻘되는 김부(金傅)66)로
왕위를 잇게 하였다. 그런 후 왕의 아우 효렴(孝廉)67)과 재상 영경
(英景)68)을 사로잡고 또한 국고[國帑]로부터 진귀한 보물과 병기를
빼앗고는, 자녀들과 각종 공인(工人) 중에 우수한 자들을 직접 데리고
돌아갔다.69)

---

61) 高鬱府 : 지금 경상북도의 永川지역. [勝覽] 卷22 永川郡 建置沿革條에 「本
新羅切也火郡 景德王改臨皐 高麗初以道同臨川二縣 來合改永州〈或云高鬱府〉
成宗置刺史」라고 하였다. [勝覽]에서는 영천을 고울부라고 한다고 註記되어 있
지만, 『世宗實錄』 地理志 慶尙道 安東大都護府의 永川郡條에는 「高麗太祖本
紀云 高鬱府今永川」이라고 하였다. 곧 신라 때에 임고군과 그 두 領縣인 道同
縣·臨川縣을 합쳐 고려초에 영천군 또는 고울부라고 하였다.

62) 高鬱府〈今蔚州〉: 蔚州는 지금 경상남도의 蔚山지역. 그런데 高鬱府는 지금의
永川지역이므로 이 기록은 신빙성이 없다.

63) 族始林〈一云雞林西郊〉: 註記의 내용으로 보아 始林이 분명하다. 시림에 대해서
는 본서 卷1 紀異 金閼智 脫解王代條 참조. 그러므로 본문의 '族'字는 '於'字의
잘못으로 보아 「進軍於始林」으로 교정하기도 한다.

64) 鮑石亭 : 지금의 경상북도 慶州市 拜洞 南山 서쪽에 있었던 장소. [遺] 卷2
紀異 處容郞 望海寺條의 주석 29) 참조.

65) 由是甚敗 萱强引夫人亂之 : 이 부분에 대해서 [史] 卷50 列傳 甄萱條에는 「賊
至 狼狽不知所爲 與夫人歸城南離宮 諸侍從臣寮及宮女伶官 皆陷沒於亂兵 萱
縱兵大掠 使人捉王 至前戕之 便入居宮中 强引夫人亂之」라고 기술하였다.

66) 金傅 : [遺] 卷2 紀異 金傅大王條 참조.

67) 孝廉 : 본문 및 [史] 卷50 列傳 甄萱條에 나와 있으나, 그 외 [史]의 新羅本
紀 등 다른 곳에 나타나 있지 않다. 경애왕의 동생이다.

68) 英景 : 본문 및 [史] 卷50 列傳 甄萱條에 나와 있으나, 그 외 [史]의 新羅本
紀 등 다른 곳에 나타나 있지 않다. 당시 신라의 재상이다.

69) 以王之族弟金傅…自隨以歸 : 이와 같은 내용이 [史] 卷50 列傳 甄萱條에 실

태조는 정예기병 5천 명을 거느리고 공산(公山)[70] 아래에서 견훤
을 맞아 크게 싸웠다. 태조의 장수 김락(金樂)[71]과 신숭겸(申崇謙)[72]
은 여기서 죽고, 모든 군사가 패했으며 태조는 겨우 죽음을 면하였다.
그래서 견훤에게 저항하지 않고 많은 죄악을 짓게 내버려 두었다. 견
훤은 이긴 기세를 타서 대목성(大木城)[73]〈지금의 약목현(若木縣)〉과 경
산부(京山府)[74]・강주(康州)[75]를 노략질하고, 부곡성(缶谷城)[76]을

려 있다.

70) 公山 : 대구 북쪽에 위치한 八公山을 가리킨다. [史] 卷32 祭祀志의 中祀條에
    「五岳 東吐含山…中父岳〈一云公山 押督郡〉」이라고 하였다. 곧 신라 때에는 중
    악 또는 부악으로 불렸고, 中祀가 행해진 곳이다.

71) 金樂 : ?-927. 고려의 개국공신. 927년에 元甫 在忠과 더불어 大良城(지금의
    陜川)을 공격하여 무너뜨리고 후백제의 장군 鄒許祖 등 30여 인을 사로잡았다.
    같은 해에 견훤이 신라를 쳐서 경애왕을 자살하게 하니, 이를 구하려던 왕건이
    오히려 公山전투에서 위급하게 되었다. 이때에 김락은 申崇謙과 함께 왕건을
    구하고 전사하였다. 왕건은 智妙寺를 세워 그들의 명복을 빌었다.

72) 申崇謙 : ?-927. 고려 태조 때의 武將 겸 개국공신. 본관은 平山이고 처음 이
    름은 能山이다. [勝覽] 卷39 谷城縣의 人物條에 「詳春川世傳 崇謙死爲縣 城
    隍之神」이라고 하였는데, [勝覽] 卷46 春川都護府의 寓居條에도 그에 대한 보
    다 더 상세한 기록이 있다. 곧 신숭겸은 본래 곡성 사람이었으나 춘천으로 옮겨
    와 살았다고 이해된다. 그런데 [麗史]에는 그를 춘천 사람으로 기록하였다. 弓
    裔 말년에 洪儒・裵玄慶・卜智謙 등과 함께 궁예를 몰아내고, 왕건을 추대하여
    고려를 세우는데 공헌하였다. [麗史] 卷92 列傳5에 「崇謙 初名能山光海州人
    長大有武勇 十年太祖與甄萱 戰於公山桐藪不利 萱兵圍太祖甚急 崇謙時爲大
    將 與元甫金樂力戰死之 太祖甚哀之 諡壯節」이라고 하였다.

73) 大木城 : [史] 卷34 地理志1 康州 管內 星山郡條에 「星山郡 本一利郡〈一云
    里山郡〉景德王改名 今加利縣 領縣四 壽同縣 本斯同火縣 景德王改名 今未詳
    谿子縣 本大木縣 景德王改名 今若木縣 新安縣 本本彼縣 景德王改名 今京山
    府」이라고 하였다. 신라 때의 대목현은 고려 때에 若木縣으로 京山府의 屬縣이
    었다.

74) 京山府 : 지금의 星州. [勝覽] 卷28 星州牧의 建置沿革條에 「本新羅本彼縣
    〈三國遺事以星山伽倻爲六伽倻之一 疑新羅取之 置本彼縣 詳見金海府山川下〉
    景德王改新安 屬星山郡 後改碧珍郡 高麗太祖改京山府 景宗降爲廣平郡」이라
    고 하였다. 신라 때의 本彼縣이 고려 태조 때에 경산부로 불렸는데, 조선 太宗
    때에 성주목으로 승격되었다.

공격하였다. 또 의성부(義成府)77)의 태수 홍술(洪述)78)이 대항해 싸우다가 죽으니, 태조가 이 소식을 듣고 말하기를, "나는 오른팔을 잃었구나!"라고 하였다.

42년79) 경인(庚寅, 930)에 견훤은 고창군(古昌郡)80)⟨지금의 안동부(安東府)⟩을 치려고 군사를 크게 일으켜 석산(石山)81)에 진을 치니, 태조는 1백 보 가량을 서로 떨어져서 고을 북쪽 병산(瓶山)82)에 진을 쳤다. 여러 번 싸워서 견훤이 패했으며 시랑(侍郎) 김악(金渥)83)을

75) 康州 : 지금의 晉州. 甄萱의 康州침입에 대해서는 [史] 卷50 列傳 甄萱條에 「[928年] 夏五月 萱潛師襲康州 殺三百餘人 將軍有文生降 秋八月 萱命將軍官昕 領衆築陽山 太祖命命旨城將軍王忠擊之 退保大耶城」이라고 하였다.

76) 缶谷城 : 지금의 위치를 알 수 없다. [史] 卷50 列傳 甄萱條에 「[928年] 冬十一月 萱選勁卒攻拔缶谷城 殺守卒一千餘人 將軍楊志明式等生降」이라고 하였다.

77) 義成府 : 지금의 경상북도 義城지역. [勝覽] 卷25 義城縣의 建置沿革條에 「本召文國 新羅取之 景德王改聞韶郡 高麗初改今名 陞爲府 顯宗屬安東府」라고 하였다. '義成'과 '義城'은 음이 통하므로 義城이 옳다.

78) 洪述 : [史] 卷12 新羅本紀 景明王 6年 春正月條에 「是月 眞寶城將軍洪述降於太祖」라고 하였다. [麗史] 太祖世家 太祖 5年 冬11月條에도 비슷한 기록이 있다. 이로 보면 홍술은 신라 말의 진보현(지금의 청송군 진보면 부근)에서 대두한 지방호족출신으로 의성에까지 세력을 미치고 있었다고 추측된다.

79) 四十二年 : 불명확한 연대이다. 전후 사정으로 보아 庚寅年은 930년(敬順王 4년 또는 고려 태조 13년)에 해당된다.

80) 古昌郡 : 지금의 안동지역. [史] 卷34 地理志1 尙州 管內 古昌郡條에 「古昌郡 本古陁耶郡 景德王改名 今安東府」라고 하였다. 후삼국 말에 이 지역에서 왕건과 견훤의 전투가 치열하게 전개되었다. 태조 13년에 載巖城 將軍인 善弼이 來投해오면서, 왕건이 크게 승리하게 되어 후삼국을 통일할 수 있는 여건을 만들게 되었다.

81) 石山 : 그 위치가 분명하지 않다. [勝覽] 卷24 安東大都護府 山川條에 「石峴在一直縣南一里」라고 하였다. 石峴을 가리키는 듯하지만 확실하지 않다.

82) 瓶山 : [勝覽] 卷24 安東大都護府의 山川條에 「在府北十里 高麗太祖與甄萱戰 萱敗走 獲侍郎金渥死者 八千餘人」이라고 하였다. 지금의 豊川面 병산리지역이다.

83) 金渥 : 본문과 [麗史] 卷1 太祖 13年 春正月條에 나오는 인물로, 견훤의 신하

사로잡았다. 다음 날 견훤이 군사를 거두어 순주성(順州城)84)을 습격하여 부수니, 성주 원봉(元逢)85)은 능히 막지 못하고 성을 버리고 밤에 도망하였다. 태조는 몹시 노하여 [그 고을의] 격을 낮추어 하지현(下枝縣)86)〈지금의 풍산현(豊山縣)이니, 원봉은 본래 순주성 사람인 때문이다.〉으로 삼았다.

신라의 임금과 신하들은 쇠망해가는 말세에 처해 다시 일어나기 어려우므로, 우리 태조를 끌어들여 우호를 맺어서 후원을 삼으려고 도모하였다. 견훤이 이 소식을 듣고 또다시 왕도에 들어가 나쁜 짓을 하려 했는데, 태조가 먼저 들어갈까 염려해서87) 태조에게 편지를 보내 말하였다.88)

여으나 고창군 싸움에서 왕건에게 사로잡힌 행적 외에 달리 알려져 있지 않다.
84) 順州城 : 뒤의 주석 86) 참조.
85) 元逢 : [史] 卷12 新羅本紀 敬順王 3年 秋7月條에「遣萱攻義成府城 高麗將洪述出戰 不克死之 順州將軍元逢 降於甄萱 太祖聞之怒 然以元逢前功宥之 但改順州爲縣」라고 하였다. 같은 내용을 서술하면서 [麗史] 卷1 太祖 13年 春正月條에는 ‘元奉'으로 기록되어 있다. 신라 말에 順州지역에서 일어난 호족세력으로 일찍이 王建에게 來投하였다가, 고창군 싸움이 전개되는 과정에서 견훤에게 항복한 인물이다.
86) 下枝縣 : [勝覽] 卷24 安東大都護府 屬縣 豊山縣條에「在府西三十五里 本新羅下枝縣 景德王改永安爲醴泉郡領縣 高麗太祖時 縣人元逢 有歸順之功 陞爲順州 後陷於甄萱 復降爲下枝縣 後改今名 顯宗時來屬 明宗置監務 後復來屬」이라고 하였다. [麗史] 地理志2 安東府 屬縣 豊山縣條에는 고려 왕건 때에 下枝縣으로 부르기 전에, 원봉이 城을 들고 귀순해 왔기 때문에 ‘順州'라고 불렀다고 하였다. 지금의 안동시 풍산읍지역이다. 앞의 주석 85) 참조.
87) 新羅君臣以衰季…恐太祖先之 : 이 부분은 [史] 卷50 列傳 甄萱條에「時新羅君臣以衰季 難以復興 謀引我太祖結好爲援 甄萱自有盜國心 恐太祖先之 是故引兵入王都作惡」라고 하여, 같은 내용에 대해 표현을 달리하여 기술하였다.
88) 寄書于太祖曰 : 견훤이 왕건에게 준 편지의 내용은 본문 외에 [史] 卷50 列傳 甄萱條와 [麗史] 卷1 太祖 10年 12月條 및『高麗史節要』太祖 10年 12月條에 모두 기록되어 있다. 편지는 崔承祐가 작성하였다고 추측된다.

「지난번에 [신라] 재상 김웅렴(金雄廉)89) 등이 장차 그대[足下]를
서울로 불러들이려 한 것은 작은 자라가 큰 자라의 소리에 호응하는
것과 같았다.90) 이는 종달새가 매의 날개를 찢으려는 것이니,91) 반드
시 백성들[生靈]을 도탄에 빠뜨리고 종묘와 사직을 폐허[丘墟]92)로
만들었을 것이다. 나는 이 때문에 먼저 조적의 채찍[祖鞭]93)을 잡고
홀로 한금호의 도끼[韓鉞]94)를 휘둘러, 백관들에게 맹세하기를 백일
[皎日]과 같이 했고 육부(六部)95) 백성들에게는 옳은 교화[義風]로
써 타일렀다.

뜻 밖에 간신은 도망하고 임금[경애왕]은 세상을 떠나는 변고가 생
겼다. 드디어 경명왕(景明王)96)의 외종 아우[表弟],97) 곧 헌강왕(獻
康王)98)의 외손자를 받들어 왕위에 오르게 해서, 위태로운 나라를 다

---

89) 金雄廉 : [史] 新羅本紀에는 나오지 않아 그 행적은 알려져 있지 않다. 본문에
　　서 당시에 신라의 國相임을 알 수 있다.
90) 鼈應鼇聲 : 鼇鳴鼈應이란 문구에서 응용한 말. 곧 작은 자라[鼈]는 큰 자라
　　[鼇] 소리에 호응한다는 뜻이다. 고려를 '鼈'에 신라를 '鼇'에 비유하여 임금(신
　　라)과 신하(고려)가 서로 어울림을 의미한다.
91) 鷃披準翼 : 종달새가 매의 날개를 찢는다는 뜻이다. 곧 종달새는 신라와 고려
　　의 비유이고 매는 후백제의 비유이다.
92) 丘墟 : 空虛하다는 뜻이다. 곧 廢墟라는 의미로 해석된다.『漢書』公孫弘傳에
　　「丞相府客舘 丘墟而已」라고 하였다.
93) 祖鞭 : 晉나라 사람인 祖逖의 채찍이라는 뜻이다. '先著祖鞭'은 '先著鞭' 또는
　　'先鞭'이라는 말로 곧 먼저 착수한다는 뜻이다.『晉書』에「劉琨與范陽祖逖爲友
　　常恐祖先生我著鞭」이라고 하였다.
94) 韓鉞 : 韓擒虎의 도끼[鈇鉞]라는 뜻이다. 한금호는 隋의 장수로서 陳을 쳐서
　　後主를 사로잡은 인물이다.
95) 六部 : [遺] 卷1 紀異 新羅始祖 赫居世王條 참조. 여기서는 신라를 뜻한다.
96) 景明王 : 신라의 제54대 왕. 재위 917-924. [遺] 卷2 紀異 景明王條 참조.
97) 表弟 : 金傅는 憲康王의 外孫이다. 헌강왕의 딸 중 義成太后의 소생이 경명왕
　　과 경애왕이며, 桂娥太后의 소생이 敬順王이다. 따라서 경순왕은 경애왕과 이
　　종형제이다.

시 세우고 없어진 임금을 잇게 하여 이제야 자리가 잡혔다. 그대[足下]는 [나의] 충고에는 귀기울이지 않고 한갓 떠도는 말만을 듣고, 온갖 계교로 틈을 노리고[99] 여러 방면으로 침략하여 소동을 일으켰으나, 오히려 내가 탄 말의 머리도 보지 못했고 내 소털 하나도 뽑지 못하였다. [금번] 겨울 초순에는 도두(都頭) 색상(索湘)[100]이 성산(星山)의 진지 아래에서 항복했고, 또 한 달도 안되어 좌장(左將) 김락(金樂)은 미리사(美利寺)[101] 앞에서 전사하였다. [그 밖에] 죽은 자와 붙잡힌 자가 많았으며 추격을 받아 사로잡힌 자도 적지 않았다. 그 강하고 약한 것이 이와 같으니, 이기고 질 것은 알 만한 일이다. 내가 바라는 것은 활을 평양성의 문루에 걸고 말에게 패강(浿江)[102]의 물을 마시게 하는 일이다.

　그러나 지난 달 7일에 오월국(吳越國)[103]의 사신 반상서(班尙書)[104]

---

98) 獻康王 : 憲康王. 신라의 제49대 왕. 재위 875-886. [遺] 卷2 紀異 處容郞 望海寺條 참조.

99) 窺覦 : 분수에 넘치는 욕망을 품고 기회를 노린다는 뜻이다. 『晉書』 陶侃傳에 「及都督八州據上流 潛有窺覦之志」라고 하였다.

100) 都頭 索湘 : 都頭는 '都統'과 같은 뜻으로 이해된다. 索湘에 대해서는 本書 信 외에 [麗史] 卷1 太祖10年 11月條에 「[萱]燒碧珍郡稻穀 正朝索湘戰死之」라고 하였다. 그에 대한 이외의 행적은 알 수 없다. 벽진군은 星州이며, 본문의 星山도 역시 星州를 가리킨다.

101) 美利寺 : 대구시 不老洞에 있는 美理寺를 가리킨다. [勝覽] 卷26 大邱大都護府 古跡의 美理寺條에 「在解顔縣 或云解顔一名美理」라고 하면서 거기서 견훤의 신라 침공사실과 왕건과의 싸움을 소상하게 기록하였다.

102) 浿江 : 大同江을 가리킨다. [勝覽] 卷51 平壤都護府 山川條에 「大洞江 在府東一里 一名浿江 又名王城江」이라고 하였다.

103) 吳越國 : 唐末에 鎭海·鎭東兩軍節度使였던 錢鏐가 907년에 唐이 멸망하자, 杭州를 중심으로 세운 국가이다. 978년에 忠懿王 錢俶이 一族을 이끌고 宋太宗에게 항복함으로써, 오월국은 5主 72년 동안 지속되었다. 지금의 江蘇省 남부와 浙江省에 이르는 江南의 요지를 점거하고 있어서, 오월국은 경제와 문화가 발달했으며 거란이나 고려는 물론 일본과 통교하였다.

가 와서 국왕의 조서[詔旨]를 전하기를, '경(卿)은 고려와 더불어 오랫동안 서로 화목하게 지내는 사이로서 함께 선린의 맹약을 맺은 줄 알았다. 근래에 양편의 볼모가 죽음으로 말미암아 마침내 화친하던 옛 날의 우호관계를 버리고, 서로 국경을 침범하여 전쟁[干戈]이 쉬지 않게 되었다. 이제 일부러 사신을 보내 경의 나라로 가게하고 또 고려에도 글을 보냈으니, 마땅히 각기 서로 친목하여 길이 평화롭게 지내도록 하라'고 하였다.

나는 의리로서는 왕실을 높이는 데에 돈독하고 정리로서는 대국을 섬기는 데에 전념해 오던 터에, 이제 오월왕이 조칙을 내어 타이르는 것을 듣고 즉시 받들고자 한다. 다만 그대가 싸움을 그만두려해도 그 만둘 수가 없어서, 곤경에 처해 있으면서도 오히려 싸우려는 것을 걱정하는 바이다. 이제 그 조서를 베껴서 보내니 청컨대 유의해서 자세히 살피기 바란다. 토끼와 사냥개가 다 함께 지치고 보면 마침내는 반드시 남의 조롱을 받으며, 조개와 황새가 서로 버티면105) 역시 남의 웃음거리가 되는 것이다. 마땅히 미혹함을 경계하여106) 후회하는 일을 스스로 불러오지 말도록 하시오.」

천성(天成) 2년(927)107) 정월에 태조는 답서를 보내 말하였다.

「삼가 오월국의 통화사(通和使) 반상서가 전한 조서 한 통을 받들

---

104) 尙書 : 고려 成宗 이후에는 六部의 장관을 가리킨다. 여기서는 秦 때에 小府에 두어진 관직에서 유래한 것으로, 문서를 발송하고 관장하는 관직을 말한다.
105) 蚌鷸相持 : 蚌鷸相爭과 같은 말. 곧 도요새와 조개가 서로 다투다가 모두 어부에게 잡힌다는 고사이다.『戰國策』에 나타나 있다.
106) 迷復 : 끝까지 迷惑하여 깨닫지 못하면 흉하게 된다는 뜻이다.『易經』復卦에「上六 迷復 凶」이라고 하였다.
107) 二年 : [正]에 공백에 해당되는 두 글자는 '天成'이다. 또 [史] 卷50 列傳 甄萱條에는 3年으로 나와 있다. 天成 3년(928)이 옳다.

었고, 겸하여 그대가 보낸 긴 편지의 사연도 고맙게 받아 보았다. 삼가건대 사신의 행차편108)에 전달된 조서나 좋은 소식을 전하는 편지에서 아울러 가르침을 받았다. 조서를 받들고 보니 비록 감격이 더했지만, 당신의 편지[尺素]109)를 펴 보고는 의심스러운 마음을 없애기 어려웠다. 금번 돌아가는 인편에 부탁하여 나의 심중을 피력하려 한다.110)

나는 위로 하늘의 명령을 받들고 아래로 백성들의 추대에 못 이겨서, 외람되이 장수의 직권을 맡아서 천하를 경륜할 기회를 얻었다. 저번에 삼한(三韓)이 액운을 당하고 모든 국토[九土]가 흉년으로 황폐해져서, 백성[黔黎]111)들은 모두 황건적[黃巾]112)에 속하게 되고 논밭은 적토(赤土)113)가 아닌 땅이 없었다. 무릇 난리의 시끄러움을 그치게 하고 나라의 재앙을 구하고자 하여 이에 스스로 선린의 우호를 맺었더니, 과연 수천 리 되는 국토가 농사와 잠상[桑]으로 생업을 즐기고 사졸은 7, 8년 동안 한가롭게 쉬었다. 계유년(癸酉年) 10월[陽月]114)에 이르러 갑자기 사건을 일으키니, 곧 싸움에까지 가게 되었다.

---

108) 華軺膚使 : 華軺는 사신이 타고 온 좋은 수레라는 뜻이고, 膚使는 선량한 使者라는 의미이다. 여기서는 吳越國의 사신을 이른다.
109) 尺素 : 書信을 말한다. 옛날에는 편지를 비단에 썼던 까닭으로 尺素라고 일컬었다.
110) 敷危衽 : 楚辭의 「跪敷衽以陳辭兮」라는 문구에서 따온 말로서, 하고 싶은 말을 진술한다는 뜻이다.
111) 黔黎 : 인민, 즉 백성이란 말이다.
112) 黃巾 : 黃巾賊을 말한다. 後漢 말에 張角을 수령으로 하여 일어났던 도둑 무리이다. 모두 황색 수건을 표식으로 둘렀기 때문에 黃巾賊이라고 하였다.
113) 赤土 : 赤地. 흉년이 들어 거둘 것이 아주 없게 된 땅을 말한다.
114) 陽月 : 음력 10월의 다른 이름.

그대가 처음에는 적을 가볍게 여겨 곧장 달려드는 것이 마치 당랑
(螳蜋)이 수레바퀴를 대항함과 같더니,115) 마침내 어려움을 알고 용
감히 물러감은 마치 모기[蚊子]가 산을 짊어진 것과 같았다.116) [그
대는] 손을 잡아 인사하고는 하늘을 가리켜 맹세하기를, "오늘 이후로
는 길이 화목하며, 혹시라도 이 맹세를 어긴다면 신에게 벌을 주십시
오"라고 하였다. 나도 역시 창칼을 쓰지 않는 무를 숭상하였고 살생하
지 않는 인(仁)을 기약하여, 마침내 여러 겹의 포위를 풀어 피로한 군
사들을 쉬게 했으며, 볼모를 보내는 것도 거절하지 않고 다만 백성만
을 편안하게 하려 하였다. 이것은 곧 내가 남쪽 사람들에게 큰 덕을
베푼 것이었다. 어떻게 맹약의 피가 마르기도 전에 흉악한 행동을 다
시 할 줄이야 알았으랴! 벌과 전갈과 같은 독기는 백성들에게 해를
끼쳤고, 이리와 범과 같은 광포한 행동은 서울 땅[畿甸]을 가로막았
다. 금성(金城)117)이 군색하여 위급해졌고 왕실[黃屋]118)은 몹시 놀
라 흔들렸으나, 누가 패도[覇]를 이룬 환공[桓]과 문공[文]119)처럼
대의[義]에 의거하여 주(周)나라를 떠받들 듯한 자가 있었던가? 다만
틈을 타서 한(漢)나라를 도모하고자 하던 왕망[莽]과 동탁[卓]120)의

---

115) 螳蜋距轍 : 버마재비가 팔을 벌리고 수레바퀴를 막는다는 뜻이다. 곧 약한 것
　　이 제 역량도 헤아리지 않고 강한 것에 대적한다는 말이다.『莊子』에「猶螳蜋
　　之怒 臂以當車轍 則必不勝其任矣」라고 하였다.
116) 蚊子負山 : 모기가 산을 짊어진다는 뜻이다. 힘은 모자라면서 重任을 짊어진
　　것을 비유한 말이다.
117) 金城 : 신라의 수도, 지금의 慶州. [遺] 卷1 紀異 未鄒王 竹葉軍條의 주석 5)
　　참조.
118) 黃屋 : '黃屋車'에서 나온 말. 황옥거는 임금의 수레라는 말이므로 곧 황옥은
　　왕궁을 이른다.
119) 桓文之覇 : 春秋시대에 齊의 桓公과 晉의 文公이 尊王攘夷를 주창하여 諸侯
　　를 호령하던 정치형태를 말한다.

간악함을 볼 뿐이었다.

지극히 존귀한 왕으로 하여금 몸을 굽혀 그대에게 아들이라고 칭하
게 하여 높고 낮은 질서를 잃게 하였으니 상하가 모두 근심하였다. 이
에 원보(元輔)121)의 순수한 충성이 없었다면 어찌 다시 나라[社稷]를
편안케 할 수 있었을 것인가? 나로서 말한다면 마음에 악한 것이 없
고 뜻은 왕실을 높이는 데에 간절하여, 장차 조정을 구원해서 나라의
위기를 붙들고자 하였다. 그대는 터럭만한 작은 이익을 보고 천지와
같은 두터운 은혜를 저버려, 임금을 목베어 죽이고 궁궐을 불사르며
대신들을 학살하고122) 사민(士民)을 도륙하였다.123) 궁녀들은124) 잡
아서 수레에 싣고 보물은 빼앗아서 서로 짐 속에 실었으니, 그 흉악함
은 걸왕[桀]·주왕[紂]125)보다 더하고 어질지 못함은 경(獍)과 올빼
미126)보다 더 심하였다.

나는 하늘이 무너질 듯한127) 원한과 해를 뒷걸음치게 할 정도128)의

---

120) 莽卓 : 王莽과 董卓을 이른다. 왕망은 前漢 말에 왕위를 찬탈하여 新을 세웠
　　으나 겨우 15년만에 망하였다. 동탁은 후한 말에 群雄의 한 사람으로, 獻帝를
　　옹립하여 何太后를 죽이고 스스로 相國이 되어 정권을 잡았다. 그러나 192년
　　에 그는 袁紹가 이끄는 동맹군에게 패하여 참살되었다.
121) 元輔 : 임금을 크게 보필한다는 뜻이다.
122) 葅醢 : 사람을 죽여서 肉醬을 만든다는 말이므로 誅戮한다는 뜻이다.
123) 虔劉 : 죽인다는 뜻이다.
124) 姬姜 : '姬'는 周의 宗室姓이고 '姜'은 周의 外戚姓이므로, 姬姜은 貴婦人 또
　　는 宮女를 가리키는 말이다.
125) 桀紂 : 夏의 桀왕과 殷의 紂왕을 가리킨다. 나쁜 임금의 대명사로 쓰인다.
126) 獍梟 : 獍은 호랑이와 비슷한 모습의 작은 猛獸로 사람은 물론 자기의 아버
　　지를 잡아 먹는다고 한다. 梟는 올빼미의 일종으로 자라서 자기의 어미를 잡아
　　먹는다. 따라서 獍梟는 不孝의 상징으로 쓰이는 말이다.
127) 崩天 : 임금이 돌아감을 비유한 말이다. 곧 경애왕이 죽임을 당함을 이른다.
128) 却日 : 魯陽公이 전쟁할 때에 창을 휘둘러 해를 뒤로 돌렸다는 고사에서 따
　　온 말로, 정성껏 일함을 뜻한다.

깊은 정성을 갖고, 매가 참새를 쫓는 듯한 힘으로129) [나라에 대해]
견마(犬馬)130)의 수고로움을 다하려 하였다. 다시 군사를 일으켜 두
해가 지났는데, 육전[陸擊]에 있어서는 천둥과 번개처럼 빨리 달렸고
수전[水攻]에서는 범과 용처럼 용맹스럽게 쳐서, 움직이면 반드시 성
공하였고 거사하여서는 헛되는 일이 없었다. 윤경(尹卿)131)을 해안까
지 쫓았을 때는 갑옷이 산더미처럼 쌓였고, 추조(雛造)를 성(城) 밖
에서 사로잡았을 때에는132) 엎드린 시체가 들을 덮었다. 연산군(燕山
郡)133) 부근에서는 길환(吉奐)134)을 군문 앞에서 목을 베었고, 마리
성(馬利城)135)〈이산군(伊山郡)136)인 듯하다.〉 밖에서는 수오(隨晤)137)를

---

129) 鷹鸇之逐 : 鷹鸇은 매를 말한다. 매가 참새를 쫓는 듯한 강력한 힘과 날램을
   갖춘 인물을 비유한 말이다.
130) 犬馬 : 신하가 임금에게 자기를 낮추어 일컫는 謙辭이다.
131) 尹卿 : 후백제 장수의 이름으로 파악하기도 한다. 또는 [史] 卷50 列傳 甄萱
   條 및 [麗史]에는 尹邠으로 나와 있어서, '尹'이라는 성을 가진 貴人이라는 뜻
   으로 해석된다.
132) 禽雛造於城邊 : 雛造는 후백제의 장수이며, 본 서신 기록 외에 달리 나타나
   지 않은 인물이다. 같은 기록을 [史] 卷50 列傳 甄萱條에는「擒雛造於城邊」
   이라고 하였는데, [麗史] 卷1 太祖 11年條에 실린 王答甄萱書에서는「擒鄒祖
   於邊城」이라고 하였다. 곧 雛造는 鄒祖와 통용되었다.
133) 燕山郡 : [史] 卷36 地理志3 熊州管內의 燕山郡條에「本百濟一牟山郡 景德
   王改名 今因之 領縣二 燕岐縣 本百濟豆仍只縣 景德王改名 今因之 昧谷縣
   本百濟未谷縣 景德王改名 今懷仁縣」이라고 하였다. 연산군은 지금의 燕岐나
   懷仁에 근접한 지역이었다.
134) 吉奐 : 후백제의 장수. 본 서신 외의 다른 기록에 전하지 않은 인물이다.
135) 馬利城 : [史] 卷34 地理志1 康州管內의 天嶺郡條에「本速含郡 景德王改名
   今咸陽郡 領縣二 雲峯縣 本母山縣 景德王改名 今因之 利安縣 本馬利縣 景
   德王改名 今因之」라고 하였다. 馬利縣은 신라 때 天嶺郡의 屬縣이었고, 경덕
   왕 때에 利安縣으로 고쳤으며, 지금의 咸陽 부근에 있었다.
136) 伊山郡 : [史] 卷36 地理志3 熊州管內의 伊山郡條에「本百濟馬尸山郡 景德
   王改名 今因之」이라고 하였다. 이산군은 지금의 洪州지역 부근에 있었으며,
   신라 때 康州 管內의 馬利城과는 다른 지역이었다.
137) 隨晤 : 후백제의 장수. 본 서신 외에 그 행적이 알려져 있지 않다.

깃발 아래서 죽였다. 임존성[任存]138)〈지금의 대흥군(大興郡)〉을 함락시키던 날에는 형적(刑積)139) 등 수백 명이 목숨을 버렸고, 청천현(淸川縣)140)〈상주(尙州) 영내(領內)의 현이름〉을 쳐부술 때에는 직심(直心)141) 등 4, 5명이 머리를 바쳤다. 동수(桐藪)〈지금의 동화사(桐華寺)142)〉는 깃발만 바라보고 허물어져 흩어졌고, 경산(京山)은 구슬을 머금고 항복하였다.143) 강주(康州)는 남쪽으로부터 귀순해왔고,144) 나주[羅

---

138) 任存 : 任存城. 지금의 충청남도 禮山지역에 해당된다. [史] 卷36 地理志3 熊州管內의 任城郡條에 「本百濟任存城 景德王改名 今大興郡 領縣二 青正縣 本百濟古良夫里縣 景德王改名 今青陽縣 孤山縣 本百濟烏山縣 景德王改名 今禮山縣」이라고 하였다. 임존성은 고려 때에 大興郡이라고 하였다.

139) 刑積 : 후백제의 장수. 본 서신 외에 달리 전하는 기록이 없다.

140) 淸川縣 : 본문과 [史] 卷50 列傳 甄萱條에는 청천현으로 기록되어 있으나, [麗史] 卷1 太祖 11年條에는 淸川이 '靑州'로 기록되어 있다. [史] 卷34 地理志1 尙州管內 開寧郡條에 「古甘文小國也 眞興王十八年 梁永定元年 置軍主 爲靑州 眞平王時 州廢 文武王元年 置甘文郡 景德王改名 今因之」라고 하였다. 靑州는 본래 甘文小國이었는데 신라 진흥왕 18년(557)에 軍主를 두면서 설치되었다. 진평왕 때에 州가 폐지되었으나 문무왕 원년(661)에 甘文郡으로 되었다가 경덕왕 때에 開寧郡으로 고쳐졌다. 靑州는 지금의 경상북도 金泉지역에 해당된다.

141) 直心 : 直心은 후백제의 장수이다. [史] 卷50 列傳 甄萱條와 [麗史] 卷1 太祖 11年條에도 '直心'으로 나와 있다.

142) 桐華寺 : 대구시 동구 도학동 八公山 남쪽 기슭에 있는 사찰. 興德王 7년(832)에 心地가 중창하면서 동화사라고 불렀다.([遺] 卷4 義解 心地繼祖條) 현존하는 당우들은 대부분 조선 영조 때 중창하면서 세워진 건물이다. 또한 동화사 경내에는 금당암 3층 석탑 2기와 비로암 3층 석탑, 민애왕 석탑기 등의 많은 보물과 문화재가 있다. 본문의 桐藪는 桐華寺를 가리킨다. [勝覽] 卷26 大邱都護府 佛宇條에 「桐華寺 在公山 有高麗金暄所撰 僧弘眞碑銘」이라고 간략하게 소개하였다.

143) 銜璧 : 패전하여 항복하려고 나가면서 구슬을 머금고 간다는 말이다. 곧 그것은 항복하는 예식이며 구슬은 폐백으로 쓰인다.

144) 康州則自南以來 : [史] 卷50 列傳 甄萱條에는 본문과 같이 되어 있으나, [麗史] 卷1 太祖 11年條에는 「康州則自南以來歸」라고 하였다. [史] 卷12 新羅本紀 景明王 4年條에 「春正月 王與太祖 交聘修好 二月 康州將軍閏雄 降於太祖」라고 하였다. 또한 [麗史] 卷1 太祖 3年 正月條에는 康州將軍 閏雄이 그

府]145)는 서쪽에서 와서 귀속되었다. 공략한 지역이 이와 같았으니
수복될 날이 어찌 멀다 하겠는가?

　반드시 저수(泜水)146)의 군영 중에서 장이(張耳)147)의 첩첩이 쌓
인 원한을 씻고, 오강(烏江)148) 기슭에서 한왕(漢王)149)의 단 번 승
리한 결심을 성취하고야 말 것이니, 필경은 풍파를 그치게 하여 길이
천하[寰海]150)를 맑게 할 것이다. 하늘이 [우리를] 돕고 있는데 천명
이 어디로 돌아가겠는가?151) 하물며 오월왕 전하는 그 덕(德)이 머나
먼 변방[荒]까지를 포괄하고,152) 그 인(仁)은 약한 자들을 깊이 불쌍
히 여기는 지라,153) 특히 대궐[丹禁]154)로부터 조서를 내려 동방[青
丘]155)에서 난리를 그치라고 타일렀다. 이미 가르침을 받았으니 감히

　의 아들 一康을 왕건에게 質子로 보내고 이어 항복하는 기록이 나와 있다.

145) 羅府 : 전라남도의 羅州. [勝覽] 卷35 羅州牧 建置沿革條에 「本百濟發羅郡
　　新羅改錦山郡〈一云錦城〉 羅季甄萱稱後百濟 盡有其地 未幾郡人附于後高麗
　　王弓裔 弓裔命高麗太祖 爲精騎太監 帥舟師攻取 改今名 成宗十四年置節度
　　史 號鎭海軍隸海陽道」라고 하였다.

146) 泜水 : 중국 河北省 元氏縣의 西羣山中에서 발원하여 동으로 槐河에 흘러
　　들어가는 강이다.

147) 張耳 : 楚漢시대의 사람. 처음에 趙의 정승이 되어 陳餘와 잘 지내다가 뒤에
　　사이가 나빠져서 漢으로 도망갔다. 그는 韓信과 함께 趙의 군사를 쳐서 깨트
　　리고 진여를 泜水에서 베어 죽였다.

148) 烏江 : 중국 安徽省 和縣에 있는 강. 楚覇王 項羽가 이 곳에서 죽었다.

149) 漢王 : 중국 漢의 고조.

150) 寰海 : 육지와 바다, 곧 天下 또는 세계라는 말이다.

151) 欲何歸 : 본문 및 [史] 卷50 列傳 甄萱條에는 같은 문장이나, [麗史] 卷1 太
　　祖 11年條에는 「將何歸」로 되어 있다.

152) 包荒 : 荒穢를 포용한다는 뜻이므로 주위를 포용하는 도량이 크다는 의미이
　　다.

153) 字小 : 小民을 字育 또는 愛育한다는 뜻이다. 여기서는 小國을 愛撫한다는
　　의미이다.

154) 丹禁 : 禁城, 즉 대궐을 뜻한다.

155) 青丘 : 중국에서 우리 나라를 일컫는 말이다.

받들지 않겠는가? 만약 그대도 이 조서를 받들어 전쟁을 일체 중지한
다면, 상국(上國)156)의 어진 은혜에 보답할 뿐만 아니라 나아가 우리
나라의 끊어진 대[絶緖]157)도 이을 수 있을 것이다. 그러나 만약 허물
을 능히 고치지 않는다면, 후회해도 소용이 없을 것이다.」〈이 글은 바로
최치원이 지은 것이다.158)〉

　장흥(長興)159) 3년(932)에 견훤의 신하 공직(龔直)160)이 용맹스럽
고 지략이 있었는데 태조에게로 와서 항복하니,161) 견훤은 공직의 두
아들과 딸 하나를 잡아서162) 다리 힘줄을 불에 지져서 끊었다. 가을 9
월에 견훤은 일길(一吉)163)을 보내어 수군으로써 고려 예성강(禮城

---

156) 上國 : 吳越國을 가리킨다.

157) 絶緖 : 節嗣와 같은 말로 뒤가 끊긴다는 뜻이다.

158) 崔致遠作 : 최치원에 대해서는 본서 元聖大王條 참조. 왕건이 견훤에게 준
　　서신을 최치원이 지었다는 것은 의심스럽다. 또는 崔彦撝가 지은 것으로 추측
　　되기도 한다.

159) 長興 : 중국 後唐 明宗의 연호(930-933). 장흥 3년은 932년(신라 경순왕 6년
　　또는 고려 태조 15년)이다.

160) 龔直 : ?-939. 후삼국시대의 호족. 燕山 昧谷 사람. 처음에 그는 후백제의 견
　　훤세력에 속해 있었는데, 그 무도함을 보고 932년에 아들 英舒·咸舒와 함께
　　왕건에게 귀부하였다. 왕건은 그에게 大相을 제수하고 함서에게 佐尹을 내렸
　　으며, 正朝 俊行의 딸을 영서의 아내로 삼게 하였다. 견훤은 공직이 왕건에게
　　항복함을 보고, 마침 볼모로 잡고 있었던 그의 맏아들 直達, 둘째 아들 金舒와
　　딸 한사람을 잡아 가두고는 단근질하여 죽였다.

161) 來降太祖 : 같은 내용을 [麗史] 卷2 太祖 15年條에는 「六月丙寅 百濟將軍龔
　　直來降」이라고 하였다.

162) 菅捉龔直二子一女 : 앞의 주석 160) 참조. 견훤에게 죽임을 당한 공직의 두
　　아들은 맏아들인 直達과 둘째 아들인 金舒이다. 딸의 이름은 나타나 있지 않
　　다. 또한 [史] 卷50 列傳 甄萱條에서는 '捉'을 '收'로 기록하였다.

163) 一吉 : 본문에서는 인명처럼 기록되어 있다. 다만 [史] 卷50 列傳 甄萱條이
　　나 [麗史] 卷2 太祖 15年條에는 '一吉湌相貴'라고 가록되어 있어서, 본문에서
　　는 '湌相貴'가 누락되어 있음이 분명하다. 相貴는 이 기록 외에 특별한 행적이
　　알려져 있지 않다. 一吉湌은 신라 17관등 중의 제7관등으로 乙吉干·一吉干·
　　壹告支·壹吉支라고도 한다.

江)164)을 침입하여, 3일 동안 머물면서 염주(鹽州)165)·백주(白
州)166)·정주(貞州)167) 등 세 주의 배 1백여 척을 빼앗아 불사르고
돌아갔다.168)〈등등〉

---

164) 禮成江 : 황해도 곡산군 대각산에서 발원하여 황해도 동부를 남류하여 황해
로 흘러드는 강. 강 하류역에는 연백평야가 펼쳐져 있다. 고려시대에 중국 송
과 교섭하는 모든 배가 이 곳에서 띄워지기 때문에 '禮成'이라는 이름을 갖게
되었다. 또한 송 상인들의 왕래가 많았을 때의 사실을 노래한 '禮成江曲'이 전
해진다. 왕건이 해상에서 후백제의 수군과 싸울 때에는 이곳이 수군의 근거지
가 되었으며, 하구의 碧瀾渡는 고려 松都의 배후 관문으로 수운을 담당하면서
번영을 누렸다.

165) 鹽州 : [史] 卷35 地理志2 漢州管內의 海皐郡條에 「本高句麗冬彡〈一作音〉
忽郡 景德王改名 今鹽州」라고 하였다. 또한 [勝覽] 卷43 黃海道 延安都護府
의 建置沿革條에 「本高句麗冬音忽 新羅改海皐郡 高麗初稱鹽州 成宗置防禦
使 顯宗初 廢防禦使屬海州 後置監務」라고 하였다. 鹽州는 지금의 황해도 延
安이다. 신라 때의 海皐郡이 고려 초에 염주로 불렸고, 고려 忠宣王 이후에 연
안이라고 불렸다.

166) 白州 : [史] 卷35 地理志2 漢州管內의 海皐郡條에 「領縣一 雛澤縣 本高句
麗刀臘縣 景德王改名 今白州」라고 하였다. 또한 [勝覽] 卷43 白川郡의 建置
沿革條에 「本高句麗刀臘縣〈一云雉嶽城〉 新羅改名雛澤 爲海皐郡領縣 高麗
初稱白州 顯宗屬平州…元宗以衛社功臣 趙颎之鄕 陞復興郡 恭愍王避侍中慶
復興之名 復稱白州 本朝太宗十三年 例改今名爲郡 自京畿還隷本道」라고 하
였다. 신라 때에 海皐郡의 領縣인 雛澤縣이 고려 초에 白州라고 불렸다. 백주
는 지금의 황해도 白川으로, 본래 경기도에 속해 있었으나 조선 太宗 13년에
백천으로 이름을 고치면서 황해도로 이속되었다.

167) 貞州 : [正]에는 眞州로 되어 있으나, [史] 卷50 列傳 甄萱條 및 [麗史] 卷2
太祖 15年條에는 貞州로 나와 있다. 貞州가 옳다. [勝覽] 卷13 豐德郡의 建置
沿革條에 「本高句麗貞州 高麗顯宗九年屬開城縣 爲尙書都省所掌 文宗十七
年直隷開城府 睿宗三年改爲昇天府 置知府事 忠宣王二年降知海豐郡事 本朝
太宗十三年省郡 屬開城留後司 十八年復爲郡 世宗二十四年幷德水縣 改今名」
이라고 하였다. 貞州는 漢江과 臨津江이 만나는 河口 가까이에 있었다.

168) 秋九月…焚之而去 : 같은 내용을 [史] 卷50 列傳 甄萱條에는 「秋九月 萱遣
一吉湌相貴 以船兵入高麗禮成江 留三日 取鹽·白·貞三州船一百艘焚之 捉
猪山島牧馬三百匹而歸」라고 하였다. 곧 '眞'州가 아니라 '貞'州로 나와 있고,
「捉猪山…而歸」의 내용이 더 첨가되어 있다. 다만 [麗史] 卷2 太祖 15年條에
는 [史] 卷50 列傳 甄萱條와 같이 기록되어 있다.

청태(淸泰)169) 원년 갑오(甲午, 934)에 견훤은 태조가 운주(運州)〈자세히 알 수 없다.〉170)에 주둔해 있다는 말을 듣고 군사[甲士]를 뽑아171) 부랴부랴 닥쳤다.172) 미처 진영을 설치하기도 전에 장군 유금필[黔弼]173)이 날랜 기병으로 이를 쳐서 3천여 명을 목베니, 웅진(熊津) 이북의 30여 성은 이 소문을 듣고 자진해서 항복하였으며,174) 견훤의 부하였던 술사(術士) 종훈(宗訓)175)과 의원[醫者] 지겸(之謙),176)

169) 淸泰 : 중국 後唐 廢帝의 연호(934-936). 청태 원년은 신라 敬順王 8년, 고려 太祖 17년에 해당한다. 앞의 주석 23) 참조.

170) 運州〈未詳〉 : 未詳이라고 했으나, [勝覽] 卷19 洪州牧의 建置沿革條에 「本高麗運州 成宗十四年置都團練使 顯宗三年改知州事 後改今名 恭愍王七年 以王師普愚之鄕陞爲牧 十七年降知州事 二十年復爲牧 本朝因之 世祖時置鎭」이라고 하였다. 고려 초의 運州는 고려 후기에 洪州로 고쳐졌으며, 지금의 충청남도 洪川에 해당된다.

171) 遂簡甲士 蓐食而至 : 본문의 이 부분은 [史] 卷50 列傳 甄萱條에서 「遂簡甲士五千至」라고 기록하였다. 곧 [史]에서는 '蓐食而' 3자가 빠져 있으나, 선발한 甲士가 5천 명임을 명기하였다.

172) 蓐食 : 잠자리 위에서 밥을 먹는다는 뜻이니, 일찍 행동한다는 의미이다.

173) 黔弼 : ?-941. 고려 초기의 武將. 平州 사람으로 王建을 도와 고려 건국에 큰 공을 세워 개국공신이 되었다. 太祖 3년(920)에 開定軍 3천 명을 거느리고 北界의 鶻巖鎭에 城을 쌓아 北蕃의 추장 3백 명을 항복시켰고, 925년에는 후백제의 燕山과 任存城을 공격하여 장군 吉奐을 죽이고 3천여 명을 죽이거나 사로잡았다. 그 뒤 그는 928년 청주싸움이나 929년 古昌郡전투, 933년 義城郡싸움에서 많은 공을 세웠다. 934년 運州싸움에서 그는 3천여 명을 殺獲하고 웅진 이북의 30여 성이 고려에 항복하게 하였으며, 936년에는 中軍將으로 후백제의 토벌전에 참가하였다. 994년(成宗 13년)에 太師로 추증되었고, 태조 묘정에 배향되었다. 시호는 忠節이며, 그의 전기가 [麗史] 卷92 열전5에 附傳되어 있다.

174) 熊津以北三十餘城 聞風自降 : 같은 내용이 [史] 卷50 列傳 甄萱條 및 [麗史] 卷2 太祖 17年 9月 丁巳條에 나온다. 또한 [史] 卷12 新羅本紀 敬順王 8年條에 「秋九月 老人星見 運州界三十餘郡縣 降於太祖」라고 하였다. 곧 熊津 이북의 30여 城은 運州 부근지역의 30여 군현이다.

175) 術士宗訓 : 術士는 풍수지리에 밝은 자로서 종군하여 戰術을 담당한 듯하다. [遺] 卷4 義解 寶壤梨木條에 「適太祖東征至淸道境 山賊嘯聚于犬城〈有山岑臨水峭立 今俗惡其名 改云犬城〉 驕傲不格 太祖至于山下 問師以易制之述 師

용장 상봉(尙逢)・작필(雀弼)[177] 등도 태조에게 항복하였다.[178]

병신(丙申, 936)[179] 정월에 견훤은 그 아들에게 말하기를, "내가 신라 말에 후백제(後百濟)[180]라는 이름을 내걸어 지금까지 여러 해가 되었다. 병사는 북군(北軍, 고려)보다 배나 되는데도 오히려 이처럼 불리하니, 아마도 하늘이 고려를 도우는 것 같다. 어찌 북쪽 고려왕에서 귀순해서 생명[首領]을 보전하지 않을 수 있겠느냐?"고 하였다. 그 아들 신검(神劍)・용검(龍劍)・양검(良劍) 등 세 사람은 모두 응하지 않았다.[181] 『이제가기(李磾家記)』에는 「견훤에게 아들 아홉이 있으니, 맏이는 신검〈또는 견성(甄成)〉이요, 둘째는 태사(太師) 겸뇌(謙腦)요, 셋째는 좌승(佐承) 용술(龍述)이요, 넷째는 태사 총지(聰智)요,

---

答曰 夫犬之爲物 司夜而不司畫 守前而忘其後 宜以畫擊其北 [太]祖從之 果敗降」이라고 하였다. 곧 술사는 왕건이 견성을 공격할 때에 實壤이 한 역할을 담당하였을 것이다. 종훈은 이 기록 외에 그 행적을 찾아 볼 수 없다.

176) 醫者之謙 : 본문은 [史] 卷50 列傳 甄萱條에 「醫者訓謙」으로 나와 있다. 訓謙이 옳을 것으로 생각된다. 之謙 또는 訓謙은 이 기록 외에 달리 행적이 전하지 않는다.

177) 勇將尙逢雀弼 : 본문은 [史] 卷50 列傳 甄萱條에 「勇將尙達崔弼」로 기록되어 있다. 곧 尙逢은 尙達로, 雀弼은 崔弼로 나와 있다.

178) 萱聞太祖屯運州…等降於太祖 : [史] 卷50 列傳 甄萱條 및 [麗史] 卷2 太祖 17年條에도 모두 같은 내용이 나온다. 다만 본문에서는 '淸泰元年'에 있었던 일로 기록하였으나, [史] 卷50 列傳 甄萱條에서는 같은 해 正月에 있었던 사실로, 또한 [麗史]에서는 태조 17년 9월에 있었던 사실로 기록하였다.

179) 丙申 : 고려 太祖 19년에 해당한다.

180) 後百濟 : 後三國의 하나. 892년(신라 眞聖王 6년) 甄萱에 의해 건국되어 936년(후백제 神劍 1년) 고려 太祖 王建에게 멸망당할 때까지 2대 45년 동안 존속하였다. 수도는 完山州(지금의 全州)였고, 신라・태봉・고려와 더불어 대립하였으며, 927년(신라 景哀王 4년)에는 신라를 침공하여 왕을 죽이고, 왕의 族弟인 金傅를 다시 왕으로 세우기도 하였다.

181) 丙申正月 萱謂子曰…三人皆不應 : 본문의 내용은 [史] 卷50 列傳 甄萱條에 나와 있지 않다.

다섯째는 대아간(大阿干) 종우(宗祐)요, 여섯째는 이름을 알 수 없고,
일곱째는 좌승 위흥(位興)이요, 여덟째는 태사 청구(靑丘)이며, 딸 하
나는 국대부인(國大夫人)이니 모두 상원부인(上院夫人)[182]의 소생이
다」라고 하였다.[183]

견훤은 아내와 첩이 많아서 아들 10여 명을 두었는데, 넷째 아들 금
강(金剛)이 키가 크고 지혜가 많았다. 견훤이 특히 그를 사랑하여 왕
위를 전하려 하니, 그의 형 신검·양검·용검 등이 알고 몹시 근심하
고 번민하였다. 이때 양검은 강주(康州) 도독(都督)[184]으로 있었고,
용검은 무주(武州)[185] 도독으로 있어서, 홀로 신검만이 [견훤의] 곁
에 있었다. 이찬(伊飡) 능환(能奐)이 사람을 강주와 무주에 보내 양
검 등과 모의하였다.[186] 청태(淸泰) 2년 을미(乙未, 935)[187] 봄 3월에

---

182) 上院夫人 : 여기서는 甄萱의 부인으로 나와 있으나, 본조의 앞부분 「李磾家
記」에는 '阿慈个의 첫째 부인'으로 나와 있다. 앞의 주석 17) 참조.
183) 李磾家記云…皆上院夫人所生也 : 본문의 내용은 [史] 卷50 列傳 甄萱條에
나와 있지 않다. 李磾家記에 대해서는 앞의 주석 10) 참조.
184) 都督 : [史] 卷40 職官志(下) 外官條에 「都督 九人 智證王六年 以異斯夫爲
悉直州軍主 文武王元年改爲摠管 元聖王元年稱都督 位自級飡至伊飡爲之」라
고 하였다. 통일신라 때에 州의 장관을 都督이라고 하였다. 州는 지증왕 때부
터 점차로 설치되었는데, 통일 이전에는 軍主를 파견하여 이를 관할하였다. 그
러다가 문무왕 때에 摠管이라고 고쳤으며, 元聖王 원년(785)에 도독으로 불렀
다. 이처럼 州의 장관이 軍主에서 도독으로 바뀌면서, 통일 이전에 신라가 새
로운 영토를 확보하여 주를 설치하고 軍政을 펴던 것이 서서히 民政으로 대치
되어갔다. 도독에 제수될 수 있는 사람의 官位는 級飡(제9품)으로부터 伊飡
(제2품)까지이다. 도독의 아래에 州助와 長史가 있어 각각 軍事와 民政을 보
좌하였다.
185) 武州 : 지금의 光州市. 앞의 주석 19) 참조.
186) 萱多妻妾…與良劍等謀 : 같은 문구가 [史] 卷50 列傳 甄萱條에 있으며, [麗
史] 卷2 太祖 18年 3月條에도 같은 내용이 기록되어 있다.
187) 淸泰二年乙未 : 淸泰는 중국 後唐 廢帝의 연호(934-936). 청태 2년은 고려
太祖 18년(신라 敬順王 9년)에 해당한다. 본조의 윗부분에서는 '淸泰元年甲

[이들은] 영순(英順) 등과 함께 신검을 권해서 견훤을 금산(金山)의 불당[佛宇]188)에 가두고 사람을 보내서 금강을 죽였다. 신검은 자칭 대왕이라고 하고 나라 안의 모든 죄수들을 사면해 주었다.〈등등〉189)

처음에 견훤이 아직 잠자리에서 일어나기 전에 멀리 대궐 뜰에서 고함치는 소리가 들리므로, 이게 무슨 소리냐고 묻자 신검이 아버지에게 아뢰기를, "왕께서는 늙으시어 군국(軍國)의 정사에 어두우시므로 장자 신검이 부왕(父王)의 자리를 대신하게 되었다고 해서 여러 장수들이 기뻐하는 소리입니다"라고 하였다. 조금 후에 아버지를 금산의

午'라고 하였다. 앞의 주석 23), 169) 참조.

188) 金山佛宇 : 金山寺를 가리킨다. 금산사는 전라북도 金堤郡 母岳山에 있는 사찰이다. 『金山寺事蹟』에는 백제 武王 1년(600)에 창건하였다고 기록되어 있다. 또한 [勝覽] 卷34 金溝縣 佛宇條에 「金山寺 在母岳山 後百濟甄萱所創」이라고 하였고, 그 뒤에는 본문 淸泰 3年의 기사를 길게 싣고 있다. 금산사가 백제 법왕이 창건하였다거나 견훤이 창건하였다는 기록은 믿을 수 있는 것이 아니다. 다만 금산사는 신라 경덕왕 때에 眞表와 연관하여 건립되어 있었다.([遺] 卷4 義解 眞表傳簡條 참조) 이후 후백제 견훤의 귀의를 받았으며, 고려 때 王師인 慧德이 文宗 33년(1079)에 금산사 주지로 부임하면서 대사찰의 면모를 갖추게 되었다. 石蓮臺·5층 석탑·露柱 등은 모두 이때에 만들어진 것으로 추정된다. 그 외에도 금산사 경내에는 당간지주·대장전·대적광전·미륵전·미륵장육상·석등·석종·6각다층 석탑·慧德王師塔碑·향로 등 많은 문화재가 전한다.

189) 至淸泰二年 春三月 與順英等…赦境內〈云云〉: [史] 卷50 列傳 甄萱條에는 「春三月 與波珍浪新德順英等」으로 나와 있다. 곧 神劍 등의 난을 모의한 인물로 순영 외에 신덕이 더 나와 있다. 또한 본문의 〈云云〉부분에 대해 [史] 卷50 列傳 甄萱條에서는 「其教書曰 如意特蒙寵愛 惠帝得以爲君 建成濫處元良 太宗作而卽位 天命不易 神器有歸 恭惟大王 神武超倫 英謀冠古 生丁衰季 自任經綸 徇地三韓 復邦百濟 廓淸塗炭 而黎元安集 鼓舞風雷 而邇遐駿奔 功業幾於重興 智慮忽其一失 幼子鍾愛 姦臣弄權 導大君於晉惠之昏 陷慈父於獻公之惑 擬以大寶授之頑童 所幸者上帝降衷 君子改過 命我元子 尹玆一邦 顧非震長之才 豈有臨君之智 兢兢慄慄 若蹈氷淵 宜推不次之恩 以示維新之政 可大赦境內 限淸泰二年十月十七日昧爽以前 已發覺未發覺 已結正未結正 大辟已下罪 咸赦除之 主者施行」이라고 하였다.

불당으로 옮기고 파달(巴達) 등 30여 명의 장사를 시켜서 지키게 하
였다. 당시 이런 동요가 있었다.

　　가엾구나, 완산아이

　　아비 잃고 눈물짓네[190]

　　견훤은 후궁과 나이 어린 남녀 두 명, 시비 고비녀(古比女)[191], 나
인[內人] 능예남(能乂男)[192] 등과 함께 갇혀 있었다. 4월에 이르러
술을 빚어서 지키는 장사 30명에게 먹여 취하게 하고는 [고려로 도망
해오자 태조는] 소원보(小元甫)　향예(香乂)·오염(吳琰)·충질(忠
質)[193] 등을 보내서 바닷길로 가서 맞아 오게[194] 하였다.[195] [고려

---

190) 初萱寢未起…失父涕連洒 : [史] 卷50 列傳 甄萱條에는 나오지 않은 내용이
　　다. 물론 童謠도 본문에만 나온다.
191) 古比女 : 甄萱의 侍婢로 견훤과 함께 금산사에 갇혔다가 탈출하여 고려로 간
　　인물이다. [史] 卷50 列傳 甄萱條에는 '嬖妾 姑比'로 기록되어 있다.
192) 內人能乂男 : 견훤에게 충성했던 환관으로 견훤과 함께 금산사에 갇혔다가
　　탈출하여 고려로 간 인물이다. [史] 卷50 列傳 甄萱條에는 '季男 能乂'로 기록
　　되어 있다. 따라서 본문의 '男'은 인명 속에 포함된 것이 아니라 '季男'의 誤記
　　인 듯하다. 곧 '능예남'이 아니라 '능예'로 생각된다. [麗史] 卷2 太祖 18年條에
　　도 '능예'로 나와 있다.
193) 香乂 吳琰 忠質 : 金山寺에서 탈출하여 왕건에게 귀부한 견훤의 일행을 맞이
　　하기 위해 보낸 왕건의 신하이다. [史] 卷50 列傳 甄萱條에는 庾黔弼·萬歲
　　등을 보내 맞이한 것으로 기록되었다. 같은 사실을 [麗史] 卷2 太祖 18年條에
　　는「夏六月 甄萱與季男能乂 女哀福 嬖妾姑比等奔羅州 請入朝 遣將軍庾黔弼
　　大匡萬歲 元甫香乂 吳淡 能宣 忠質等 領軍船四十餘艘 由海路迎之」라고 하
　　였다.
194) 海路迎之 : 견훤은 금산사에서 탈출하여 이미 고려의 관할 아래 있었던 錦城
　　(전라남도 羅州)으로 도망하여 왕건에게 투항하였다. 이 소식을 들은 왕건은
　　기뻐하며, 將軍 庾黔弼 등을 파견하여 海路로 王都(開城)에 이르게 하였다.
　　당시 나주를 점령한 왕건의 세력은 반남면 등 內陸 깊숙히 침투해 있었고, 이

에] 이르자 [태조는] 견훤의 나이가 10년 위라고 하여 존칭으로 상보(尙父)라고 하고 남궁(南宮)에 편히 있게 하였으며, 양주(楊州)196)의 식읍·전장(田庄)과 노비 40명, 말 9필을 주고,197) 후백제에서 먼저 항복해 와있던 신강(信康)198)으로 아전(衙前)을 삼았다.

견훤의 사위인 장군 영규(英規)199)가 비밀리에 그 아내에게 말하기

러한 사실은 금산사를 탈출한 견훤이 그곳에서 陸路로 왕건에게 투항하는 것보다도 나주로 잠입하는 것이 더 안전했음을 알려준다.

195) 萱與後宮年小男女二人…以海路迎之 : 같은 내용을 [史] 卷50 列傳 甄萱條에는 「萱在金山三朔 六月 與季男能乂 女子衰福 嬖妾姑比等 逃奔錦城 遣人請見於太祖 太祖喜遣將軍黔弼萬歲等 由水路勞來之 及至 待以厚禮」라고 하였다. 그러나 등장인물이나 일어난 시기 등은 두 기록 사이에 상당한 차이가 있다. 그 내용에 대해서는 앞의 주석 193) 참조. 다만 본문에는 나오지 않고 [史] 卷50 列傳 甄萱條에 나온 인물로 衰福이 있다. 다만 [史]에서와는 달리, '衰福'은 [麗史] 卷2 太祖 18年條에 '哀福'으로 기록되어 있다.

196) 楊州 : 지금의 경기도 楊州. [勝覽] 卷11 楊州牧 建置沿革條에 「本高句麗買省郡〈一云昌化郡〉新羅景德王改來蘇 高麗初陞見州 顯宗九年屬楊州」라고 하였다.

197) 旣至 以萱爲十年之上…馬九匹 : 같은 내용을 [史] 卷50 列傳 甄萱條에는 「及至 待以厚禮 以萱十年之長 尊爲尙父 授館以南宮 位在百官之上 賜楊州爲食邑 兼賜金帛蕃縟 奴婢各四十口 內廐馬十匹」이라고 하여, 본문과 조금 달리 기록하였다. 또한 [麗史] 卷2 太祖18年 6月條에는 [史]와 같이 기록되어 있다.

198) 信康 : 후백제 사람으로 甄萱보다 먼저 고려 왕건에게 來降해 있던 인물로, 견훤이 고려로 투항하여 南宮에 있게 되자 그곳의 衙前으로 배속되었다. 본문과 [麗史] 卷2 太祖18年 6月條에는 나오나, [史] 卷50 列傳 甄萱條에는 나타나지 않은 인물이다. 이때의 아전은 百官 위에 非常으로 설치된 尙父의 서무를 관할했던 일종의 胥吏職이었는 듯하다.

199) 英規 : 朴英規. 생몰년 미상. 후백제의 장군으로 견훤의 사위. 견훤이 금산사에서 탈출하여 왕건에게 귀순하자, 아내와 상의하여 고려에 사자를 보내고 왕건이 군사를 일으킨다면 내응한다는 뜻을 전하였다. 936년 9월에 왕건이 마침내 후백제를 칠 때에 공을 세우고 후삼국 통일을 완성하게 하였다. 왕건은 박영규의 공을 높이 사 左丞을 제수하고 밭 1000頃을 내렸으며, 뒤에 그의 관직이 三重大匡에 이르렀다. 그의 두 아들도 벼슬길에 나아갔으며, 두 딸은 왕건의 부인인 東山院夫人과 정종의 부인인 文恭王后이다. [麗史] 卷92 列傳5에

를, "대왕께서 나라를 위해서 애쓰신 지 40여 년에 공업이 거의 이루
어지려 하는데, 하루 아침에 가족간의 불화로 나라를 잃고 고려로 가
셨다. 대체로 정조있는 여자는 두 남편을 모시지 않고 충신은 두 임금
을 섬기지 않는 법이다. 만약 내 임금을 버리고 반역한 아들을 섬긴다
면 무슨 낮으로 천하의 의사들을 본단 말인가! 하물며 고려의 왕공은
어질고 후덕하며 부지런하고 검소하여 민심을 얻었다고 하니, 이는 아
마도 하늘이 계시한 것인가 하오. 필경 삼한의 임금이 될 것이니, 어
찌 글을 올려 우리 임금을 위안하고 겸해 왕공에게 은근히 하여 뒷날
의 복을 도모하지 않겠소?"라고 하였다. 그 아내가 말하기를, "당신의
말씀이 바로 저의 뜻입니다"라고 하였다.

　이에 천복(天福) 원년 병신(丙申, 936) 2월에 사람을 보내 태조에
게 자기의 뜻을 말하기를, "왕께서 의기(義旗)를 드시면 저는 내응하
여 왕사(王師, 고려군)를 맞이하겠습니다"라고 하였다. 태조는 기뻐하
여 사자에게 예물을 후히 주어 보내고, 영규에게 사례하여 말하기를,
"만일 [그대의] 은혜를 입어 하나로 합해져서 길에서 막히는 일이 없
게 된다면, 곧 먼저 장군을 뵙고 다음에 당(堂)에 올라 부인께 절하며,
형으로 섬기고 누님으로 받들어 반드시 끝까지 후하게 보답하겠소. 천
지신명[天地鬼神]은 모두 이 말을 들을 것이오"라고 하였다.[200]

───────────
　　附傳되어 있다.
200) 甄萱壻將軍英規…天地鬼神皆聞此語 : 같은 내용을 [史] 卷50 列傳 甄萱條
　　에 「甄萱壻將軍英規密語其妻曰 大王勤勞四十餘年 功業垂成 一旦以家人之
　　禍失地 投於高麗 夫貞女不事二夫 忠臣不事二主 若捨己君以事逆子 則何顔
　　以見天下之義士乎 況聞高麗王公仁厚勤儉 以得民心 殆天啓也 必爲三韓之主
　　盍致書以安慰我王 兼殷勤於王公 以圖將來之福乎 其妻曰 子之言是吾意也
　　於是 天福元年二月 遣人致意 遂告太祖曰 若擧義旗 請爲內應 以迎王師 太祖
　　大喜 厚賜其使者而遣之 兼謝英規曰 若蒙恩一合 無道路之梗 則先致謁於將

6월[201])에 견훤이 태조에게 말하기를, "노신이 전하께 항복해 온 것은 전하의 위엄[威稜]을 빌어 반역한 자식을 죽이기를 바란 것입니다. 엎드려 바라건대, 대왕께서는 신병(神兵)을 빌려 주셔서 적자(賊子)와 난신[亂]을 죽이게 해주시면, 신은 비록 죽어도 유감이 없겠습니다[202])"라고 하였다. 태조가 말하기를, "그들을 토벌하지 않으려는 것이 아니라 그때를 기다리는 것이오"라고 하였다.[203]) 이에 먼저 태자 무(武)[204])와 장군 술희(述希)[205])를 보내 보병과 기병 10만 명을 거느

軍 然後升堂拜夫人 兄事而姊尊之 必終有以厚報之 天地鬼神皆聞此言」이라고 하였다. 본문 중의 「從於高麗」의 '從'을 [史]에서는 '投'로 기록하였다. 또한 「貞女不可二夫」의 '可'를 [史]에서는 '事'로, 「後來之福」의 '來'를 '將'으로, 「致意於太祖曰」의 '於'를 '逡告'로, 「君擧義旗」의 '君'을 '若'으로, 「天下鬼神」의 '下'를 '地'로 기록하였고, 「謝英規曰」의 '謝' 앞에 '兼'을 첨가하였다.

201) 六月 : [史] 卷50 列傳 甄萱條 및 [麗史] 卷2 太祖 19年條에는 「夏六月」로 기록하였다.

202) 臣雖死無憾 : [史] 卷50 列傳 甄萱條에는 본문 앞에 '則'자가 첨가되어 있다.

203) 太祖曰 非不欲討之 待其時也 : 본문과는 달리, [史] 卷50 列傳 甄萱條에서는 「太祖從之」라고 하였다. 또한 [麗史] 卷2 太祖 19年 夏6月條에는 「王初欲待時而動 憐其固請 乃從之」라고 하여 본문과 [史]의 내용을 종합하여 기록하였다.

204) 太子武 : 고려의 제2대 왕인 惠宗. 재위 244-245. [麗史] 卷2 惠宗 卽位年條에 「惠宗仁德明孝宣顯義恭大王 諱武 字承乾 太祖長子 母曰莊和王后吳氏 後梁乾和二年壬申生 太祖四年立爲王胤 從討百濟 奮勇先登 功爲第一 二十六年五月丙午 太祖薨 奉遺命卽位」라고 하였다. 궁예의 부장으로 羅州원정에 나섰던 왕건과 羅州 吳氏와의 사이에서 출생하였다. 武는 후백제 토벌전에 참가하여 큰 공을 세웠다. 태조는 장자가 왕위를 이어갈 것을 遺訓하였는데, 오씨의 집안이 미미하였기 때문에 朴述希로 하여금 혜종을 보좌하게 하였다. 그러나 여러 왕자들 사이의 왕위쟁탈전이 전개되면서 혜종은 2년여 동안 왕위에 있었다.

205) 述希 : 朴述熙. ?-945. 고려 초의 무신이며, 樬城郡 사람으로 沔川 朴氏의 시조이다. 太祖 4년(921) 이후 태자인 武를 보필하였으며, 訓要十條를 전수받고 혜종을 옹립하는 데에 공을 세웠다. 그러나 그는 당시 廣州지역의 호족세력인 王規와 대립관계에 있었다. 기록상으로는 왕규에게 피살된 것으로 되어 있으나, 왕규 자신도 바로 갑곶에 유배되었다가 살해되므로 그 살해의 책임을 왕규

리고 천안부(天安府)206)로 가게 하였다.207) 가을 9월에 태조는 삼군을 거느리고 천안에 이르러 군사를 합하여 일선군[一善]208)으로 진격하니, 신검이 군사를 거느리고 막았다. 갑오일[甲午]209)에 일리천(一利川)210)을 사이에 두고 서로 대치하니, 고려 군사는 동북방을 등지고 서남쪽을 향해 진을 쳤다.

태조는 견훤과 함께 군대를 사열하는데, 갑자기 칼과 창같은 흰 구름이 우리 군대 쪽에서 일어나 적군을 향해갔다. 이에 북을 치면서 나아가니211) 후백제의 장군 효봉(孝奉)·덕술(德述)·애술(哀述)·명

에게 전가한 것으로 이해된다. 뒤에 嚴毅라는 시호를 받고 太師三重大匡에 추증되었으며, 그의 아들이 精元이다. [麗史] 卷72 列傳5에 附傳되어 있다.

206) 天安府 : 지금의 충청남도 天安. [勝覽] 卷15 天安郡 建置沿革條에 「本東西兜率之地 高麗太祖十三年 合爲天安府 置都督 成宗改歡州都團鍊使 穆宗廢之 顯宗復稱天安…忠宣王改寧州 恭愍王時 復爲天安府 本朝太宗十三年 改寧山郡 十六年 改今名」이라고 하였다. 고려 태조 때와 공민왕 때에 천안부로 불렸다.

207) 先遣太子…趣天安府 : 본문의 내용을 [史] 卷50 列傳 甄萱條에서는 「先遣太子武 將軍述希 領步騎一萬 趣天安府」라고 하여 달리 기록하였다. 우선 「太子及武」의 '及'자가 [史]에는 기록되어 있지 않다. 또한 본문에서는 步騎 10만을 거느리고 천안으로 내려간 것으로 기록되었는데, [史]에서는 1만을 거느린 것으로 나와 있다. [麗史] 卷2 太祖19年條의 기록은 [史]와 같이 1만으로 나와 있다.

208) 一善 : 지금의 善山. [麗史] 卷2 太祖19年條에는 「一善郡」으로 나와 있다. 일선군에 대해서는 앞의 주석 26) 참조.

209) 甲午日 : 8일에 해당된다. 곧 太祖 19年(936) 9月 8日이다.

210) 一利川 : [史] 卷34 地理志1 康州管內의 星山郡條에 「本一利郡〈一云里山郡〉 景德王改名 今加利縣」이라고 하였다. 一利郡 또는 星山郡은 지금의 경상북도 星州郡이며, 一利川은 성주를 흐르는 내이다.

211) 乃鼓行而進 : 본문 앞에 [史] 卷50 列傳 甄萱條에는 「太祖與尙父萱觀兵 以大相堅權 述希 金山 將軍龍吉 奇彦等 領步騎三萬爲左翼 大相金鐵 洪儒 守鄕 將軍王順 俊良等 領步騎三萬爲右翼 大匡順式 大相兢俊 王謙 王乂 黔弼 將軍貞順 宗熙等 以鐵騎二萬 步卒三千 及黑水鐵利諸道 勁騎九千五百爲中軍 大將軍公萱 將軍王含允 以兵一萬五千爲先鋒」이라고 하였다. 다만 이러한

길(明吉) 등은 고려 병사의 형세가 크고 정돈된 것을 바라보고, 갑옷을 버리고 진 앞에 나와 항복하였다.212) 태조는 이들을 위로하고 장수가 있는 곳을 물으니, 효봉 등이 말하기를, "원수 신검은 중군(中軍)에 있습니다"라고 하였다. 태조는 장군 공훤(公萱)213) 등에게 명하여 삼군(三軍)을 일시에 진군시켜 협격(挾擊)하니214) 후백제 군은 무너져 달아났다.215)

황산(黃山) 탄현(炭峴)에 이르자216) 신검은 두 아우와 장군 부달

내용을 본문 앞의 [遺]에서는 「忽白雲狀如劍戟起 我師向彼行焉」이라고 기록하였다. 또한 [麗史] 卷2 太祖19年 9月條에는 [史] 卷50 列傳 甄萱條의 상기 기록보다 상세한 내용이 이어져 있는데, [史]에서와는 달리 [麗史]에서는 '守鄕'이 '守卿'으로 '王順'이 '王三'으로 기록되어 있다.

212) 百濟將軍 孝奉 德述 哀述 明吉等…降於陣前 : [史] 卷50 列傳 甄萱條에는 같은 기록이 나와 있다. 孝奉·德述·哀述·明吉 등은 후백제 토벌전에서 왕건에게 항복한 후백제의 장수이다. 다만 [麗史] 卷2 太祖19年 9月條에서는 효봉·덕술·애술·명길 '等'이 아니라 '四人'이라고 분명히 했으며, 또한 이들이 '甄萱馬前'에 항복한 것으로 기록하였다.

213) 公萱 : 고려 초기의 장군. 생몰년 미상. 태조 10년(927)에 신라가 후백제의 침입으로 위급하여 고려에 구원을 청하자, 공훤이 군사 1만을 거느리고 출전하였다. 929년의 고창군 전투에서 洪儒·庚黔弼 등과 함께 후백제군을 크게 물리쳤고, 936년에 왕건이 三軍으로 후백제를 평정할 때에 能弼·王含允 등과 함께 上軍을 거느리고 이천에서 신검을 격파하였다.

214) 太祖命…三軍齊進挾擊 : 같은 내용을 [史] 卷50 列傳 甄萱條에는 「太祖命將軍公萱直擣中軍 一軍齊進挾擊」이라고 하여 조금 달리 기록하였다. 또한 본문 및 [麗史] 卷2 太祖 19年 9月條에는 '三軍'으로 나와 있으나 [史]에서는 '一軍'으로 기록되어 있다. 본문 및 [麗史]의 기록이 옳다. 당시 왕건의 군대는 右翼·中軍·左翼의 三軍으로 편성되어 있었다. 周의 제도에 天子는 六軍, 제후는 대국이 三軍, 그 다음은 二軍, 소국은 一軍이라고 하였다. 그러나 春秋시대에 와서는 三軍이 軍隊의 통칭으로 되었다.

215) 百濟軍潰北 : [史] 卷50 列傳 甄萱條에도 본문과 같이 기록되어 있으나, [麗史] 卷2 太祖19年 9月條에 「賊兵大潰 虜將軍昕康 見達 殷述 今式 又奉等 三千二百人 斬五千七百餘級」이라고 하여 보다 자세한 내용을 언급하고 있다.

216) 至黃山炭峴 : [麗史] 卷2 太祖19年 9月條에도 나와 있으나, [史] 卷50 列傳 甄萱條에는 기록되어 있지 않다. 黃山에 대해서는 앞의 주석 41) 참조.

(富達)·능환(能奐)217) 등 40여 명과 함께 항복하였다. 태조는 항복
을 받고 나머지는 모두 위로하여218) 처자와 함께 서울로 가도록 허락
하였다. 태조가 능환에게 묻기를, "처음에 양검 등과 비밀리 모의하여
대왕을 가두고 그 아들을 세운 것은 너의 꾀이니, 신하된 의리로 의당
그럴 수가 있느냐?"고 하였다. 능환은 머리를 숙이고 말을 하지 못하
였다. 드디어 그를 목베어 죽이게 하였다. 신검이 참람되이 왕위에 오
른 것은 남에게 협박된 것이요 그의 본심이 아니었으며, 또 항복하여
죄를 빌므로 [태조는] 특별히 그 죽음을 용서하였다.219) 견훤은 [이
것을] 분하게 여겨 등창이 나서 며칠만에 황산(黃山)의 불당에서 죽
으니, 때는 9월 8일이고 나이는 70살이었다.220)

태조의 군령은 엄하고 분명해서 사졸들이 조금도 범하지 않았으므
로, 주현이 안도하여 늙은이와 어린이가 모두 만세를 불렀다.221) 태조

217) 富達能奐 : 후백제 토벌전에서 神劍과 함께 왕건에게 항복한 후백제의 장수.
[史] 卷50 列傳 甄萱條에는 두 사람 외에 '小達'이 더 추가되어 있다. 왕건은
항복한 후백제의 장수를 모두 용서해 주었는데, 능환만은 양검 등과 모의하여
반역하였기 때문에 죽였다. 또 견훤을 몰아내는 반역에 가담한 후백제의 신하
로 英順이 알려져 있는데, 그에 대해서는 더 이상의 행적이 알려져 있지 않다.
218) 太祖受降 餘皆勞之 : 본문에 대해서 [史] 卷50 列傳 甄萱條에서는 「太祖受
降 除能奐 餘皆慰勞之」라고 하였다.
219) 以神劍…特原其死 : [史] 卷50 列傳 甄萱條에도 본문과 같이 기록되어 있으
나, 특히 [史]에서는 「一云三兄弟皆伏誅」라는 註記가 붙어 있다. 다만 본문의
내용을 [麗史] 卷2 太祖 19年 9月條에는 「流良劍龍劍于眞州 尋殺之 以神劍
僭位 爲人所脅 罪輕二弟 又且歸命 特免死 賜官」이라고 하였다.
220) 九月八日也 壽七十 : 본문은 [史] 卷50 列傳 甄萱條이나 [麗史]에도 나와
있지 않은 기록이다. 견훤은 景文王 7년(867)에 태어났으므로 70세로 죽었다.
221) 太祖軍令嚴明…老幼皆呼萬歲 : 본문은 [史] 卷50 列傳 甄萱條에도 그대로
나와 있다. 다만 [史]에서는 본문에 이어 「於是存問將士 量材任用 小民各安
其所業 謂神劍之罪 如前所言 乃賜官位 其二弟與能奐罪同 遂流於眞州 尋殺
之」라는 내용이 더 추가되어 있다.

는 영규(英規)에게 말하기를, "전왕이 나라를 잃은 후에 신하된 사람으로서 한 사람도 그를 위로해 주는 이가 없었는데, 오직 경의 부부만이 천 리 밖에서 글을 보내[222] 성의를 보였고, 겸해서 나에게로 귀순하는 아름다움을 보였으니 그 의리를 잊을 수 없다"라고 하였다. 좌승(左承)[223]이란 벼슬과 밭 1천 경을 내리고, 역마 35필을 빌려주어 가족들을 맞게 했으며 그 두 아들에게도 벼슬을 주었다.

견훤은 당나라 경복(景福) 원년(892)에 나라를 세워 진(晉)나라 천복(天福) 원년(936)에까지 총 45년만인 병신(丙申)년에 망하였다.[224]

사론(史論)에는 다음과 같이 말하였다.[225]

「신라는 운수가 다하고 도(道)를 잃어버려 하늘이 돕지 않고 백성들은 의탁할 데가 없게 되었다. 이에 뭇 도둑들이 틈을 타서 일어나 마치 고슴도치의 털과 같았다. 그 중에서도 강한 도둑[劇者][226]은 궁예와 견훤 두 사람일 따름이다. 궁예는 본래 신라의 왕자로서 도리어 제나라를 원수로 삼아[227] 심지어는 선조의 화상(畫像)을 칼로 베었으

<hr/>

222) 嗣音 : 소식을 계속 보낸다는 뜻이다. 『詩經』의 「子寧不嗣音」에서 나온 말이다.
223) 左承 : 左丞. 고려 통일 후 정해진 16관등 중의 제6관등에 해당된다.
224) 甄萱起…共四十五年 丙申滅 : [史] 卷50 列傳 甄萱條에도 본문과 같이 기록되어 있다. 후백제는 892년(신라 眞聖王 6년)에 건국되어 936년까지 45년 동안 존속하였다.
225) 史論曰 : [史] 卷50 列傳 甄萱條에는 '論曰'이라고 하였는데, 그 두 내용은 똑같이 기록되어 있다.
226) 劇者 : 劇寇와 같은 뜻으로 강한 도적이라는 말이다.
227) 以家國爲讎 : 본문의 '家'國을 [史] 卷50 列傳 甄萱條에는 '宗'國으로 표현하였다. [史] 卷50 列傳 弓裔條에 「考第四十七憲安王誼靖 母憲安王嬪御 失其姓名 或云 四十八景文王膺廉之子 以五月五日生於外家 其時屋上有素光 若長虹 上屬天 日官奏曰 此兒以重午日生 生而有齒 且光焰異常 恐將來不利於

니,228) 그 어질지 못한 것이 너무 심하였다. 견훤은 신라의 백성으로 일어나 신라의 국록[祿]을 먹으면서도 나쁜 마음을 품고, 나라의 위태로움을 다행으로 여겨 신라의 도읍을 쳐서 임금과 신하를 마치 짐승처럼 죽였으니, 참으로 천하의 원흉이다. 때문에 궁예는 그 신하에게서 버림을 당했고 견훤은 그 아들에게서 화근이 발생했으니, 모두 스스로 취한 것인데 다시 누구를 원망하겠는가? 비록 항우(項羽)229) · 이밀(李密)230)의 뛰어난 재주로도 한(漢)과 당(唐)나라가 일어나는 것을 대적하지 못했거늘, 하물며 궁예와 견훤 같은 흉한 자들이 어찌 우리 태조와 더불어 대항할 수 있었으랴?」

國家 宜勿養之 王勅中使 抵其家殺之 使者取於襁褓中 投之樓下 乳婢竊捧之 誤以手觸 眇其一目 抱而逃竄 劬勞養育」이라고 하였다. 궁예가 重五日에 태어나자 日官은 「장래 국가에 不利할 것이니 키우지 말자」고 주청하였다. 곧 궁예는 태어나면서 신라 조정으로부터 버림을 받았으며, 뒤에 왕이 되어서는 신라를 '滅都'로 부르게 하였다.

228) 斬先祖之畫像 : [史] 卷50 列傳 弓裔條에는 「天復元年辛酉 善宗自稱王 謂 人曰 往者新羅請兵於唐 以破高句麗 故平壤舊都鞠爲茂草 吾必報其讎 蓋怨 生時見棄 故有此言 嘗南巡至興州浮石寺 見壁畫新羅王像 發劍擊之 其刃迹 猶在」이라고 하였다. 궁예는 스스로 왕이 된 후 영주의 浮石寺에 행차하여 그곳에 있는 신라왕의 초상화를 칼을 빼어 쳤다.

229) 項羽 : 秦末漢初의 영웅. BC 232-202. 楚의 건국자이다. 자세한 것은 본서 卷 1 紀異 奈勿王 金提上條 참조.

230) 李密 : 隋末唐初의 群雄의 한 사람. 582-618. 『隋書』·『舊唐書』·『新唐書』에 附傳되어 있다. 그의 先祖는 遼東의 襄平에 살았는데, 西魏·北周에 벼슬하여 太師·魏國公이 되었다. 아버지 寬은 隋의 上柱國浦山郡公이 되어 長安에 거주하였다. 수 煬帝가 고구려를 원정할 때에 후방의 楊玄感이 군사를 일으키니, 이밀은 그의 謀主가 되었다. 현감이 죽자 그는 洛口에 웅거하여 세력을 떨쳤고, 617년 諸將에 옹립되어 魏公이라고 일컬었으며 연호를 永平이라고 하였다. 그러나 이내 王世充에게 배반당해 그로 인해 唐에 항복하였다. 당으로부터 光祿卿을 제수받아 邢國公이 되었다. 후에 재기하고자 다시 당을 배반하였다가 盛世彦에게 토벌되어 죽었다.

60. 駕洛國記〈文廟1)朝 太2)康年間金官知州事文人所撰也 今略而載之〉

　開闢之後 此地未有邦國之號 亦無君臣之稱 越有我刀干 汝刀干 彼刀干 五刀干 留水干 留天干 神天干3) 五天干 神鬼干等 九干者 是酋長 領總百姓 凡一百4)戶 七萬五千人 多以自都山野 鑿井而飮 耕田而食

　屬後漢世祖光武5)帝建武6)十八年壬寅三月禊7)浴8)之日 所居北龜旨〈是峰巒之稱 若十朋伏之狀 故云也〉有殊常聲氣呼喚 衆庶二三百人 集會於此 有如人音 隱其形 而發其音曰 此有人否 九干等云 吾徒在 又曰 吾所在爲何 對云 龜旨也 又曰 皇天所以命我者 御是處 惟新家邦 爲君后 爲玆故降矣 爾9)等須掘峰頂撮土 歌之云 龜何龜何 首其現也 若不現也 燔灼而喫也 以之蹈舞 則是迎大王 歡喜踊躍之也

　九干等如其言 咸炘10)而歌舞 未幾仰而觀之 唯紫繩自天垂而着

---

1) 廟 : [正][晚][順] 庙. [品][斗][浩][六] 廟.
2) 太 : [正][晚][品][斗][浩][六] 大. 『遼史』太.
3) 神天干 : [六] 없음.
4) 百 : [品][浩][民][東] 萬.
5) 武 : [正] 正. 고려 惠宗의 이름 '武'의 결획피휘.
6) 武 : 주 5)와 같음.
7) 禊 : [浩] 稧.
8) 浴 : [正][晚][斗] 洛. [品][浩][六][民] 浴.
9) 爾 : [正][晚][品][六] 你(爾의 속자). [斗][浩] 儞.

地 尋繩之下 乃見紅幅裹[11]金合子 開而視之 有黃金卵六 圓如日
者 衆人悉皆驚喜 俱伸百拜 尋還 裹[12]著抱持 而歸我刀家 寘榻上
其衆各散

過浹辰 翌日平明 衆庶復相聚集開合 而六卵化爲童子 容貌[13]甚
偉 仍坐於床 衆庶拜賀 盡恭敬止 日日[14]而大 踰十餘晨昏 身長九
尺 則殷之天乙 顏如龍焉 則漢之高祖 眉之八彩 則有唐之高[15] 眼
之重瞳則 有虞之舜 其於[16]月望日卽位也 始現故諱首露 或云首陵
〈首陵是崩後謚也〉

國稱大駕洛 又稱伽耶國 卽六伽耶之一也 餘五人各歸爲五伽耶
主 東以黃山江 西南以滄[17]海 西北以地理山 東北以伽耶山 南而
爲國尾 俾創假宮而入御 但要質儉 茅茨不剪 土階三尺

二年癸卯春正月 王若曰 朕欲定置京都 仍駕幸假宮之南新畓坪
〈是古來閑田 新耕作故云也 畓乃俗文也〉四望山嶽 顧左右曰 此地狹小
如蓼葉 然而秀異 可爲十六羅漢住地 何況自一成三 自三成七 七
聖住地 固合于是 托土開疆 終然允臧歟 築置一千五百步周廻羅城
宮禁殿宇 及諸有司屋宇 虎[18]庫倉廩[19]之地 事訖還[20]宮 徧徵國

---

10) 炘 : [正][晚][順] 忻. [品][斗][浩][六] 炘.
11) 裹 : [正][晚] 裛. [品][斗][浩][六][民] 裹.
12) 裹 : 주 11)과 같음.
13) 貌 : [正][晚][品] 皃(貌와 동자). [斗][浩][六] 貌.
14) 日 : [斗] 月.
15) 高 : 고려 定宗의 이름 '堯'의 피휘.
16) 其於 : [浩][民] 於其.
17) 滄 : [正][晚][品] 澹. [斗][浩][六][民] 滄.
18) 虎 : 고려 惠宗의 이름 '武'의 피휘.
19) 廩 : [浩] 庫.
20) 還 : [斗] 四.

內丁壯人夫工匠 以其月二十日資始金湯[21] 暨[22]三月十日役畢 其
宮闕屋舍 俟[23]農隙而作之 經始于厥年十月 逮甲辰二月而成 涓吉
辰御新宮 理萬機而懃庶務

　忽有琓夏國含達王之夫人妊娠 彌[24]月生卵 卵[25]化爲人 名曰脫
解 從海而來 身長九尺七寸[26] 頭圍[27]三尺二寸[28] 悅[29]焉詣闕 語
於王云 我欲奪王之位 故來耳 王答[30]曰 天命我俾卽于位 將令安
中國 而綏下民 不敢違天之命 以與之位 又不敢以吾國吾民 付囑
於汝 解云 若爾可爭其術 王曰可也 俄頃之間 解化爲鷹 王化爲鷲
又解化爲雀 王化爲鸇 于此際也 寸陰未移 解還本身 王亦復然 解
乃伏膺曰 僕也適於角術[31]之場 鷹之於[32]鷲 雀之於鸇 獲免焉 此
蓋聖人惡殺之仁而然乎 僕之與王 爭位良難 便拜辭而出 到隣[33]郊
外渡頭 將中朝來泊之水[34]道而行 王竊恐滯留謀亂 急發舟師五百
艘而追之 解奔入雞林地界 舟師盡還 事記所載多異與新羅

---

21) 湯 : [正][晚][品][斗][六] 陽. [浩][民] 湯.
22) 暨 : [正][晚] 墍. [品][斗][浩][六] 暨.
23) 俟 : [正][晚] 候. [品][斗][浩][六][리] 俟.
24) 彌 : [正][晚][品] 旀(彌와 상통). [斗][浩][六] 彌.
25) 卵 : [六] 없음.
26) 九尺七寸 : [正][晚][品][斗][六] 三尺. [浩][民] 五尺. [史] 卷1 新羅本紀
　　脫解尼師今條에는 九尺. [遺] 卷1 紀異 第四脫解王條에는 九尺七寸.
27) 圍 : [正][晚][品][斗] 圓. [浩][六][民] 圍.
28) 三尺二寸 : [正][晚][品][斗][浩][六] 一尺. [遺] 卷1 紀異 第四脫解王條에
　　는 三尺二寸.
29) 悅 : [品] 脫.
30) 答 : [正][晚] 荅. [品][斗][浩][六] 答.
31) 術 : [浩] 逐.
32) 於 : [正][晚][品][斗][六] 없음. [浩][民] 於.
33) 隣 : [正][晚][品][浩][六] 麟. [斗] 隣.
34) 水 : [正][晚] 木. [品][斗][浩][六][民] 水.

屬建武[35]二十四年戊申七月二十七日 九干等朝謁之次 獻言曰 大王降靈已來 好仇未得 請臣等所有處女絶好者 選入宮闈 俾爲伉儷 王曰 朕降于玆 天命也 配朕而作后 亦天之命 卿等無慮 遂命留天干押輕舟 持駿馬 到望山島立待 申命神鬼干 就乘岾〈望山島 京南島嶼也 乘岾 輦下國也〉 忽自海之西南隅 掛緋帆 張茜旗 而指乎北 留天等先擧火於島上 則競渡下陸 爭奔而來 神鬼望之 走入[36]闕奏之 上聞欣欣 尋遣九干等 整蘭橈 揚桂楫而迎之 旋欲陪入內 王后乃曰 我與爾[37]等素昧平生 焉敢輕忽相隨而去 留天等返達后之語 王然之 率有司動蹕 從闕下西南六十步許地 山邊設幔殿祗候 王后於山外別浦津頭 維舟登陸 憩於高嶠 解所著綾袴[38]爲贄 遺于山靈也 其地[39]侍從媵臣二員 名曰申輔 趙匡 其妻二人 號慕貞 慕良 或臧獲幷計二十餘口 所賫錦繡綾羅 衣裳疋段 金銀珠玉 瓊玖[40]服玩器 不可勝記 王后漸近行在 上出迎之 同入帷宮 媵臣已下衆人就階下而見之卽退 上命有司 引媵臣夫妻曰 人各以一房安置 已下臧獲各一房五六人安置

給之以蘭液蕙醑 寢之以文茵彩薦 至於衣服 疋段 寶貨之類 多以軍夫遴集而護之 於是王與后共在御國寢 從容語王曰 妾是阿踰陁國公主也 姓許名黃玉 年二八矣 在本國時 今年五月中 父王與皇后顧妾而語曰 爺孃一昨夢中 同見皇天上帝 謂曰 駕洛國元君首

35) 武 : 주 5)와 같음.
36) 入 : [六] 없음.
37) 爾 : [正][晩] 없음. [品] 卿. [斗][浩][六] 爾. [民] 卿 혹은 爾.
38) 袴 : [正][晩] 桍. [品][斗][浩][六] 袴.
39) 地 : [品][斗][浩] 他.
40) 玖 : [正][晩][順] 玻. [品][斗][浩][六][民] 玖.

露者 天所降而俾御大寶 乃神乃聖 惟其人乎 且以新莅[41])家邦 未
定匹偶 卿等須遣公主而配之 言訖升天 形開之後 上帝之言 其猶
在耳 爾[42])於此而忽辭親向彼乎往矣 妾也浮海遐尋於蒸棗[43]) 移天
夐赴於蟠桃 蓁首敢叨 龍顏是近 王答曰 朕生而頗聖 先知公主自
遠而屆 下臣有納妃之請 不敢從焉 今也淑質自臻 眇躬多幸

遂以合歡 兩過淸宵 一經白晝 於是遂還來船 篙工楫師共十有五
人 各賜粮粳米十碩 布三十疋 令歸本國 八月一日廻鑾 與后同輦
媵臣夫妻齊鑣[44])幷駕 其漢肆[45])雜物 咸[46])使乘載 徐徐入闕 時銅
壺欲午 王后爰處中宮 勅賜媵臣夫妻 私屬 空閑二室分入 餘外從
者以賓館 一坐二十餘間 酌定人數 區別安置 日給豐羨 其所載珍
物 藏於內庫 以爲王后四時之費 一日上語臣下曰 九干等俱爲庶僚
之長 其位與名 皆是宵人野夫之號 頓非簪履職位之稱 儻化外傳聞
必有嗤笑之恥

遂改我刀爲我躬 汝刀爲汝諧 彼刀爲彼藏 五刀[47])爲五常 留水
留天之名 不動上字 改下字[48]) 留功 留德 神天[49])改爲神道 五天改
爲五能 神鬼之音不易 改訓爲臣貴 取雞林職儀 置角干 阿叱干 級
干之秩 其下官僚 以周判[50])漢儀而分定之 斯所以革古鼎 新設官分

---

41) 莅 : [順] 花 (가필).
42) 爾 : [正][晚][品][斗][浩][六] 你 (爾의 속자).
43) 棗 : [正][晚][順][品][斗] 來. [浩][六][民] 棗.
44) 鑣 : [正][晚][斗] 鑣. [品] 轙. [浩][六] 鑣.
45) 肆 : [正][晚] 판독미상. [品][斗][浩][六][民] 肆.
46) 咸 : [正][晚][六] 感. [品][斗][浩][民] 咸.
47) 刀 : [正][晚][品][斗][六] 方. [浩][民] 刀.
48) 字 : 이 뒤에 [正][晚][品][斗][六] 없음. [浩][民] 爲.
49) 神天 : [正][晚] 없음. [品][斗][浩][六][民] 神天.
50) 判 : [浩][民] 制.

職之道歟 於是乎理國齊家 愛民如子 其教不肅而威 其政不嚴而理
況與王后而居也 比51)如天之有地 日之有月 陽之有陰 其功也 塗
山翼夏 唐媛52)興姚53) 頻年有夢54)得熊羆之兆 誕生太子居登公 靈
帝中平六年己巳三月一日后崩 壽一百五十七 國人如嘆坤崩 葬於
龜旨東北塢 遂欲不55)忘56)子愛下民之惠 因號初來下纜渡頭村曰
主浦村 解綾57)袴58)高岡曰綾峴 茜旗行入海涯曰旗出邊

　　媵臣泉府卿申輔 宗正監趙匡等 到國三十年後 各産二女焉 夫與
婦踰一二年而皆抛59)信也 其餘臧獲之輩 自來七八年間 未有玆子60)
生 唯抱懷土之悲 皆首丘而没 所舍賓館 闃61)其無人 元君乃每歌62)
鰥枕 悲嘆良多 隔二五歲 以獻帝立63)安四年己卯三月二十三日而
殂落 壽一百五十八歲矣 國中之人若亡天只 悲慟 甚於后崩之日
遂於闕之艮方平地 造立殯宮 高一丈 周三百步而葬之 號首陵王廟
也　自嗣子居登王洎九代孫仇衡64)之享是廟 須以每歲孟春三之日
七之日 仲夏重65)五之日 仲秋初五之日 十五之日 豊潔之奠 相繼

---

51) 比 : [順] 此.
52) 媛 : [正][晚][斗][六] 煖. [品][浩][民] 媛. '煖'은 '媛'의 오기이다.
53) 姚 : [正][晚][品][斗][六] 嬌. [浩][民][리] 姚. '嬌'은 '姚'의 오기이다.
54) 夢 : [六] 없음.
55) 不 : [正][晚][六][리] 없음. [品][斗][浩][民] 不.
56) 忘 : [리] 志.
57) 綾 : [正][晚][品] 緩. [斗][浩][六][民] 綾.
58) 袴 : [正][晚] 袴. [品][斗][浩][六][民] 袴.
59) 抛 : [正][晚][品][斗][六] 抛. [浩][民] 抛.
60) 玆子 : [民] 孶의 延書.
61) 闃 : [正][晚][順][品][斗] 圓. [浩][民] 闃. [六] 閴.
62) 歌 : [斗][浩] 歆. [民] 倚.
63) 立 : 고려 太祖의 이름 '建'의 피휘.
64) 仇衡 : [正][晚][品][斗][六] 仇衝. [浩] 仇衡. [史] 卷41 列傳 金庾信條(上)
　　에는 仇亥 또는 仇次休. 본조의 뒷부분에서는 '仇衡'이라고 하였다.

不絶

　洎新羅第三十王法敏龍朔元年辛酉三月日 有制曰 朕是伽耶國元
君九代孫仇衡66)王67)之降于當國也 所率來子世宗68)之子 率友公69)
之子 庶云70)匝干之女 文明皇后寔生我者 兹故元君於幼冲人 乃爲
十五代始祖也 所御國者已曾敗 所葬廟者今尙存 合于宗祧 續乃祀
事

　仍遣使於黍離之趾71) 以72)近廟上上田三十頃73) 爲供營之資　號
稱王位田 付屬本土 王之十七代孫賡世級干祗稟朝旨 主掌厥田 每
歲時釀醪醴 設以餅飯茶菓庶羞等奠 年年不墜 其祭日不失居登王
之所定年內五日也 芬苾孝祀 於是乎在於我 自居登卽位己卯年
置便房 降及仇衡74)朝末75) 三百三十載之中 享廟禮曲76) 永無違
者 其乃仇衡77)失位去國 逮龍朔元年辛酉 六十年之間 享是廟禮
或闕如也 美矣哉 文武王〈法敏王謚也〉 先奉尊祖 孝乎惟孝 繼泯絶
之祀 復行之也

---

65) 重 : [斗][浩][六] 없음.
66) 仇衡 : 주 64)와 같음.
67) 王 : [正][晚] 三. [順] 王(가필). [品][斗][浩][六][民] 王.
68) 世宗 : [史] 卷4 新羅本紀 法興王 19年條에는 奴宗.
69) 率友公 : 본조의 뒷부분에서는 '卒支公'이라고 하였다.
70) 庶云 : [史] 卷41 列傳 金庾信條(上)에는 舒玄 또는 逍衍. [遺] 卷1 紀異 金
　　庾信條에는 舒玄.
71) 趾 : [浩][民] 址.
72) 以 : [正][晚][六] □. [品][浩][民] 納. [斗] 以.
73) 頃 : [正][晚] 項. [順] 頃(가필). [品][斗][浩][六][民] 頃.
74) 仇衡 : 주 64)와 같음.
75) 末 : [正][晚][六] 未. [順] 來(가필). [品] 來. [斗][浩] 末.
76) 曲 : [浩][民] 典.
77) 仇衡 : 주 64)와 같음.

新羅季末 有忠至匝干者 攻取金官高城 而爲城主將軍 爰有英規
阿干 假威於將軍 奪廟享而淫祀 當端午而致告祠 堂梁無故折墜
因覆壓而死焉 於是將軍自謂 宿因多幸 辱爲聖王所御國城之奠 宜
我畫其眞影 香燈供之 以酬玄恩

逐以鮫絹78)三尺 摸出眞影 安於壁上 旦夕膏炷 瞻仰虔至 才三
日 影之二目 流下血淚 而貯於地上 幾一斗矣 將軍大懼 捧持其眞
就廟而焚之 卽召王之眞孫圭林而謂曰 昨79)有不祥事 一何重疊 是
必廟之威靈 震怒余之圖畫 而供養不孫 英規旣死 余甚怪畏 影已
燒矣 必受陰誅 卿是王之眞孫 信合依舊以祭之

圭林繼世奠酹 年及八十八歲而卒 其子間元卿 續而克禋 端午日
謁廟之祭 英規之子俊必又發狂 來詣廟 俾徹間元之奠 以己奠陳享
三獻未終 得暴疾 歸家而斃

然古人有言 淫祀無福 反受其殃 前有英規 後有俊80)必 父子之
謂乎

又有賊徒 謂廟中多有金玉 將來盜焉 初之來也 有躬摜甲冑 張
弓挾矢 猛士一人 從廟中出 四面雨81)射 中殺七八人 賊徒奔走 數
日再來 有大蟒82)長三十餘尺 眼光如電 自廟房83)出 咬殺八九人
粗得完免者 皆僵仆而散 故知陵園表裏 必有神物護之

自建84)安四年己卯始造 逮今上御圖85)三十一載 太86)康二年丙

---

78) 絹 : [品] 綃.
79) 昨 : [正][晚] 胙. [品][斗][浩][六][民] 昨.
80) 俊 : [正][晚][斗] 佼. [品][浩][六][民] 俊.
81) 雨 : [正][晚] 兩. [品][斗][浩][六][民] 雨.
82) 蟒 : [正][晚][順] 蜂. [品][斗][浩][六] 蟒.
83) 房 : [正][晚][浩][六] 旁. [品] 傍. [斗] 房.
84) 建 : [正][晚] 逮. [品][斗][浩][六][民] 建.

辰 凡八百七十八年 所封美土 不騫不崩 所植佳木 不枯不朽 況所
排列萬蘊玉之片片 亦不頹坼[87] 由是觀之 辛替否曰 自古迄今 豈
有不亡[88]之國 不破之墳 唯此駕洛國之昔曾亡 則替否之言有徵矣
首露廟之不毀 則替否之言 未足信也

此中更有戲樂思慕之事 每以七月二十九日 土人吏卒 陟乘岾 設
帷幕 酒食歡呼 而東西送目 壯健[89]人夫 分類以左右之 自望山島
駃[90]蹄駿駿 而競湊於陸 鷁首泛泛 而相推於水 北指古浦而爭趨
蓋此昔留天神鬼等 望后之來 急促告君之遺迹[91]也

國亡之後 代代稱號不一 新羅第三十一 政明王卽位 開耀元年辛
巳 號爲金官京 置太[92]守 後二百五十九年 屬我太[93]祖統合之後
代代爲臨海縣 置排岸使 四十八年也 次爲臨海郡 或爲金海府置都
護府 二十七年也 又置防禦使 六十四年也

淳化二年金海府量田使 中大夫趙文善申省狀稱 首露陵[94]王廟
屬田結數多也 宜以十五結仍舊貫 其餘分折於府之役丁 所司傳狀
奏聞 時廟朝宣旨曰 天所降卵 化爲聖君 居位而延齡 則一百五十
八年也 自彼三皇而下 鮮克比肩者歟 崩後自先代俾屬廟之壟畝 而
今減除 良堪疑懼 而不允 使又申省 朝廷然之 半不動於陵廟中 半

---

85) 圖：[品][浩][民] 國.
86) 太：주 2)와 같음.
87) 坼：[正][晚][品] 圻. [斗][浩][六][民] 坼.
88) 亡：[正][晚] 忘. [品][斗][浩][六][民] 亡.
89) 健：[正][晚] 順] 徤. [品][斗][浩][六][民] 健.
90) 駃：[民] 駿.
91) 迹：[浩][六] 跡.
92) 太：[正][晚] 大.
93) 太：주 92)와 같음.
94) 陵：[浩] 없음.

分給於鄉人之丁也 節使〈量田使稱95)也〉 受朝旨 乃以半屬於陵園 半
以支給於府之徭役戶丁也 幾臨事畢 而甚勞倦 忽一夕夢見七八介
鬼神 執縲紲 握刀96)劍97)而至 云爾98)有大憝 故加斬戮 其使以謂
受刑而慟楚 驚懼而覺 仍有疾瘵 勿令人知之 宵遁而行 其病不
問99)渡關而死 是故量田都帳不著印也 後人奉使來 審撿100)厥田
十101)一結十二負九束也 不足者三結八十七負一束矣 乃推鞫102)
斜103)入處 報告內外官 勅理足支給焉

又有古今所嘆息者 元君八代孫金銍王克勤爲政 又切崇眞 爲世
祖母許皇后奉資冥福 以元嘉二十104)九年壬辰 於元君與皇后合婚
之地創寺 額曰王后寺 遣使審量近側平田十結 以爲供億三寶之費
自有是寺五百歲105)後 置長遊寺 所納田柴幷三百結 於是右寺三
綱106) 以王后寺在寺柴地東南標內 罷寺爲莊 作秋收冬藏之場 秣
馬養牛之廐 悲夫 世祖已下九代孫曆數 委錄于下 銘曰 元胎肇啓
利眼初明 人倫雖誕 君位未成 中朝累世 東國分京 雞林先定 駕洛
後營 自無銓宰 誰察民氓 遂玆玄造 顧彼蒼生 用授符命 特遣精靈
山中降卵 霧裏藏形107) 內猶漠漠 外亦冥冥 望如無象 聞乃有聲

---

95) 稱：[正][晩][品][斗][六] 稚. [浩][民] 稱.
96) 刀：[正][晩] 刁. [品][斗][六][民] 刀. [浩] 없음.
97) 劍：[六] 없음.
98) 爾：[正][晩][品] 你(爾의 속자). [斗][浩][六] 儞.
99) 問：[正][晩][浩][六] 間. [品][斗] 問.
100) 撿：[正][晩][浩][六] 檢. [品][斗] 撿.
101) 十：[正][晩][六][리] 才. [品][斗][浩][民] 十.
102) 鞫：[斗][浩][六] 鞠.
103) 斜：[浩] 敍.
104) 十：[正] 千. [晩][順][品][斗][浩][六][民] 十.
105) 歲：[正][晩][品][斗][六] 없음. [浩][民] 歲.
106) 綱：[正][晩][品][斗][六] 剛. [浩][民] 綱.

群歌而奏 衆舞而呈 七日而後 一時所寧108) 風吹雲卷 空碧天青

下六圓卵109) 垂一紫纓 殊方異土 比屋連甍 觀者如堵 覩者如羹

五歸各邑 一在玆城 同時同迹 如弟如兄 實天生德 爲世作程 寶位

初陟 寰區欲淸 華構徵古 土階尙平 萬機始勉 庶政施行 無偏無儻

惟一惟精 行者讓路 農者讓耕 四方奠枕 萬姓迓衡 俄晞薤露 靡保

椿齡110) 乾坤變氣 朝野痛情 金相其躅 玉振其聲 來苗不絶 薦藻

惟馨 日月雖逝 規儀不傾

居登王　父首露王 母許王后 立111)安四年己卯三月二112)十三日卽
　　　　位 治五十五113)年 嘉平五年癸酉九月十七日崩 王妃泉府
　　　　卿申輔女慕貞 生太子麻品 開皇曆云 姓金氏 蓋國世祖從
　　　　金卵而生 故以金爲姓爾

麻品王　一云馬品 金氏 嘉平五年癸酉卽位 治三十九年 永平元年
　　　　辛亥一月二十九日崩 王妃宗正監趙匡孫女好仇 生太子居
　　　　叱彌

居叱彌王　一云今勿 金氏 永平元年卽位 治五十六年 永和二年丙
　　　　午七月八日崩 王妃阿躬阿干孫女阿志 生王子伊品114)

---

107) 形：[正][晚][順][六] 刑. [品][斗][浩][民] 形.

108) 寧：[正][順] 丁(윗쪽이 없음). [晚] 파손. [品][斗][浩][六][民] 寧.

109) 卵：[品] 卯.

110) 齡：[正][晚] 岭. [品][斗][浩][六][民] 齡.

111) 立：주 63)과 같음.

112) 二：[正][晚] □□. [品][民] 二. [斗][浩] 없음. [六] □. 여기서는 본조 앞
　　부분의 「元君…獻帝建安四年己卯三月二十三日而殂落」라는 기사에 의하여
　　'二'를 보충해서 넣었다.

113) 五十五：[正][晚][斗][浩][六] 三十九. [品][民] 五十五.

114) 伊品：[浩][民] 伊尸品. [遺] 卷1 王曆 伊品王條 참조.

伊尸品王　金氏 永和二年卽位 治六十二年 義熙三年丁未四月十日
　　　　崩 王妃司農卿克忠女貞信 生王子坐知

坐知王　　一云金叱 義熙三年卽位 娶傭女 以女黨爲官 國內擾亂
　　　　雞115)林國以謀欲伐 有一臣名朴元道 諫曰 遺草閱閱亦含
　　　　羽 況乃人乎 天亡地陷 人保何基 又卜士筮得解卦 其辭
　　　　曰 解而拇116) 朋至斯孚 君鑑易卦乎117) 王謝曰可 擯傭
　　　　女 貶於118)荷山島 改行其政 長御安民也 治十五年 永初
　　　　二年辛酉五月十二日崩 王妃道寧大阿干女福壽 生子吹希

吹希王　　一云叱嘉 金氏 永初二年卽位 治三十119)一年 元嘉二十
　　　　八年辛卯二月三日崩 王妃進思角干女仁德 生王子銍知

銍知王　　一云金銍王 元嘉二十八年卽位 明年 爲世祖許120)黃玉王
　　　　后 奉資冥福 於初與世祖121)合御122)之地 創寺曰王后寺
　　　　納田十結充之 治四十二年123) 永明十年壬申十月四日崩
　　　　王妃金相沙干女邦媛 生王子鉗知

鉗知王　　一云金鉗王 永明十年卽位 治三十年 正光二年辛丑四月
　　　　七日崩 王妃出忠角干女淑 生王子仇衡124)

---

115) 雞 : [斗] 雖.
116) 拇 : [正][晩][斗][리] 悔. [品][浩][六][民] 拇.
117) 乎 : [正][晩][順] 乎. [品][斗][浩][六][民] 乎.
118) 於 : [正] 扵. [晩][順][品][斗][浩][六][民] 於.
119) 十 : [正] 宀(윗쪽이 없음). [晩][順][品][斗][浩][六][民] 十.
120) 許 : 이 앞에 [品]은 母.
121) 世祖 : [品] 元君.
122) 御 : [品] 婚.
123) 四十二年 : [遺] 卷1 王曆에는 三十六年.
124) 仇衡 : [史] 卷41 列傳 金庾信條(上)에는 仇亥 또는 仇次休. 본조 앞부분에
　　는 '仇衝'으로 되어 있다.

仇衡[125]王 金氏 正光二年卽位 治四十二年[126] 保定二年壬午九月
新羅第二十四君眞興王 興兵薄伐 王使親軍卒 彼衆我寡
不堪對戰也 仍遣同氣脫知爾叱今 留在於國 王子上孫卒
支[127]公等 降入新羅 王妃分叱水爾叱女桂花 生三子 一
世宗[128]角干 二茂刀[129]角干 三茂得[130]角干 開皇錄云
梁中大通四年壬子 降于新羅

議曰 案三國史 仇衡[131]以梁中大通四年壬子 納土投羅 則計自
首露初卽位東漢建武十八年壬寅 至仇衡[132]末壬子 得四百九十年
矣 若以此記考之 納土在元魏保定二年壬午 則更三十年 總[133]五
百二十年矣 今兩存之

三國遺事 卷第二

---

125) 仇衡 : 주 124)와 같음.
126) 四十二年 : [遺] 卷1 王曆에는 十二年.
127) 卒支 : 본조의 앞부분에서는 '率友'라고 함.
128) 世宗 : [史] 卷4 新羅本紀 法興王 19年條에는 奴宗.
129) 茂刀 : [史] 卷4 新羅本紀 法興王 19年條에는 武德.
130) 茂得 : [史] 卷4 新羅本紀 法興王 19年條와 [史] 卷43 列傳 金庾信條(下)
   에는 武力.
131) 仇衡 : 주 124)와 같음.
132) 仇衡 : 주 124)와 같음.
133) 總 : [正][晩][品] 摠. [斗][浩][六] 總.

가락국기〈문종조[文廟朝][1] 태강(太康)[2] 연간에 금관(金官)[3]의 지주사(知州事)[4]인 문인(文人)이 지은 것이다. 지금 줄여서 싣는다.〉

　[천지가] 개벽한 뒤에 이 땅[5]에는 아직 나라 이름이 없었고, 또한 임금과 신하의 칭호도 없었다. [그때를] 지나서 아도간(我刀干), 여도간(汝刀干), 피도간(彼刀干), 오도간(五刀干), 유수간(留水干), 유천간(留天干), 신천간(神天干), 오천간(五天干), 신귀간(神鬼干) 등 9간(九干)[6]이라는 것이 있었고, 이들 추장이 백성을 거느렸는데, 무릇

---

1) 文廟朝 : 文宗시기. 文宗은 고려의 제11대 왕. 재위 1047-1083. 玄宗의 셋째 아들이며, 이름은 徽이다. 慶源李氏인 李子淵의 세 딸을 왕비로 삼았다. 崔冲에 게 명하여 兩班의 功陰田柴法・捐災免役法・三員訊囚法・國子諸生의 孝敎法 과 1069년에는 量田步數法・綠奉制・選上其人法을 제정하는 등 제도를 정비 해 內治를 튼튼히 하였다. 한편, 興王寺를 건립하는 등 불교를 진흥시켰으며, 넷째 아들인 義天을 출가시켜 大覺國師로 만들었고, 유학도 장려하여 최충의 九齋와 十二徒의 私學을 일으켰다. 밖으로는 宋과 교린책을 펴 교류를 활발히 하고, 東女眞을 토평하기도 하였다. 학문을 숭상하고 書道에 능하였는데, 북한 산 三川寺의 大智國師碑는 文宗의 친필이다. 景陵에 묻혔다.
2) 太康 : 중국 遼 道宗의 연호(1075-1084).
3) 金官 : 지금의 金海지방으로 본래는 駕洛國이었다. 신라에 편입된 후 金官 또 는 金州라는 이름으로 불렸다.([勝覽] 卷32 金海都護府 建置沿革條)
4) 知州事 : 고려시대의 知金州事에서 金자가 누락된 것이다. 본 駕洛國記의 찬 자는 知金州事金良鎰이라는 것을 1884년에 건립된 駕洛國太祖陵崇善殿碑에서 알 수 있다.(『朝鮮金石總覽』 下, p.1326, [品] 中, p.315 참조)
5) 此地 : 金海를 가리킨다.
6) 九干 : 찬자는 駕洛國 이전 金海지방의 추장으로 보고 있다. 그러나 청동기・ 철기문화를 배경으로 등장한 정치집단의 首長이었을 가능성도 있다.(金廷鶴, 『韓國上古史硏究』, p.197)

1백호에 [인구] 7만 5천 명이었다.[7] 많은 사람들이 스스로 산야에 도읍을 정하고, 우물을 파서 물을 마시고, 밭을 갈아 곡식을 먹었다.

마침 [그때] 후한(後漢)의 세조(世祖) 광무제(光武帝)[8] 건무(建武)[9] 18년 임인년(42) 3월 계욕일(禊浴日)[10]에 사는 곳의 북쪽 구지(龜旨)〈이것은 작은 산봉우리의 이름인데, 여러 마리의 거북[十朋][11]이 엎드린 모양과 같으므로 그렇게 불렀다.〉에서 무엇이 수상한 소리로 부르는 기척이 있었다. 무리 2, 3백인이 이곳에 모이고, 사람의 소리 같은 것이 있었는데, 그 모습은 숨기고 소리만 내어 이르기를, "여기에 누가 있느냐?"고 하니, 구간들이 말하기를, "우리들이 있습니다"고 하였다. 또 말하기를, "내가 있는 곳은 어디냐?"고 하니, 대답하기를, "구지입니다"라고 하였다. 또 말하기를, "하늘이 나에게 명하기를, '이 곳에 가서 새로이 나라를 세우고 임금이 되라'고 하였기 때문에 내려왔다. 너희들은 곧 산 정상의 흙을 파면서[12] 노래를 부르기를, '거북아 거북아,

---

7) 一百戶 七萬五千人 : 여기에 대해서는 두, 세 가지의 견해로 갈려 있다. 李鍾旭과 三品彰英은 『一百戶』의 '百'자는 '萬'자의 착오로 보고,(李鍾旭, 『新羅國家形成史硏究』. [品] 中, p.315) 李永植은 『三國志』 魏志 東夷傳 弁辰條의 「… 大國四五千家 小國六七百家 總四五萬戶」라는 기사를 근거로 4천-5천 家로 보고 있다.(李永植, 「九干社會와 駕洛國의 成立」, 『伽倻文化』 7, 1994)
8) 世祖光武帝 : 後漢을 세운 임금. 재위 25-57.
9) 建武 : 중국 後漢 光武帝의 연호(25-56).
10) 禊浴日 : 3월 上巳日을 이르는 말로, 3월 3일을 禊浴日로 하였다. 심신의 묵은 때(垢)를 닦아내기 위해 청정한 물로 몸을 씻는 행사를 가리킨다.
11) 十朋 : 朋은 쌍, 무리의 뜻으로 十朋은 여러 무리를 의미한다. 『周易』에 「十朋之龜」라는 말이 있다.
12) 爾等須掘峰頂撮土 : 龜旨峰 정상에서 흙을 파는 행동의 모티브는 거북이 육지로 올라와 産卵을 위하여 앞발로 모래를 파제끼는 행동과 흡사하며, 한편으로는 장례를 지내는 의식의 한 과정으로 볼 수 있다. 撮土는 한 줌의 흙이라는 뜻.(金萬重, 『西浦曼筆』 下)

머리를 내놓아라. 만약 내놓지 않으면 구워 먹겠다!'13) 하며 발을 굴러 춤을 추어라. 그러면 대왕을 맞이하게 되어 즐거워하면서 팔짝 팔짝 뛰게 될 것이다"라고 하였다.

구간들은 그 말대로 모두 기쁘게 노래하고 춤을 추었다. 얼마 후 우러러 바라보니 단지 자주색 줄만이 하늘에서 드리워져 땅에 닿아 있었다. 줄 끝을 찾아 보니 붉은 보자기로 싸여있는 금합이 보였다. 열어 보니 황금알 6개가 있었는데, 둥글기가 해와 같았다.14) 무리는 모두 놀라고 기뻐서 함께 몸을 펴서 백 번 절하였다. 조금있다가 다시 행전에 싸안아 가지고 아도간의 집으로 돌아와 평상 위에 놓고, 무리는 각기 흩어졌다.

12일15)이 지난 그 이튿날 아침에 무리가 다시 모여 합을 열어 보니 여섯 알이 변하여 어린이가 되어 있었는데, 용모가 매우 위대하였다. 곧 평상에 앉으니, 무리들이 절하며 치하하고 공경의 예절을 다하였다. [그들은] 나날이 커져서 10여 일이 지나니 키가 9자나 되어 은(殷)나라 천을(天乙)16)과 같았고, 얼굴은 용처럼 생겨서 한(漢)나라 고조(高祖)17)와 같았다. 눈썹이 8가지 색깔인 것은 당(唐)의 요[高]임금과 같았고, 눈이 겹동자인 것은 우(虞)의 순(舜)임금과 같았다. 그달 보름날에 왕위에 올랐다. 처음 나타났다고 하여 이름을 수로(首

---

13) 龜何…喫也 : 龜旨歌는 金海지방의 청동기문화기에 거북으로 관념화한 풍요
　　사상에 철기문화의 소유자인 외래의 金首露집단이 서로 결합하여 한 사회를 이
　　루는 설화내용을 노래형식으로 표현한 것으로 볼 수 있다.

14) 有黃金…如日者 : 가락을 盟主로 한 6伽耶聯盟을 상징적으로 표현한 것으로
　　볼 수 있다.

15) 浹辰 : 浹은 주기를 한 바퀴 돈다는 뜻으로 浹辰은 12일을 가리킨다.

16) 殷之天乙 : 殷의 湯王을 가리킨다.

17) 漢之高祖 : 漢을 세운 劉邦을 가리킨다.

露)라고 하고, 혹은 수릉(首陵)18)이라고 하였다.〈수릉은 돌아가신 뒤의 시호이다.〉

나라는 대가락(大駕洛)이라고 부르고, 또는 가야국(伽耶國)이라고도 불렀으니, 즉 6가야 중의 하나이다. 나머지 다섯 사람은 각기 돌아가 5가야의 주인이 되었다. 동쪽은 황산강(黃山江), 서남쪽은 창해(滄海), 서북쪽은 지리산(地理山), 동북쪽은 가야산(伽耶山)으로써 경계를 삼았고 남쪽이 나라의 끝이 되었다.19) 임시 궁궐을 짓게 하여 들어가 살았는데, 단지 질박하고 검소하여 집의 이엉을 자르지 않았으며, 흙 계단은 3자였다.

2년 계묘(癸卯, 43) 봄 정월에 왕이 말하기를, "짐이 서울을 정하여 설치하려고 한다"고 하였다. 이내 수레를 타고 임시 궁궐의 남쪽 신답평(新畓坪)20)〈이 땅은 옛부터 한전(閑田)21)인데, 새로 경작하였기 때문에 그렇게 불렀다. 답(畓)자는 속자다.〉에 가서 사방으로 산악을 바라보고, 좌우를 돌아보며 말하기를, "이 땅은 여귀잎처럼 협소하기는 하나, 빼어나기가 가히 16나한이 살 곳이 될 만 하니, 하물며 하나에서 셋을 이루고, 셋에서 일곱을 이루니 7성인22)이 살 곳으로 이곳이 진실로 적합한데,

---

18) 首陵 : 본 駕洛國記에서는 金首露王의 사후에 붙인 시호라고 했으나, 시호라기보다는 廟號 또는 陵號라고 해야 할 것이다.

19) 東以黃山江…南而爲國尾 : 6가야의 영역을 표시한 것이다. 대부분이 표시하고자 하는 경계의 방향을 동, 서남, 서북, 동북, 남 등 間方向으로 하고 있으나, 正方向으로 하는 것이 실제의 지리와 부합된다.([品] 中, p.313 참조)

20) 新畓坪 : 새로 경작한 들. 신라 방언에 坪을 '벌'이라고 하였다.(『林下筆記』下, p.246) 新田이 개발된 村落, 즉 新田村.([品] 中, p.324)

21) 閑田 : 관공서에 등록된 田으로서 地力을 높이기 위해 몇 년에 한 번씩 休耕하는 밭, 休閑田.

22) 七聖 : 7인의 성인, 黃帝·方明·昌寓·張若·諰朋·昆閽·滑稽.『協紀辨方書』辨僞 七吉七聖에 七聖者는 黃帝·元女·文王·周公·孔子·天老·董仲

이 땅에 의지하여 강토를 열어 끝내는 좋은 곳이 됨에서랴"라고 하였
다. 1천 5백 보 둘레의 나성(羅城)과 궁궐 전각 및 여러 관사와 무기
고, 창고 자리를 마련한 후 일이 끝나자 궁궐로 돌아왔다. 널리 나라
안의 장정, 인부, 기술자들[工匠]을 징발하여 그 달 20일에 성곽[金
湯]23)일을 시작하여[資始] 3월 10일에 역사가 끝났다. 그 궁궐과 옥
사는 농한기[農隙]를 기다려서 지었으므로 그 해 10월에 시작하여[經
始] 갑진(甲辰, 44) 2월에 완성하였다. 좋은 날을 택하여[涓吉辰] 새
궁궐로 이사하여, 여러 가지 국정[萬機]을 다스리고 일반 사무를 힘들
여 보았다.

갑자기 완하국(琓夏國)24) 함달왕(含達王)25)의 부인이 임신하여,
10개월을 채우고[彌月]26) 알을 낳았는데, 알이 변하여 사람이 되니,
[그의] 이름을 탈해(脫解)27)라고 불렀다. [탈해는] 바다로부터 왔는
데28) 키가 9자 7치였고 머리둘레가 3자 2치29)나 되었다. 즐거운 마음
으로 대궐에 가서 왕에게 말하기를, "나는 왕위를 빼앗으러 왔소"라고
하였다. 왕이 대답하기를, "하늘이 나에게 명하여 왕위에 오르게 했고,

舒라고 되어 있다. 한편 七聖은 불교용어로 볼 수도 있으며 그 경우 隨信行·
隨法行·信解·見至·身證·慧解脫·俱解脫을 말한다.
23) 金湯 : 견고한 城池. 金城湯池의 약어. 금성과 탕지는 견고한 성이라는 뜻.
24) 琓夏國 : [遺] 卷1 紀異 第四脫解王條 참조.
25) 含達王 : [遺] 卷1 紀異 第四脫解王條 참조.
26) 彌月 : 잉태하여 10개월의 기간이 차다. 10개월. 생후 만 1개월.
27) 脫解 : [遺] 卷1 紀異 第四脫解王條 참조.
28) 從海而來 : 脫解가 처음 琓夏國에서 신라로 올 때 金官國 首露王을 거쳐서
   왔다는 기사는 [遺] 卷1 紀異 第四脫解王條에도 보인다.
29) 身長九尺七寸 頭圍三尺二寸 : [正]에는 「身長三尺 頭圍一尺」이라고 했지만,
   [遺] 卷1 紀異 第四脫解王條에는 「其髑髏周三尺二寸 身骨長九尺七寸」이라고
   하였고, [史] 卷1 新羅本紀 脫解尼師今條에는 「及壯身長九尺」이라고 하였다.

[나는] 장차 나라 안을 안정시키고 아래로 백성을 평안하게 하려고 하오. 감히 천명을 어기고 왕위를 [그대에게] 줄 수 없으며, 또 감히 나의 나라와 백성을 그대에게 맡길 수도 없소"라고 하였다. 탈해가 말하기를, "그러면 술수로서 다툴 수 있다"고 하니, 왕이 말하기를, "좋다"고 하였다. 잠깐 사이에 탈해가 변하여 매가 되니 왕은 변하여 독수리가 되었다. 또 탈해가 변하여 참새가 되니, 왕은 변하여 새매가 되었다. 이렇게 하는 것이 매우 짧은 시간이었다. 탈해가 본래의 몸으로 돌아오니, 왕도 역시 그렇게 회복하였다. 탈해가 마침내 항복하여[30] 말하기를, "제가 술수를 다투는 마당에서 매가 독수리에게서, 참새가 새매에게서 죽음을 면한 것은 아마도 성인이 살생을 싫어하는 인자함때문일 것입니다. 제가 왕과 더불어 왕위를 다투는 일은 진실로 어렵겠습니다"라고 하였다. 곧 [탈해는] 작별을 고하고[拜辭][31] 나가 변두리 교외 나루[渡頭][32]에 이르러, 중국으로부터 오는 배가 닿는 물길을 따라가려고 하였다. 왕은 [탈해가] 머물면서 반란을 꾀할까 슬그머니 염려하여 급히 수군[舟師][33]을 실은 배 5백 척을 발진시켜 그를 추격하였다. 탈해가 도망하여 계림(雞林) 땅 경계로 들어가니, 수군은 모두 돌아왔다. [그런데] 이 기사에 실린 것이 신라와는 많이 다르다.

마침 건무(建武) 24년 무신년(戊申, 48) 7월 27일 구간 등이 조회

---

30) 伏膺 : 마음에 새겨서 잊어버리지 않는다. 服膺과 같으며 가슴에 새겨서 잠시도 잊어버리지 않는다는 뜻이다.
31) 拜辭 : 삼가 작별을 고하다.
32) 渡頭 : 나룻배로 건너다니는 곳. 渡口와 같다.
33) 舟師 : 배를 타고 싸우는 군대.

때 말씀을 올리기를, "대왕이 하늘에서 내려오신 이래로 좋은 배필[好仇]을 아직 얻지 못하셨습니다. 청컨대 신 등이 둔 처녀 중 가장 좋은 사람을 골라 궁중[宮闈]에 들여서 짝[伉儷]을 삼으시기 바랍니다"라고 하였다. 왕이 말하기를, "짐이 이곳에 내려온 것은 하늘이 명한 것이다. 짐에게 짝지어 왕후를 삼는 것도 역시 하늘이 명할 것이니 경 등은 염려하지 말라"고 하였다. 마침내 유천간(留天干)에게 가벼운 배를 마련하고, 빠른 말을 가지고 망산도(望山島)34)에 이르러 서서 기다리게 하고, 신귀간(神鬼干)에게 승점(乘岾)35)〈망산도는 서울 남쪽에 있는 섬이고, 승점은 서울의 중심36)이다.〉으로 나가도록 명령하였다. 홀연히 바다의 서남쪽 모퉁이에서 [배가] 붉은 비단돛[緋帆]을 달고, 적황색 기[茜旗]를 펄럭이면서 북쪽을 향해 왔다. 유천간 등이 섬 위에서 먼저 불을 올리니, [배에 탄 사람들이] 경쟁적으로 [배에서] 육지로 내려 다투어 뛰어왔다. [승점에 있던] 신귀간이 그것을 바라보고는 궁궐로 달려들어가 왕께 아뢰니 왕이 듣고 좋아하였다. 곧 구간 등을 보내 목란으로 만든 노[蘭橈]를 정돈하고, 계수나무로 만든 아름다운 돛대를 펴서 영접하여 빨리 [대궐] 안으로 모시고 들어가려고 하니, 왕후가 말하기를, "나는 너희들을 평생에 처음 보는데 어찌 감히 경솔하게 따라가겠느냐?"고 하였다. 유천간 등이 돌아가서 왕후의 말을 전달하였다. 왕은 그럴 것이라고 여겨 관리를 거느리고 어가[輦]를 타고 앞으로 나아가, 궁궐 아래로부터 서남쪽으로 60여 보 거리의 땅 산자락에 장막으로 친 궁전[幔殿]을 설치하고 [왕후를] 공경히 기다렸다. 왕

---

34) 望山島 : 지금의 어느 섬인지 알 수 없다.
35) 乘岾 : 지금의 어느 섬인지 알 수 없다.
36) 輦下 : 임금이 타는 수레의 아래. 京師. 서울의 중심.

후는 산 밖 별포(別浦)나루에 배를 매고 뭍으로 올라 높은 언덕에서 쉬었다. [그리고] 입었던 비단바지를 벗어서 예물[贄]로 삼아 산신령에게 보냈다. 그 나라에서 시종하여 따라온 신하[媵臣] 두 사람은 이름을 신보(申輔)³⁷⁾와 조광(趙匡)³⁸⁾이라고 하였고, [또] 두 사람의 처는 모정(慕貞)³⁹⁾과 모량(慕良)⁴⁰⁾이라고 하였고, 노비[臧獲]⁴¹⁾를 합해서 20여 명이었다. 가지고 온 금수능라 · 의상필단 · 금은주옥 아름다운 패옥이 달린 옷[瓊玖服] · 보배로운 기물 등은 다 기록할 수 없었다. 왕후가 점점 행궁[行在]으로 가까이 가니, 왕이 나와 맞이하여 함께 장막을 친 임시궁으로 들어갔다. 따라온 신하 이하 무리가 계하(階下)에 나아가 뵙고 곧 물러나왔다. 왕이 관리에게 명하여 왕후를 따라온 신하부처에게 말하기를, "사람은 각각 한 방에 있게 하고, 이하 노비는 각기 한 방에 대여섯 명씩 있게 하라"고 하였다.

[왕은] 그들에게 난초로 만든 음료[蘭液]와 난초로 빚은 좋은 술[蕙醑]을 주고 무늬가 있는 자리와 무늬가 있는 짚자리[彩薦]에서 자게 하였다. 심지어 의복 · 필단 · 보화류는 많은 군인을 가려 모아 지키게 하였다. 이에 왕과 왕후는 함께 궁궐의 침전에 있으면서, [왕비는] 왕에게 조용히 말하기를, "첩은 아유타국(阿踰陁國)⁴²⁾의 공주로서 성

---

37) 申輔 : 金官國의 제2대 왕인 居登王 때 王妃泉府卿을 지냈으며, 그의 딸 慕貞은 거등왕의 왕비가 되었다. 생몰연대 미상.

38) 趙匡 : 金官國의 제3대 麻品王 때 王妃宗正監을 지냈으며, 그의 손녀는 麻品王의 왕비가 되었다. 생몰연대는 알 수 없다.

39) 慕貞 : 申輔의 처이다. 그러나 뒤에는 申輔의 딸로 居登王의 왕비가 되었다고 나온다. 母女가 동명이므로 어느 한 쪽은 잘못이다.

40) 慕良 : 여기에만 나오는 인물로 자세한 것은 알 수 없으나 慕貞과 자매간으로 추측된다.

41) 臧獲 : 노비. 揚子方言에 「罵奴曰臧 罵婢曰獲」이 있다.

은 허씨(許氏)요, 이름은 황옥(黃玉)이며, 나이는 16세입니다. 본국에
있을 때 금년 5월 중에 부왕이 황후와 더불어 첩을 돌아보시며 말씀
하기를, '애비 에미[爺孃]가 어젯밤 꿈에 함께 하늘의 상제(上帝)를
뵈오니, [상제께서] 말씀하시기를, '가락국의 훌륭한 왕[元君]43)인 수
로는 하늘에서 내려보내 왕위[大寶]에 오르게 하였으니, 신성함은 그
분이로다. 또 새롭게 국가를 다스림에, 배필을 정하지 못하였으니, 경
등은 곧 공주를 보내 짝이 되게 하라'고 하시고, 말을 마치자 하늘로
올라가셨다. 꿈을 깬 후에도 상제의 말씀이 오히려 귀에 남아 있으니
너는 곧 부모를 하직하고, 그곳[가락국]을 향해 가라'고 하셨습니다.
첩은 바다에 떠서 멀리 증조(蒸棗)44)를 찾고, 하늘로 멀리 가서 반도
(蟠桃)45)를 찾아 아름다운 모습[蟾首]46)을 감히 탐하여 용안을 가까
이하게 되었습니다"라고 하였다. 왕이 답하기를, "짐은 나서부터 자못
성스러워 공주가 멀리서 오시는 것을 미리 알고, 아래 신하들이 왕비
를 들이라는 청을 감히 따르지 않았소. 지금 또한 현숙한 공주가 스스
로 오시니, 나[眇躬]47)로서는 무척 다행이오"라고 하였다.

마침내 동침하여 맑은 밤[淸宵] 이틀을 지내고 또 하루 낮을 보냈

---

42) 阿踰陁國 : 범어로 Ayodhyā. 중부 인도에 있었던 고대왕국으로, 『大唐西域
記』第5에는 이 나라에 관한 기사가 있으며, 또 阿育王이 살았던 유지라고 하는
사람도 있다.
43) 元君 : 훌륭한 군주. 善君. 도교에서 남자를 眞人이라고 부르는 것의 대칭으로
여자의 仙人을 부르는 미칭.
44) 蒸棗 : 찐 대추. 晏子는 옛날 秦의 繆公이 용을 타고 천하를 다스릴 때 황포에
蒸棗를 싸가지고 동해에 이르러 던졌다는 말이 있다고 하였다.
45) 蟠桃 : 3천년만에 한 번씩 열린다는 장수의 仙桃.
46) 蟾首(진수) : 매미의 머리. 미인의 이마. 미인.
47) 眇躬 : 자기를 겸칭하는 말.

다. 이에 드디어 [그들이] 타고 돌아온 배를 돌려보냈는데, 뱃사공[篙
工楫師] 총 15명에게 각각 식량 10석과 베 30필을 주고, 본국으로 돌
아가게 하였다. 8월 1일에 [왕은] 궁궐로 돌아오는데[廻鑾], 왕후와
함께 수레[輦]를 타고, 따라온 신하부처도 말머리를 가지런히 하여
[齊鑣] 수레를 탔다. 한나라의 저자에서 산 여러 종류의 물건도 모두
[수레에] 신도록 하고 천천히 궁궐로 들어오니 시계[銅壺]는 오시(午
時)가 되려 하였다. 왕후는 중궁(中宮)에 거처하게 하고, 따라온 신하
부처와 그들에게 속한 사람들에게는 빈방 2개를 나눠주어 들게 하고,
나머지 따라온 사람들은 손님을 접대하는 집 한 채 20여 칸을 주어 사
람 수에 따라 적당히 정해 있게 하고, 매일 풍부한 물품을 주었다. 그
들이 싣고 온 진귀한 물건들은 궁중창고에 저장해두고, 왕후가 사시
(四時)의 비용으로 쓰게 하였다. 어느 날 왕이 신하에게 말하기를,
"구간 등이 모든 관료의 우두머리지만, 그 직위는 명칭과 더불어 모두
소인(宵人)과 시골 사람[野夫]의 호칭이며, 고관직위[簪履]의 호칭이
아니다. 만일 외지[化外]48)에 전해지면 반드시 웃음거리가 될 것이
다"고 하였다.

드디어 아도(我刀)를 아궁(我躬)으로, 여도(汝刀)를 여해(汝諧)로,
피도(彼刀)를 피장(彼藏)으로, 오도(五刀)를 오상(五常)으로 고쳤다.
유수(留水)와 유천(留天)이란 이름은 윗글자는 움직이지 않고, 아래
글자를 고쳐 유공(留功), 유덕(留德)으로 하고, 신천(神天)은 고쳐서
신도(神道)로 하고, 오천(五天)은 고쳐서 오능(五能)으로 하고, 신귀
(神鬼)의 음은 바꾸지 않고, 뜻만 고쳐서 신귀(臣貴)로 하였다. [왕

---

48) 化外 : 문화의 혜택이 미치지 않는 곳.

은] 신라의 직제를 취해 각간(角干),[49] 아질간(阿叱干),[50] 급간(級
干)[51]의 등급을 두고, 그 아래 관료는 주나라의 법률관례와 한나라의
직제로서 나누어 정하였다. 이것은 옛것을 고쳐서 새 것으로 하고, 관
직을 설치하고 나누는 도리였다. 이때를 즈음하여 나라를 다스리고 집
안을 고르게 하고, 백성을 자식과 같이 사랑하니, 그 교화는 엄숙하지
않아도 위엄이 있고, 그 정치는 엄하지 않아도 다스려졌다. 하물며 왕
후와 더불어 삶은 비유하면 하늘에 대하여 땅이 있고, 해에 대하여 달
이 있고, 양(陽)에 대하여 음(陰)이 있는 것과 같음에랴! 그 공은 도
산(塗山)씨[52]가 하(夏)나라를 돕고, 요임금의 딸들이[53] 순임금의 요
(姚)씨를 일으킨 것과 같다. 해마다 용맹한 남자[熊羆]를 낳는 길조
의 꿈이 있어, 태자 거등공(居登公)[54]이 탄생하였다. [후한의] 영제
(靈帝)[55] 중평(中平) 6년 기사(己巳, 189)[56] 3월 1일에 왕후가 돌아
가니[57] 나이가 157세였다. 나라 사람들이 마치 땅이 무너진 것처럼

---

49) 角干 : 신라의 17관등 중의 제1관등. 진골출신만이 오를 수 있다.

50) 阿叱干 : 신라의 벼슬 품계 중의 하나.

51) 級干 : 신라의 벼슬 품계 중의 하나.

52) 塗山 : 중국 安徽省 懷遠縣 淮河의 東岸에 있는 當塗山. 전설에 夏의 禹王이
    塗山氏를 아내로 맞이한 곳이라고도 한다.

53) 唐媛 : 陶唐氏의 딸인 娥皇과 女英을 이른다. 이 두 딸은 舜임금에게 시집가
    서 姚氏의 시조가 되었다.

54) 居登公 : 駕洛國의 제2대 왕으로 [遺]의 본 항목에만 나오는 기사이다.

55) 靈帝 : 중국 後漢의 제12대 황제. 재위 168-189. 이름은 劉宏. 竇太后에 의하
    여 12세 때 즉위하였으며, 재위기간 중 외척과 환관이 전권을 전횡하였다. 184
    년 천하가 소란해지고 黃巾賊이 난리를 일으켰다.(『後漢書』 卷8)

56) 中平六年己巳 : 中平은 後漢 靈帝時의 연호. 중평 6년은 189년 己巳年에 해당
    된다.

57) 崩 : 천자의 죽음을 이른다. 『禮記』 曲禮下篇에 「天子死曰崩 諸侯曰薨 大夫
    曰卒 士曰不祿 庶人曰死」라고 하였다.

슬퍼하고, 구지봉[龜旨] 동북쪽 언덕에 장사지냈다. 마침내 [왕후가] 백성들을 자식처럼 사랑한 은혜를 기념하기 위하여 [왕후가] 처음 와서 닻을 내린 나룻터를 주포촌(主浦村)이라고 부르고, 비단바지를 벗었던 높은 언덕을 능현(綾峴)이라고 하며, 붉은 깃발을 들고 들어온 바닷가 언덕을 기출변(旗出邊)이라고 불렀다.

[왕비를] 따라온 신하 천부경(泉府卿)58) 신보와 종정감(宗正監)59) 조광 등은 나라에 도착한 지 30년만에 각기 두 딸을 낳았는데 부부는 1, 2년 지나 모두 죽었다. 그 밖에 노비 무리는 스스로 [가락국에] 온 지 7, 8년 사이에 아이를 갖지 못하여 오직 고향을 그리워하는 슬픔을 안고, 모두 고향을 그리다가60) 죽었다. [그들이] 살던 빈관(賓館)은 전부 비었고, 훌륭한 왕[元君]은 매일 홀아비의 외로움을 읊조리면서 몹시 슬퍼하였다. [왕후가 돌아가신지] 10여 년이 지나 헌제(獻帝)61) 건안[立安]62) 4년 기묘(己卯, 199) 3월 23일에 돌아가니63) 나이 1백 58세였다. 나라안 사람들은 부모64)를 여읜 듯 비통해하기를 왕후가 돌아간 날보다 심하였다. 마침내 대궐의 동북방[艮方]65) 평지에 높이

---

58) 泉府卿 : 駕洛國의 관직에 泉府卿이 있었는지 알 수 없다. 그러나 중국 周代 에서는 泉府라는 관직이 있었는데, 地官에 속하며, 저자[市場]세를 취하고, 公 費로 不用의 물품을 사서 다시 原價로 파는 일을 관장한 직책이다.(『漢和大辭 典』 卷6)

59) 宗正監 : 駕洛國의 관직에 있었는지 알 수 없다. 그러나 중국에서는 秦代에 설 치하여 周代에는 小宗伯, 漢代는 宗伯, 後漢代 이후는 宗正卿이라고 칭하였으 며, 황족의 일을 관장하였다.

60) 首丘 : 여우가 죽을 때 제 고향으로 머리를 둔다(首邱初心)는 말에서 온 것으 로 보통 고향을 그리워한다는 뜻으로 사용한다.

61) 獻帝 : 중국 後漢代의 제9대 황제.

62) 立安 : 建安. 중국 후한대 獻帝의 연호(196-220).

63) 殂落 : 임금의 죽음.

64) 天只 : 父母. 『詩經』 鄘風 柏舟에 「母也天只」라고 나온다.

가 1장이고 둘레가 3백 보인 빈궁(殯宮)[66]을 세워 장사지내고 수릉왕
묘(首陵王廟)[67]라고 칭하였다. 뒤를 이은 아들 거등왕(居登王)[68]으
로부터 9대손인 구형왕(仇衡王)[69]까지 이 묘에 배향하였다. 매년 음
력 정월[孟春] 3일과 7일·음력 5월[仲夏] 5일·음력 8월[仲秋] 5일
과 15일에 풍성하고 정결한 제사[奠][70]는 서로 계속되어 끊이지 않았
다.

　신라의 제30대 법민(法敏)[71] 용삭(龍朔)[72] 원년 신유(辛酉, 661)
3월 어느 날에 이르러, 왕명을 전하는 칙서를 내려 이르기를, "가야국
시조[元君]의 9대손인 구형왕이 우리 나라에 항복하였을 때, 데리고
온 아들인 세종(世宗)[73]의 아들이 솔우공(率友公)[74]이요, 그 아들
서운(庶云)[75] 잡간(匝干)의 딸인 문명황후(文明皇后)[76]께서 나를

---

65) 艮方 : 24방위의 하나로 正東과 正北 사이의 방향.

66) 殯宮 : 사후 매장 전에 시체를 보관하는 시설. 假埋葬. 임시매장.

67) 首陵王廟 : 首露王의 능과 묘를 가리킨다. 首露王陵은 金海市 西上洞 낮은
臺地에 소재한다. 분구는 과히 크지 않은 중형이며, 분구의 앞과 자락에 石壇·
床石·陵表 등을 宣祖 13년(1580)에 嶺南觀察使 許曄에 의해 설치되었다. 그
리고 仁祖 25년(1647)에 陵碑를 세웠는데, 『駕洛國首露王陵』이라고 음각되어
있다. 高宗 2년(1884)에는 사당인 崇善殿을 수축하였다. 보존상태는 양호하나
임진왜란 때 왜군에 의해 도굴되었다는 기록이 『芝峰類說』 卷19에 실려 있다.
이 기록의 내용을 소개하면, 「광 속이 매우 넓고, 두골이 銅盆과 같이 컸고, 棺
밖에 두 여자가 있었다」라고 하였다.(문화공보부, 『史蹟』 上)

68) 居登王 : 駕洛國의 제2대 왕. 재위 199-259.

69) 九衡王 : 駕洛國의 제10대 왕. 재위 521-532.

70) 奠 : 신이나 부처에게 음식을 올리는 것.

71) 法敏 : 法敏은 신라 제30대 文武王의 이름으로, 고려 睿宗의 이름 武를 피휘
하여 쓴 것이다.

72) 龍朔 : 중국 唐 高宗의 연호(661-663).

73) 世宗 : [史]에는 奴宗으로 나온다.([史] 卷4 新羅本紀 法興王條)

74) 率友公 : 뒤에 나오는 卒支公과 같은 인물로 추정된다. 사료에는 더 자세한 기
사가 없다.([品]. 村上四男, 「金官國の世系と卒支公」, 『朝鮮學報』 21·22)

낳으셨다. 그러므로 시조왕은 나[幼冲人][77]에게 있어서 15대 시조가
된다. [그가] 다스린 나라는 이미 일찍이 패망하였으나, 능[葬廟][78]은
아직 남아 있으니 종묘[宗祧]에 합하여 계속 제사를 지내도록 하겠
다"라고 하였다.

이에 사자[使]를 [가락국의] 옛종묘 궁궐이 있던 터[黍離之趾]에
보내, 능묘와 가까운 가장 좋은 밭[上上田] 30경(頃)[79]을 바쳐 제사
에 쓰일 경비로 삼아, 왕위전(王位田)[80]이라고 부르고, 본 위토[土][81]
에 붙여 속하게 하였다. [수로]왕의 17대손 갱세(賡世) 급간(級干)은
조정의 뜻을 받들어 그 밭을 관장하여, 매 계절의 행사 때마다 술과
감주[醪醴]를 빚고, 떡과 밥, 다과와 여러 가지 맛있는 음식[庶羞] 등
을 준비하여 제사를 올렸으며, 매년 빠뜨리지 않았다. [그리고] 그 제
삿날도 거등왕이 정한 연중 5일을 잃지 않으니 향기롭고 효성스러운
제사가 이제야 우리에게 맡겨졌다. 거등왕이 즉위한 기묘(己卯, 199)
에 편방(便房)[82]을 설치하고부터 구형왕 말기에 이르기까지 330년
동안에 능묘제사는 오랫동안 어기지 않았으나, 구형왕이 왕위를 잃고
나라를 떠난 후부터 용삭 원년 신유(辛酉, 661)까지 60년 사이에는 이

---

75) 庶云 : [史]에는 '舒玄'으로 나오고, 金庾信碑에는 '逍衍'으로 나온다.([品] 中,
   p.353)
76) 文明皇后 : 金庾信의 누이로 金春秋의 부인이 되었으며, 뒤에 文武王을 낳았
   다. 그녀에 관한 설화가 [史] 卷6 新羅本紀 文武王條(上)에 실려 있다.
77) 幼冲人 : 나이가 어린 사람. 자기를 낮추어 부르는 겸양의 말.
78) 葬廟 : 시체를 매장한 곳. 여기서는 능과 사당을 가리키는 말.
79) 頃 : 농경지의 면적을 나타내는 말. 30평을 1畝, 100畝를 1頃이라고 하였다.
80) 王位田 : 수확을 왕의 제사에 쓰기 위하여 마련한 밭.
81) 本土 : 본 位土. 위토는 수확을 제사비용으로 쓰기 위하여 마련한 땅.
82) 便房 : 주인의 거실에 붙어있는 응접실. 여기서는 능묘의 현실 앞이나 옆에 붙
   어 있는 작은 부속실을 이름.

능묘제사를 간혹 빠뜨리기도 하였다. 아름답도다! 문무왕〈법민왕의 시호이다.〉이여. 먼저 조상을 받들어 모시니 효성스럽구나! 끊어진 제사를 이어서 다시 시행하였도다!

신라 말기에 충지(忠至) 잡간(匝干)이란 사람이 있었는데, 금관성[金官高城]을 공격하여 취하고, 성주장군(城主將軍)83)이 되었다. 이때에 영규(英規) 아간(阿干)84)이란 사람이 있었는데, [그는] 장군의 위세를 빌어 능묘제사를 빼앗아 함부로 제사를 지내더니 단오날을 맞이하여 제사를 지낼 때 사당의 대들보가 까닭없이 부러져 떨어지면서 덮쳐서 죽었다. 이에 장군이 스스로 말하기를, "묵은 인연[宿因]으로 다행이 외람되게도 성왕[수로왕]이 다스리던 성에서 제사를 올리게 되었으니, 마땅히 내가 그의 진영을 그리고 향과 등을 바쳐서 지하에 계신 분의 은혜에 보답해야겠다"고 하였다.

마침내 3자 길이의 상어의 껍질로 짠 얇은 비단[鮫絹]에 진영을 그려 벽에 안치하고, 아침, 저녁으로 촛불을 켜고[膏炷] 숭앙하고 경건히 받드니, 겨우 3일만에 진영의 두 눈에서 피눈물이 흘러내려 땅위에 고이니 거의 한 말이나 되었다. 장군은 크게 두려워하여 그 진영을 받들고 능묘로 나가 불사르고, 왕의 참다운 후손인 규림(圭林)85)을 불러 말하기를, "어제는 불상사가 있었다. 같은 일이 몇 번이나 겹쳐서 일어나니, 이는 필시 능묘의 위령(威靈)이 내가 화상[畵]을 그려 공

---

83) 城主將軍 : 신라 말기에 지방호족들이 지방에서 할거하여 성을 통치하면서 성주와 장군을 겸하였다는 뜻으로 사용하였다.
84) 英規 : 신라 말기의 관원으로 보이나 다른 자료가 없어 자세히 알 수 없다.
85) 圭林 : 신라 말기의 사람으로 首露王의 직계원손인 듯하나 다른 자료가 없어 자세히 알지 못한다.

양하는 것이 불손하다고 크게 노하신 것 같다. 영규는 이미 죽었고, 나는 매우 이상하게 부끄럽고 두려워져 진영을 불살라버렸으니 암암리에 죽게 될 것이다. 경은 왕의 참다운 후손이니 예전대로 제사를 받드는 것이 진실로 합당할 것이다"라고 하였다.

규림이 선대를 이어 제사를 받들다가[奠酹] 나이 88세에 이르러 죽으니, 그 아들 간원경(間元卿)이 계속해서 제사를 지냈다. 단오날에 알묘제(謁廟祭)를 지낼 때, 영규의 아들 준필(俊必)이 또 발광하여 능묘에 나아가 간원이 차린 제물을 치우게 하고, 자기가 차린 제물을 진설하고 제사를 지내더니, 잔을 세번 올리기도 전에 갑작스런 병을 얻어 집에 돌아가 쓰러져 죽었다.

그런데 옛사람의 말에 "함부로 제사를 지내면 복이 없고 오히려 재앙을 받는다"고 하였는데 전에 영규가 그런 일이 있었고, 후에 준필이 그러했으니, [이들] 부자를 두고 이른 말인가?

또 도둑떼가 능묘 중에 금옥이 많이 있다고 하여, 와서 훔치려고 하였다. 처음에 [도둑떼가] 왔을 때는 몸에 갑주(甲胄)를 입고 활에 화살을 먹인 용사 한 사람이 능묘 중에서 나와 사면으로 활을 비오듯이 쏘아 7, 8명의 [도적을] 맞혀 죽이니 도둑떼가 달아나버렸다. 며칠 뒤에 [도둑떼가] 다시 오니 길이가 30여 자나 되고 눈빛이 번개같은 큰 뱀이 능묘 옆으로부터 나와 8, 9인을 물어 죽이니, 겨우 죽음을 면한 사람들도 모두 넘어지면서 흩어져버렸다. 그러므로 능원의 안밖은 반드시 신이 보호하고 있음을 알 수 있다.

건안(建安) 4년 기묘(己卯, 199)에 처음 [능묘를] 만든 때로부터 현 임금[今上][86] 즉위 31년인 태강 2년 병진(丙辰, 1076)까지 무릇

878년 동안 아름다운 봉토는 이즈러지지 않고 무너지지 않았으며, 심어둔 좋은 나무는 마르지도 시들지도 않았다. 더구나 그 곳에 늘어놓은 많은 옥편들도 또한 부서지지 않았다. 이로써 보면 신체부(辛替否)[87]는 "옛날부터 지금까지 어찌 망하지 않는 나라와 손상되지 않는 무덤이 있겠느냐?"고 했지만, 다만 이 가락국이 옛날에 일찍이 멸망한 점에 있어서는 체부의 말이 맞았으나, 수로왕의 능묘가 허물어지지 않은 점에 있어서는 체부의 말은 믿을 만하지 못하다.

이러한 가운데 또 오락으로서 [수로왕을] 사모하는 일이 있었다. 매년 7월 29일에 지역 사람과 관원 병졸[士人吏卒]이 승점(乘岾)에 올라 장막을 설치하고, 술과 음식을 먹고 즐기면서 동서편으로 눈길을 보내며, 건장한 사람들은 좌우로 나뉘어 망산도(望山島)로부터 말을 급히 달려 육지에서 경주하고, 훌륭한 배[鷁首][88]는 물 위에 떠서 서로 밀면서 북쪽 고포(古浦)를 향하여 다투어 빨리 간다. 무릇 이것은 옛날 유천간과 신귀간 등이 허황후가 오는 것을 바라보고 [수로]왕에게 급히 아뢰었던 자취이다.

나라[가락국]가 망한 후에 [이 지방은] 대대로 칭호가 하나가 아니었다. 신라 제31대 정명왕(政明王)[89]이 즉위한 개요(開耀)[90] 원년 신사(辛巳, 681)에 금관경(金官京)[91]이라고 하고 태수를 두었으며,

---

86) 今上 : 지금의 임금. 곧 고려 文宗.
87) 辛替否 : 중국 唐 睿宗 때 萬年縣 사람. 右臺殿中侍御史와 潁王府長史를 지냈다.
88) 鷁首 : 鷁은 백로 비슷한 새로서 뱃머리에 주로 천자가 타는 배에 그려지므로 뱃머리를 익수라고 부른다. 「龍頭鷁首 龍舟鷁首」(『淮南子』).
89) 政明王 : 신라 제31대 神文王으로 政明은 그의 이름이다. 文武王의 장자. 재위 681-691.
90) 開耀 : 중국 唐 高宗의 연호(681).

259년 후에 마침 우리 태조가 [후삼국을] 통합한 후에 대대로 임해현
(臨海縣)[92]으로 하여 배안사(排岸使)[93]를 설치한 것이 48년 동안이
었다. 다음에는 임해군(臨海郡)[94] 또는 김해부(金海府)[95]라고 하여
도호부(都護府)를 설치한 것이 27년 동안이었다. 또 방어사(防禦
使)[96]를 둔 것이 64년 동안이었다.

　순화(淳化) 2년(991)에 김해부의 양전사(量田使)[97]인 중대부(中大
夫) 조문선(趙文善)은 조사보고서[申省狀]에 말하기를, "수로왕릉묘
에 속한 밭의 결수가 많으니, 마땅히 15결로서 예전 관행대로 하고,
그 나머지는 부[김해부]의 역정(役丁)[98]들에게 나눠주어야 합니다"
라고 하였다. [이를] 맡은 관서에서 그 조사보고서를 임금에게 아뢰니
당시의 조정에서 임금의 칙지를 내려 이르기를, "하늘이 내린 알이 변
하여 성군이 되시고, 왕위에 계시어 연령이 1백 58세나 되시니, 저 삼
황(三皇)[99] 이후로 [이에] 비견할 사람이 적도다. 왕이 돌아가신 후
선대로부터 묘에 속한 전답을 지금 줄이는 것은 진실로 의구스러운

---

91) 金官京 : 金海의 옛이름. 신라 文武王 때 金官小京이라고 하였다.([勝覽] 卷
　　32 金海都護府條)
92) 臨海縣 : 金海의 옛이름. 고려 太祖가 金官小京을 臨海縣으로 변경하였다.
93) 排岸使 : 고려시대의 관직으로 太祖 때에 臨海郡에 설치하였다고 하나, 여기
　　외의 다른 자료에는 나오지 않는다.
94) 臨海郡 : 金海의 옛이름. 고려 太祖 때 臨海縣을 臨海郡으로 승격시켰다.([勝
　　覽] 卷32 金海都護府 建置沿革條)
95) 金海府 : 金海의 옛이름. 고려 忠宣王 2년 金海府라고 하였다.
96) 防禦使 : 고려 文宗 때에 설치한 지방관직으로 5품 이상이었다.
97) 量田使 : 고려의 관직으로 토지의 측량을 맡은 것으로 보이나 다른 자료가 없
　　어 자세히 알 수 없다.
98) 役丁 : 부역을 맡은 장정. [麗史] 食貨志 「16세부터 丁으로 하여 國役을 맡고
　　60세에 면역된다」는 규정이 있다.
99) 三皇 : 중국 고대의 천자. 곧 伏犧氏·神農氏·黃帝氏.

일이므로 허락하지 않는다"라고 하였다.

양전사가 거듭 아뢰니, 조정에서는 그렇게 여겨 반은 능묘에서 떼지 않고, 반은 지방 역정에게 나누어 주게 하였다. 절사(節使)〈양전사를 칭한다.〉는 조정의 뜻을 받들어 이에 반은 능원(陵園)에 속하게 하고, 반은 부(府)의 요역호정(徭役戶丁)에게 지급하였다. 일이 끝날 무렵에 이르러 [양전사는] 몹시 피곤해하더니, 갑자기 하루 저녁 꿈에 7, 8명의 귀신이 보였는데, 포승을 잡고 칼을 쥐고 와서 말하기를, "너에게 큰 죄악이 있으므로 베어 죽이겠다"고 하였다.

양전사는 형을 받고 아프다고 말하고, 놀라고 두려워서 깼다. 이어 병을 앓아 다른 사람에게 알리지도 않고 밤에 도망갔는데, 그 병이 낫지 않아 관문을 지나서 죽었다.

이런 까닭으로 토지측량대장[量田都帳]에는 그의 인장이 나타나 있지 않았다. 뒤에 사람이 [조정의] 시킴을 받들고 와서 그 밭을 살피니 11결(結) 12부(負) 9속(束)으로서 부족한 것은 3결 87부 1속이었다. 이에 죄상을 국문[鞫]하여 잘못 들어간 부분[斜入處]을 밝혀 내외 관아에 보고하고, 칙명으로 부족분을 지급하도록 처리하였다.

또한 고금에 탄식할 만한 일은 시조왕의 8대손인 김질왕(金銍王)[100]은 부지런히 정치를 했고, 또 진리를 매우 숭상하여 세조의 어머니 허황후를 위한 명복을 빌기 위하여 원가(元嘉)[101] 29년 임진(壬辰, 452)에 시조와 허황후가 만나서 혼인한 곳에 절을 짓고, 이름을 왕후사(王后寺)[102]라고 하였다.

---

100) 金銍王 : 가야국의 제8대 왕. 재위 451-492. 왕비는 金相沙干의 딸이다. 여기 외에는 기록이 없어 자세한 것은 알 수 없다.
101) 元嘉 : 南宋 文帝 때의 연호(424-453).

사자를 보내 근처 평전(平田)103) 10결을 측량하여, 삼보(三寶)104)를 공양하는105) 비용으로 하게 하였다. 이 절이 있고부터 500년 뒤에 장유사(長遊寺)106)를 두었는데 절에 바친 밭과 땔나무 숲이 모두 3백 결이었다. 이에 장유사의 삼강(三綱)107)이 왕후사가 그 절의 땔나무 숲 동남쪽 경계 안에 있다는 이유로 절[왕후사]을 없애고 전사[莊]108)를 만들어 추수하여 겨울 갈무리하는 곡간과 말을 먹이고 소를 기르는 마구간으로 하였다. 슬프도다. 세조 이하 9대손의 연대는 아래에 기록하였다. 새긴 글은 다음과 같다.

천지가 비로소 개벽하자 해와 달[利眼]이 처음으로 밝았다.

인륜이 비록 생겨났으나 임금의 지위는 아직 이루어지지 않았다.

중국의 왕조는 여러 대를 지났으나 동국(東國)에는 서울이 나뉘어 있었다.109)

신라가 먼저 정해지고, 가야[駕洛]는 후에 경영되었다.

스스로 가리어 주관할 사람이 없으면, 누가 백성을 보살피랴.

마침내 하늘이 만드시어 저 백성을 돌보셨다.

하늘이 제왕이 될 사람에게 표를 주어110) 특별히 신명[精靈]을

---

102) 王后寺 : [勝覽] 卷32 金海都護府 古跡條에 『舊址在長遊山』이라는 기사가 있다.

103) 平田 : 보통급의 밭.

104) 三寶 : 佛家에서 佛·法·僧을 이른다.

105) 供億 : 어려운 사람에게 물건을 주어 안심시키다.

106) 長遊寺 : 경상남도 金海市 長遊面에 있던 절. 지금의 長遊寺 터.

107) 三綱 : 僧職으로서 上座·寺主·維那 또는 僧正·僧都·律師를 이른다.([浩])

108) 莊 : 田舍. 농사짓는 집.

109) 分京 : 서울이 나뉘어 있다. 신라가 가야를 倂合하기 전 상태를 이름.

보내셨다.

산중에 알이 내려오니 안개 속에 형체를 감추었다.

안은 밝지 않았으며, 밖도 역시 드러나지 않고 어두웠다.

바라보니 형상이 없는 듯했으나, 들으면 곧 소리가 있었다.

무리는 노래를 불러 아뢰고 사람들은 춤을 추어 바쳤다.

7일이 지난 뒤에 일시적으로 편안하였다.

바람이 불어 구름이 걷히자 공중과 하늘은 푸르렀다.

6개의 둥근 알이 한 줄기의 자주색 끈에 달려 내려왔다.

특이한 지방에 기와집이 즐비하게 되었다.

보는 사람은 담처럼 늘어섰고 국처럼 들끓었다.111)

다섯 분은 각기 읍으로 돌아가고 한 분은 성에 있었다.

같은 때에 같은 흔적은 형제와 같았다.

실로 하늘이 덕있는 사람을 내어 세상을 위하여 법칙을 만들었다.

보위에 처음 오르자 천하[寰區]는 맑아지려 하였다.

화려한 구조는 옛것을 쫓았고 흙계단은 오히려 평평하였다.

천하통치에 비로소 힘쓰고 모든 정사를 시행하였다.

치우침과 구차함이 없으니 오직 하나로 정수하였다.

길을 가는 사람은 서로 양보하고 농사를 짓는 사람은 경작을 양보하였다.

사방은 안정되고 만백성은 치평을 맞이하였다.

---

110) 符命 : 하늘이 제왕이 될 사람에게 주는 표. 천자가 제후를 임명할 때 주는 圭玉.

111) 羹 : 국. 끓는 국처럼 들끓다는 의미로 많다는 뜻.

갑자기 부추잎의 이슬처럼 마르니 장수112)를 보전하지 못하였다. 하늘과 땅의 기운이 바뀌고 조야가 몹시 슬퍼하였다.

황금의 바탕[金相]113)같은 자취이고 옥과 같은 성예를 떨쳤다.

후예[來苗]가 끊어지지 않으니 제전114)은 그 향기가 유독 멀리 미쳤다.

세월은 비록 흘러 갔으나115) 규범과 의식은 기울지 않았다.

거등왕(居登王) : 아버지는 수로왕이고, 어머니는 허왕후이다. 건안 [立安] 4년 기묘(己卯, 199) 3월 23일에 즉위하여 55년 동안을 다스리다가 가평(嘉平) 5년 계유(癸酉, 253)116) 9월 17일에 돌아갔다. 왕비는 천부경 신보의 딸 모정이고, 태자 마품(麻品)117)을 낳았다. 『개황력(開皇曆)』118)에는 「성이 김씨이고 무릇 나라의 [시조인] 세조가 금알에서 태어났다고 하여 금(金)으로서 성을 삼았다」고 하였다.

---

112) 椿齡 : 옛날에 大椿이란 사람이 만년을 살았다는 말에서 장수를 뜻한다.
113) 金相 : 황금의 바탕. 金相玉質에서 나온 말.
114) 薦藻 : 薦은 제사를 올리는 것이고 藻는 수초를 이름이니 祭奠과 祭需를 뜻한다.[浩]
115) 逝 : 가다. 세월이 가다. 日月逝矣에서 나온 말.
116) 嘉平五年癸酉 : 嘉平은 魏 齊王의 연호(249-254). 가평 5년 계유는 253년에 해당된다.
117) 麻品王 : 가야국의 제3대 왕. 재위 259-291. 여기 외에는 자료가 없어 자세한 것은 알 수 없다.
118) 開皇曆 : [遺] 卷1 王曆 首露王條에 '開皇曆載'로 나올 뿐 다른 기사는 없어 자세한 사항은 알 수 없다. 가야의 왕실역사를 기록한 책으로 추측된다. 이에 대해 開皇은 隋의 연호이므로 그 시기에 만들어진 책으로 보는 견해도 있으나([品]), 개황을 金首露王이 나라를 열었다는 뜻으로 해석할 수 있다. [遺] 편찬 때에는 참고로 한 듯하다.

마품왕(麻品王) : 또는 마품(馬品)이라고도 하며 김씨이다. 가평 5년
　　계유에 즉위하여 39년 동안 다스리다가 영평(永平) 원년 신해
　　(辛亥, 291)[119] 1월 29일에 돌아갔다. 왕비는 종정감(宗正監)
　　조광(趙匡)의 손녀 호구(好仇)[120]이며, 태자 거질미(居叱彌)[121]
　　를 낳았다.

거질미왕(居叱彌王) : 또는 금물(今勿)이라고도 하며, 김씨이다. 영
　　평 원년에 즉위하여 56년 동안 다스리다가 영화(永和) 2년 병
　　오(丙午, 346)[122] 7월 8일에 돌아갔다. 왕비는 아궁(阿躬)[123]
　　아간(阿干)의 손녀 아지(阿志)[124]이며, 왕자 이품(伊品)[125]을
　　낳았다.

이시품왕(伊尸品王) : 김씨로 영화 2년에 즉위하여 62년 동안 다스리
　　다가 의회(義熙)[126] 3년 정미(丁未, 407) 4월 10일에 돌아갔
　　다. 왕비는 사농경(司農卿)[127] 극충(克忠)[128]의 딸 정신(貞

---

119) 永平元年辛亥 : 永平은 西晉의 惠帝 때의 연호이며, 291년 1년만 사용되었
　　다. 영평 원년 신해는 291년에 해당된다.
120) 好仇 : 가야국의 제3대 麻品王의 왕비로 宗正監 趙匡의 손녀이다. 본란 외에
　　는 관련 기사가 없어 자세한 것은 알 수 없다.
121) 居叱彌 : 居叱彌王. 가야국 제4대 왕. 재위 291-346. 여기 외에는 자료가 없어
　　자세한 것은 알 수 없다.
122) 永和二年丙午 : 永和는 東晉 穆帝 때의 연호(345-356년). 영화 2년 병오는
　　346년에 해당된다.
123) 阿躬 : 阿刀干을 고친 직명이다.
124) 阿志 : 여기에는 고유명사로 되어 있으나, 일반명사인 阿只와 같은 뜻이며,
　　아기의 경어이다.
125) 伊品 : 가야국 제5대 왕. 재위 346-407. 여기 외에는 자료가 없어 자세한 것은
　　알 수 없다.
126) 義熙 : 중국 東晉 安帝의 연호(405-418).
127) 司農卿 : 가야국의 관직으로 농사일을 맡아본 듯하나 기록이 없어서 자세한
　　것은 알 수 없다.

信)129)이며, 왕자 좌지(坐知)130)를 낳았다.

좌지왕(坐知王) : 또는 김질(金叱)이라고도 하며, 의희 3년에 즉위하
였다. 부리는 여자[傭女]에게 장가들고, [그] 여자의 무리로서
관리를 삼으니 나라 안이 요란하였다. 계림국에서 꾀로써 [가
락국을] 정벌하고자 하였는데, 박원도(朴元道)라고 하는 한 신
하가 있어 간하여 말하기를, "시든 풀도 자꾸 보면 또한 털이
있는데, 하물며 사람에 있어서랴! 하늘이 망하고 땅이 꺼지면
사람이 어느 터에서 보전되겠습니까? 또 점치는 사람이 점을
쳐서 괘풀이를 얻었는데, 그 점괘말에 이르기를, '너[왕]의 엄
지손가락을 풀어 버리면131) 친구가 와서 믿어줄 것이다'고 하
였으니, 임금께서는 주역의 괘를 거울로 삼으십시오"라고 하였
다.

　　왕이 고마워서 말하기를, "[그 말이] 옳다"고 하며, [그] 부
리는 여자를 물리쳐 하산도(荷山島)132)로 내쫓고, 그 정치를
고쳐 행하여 백성을 오랫동안 편안하게 하여 15년 동안 다스리
고 영초(永初) 2년 신유(辛酉, 421)133) 5월 12일에 돌아갔다.

---

128) 克忠 : 가야국의 제5대 伊尸品王의 왕비인 貞信의 생부이며, 司農卿의 관직
　　을 맡아본 듯하나, 기록이 없어 자세한 것은 알 수 없다.
129) 貞信 : 가야국 제5대 伊尸品王의 왕비이고, 司農卿 克忠의 딸이다. 본란 외에
　　는 자료가 없어 자세한 것은 알 수 없다.
130) 坐知 : 가야국 제6대 왕. 재위 407-421. 여기 외에는 자료가 없어 자세한 것은
　　알 수 없다.
131) 解而拇 : 너의 엄지손가락을 풀다. 여기서 '너'는 왕을 가리키는 것이고, '풀
　　다'는 구체적으로 傭女와의 관계를 없애는 것을 말한다.(『說文通訓定聲』「手
　　足大指皆曰拇 易咸 咸其拇 虞注 足大指也 解 解而拇 王肅注 手大指也」)
132) 荷山島 : 金海부근 바다에 있는 섬으로 추측되나 자세히는 알 수 없다.
133) 永初二年辛酉 : 永初는 宋 武帝 때의 연호(420-422). 영초 2년 신유는 421년

왕비는 도령(道寧)134) 대아간(大阿干)의 딸 복수(福壽)이며,
아들 취희(吹希)135)를 낳았다.

취희왕(吹希王) : 또는 질가(叱嘉)라고도 하며 김씨이다. 영초 2년에
즉위하여 31년 동안 다스리고 원가(元嘉) 28년 신묘(辛卯,
451) 2월 3일에 돌아갔다. 왕비는 진사(進思)136) 각간(角干)의
딸 인덕(仁德)137)이며, 왕자 질지(銍知)를 낳았다.

질지왕(銍知王) : 또는 김질왕(金銍王)이라고도 한다. 원가 28년에
즉위하고, 다음 해 세조와 허황옥(許黃玉) 왕후를 위한 명복을
받들기 위해 [왕후가] 처음 세조와 결합한 곳에 절을 세워 왕
후사(王后寺)라고 하고, 밭 10결을 바쳐 충당하게 하였다. 42
년 동안 다스리고 영명(永明) 10년 임신(壬申, 492)138) 10월 4
일에 돌아갔다. 왕비는 금상(金相)139) 사간(沙干)의 딸 방원
(邦媛)140)이며, 왕자 겸지(鉗知)141)를 낳았다.

에 해당된다.

134) 道寧 : 가야국 제6대 왕인 坐知王의 왕비의 생부. 大阿干을 지낸 관리로 보
  이나, 여기 외에는 기록이 없어 자세한 것은 알 수 없다.
135) 吹希 : 가야국 제7대 왕. 재위 421-451. 여기 외에는 자료가 없어 자세한 것은
  알 수 없다.
136) 進思 : 가야국 제7대 吹希王 때의 角干으로 왕비 仁德의 생부이나, 본란 외
  에는 기록이 없어 자세한 것은 알 수 없다.
137) 仁德 : 가야국 제7대 吹希王의 왕비로 角干 進思의 딸이나, 본란 외에는 기
  록이 없어 자세한 것은 알 수 없다.
138) 永明十年壬申 : 永明은 齊 武帝 때의 연호(483-493). 영명 10년 임신은 492
  년에 해당된다.
139) 金相 : 가야국의 제8대 銍知王 때 沙干직에 있던 관리로, 그의 딸 邦媛은 왕
  비가 되었다.
140) 邦媛 : 가야국 제8대 銍知王의 왕비로 沙干 金相의 딸이다. 본란 외에는 기
  록이 없어 자세한 것은 알 수 없다.
141) 鉗知 : 가야국의 제9대 왕. 재위 492-521. 여기 외에는 자료가 없어 자세한 것

겸지왕(鉗知王) : 또는 금겸왕(金鉗王)이라고도 한다. 영명 10년에 즉위하여 30년 동안 다스리고 정광(正光)[142] 2년 신축(辛丑, 521) 4월 7일에 돌아갔다. 왕비는 출충(出忠)[143] 각간의 딸 숙(淑)[144]이며, 왕자 구형(仇衡)[145]을 낳았다.

구형왕(仇衡王) : 김씨로 정광 2년에 즉위하여 42년 동안 다스렸다. 보정(保定)[146] 2년 임오(壬午, 562) 9월에 신라 제24대 군주인 진흥왕(眞興王)이 군대를 일으켜 가까이 다가와서 치므로[薄伐] 왕이 친히 군졸을 부렸으나, 저편은 많고 이편은 적어서 대전을 감당하지 못하였다. 이내 형제[同氣] 탈지이질금(脫知爾叱今)을 보내어 나라 안에 머물러 있게 하고, 왕자와 장손[上孫]인 졸지공(卒支公)[147] 등은 항복하여 신라에 들어갔다. 왕비는 분질수이질(分叱水爾叱)[148]의 딸 계화(桂花)로, 세 아들을 낳으니 첫째는 세종(世宗) 각간이고, 둘째는 무도(茂刀)[149]

은 알 수 없다.

142) 正光 : 중국 梁 武帝의 연호(520-527).

143) 出忠 : 가야국 제9대 鉗知王 때 角干직에 있던 관리로 왕비 淑의 생부이다. 본란 외에는 기록이 없어 자세한 것은 알 수 없다.

144) 淑 : 가야국 제9대 鉗知王의 왕비이며, 角干 出忠의 딸이다. 본란 외에는 기록이 없어 자세한 것은 알 수 없다.

145) 仇衡 : 가야국 제10대 왕. 재위 521-561. 여기 외에는 자료가 없어 자세한 것은 알 수 없다.

146) 保定 : 중국 北周 武帝의 연호(561-566).

147) 卒支公 : [史] 卷4 新羅本紀 法興王 19年條에는 奴宗으로 되어 있다. 「金官國主金仇亥 與妃及三子 長曰奴宗 仲曰武德 季曰武力…」.

148) 分叱水爾叱 : 가야국의 제11대 仇衡王의 왕비인 桂花의 생부이나, 본란 외에는 기록이 없어 자세한 것은 알 수 없다.

149) 茂刀 : 본란 외에는 기록이 없어 자세한 것은 알 수 없다. 茂刀는 곧 武力으로 金庾信의 조부이다.([史] 卷41 列傳 金庾信條(上))

각간이고, 셋째는 무득(茂得) 각간이다. 『개황록(開皇錄)』[150]
에서는 「양(梁) 중대통(中大通) 4년 임자(壬子, 532)[151]에 신
라에 항복하였다」고 하였다.

논의하여 말한다. 『삼국사(三國史)』에 의하면, 구형왕이 양 중대통
4년 임자에 국토를 바쳐 신라에 투항한즉, 수로왕이 처음 즉위한 동한
(東漢) 건무(建武) 18년 임인(壬寅, 42)으로부터 구형왕 말년 임자
(壬子)에 이르기까지 헤아리면 4백 90년이 된다. 만약 이 기록으로 생
각하면, 국토를 바침이 원위(元魏) 보정 2년 임오(壬午)인즉 다시 30
년을 더하여 총 5백 20년이다. 이제 두 가지를 적어 둔다.

삼국유사 권제2

---

150) 開皇錄 : 가야의 역사를 적은 책으로 추측되나 자세한 것은 알 수 없다. 本條
　　 居登王條에 나오는 『開皇曆』과 같은 책인지 알 수 없다.
151) 梁中大通四年壬子 : 梁은 南朝의 하나로 502년에 蕭衍(武帝)이 齊의 선위를
　　 받아 세운 나라. 建康(현 南京)에 도읍하였으며, 557년에 멸망하였다. 中大通
　　 은 武帝의 네번째 연호(529-535)로, 중대통 4년 임자는 532년에 해당된다.

三國遺事 卷第二

影印原文

(紀異 第二)

三國遺事

三國遺事卷第二

文虎王法敏

王初即位龍朔辛酉泗沘南海中有死女尸身長七十
三尺足長六尺陰長三尺或云身長十八尺在乾封二
年丁卯

總章戊辰王統兵與仁問欽純等至平壤會唐兵滅麗
唐帥李勣獲高藏王還國　王之性高敖云高藏按唐書
及通鑑慶五年庚申蘇定方
等征百濟後十二
月大將軍契如何為浿道行軍大總管蘇定方為遼東
道大總管劉伯英為平壤道大總管以伐高麗又明年
辛酉正月蕭嗣業為扶餘道總管任雅相為浿江道總

管率三十五万軍以伐高麗八月甲戌蘇定方等及高

麗戰于浿江敗之軌封元年丙寅六月以罷同善　高

臨薛仁貴李謹行等為後援九月麗同善及高麗戰敗

之二十二月巳酉以李勣為遼東道行臺大捴管率六

捴管兵以伐高麗總章元年戊辰九月癸巳李勣獲高

藏王十二月丁巳獻浮于帝上元元年甲戌二月劉仁

軌為雞林道捴管以伐新羅而卿古記云唐遣陸路將

軍孔恭水路將軍有相與新羅金庾信等滅之而此云

仁問欽純等無庾信未詳時唐之游兵諸將兵有留鎮

而將謀襲我者王覺之發兵之明年高宗使召仁問等

讓之曰爾請我兵以威麗害之何耶乃下圓扉鍊兵五
十万以薛邦爲師欲伐新羅時義相師西學入唐來見
仁問仁問以事諭之相刃東還上聞王甚悼之會群臣
問防禦策角干金天尊奏曰近有明朗法師入龍宮傳
秘法而來請詔問之朗奏曰狼山之南有神遊林創四
大王寺於其地開設道塲則可矣時有貞州使走報曰
唐兵無數至我境迴軒海上王召明朗曰事已逼至如
何朗曰以彩帛假攅宜矣乃以彩帛營寺草構五方神
像以瑜珈明僧十二員明朗爲上首作文豆婁秘密之
法時唐兵未交接風濤怒起唐舩皆沒於水後改刱

寺名四天王寺至今不墜壇席國史大畋枸在後年辛

末唐更遣趙憲爲帥亦以五万兵來征又作其法舩沒

如前是時翰林郎朴文俊随仁問在獄中高宗召文俊

曰汝國有何密法再發大兵無生還者文俊叄曰陪臣

等來於上國一十餘年不知本國之事但遙聞一事爾

厚荷上國之恩一統三國欲報之德新刱天王寺於狼

山之南祝皇壽万年長開法席而已高宗聞之大悅乃

遣禮部侍郎樂鵬龜使於羅審其寺王先聞唐使將至

不冝見玆寺乃别刱新寺於其南待之使至曰必先行

香火於皇帝祝壽之所天王寺乃引見新寺其使立於門

前日不是四天王寺乃望德遙山之寺終不入國人以
金一千兩贈之其使乃還奏曰新羅聊天王寺祝皇壽
於新寺而巳因唐使之言因名望德寺武系孝昭王代誤矣玉聞
文俊善養帝有寬赦之意乃命強首先生作請放仁問
表以舍人遠禹裦於唐帝見表流涕赦仁問慰送之仁
問在獄時國人為剏寺名仁容寺開設觀音道塲及仁
問來還死於海上攺為彌陁道塲至今猶存大王御國
二十一年以永隆二年辛巳崩遺詔葬於東海中大巖
上王平時常謂智義法師曰朕身後願為護國大龍崇
奉佛法守護邦家法師曰龍爲畜報何王曰我猒世間

築華久矣若麗廳報為畜則雅合朕懷矣王初即位置南

山長倉長五十步廣十五步即米穀兵器是為右倉又恩

寺西北山上是為左倉別本云建福八年辛亥築南山

城周二千八百五十步則乃真德王代始築而至此乃

重修爾又始築富山城三年乃畢安北河邊築鐵城又

欲築京師城郭既令真吏時義相法師聞之致書報云

王之政教明則雖草丘盡地而為城民不敢踰可以契

發進福政教苟不明則雖有長城災害未消王於是正

罷其役麟德三年丙寅三月十日有人家婢名吉伊一

乳生三子總章三年庚午正月七漢岐部一山級干一

作成山何于婢一乳生四子一女三丁國給穀二百石

以賞之　又代高麗以其國王孫还國置之真骨位

王一日召庶弟車得公曰汝爲冢宰均理百官平章四

海公曰陛下若以小臣爲宰則臣願潛行國内示民間

徭役之勞逋租賦之輕重官吏之清濁然後就戰王聽

之公著緇衣把琵琶爲居士形出京師経由阿瑟羅州

今溟州牛首州今春北原京州今忠至於武珍州今海陽巡行

里間州吏安吉見是異人邀致其家盡情供億至夜安

吉喚妻妾三人曰今兹待宿客居士者終身偕老二妻

曰寧不並居何以擁人同宿其一妻曰公若許終身並

居則承命矣從之詰旦居士欲辭行時曰僕京師人也

吾家在皇龍皇聖二寺之間吾名端午也　俗爲車衣

人若到京師尋訪吾家幸矣遂行到京師居家宰國之

制每以外州之吏一人上守京中諸曹注今之其人也

安吉當次上守至京師問兩寺之間端午居士之家人

莫知者安吉久立道左有一老翁經過聞其言良久行

思曰二寺間一家殆大內也端午者乃車得令公也潛

行外郡時殆汝有緣覓尋安吉陳其實老人曰汝去宮

城之西敬正門待宮女出入者告之安吉從之告武珎

州安吉進於門矣公聞而走出携手入宮嘆出公之妃

興安吉共宴具饌至五十味闌於上以星浮山擒（一作嵋岫）

下爲武珎州上守繞木田萩又頓揉人不敢近內外歆

羲之山下有田三十畝下種三石此田稔歲武珎州亦

稔否則亦云（云）

万波息笛（富）

第三十一神文大王諱政明金氏開耀元年辛巳七月

七日即位爲聖考文武大王剏感恩寺於東海邊（寺中記云）

文武王欲鎭倭兵故始剏此寺未畢而崩爲海龍其子

神文立開耀二年畢排金堂砌下東向開一穴乃龍之

入寺旋繞之備盖遺詔之藏骨處名大王臺明年壬午五

岩寺名感恩寺後見龍現形處名利見臺

月朔（一本云天授元年誤矣）海官波珎喰朴夙淸蔓曰東海中有

小山浮來向感恩寺隨波往來王異之命曰官金春質

一作白之曰聖考今為海龍鎮護三韓抑又金公庾信

乃三十三天之一子今降為大臣二聖同德欲出守城

之寶若陛下行幸海過必得無價大寶王喜以其月七

日駕幸利見臺望其山遣使來審之山勢如龜頭上有一

竿竹晝為二夜合一（一云山亦晝夜開合如竹）使來奏之王御感恩

寺宿明日午時竹合為一天地振動風雨晦暗七日至

其月十六日風霽波平王泛海入其山有龍奉黑玉帶

來獻迎接其坐問曰此山與竹或判或合如何龍曰比

如一手拍之無聲二手拍之則有聲此竹之為物合之然

後有聲聖王以聲理天下之瑞也王取此竹作笛吹之

天下和平今王考爲海中大龍庾信復爲天神二聖同

心出此無價大寶令我獻之王驚喜以五色錦彩金玉

酬賽之勅使斫竹出海時山與龍忽隱不現王宿感恩

寺十七日到祗林寺西溪邊留駕晝饍太子理恭即孝昭大王

王守闕聞此事走馬來賀徐察奏曰此玉帶諸窠皆眞

龍也王曰汝何知之太子曰摘一窠沉水示之乃摘左

邊第二窠沉溪即成龍上天其地成淵因號龍淵駕还

以其竹作笛藏於月城天尊庫吹此笛則兵退病愈旱

雨雨晴風定波平號万波息笛稱爲國寶至孝昭大王

代天授四年癸巳因失禮郎生还之異更封號曰万万

波波息笛詳見彼傳

孝昭王代　竹旨郎亦作竹曼　亦名智官

第三十二孝昭王代竹曼郎之徒有得烏谷一云級干隷名於風流黃卷追日仕進隔旬日不見郎喚其母問爾子何在母曰幢與年梁益宣阿干以我子羌富山城倉直馳去行慧告辭於郎郎曰汝子若私事適彼則不湏尋訪今以公事進去湏歸享矣乃以舌餅一合酒一缸卒左人言奴皆此知而行郎徒百三十七人亦具儀待從到富山城問閽人得烏失奚在人曰今在益宣

田随例赴役郎歸田以所將酒餠饋養之請暇於益宣將欲偕還益宣固禁不許將有後吏偘珎管收推火郡能節租三十石輸送城中美郎之重士風味鄙宣暗塞不通乃以所領三十石贈益宣助請猶不許又以珎節舍知騎馬鞍具貽之乃許朝廷花主聞之遣使取益宣將洗浴其垢醜宣逃隱掠其長子而去時仲冬極寒之日浴洗於城内池中仍合凍死大王聞之勅牟梁里人從官者並合黜遣更不接公署不著黑衣若為僧者不合入鍾皷寺中勅史上侃珎子孫為枰定戶孫標異之時圓測法師是海東高德以牟梁里人故不授僧職初述

宗公爲朔州都督使將歸理所時三韓兵乱以騎兵三
千護送之行至竹旨嶺有一居士平理其嶺路公見之
歎美居士亦善公之威埶赫甚相感於心公赴州理隔
一朔夢見居士入于房中室家同夢驚悸十甚翌日使
人同其居士安否人曰居士死有日矣使來还告其死
與夢同日矣公曰殆居士誕於吾家爾更發卒修葬於
嶺上北峯造石彌勒一軀安於塚前妻氏自夢之日有
娠阮誕因名竹旨壯而出仕與庚信公爲副帥統三韓
真德大宗文武神文四代爲冢宰安定厥邦初得烏谷
慕郎而作一歌曰

去隱春皆理米 毛冬居叱沙哭屋尸以憂音 阿冬

音乃叱好支賜烏隱 皃史年數就音墮支行齊 目

煙迴於尸七史伊衣 逢烏支惡知作乎下是 郎也

慕理尸心未 行乎尸道尸 蓬次叱巷中宿尸夜音

有叱下是

聖德王

第三十三聖德王神龍二年丙午歲 不登人民飢

甚丁未正月初一日至七月三十日救民給租一口一

日三升爲式終事而計三十萬五百碩也 王爲太宗

大王剙奉德寺設仁王道場七日大赦始有侍中戠本一

水路夫人

聖德王代純貞公赴江陵太守〔今溟州〕行次海汀晝饍傍

有石嶂如屏臨海高千丈上有躑躅花盛開公之夫人

水路見之謂左右曰折花献者其誰從者曰非人跡所

到皆辞不能傍有老翁牽牸牛而過者聞夫人言折其

花亦作歌詞献之其翁不知何許人也便行二日程又

有臨海亭晝饍次海龍忽攬夫人入海公顛倒躃地計

無所出又有一老人告曰故人有言衆口鑠金今海中

傍生何不畏衆口乎宜進界内民作歌唱之以杖打岸

可見夫人矣公從之龍奉夫人出海獻之公聞夫人
海中事四七寶宮殿所饍甘滑香潔非人間煙火此夫
人衣襲異香非世所聞水路姿容絕代每經過深山大
澤屢被神物掠攬眾人唱海歌詞曰 龜乎龜乎出水
路掠人婦女罪何極汝若悖逆不出獻 入網捕掠墦
之喫老人獻花歌曰紫布岩乎邊希執音乎手母牛放
教遣 吾肹不喻慚肹伊賜等 花肹折叱可獻乎理

音如

孝成王

開元十年壬戌十月始築關門於毛火郡今毛火村屬

慶州東南境乃防日本塞垣也周迴六千七百九十二

步五尺役徒三萬九千二百六十二人掌貟元真甫于

開元二十一年癸酉唐人欲征北狄請兵新羅客使六

百四人來還國

景德王　　忠談師　　表訓大德

德經等大王備禮受之王御國二十四年五岳三山神

等時或現侍於殿庭三月三日王御歸正門樓上謂左

右曰誰能途中得一貟榮服僧來於是適有一大德威

儀鮮潔徜徉而行左右望而引見之王曰非吾所謂榮

僧也退之更有一僧被衲衣負櫻筒一作荷簣從南而來王

喜見之邀致樓上視其筒中盛茶具已曰汝為誰耶僧

曰忠談曰何所歸來僧曰僧每重三重九之日烹茶饗

南山三花嶺彌勒世尊今茲旣献而還矣王曰寡人亦

一甌茶有分乎僧乃煎茶献之茶之氣味異常甌中異

香郁烈王曰朕嘗聞師讚耆婆郎詞腦歌其意甚高是

其果乎對曰然王曰然則為朕作理安民歌僧應時奉

勅歌呈之王佳之封王師焉僧再拜固辭不受安民歌

曰　君隱父也　　臣隱愛賜尸母史也　民焉狂尸恨

阿孩古為賜尸知民是愛尸知古如　窟理叱大肹生

以支所音物生此肹喰惡支治良羅　此地肹捨遣只

於冬是去於丁　為尸知國惡支持以　支知古如後

句　君如臣多支民隱如　為尸等焉國惡太平恨

音叱如

讚耆婆郎歌曰

咽嗚爾處米　露曉邪隱月羅理　白雲音逐于浮去

隱安支下　沙是八陵隱汀理也中　耆郎矣皃史是

史藪邪　逸烏川理叱磧惡希　郎也持以支如賜烏

隱　心未際叱肹逐內良齊　阿耶　栢史叱枝次高

支好　雪是毛冬乃乎尸花判也

王玉莖長八　無子廢之封沙梁夫人後妃滿月夫人

- 22 -

謚景垂大后依忠甬干之女也王一日詔表訓大德曰

朕無祐不護其嗣願大德請於上帝而有之訓上告於

天帝還求婁去帝有言求女即可男即不宜王曰願轉

女成男訓再上天請之帝曰可則可矣然為男則國殆

矣訓欲下聘帝又召曰天與人不可亂今師往來如隣

里漏滅天機今後宜更不通訓求以天語諭之王曰國

雖殆得男而為嗣足矣於是滿月王后生太子王喜甚

至八歲王崩太子即位是為惠恭大王幼冲故大后臨

朝政條不理盜賊蜂起不遑備禦訓師之說驗矣小帝

既女為男故自期晬至於登位常為婦女之戲好佩錦

震跚道流為戲故國有大乱修為宣德與金良相所承

自表訓後聖人不生於新羅云

惠恭王

大曆之初康州官署大堂之東地漸陷成池一本大寺

從十三尺橫七尺又忽有鯉魚五六相繼而漸大淵亦隨

大至二年丁未又天狗墜於東樓南頭如甕尾三尺許

色如烈火天地亦振又是年今浦縣稻田五頃中皆米

顆成穗是年七月北宮庭中先有二星墜地又一星隨

三星皆沒入地先時宮北厠圜中二莖蓮生又奉聖寺

田中生蓮虎入禁城中追覓失之角干大恭家梨木上

崔集無數據安國兵法下卷云天下兵大乱於是大赦

修省七月三日大恭角干賊起王都及五道州郡并九

十六角干相戰大乱大恭角干家二輪其家資寶貝子

王宮新城長倉火燒連賞之賊穀栗沙梁牟梁等里中

者亦輸入王宮乱弥三朔乃息被賞者頗多誅死者無

筭也表訓之言國殆是也

元聖大王

伊飡金周元初爲上宰王爲角干居二宰夢脫幞頭著

素笠把十二絃琴入於天官寺井中覺而使人占之曰

脫幞頭者失職之兆把琴者著枷之兆入井入獄之兆

王聞之甚憂杜門不出于時阿飡餘三或本餘山來通

謁王辭以疾不出再通曰願得一見王諾之阿飡曰公

所忌何事王具說公夢之由阿飡興拜曰此乃吉祥之

夢公若登大位而不遺我則為公解之王乃辟禁左右

而請解之曰脫幘頭者人無居上也著素笠者見琉之

兆也把十二絃琴者十二孫傳世之兆也入天官井入

宮禁之瑞也王曰上有周元何居上位阿飡曰請密祀

北川神可矣從之未幾宣德王崩國人欲奉周元為王

將迎入宮家在川北忽川漲不得渡王先入宮即位上

宰之徒眾皆來附之拜賀新登之主是為元聖大王諱

敬信金武盖厚夢之應也周元退居溟州王旣登極時
餘山巳卒矣召其子孫賜爵王之孫有五人惠忠大子
憲平大子禮英匝干大龍夫人小龍夫人等也大王誠
知窮達之變故有身空詞腦歌歌未詳王之考大角干考
讓傳祖宗万波息笛乃傳扵王王得之故厚荷天恩其
德遠輝貞元二年丙寅十一月日本王文慶按日本帝紀第五十五年文德王疑是也本文餘無文慶或本云是王大子舉兵欲伐新羅聞新羅
有万波息笛退兵以金五十兩遣使請其笛王謂使曰
朕聞上世眞平王代有之耳今不知所在明年七月七
日更遣使以金一千兩請之曰寡人願得見神物而還

之矣王亦辝以前對以銀三千兩賜其使還金而不受

八月使還藏其笛於內黃殿王即位十一年乙亥唐使

東京留一朝而还後一日有二女進內庭奏曰妾等乃

東泡青池青池即東泉寺之泉也寺乃聽法之地寺乃真戶王所造五百聖衆

五層塔年納田民与二龍之妻也唐使將河西國二人而來呪我

夫二龍及芬皇寺井等三龍變爲小魚筒野而敢願陛

下勑二人留我夫等護國龍也王追至河陽舘親賜事

宴勑河西人曰爾輩何得取我三龍至此若不以實告

必加極刑於是出三魚獻之使放於三處各湧水丈餘

善躍而逝唐人服王之明聖王一日請皇龍寺法武本

玄華嚴寺又金剛寺者盖以寺名經名光混之也擇智

海入內稱華嚴經五旬沙弥妙正每洗鉢於金光井大因

賢法師邊有一黿浮沈井中沙弥每以殘食饋而為戲

席將罷沙弥謂黿曰吾德汝日久何以報之喁數日黿

吐一小珠如欲贈遺沙弥得其珠繫於帶端自後大王

見沙弥變重遷致內殿不離左右時有一匝干奉使於

唐亦愛沙弥請與俱行王許之同入於唐帝亦見沙

而罷愛承相左右莫不尊信有一相士奏曰審此沙

弥無一吉相得人信敬必有所持異物使人撿看得帶

端小珠帝曰朕有如意珠四枚前年失一个今見此珠

為吾所失也帝問沙弥沙弥具陳其事帝內失珠之日

與沙弥得珠同日帝留其珠而遣之後人舉愛信此沙

弥者王之陵在吐含岳西洞鵠寺今崇福寺有崔致遠撰碑

又期報恩寺又聖德樓　追封祖訓入匝干為興平大

王曾祖義官匝干為袖英大玉高祖法宣大阿干為玄

聖大王玄聖大王玄聖之考即摩叱次匝子

早雪

第四十哀莊王末年戊子八月十五日有雪

第四十一憲德王元和十三年戊戌三月十四日大雪平

作丙寅誤矣元和
盡十五無丙寅

第四十六文聖王巳未五月十九日大雪八月一日天

地晦暗

興德王　鸚鵡

第四十二興德大王寶曆二年丙午即位未幾有人奉

使扵唐將鸚鵡一雙而至不久雌死而孤雄哀鳴不巳

王使人掛鏡扵前鳥見鏡中影擬其得偶乃啄其鏡而

知其影乃衰鳴而死王作歌云未詳

神武大王　閻長　弓巴

第四十五神武大王潛邸時謂俠士弓巴曰我有下同

天之讎汝能爲我除之獲居大位則娶爾女爲妃弓巴

許之協心同力舉兵犯京師能成其事既篡位欲以巴
之女為妃羣臣極諫曰巴側微上以其女為妃則不可
王從之時巴在清海鎮為軍戎憑王之違言欲謀乱時
之閣長承音歸清海鎮見謁者通曰僕有小怨於國君
將軍閣長聞之羨曰巴將為不忠小臣請除之王喜許
欲投明公以全身命巴聞之大怒曰爾蝧諫於王而廢
我女胡顧見我乎長復通曰是百官之所諫我不預謀
明公無嫌也巴聞之引入廳事謂曰卿以何事來此長
曰有忤於王欲投幕下以免害爾巴曰幸矣置酒歡甚
長取巴之長劔斬之麾下軍士驚懼皆伏地長引至京

師復命上已斬弓巴矣上喜賞之賜爵阿干

一四十八景文大王

王諱膺廉年十八爲國仙至於弱冠憲安大王召郎宴
於殿中問曰郎爲國仙優遊四方見何異事郎曰臣見
有美行者三王曰請聞其說郎曰有人爲人上者而撝
謙坐於人下其一也有人豪富而衣儉易其二也有人
本貴勢而不用其威者三也王聞　其言而知其賢不
覺墮淚而謂曰朕有二女請以奉巾櫛郎避席而拜之
稽首而退告於父母父母驚喜會其子弟議曰王之上
公主見甚寒寢第二公主甚美娶之立于乞郎之徒上首

範教師者聞之至於家問郎曰大王欲以公主妻公信
乎郎曰然曰奚娶郎曰二親命我宜第師曰郎若娶第
則子必死於郎之面前娶其兄則必有三羡之裁郎
曰聞命矣既而王擇辰而使於郎曰二女惟公所命使
歸以郎意奏曰奉長公主爾既而過三朔王疾葦名群
臣曰朕無男孫寵爱之事宜長女之夫臀廉緻之翌日
王崩郎奉遺詔即位於是範教師詣於王曰吾所陳
三羡者合皆著矣娶長故今登位一也奪之欽艷第主
今易可取二也娶兄故工與夫人喜其三也王德其言
爵為大德賜金一百三十兩王崩諡曰景文王之寢殿

每日暮無數眾蛇俱集宮人驚怖將驅遣之王曰寡人
若無蛇不得安寢宜無禁毎寢吐舌滿胷鋪之乃登位
王耳忽長如驢耳王后及宮人皆未知唯幞頭匠一人
知之然生平不向人說其人將死入道林寺竹林中無
人處向竹唱云吾君耳如驢耳其後風吹則竹聲云吾
君耳如驢耳王惡之乃伐竹而植山茱萸風吹則但聲
云吾君耳長道林寺舊在入仙邀元郎譽昕郎桂元叔
宗郎等遊覽金蘭暗有為君主理邦國之意乃作歌三
首使心弼舍知撗針卷送大炬和尚處令作三歌初名
玄琴抱曲第二大道曲第三問羣曲入奏於王王大喜

稱賞歌未詳

第四十九憲康大王之代自京師至於海內比屋連墻

無一草屋笙歌不絕道路風雨調於四時於是大王遊

開雲浦　在鶴城南今蔚州　王將還駕晝歇於汀過忽雲霧冥曀

迷失道路恠問左右曰官奏云此東海龍所變也宜

行勝事以解之於是勑有司為龍刱佛寺近境施令巳

出雲開霧散因名開雲浦東海龍喜乃奉七子現於駕

前讚德獻舞奏樂其一子隨駕入京輔佐王政名曰

處容王以美女妻之欲留其意又賜級干職其妻甚美

疫神欽慕之變無人夜至其家竊與之宿處容自外至

其家見寢有二人乃唱歌作舞而退歌曰東京明期月

良夜入伊遊行如可入良沙寢矣見昆脚烏伊四是良

羅二肹隱吾下於叱古二肹隱誰支下焉古本矣吾下

是如馬於隱奪叱良乙何如為理古時神現形跪於前

曰吾羨公之妻今犯之矣公不見怒感而美之誓今已

後見畫公之形容不入其門矣因此國人門帖處容之

形以僻邪進慶王既還乃卜靈就山東甍麗勝地置寺

曰望海寺亦名新房寺乃為龍而置也又幸鮑石亭南

山神現舞於御前左右不見王獨見之有人現舞於前

王自作舞以像示之神之名或曰祥審故至今國人傳

此舞曰御舞祥審或曰御舞山神或云既神出舞審象

其見命工摹刻以示後代故云象審或云霜髯舞此刀

以其形稱之又幸於金剛嶺時北岳神呈舞名玉刀鈐

又同禮殿宴時地神出舞名地伯級于語法集云于時

山神獻舞唱歌云智理多都波都波等者蓋言以智理

國者知而多逃都邑將破云謂也乃地神山神知國將

亡故作舞以警之國人不悟謂爲現瑞耽樂滋甚故國

終亡

真聖女大王　居陁知

第五十一真聖女王臨朝有年乳母鳧好夫人與其夫
魏弘匝干等三四寵臣擅權撓政盜賊蜂起國人患之
乃作陀羅尼隱語書投路上王與權臣等得之謂曰此
非王居仁誰作此文乃囚居仁於獄居仁作詩訴于天
天乃震其獄囚以免之詩曰燃丹泣血虹穿日鄒衎含悲
夏落霜令我失途還似舊皇天何事不垂祥 陀羅尼
曰南無亡國 剎尼那帝 判尼判尼蘇判尼于于三
阿干 鳧伊娑婆訶 說者云剎尼那帝者言女主也
判尼判尼蘇判尼者言二蘇判也蘇判爵名于三阿
干也鳧伊者言鳧好也 此王代阿飧良貝王之季子

也奉使於唐聞百濟海賊梗於津憩選弓士五十人隨
之舡次鵠島鄉云骨嵒風濤大作信宿使旬公憂之使人
卜之曰島有神池祭之可矣於是具饌於池上池水湧
高丈餘夜夢有老人謂公曰善射一人留此島中可得
便風公覺而以事詢於左右曰留誰可矣眾入曰宜以
木簡五十片書我輩名沉水而闔之公從之軍士有居
陁知者名沉水中乃留其人便風忽起舡進無滯居陁
愁立島嶼忽有老人從池而出謂曰我是西海若每一
沙弥曰出之時從天而降誦陁羅尼三繞此池之夫
婦子孫皆淳水上沙弥取吾子孫肝腸食之盡矣唯存

吾夫婦與一女爾來朝又必來請君射之居陁曰弓夫
之事吾所長也聞命矣老人謝之而沒居陁隱伏而待
明日扶桑旣暾沙弥果來誦呪如前欲聚老龍所時居
陁射之中沙弥即變老狐墜地而斃於是老人出而謝
曰受公之賜全我性命請以女子妻之居陁曰見賜不
二龍捧居陁趂及使舡仍護其舡入於唐境唐人見新
遺固所願也老人以其女變作一枝花納之懷中仍命
羅舡有二龍負之具事上聞帝曰新羅之使必非常人
二龍捧居陁趂及使舡仍護其舡入於唐境唐人見新
賜宴坐於羣臣之上厚以金帛遺之旣還國居陁出花
枝變女同居焉

孝恭王

第五十二孝恭王光化十五壬申實朱梁乾化二年也奉聖寺
外門東西二十一間鵲巢又神德王即位四年乙亥本右
當作貞明元年靈廟寺內行廊鵲巢三十四烏巢四十
又三月晦六月斬浦水與海水波相闘三日

景明王

第五十四景明王代貞明五年戊寅四天王寺壁畫狗
鳴說經三日攘之犬半日又鳴七年庚辰二月皇龍寺
塔影倒立於令毛舍知家庭中一朔又十月四天王寺
五方神弓絃皆絶壁畫狗出走庭中還入壁中

第五十五景哀王即位同光二年甲辰二月十九日皇
龍寺説百座説經無畿禪僧三百大王親行香致供此
百座通説禪敎之始

　　金傅大王

第五十六金傅大王諡敬順天成二年丁亥九月百濟
甄萱侵羅至高鬱府景哀王請救扵我大祖命將以勁
兵一万往救之救兵未至萱以冬十一月掩入王京王
與妃嬪宗戚遊鮑石亭宴娛不覺兵至倉卒不知所為
王與妃奔入後宮宗戚及公卿大夫士女四散奔走為

賊所虜無害賊匐匈為奴婢萱縱兵摽掠公私財物
入處王宮乃命左右索王與妃妾數人匿在後宮拘
致軍中逼令王自進而强淫王妃縱其下亂其媵妾乃
立王之族弟傅為王為萱所舉即位前王尸殯於西
堂與羣下慟哭我大祖遣使予祭明年戊子春三月大
祖率五十餘騎巡到京畿王與百官郊迎入相對曲盡
情禮置宴臨海殿酒酣王言曰吾以不天侵致禍亂萱
恣行不義喪我國家何如之因流涕泫洟左右莫不
鳴咽大祖亦流涕因留數旬乃迴駕麾下甫靜不犯秋
毫都人士女相慶曰昔甄氏之來也如逢豺虎今王公

之至如見父母八月太祖遺使遺王錦衫鞍馬并賜羣
僚將士有差清泰二年乙未十月以四方地盡為他有
國弱勢孤不已自安刀與羣下謀擧土降太祖羣臣可
否紛然不已王太子曰國之存亡必有天命當興忠臣
義士收合心力盡而後已豈可以一千年之社稷輕以
與人王曰孤危若此勢不能全既不能強又不能弱至
使無辜之民肝腦塗地吾所不能忍也刀使侍郎金封
休齎書請降於太祖大子哭泣辭王徑往皆骨山麻衣
草食以終其身李子祝啓肆華嚴為浮圖名梵空後往
法水海印寺云大祖受書送太相王鐵迎之王率百僚

歸我大祖香車寶馬連亘三十餘里道路塡咽觀者如

堵太祖出郊迎勞賜宮東一區今正以長女樂浪公主

妻之以王謝自國居他國故以鸞喻之政號神鸞鳥公主

謚孝擭封爲正承位在太子之上給祿一千石待從員

將昏録用之政新羅爲慶州以爲公之食邑初王納土

來降太祖喜甚待之厚禮使告曰今王以國與寡人其

爲賜大矣願結婚於宗室以永甥舅之好王荅曰我伯

父億廉正之考寺宗角干追有女子德容雙美非是無

以備內政大祖娶之是爲神成王后金氏本朝登仕郎

王姪宗録云神成王后李民慶州大尉寺正言撰俠傳

冊守時太祖幸此州納爲妣故或云俠州君碩堂玄化

寺三月二十五日薨是年羞賞陛生一子安宗地此以二
十五妃主中不載金氏之事未詳然而史臣之論亦以安
宗爲新羅外孫當以史傳爲是
太祖之孫景宗伷聘政承公之女爲妃
是爲憲承皇后仍封政承爲尚父大平興國三年戊寅
崩謚曰敬順 尚父誥曰勅姬周啓聖之初先封呂主
劉漢興王之始 首開闢何自大定寰區廣開基業立龍
圖三十代躡趾四百年日月重明乾坤交泰雖自無
爲之主乃開致理之臣觀光順化衛國功臣上柱國樂
浪王政承食邑八千戶金傳世雞林官分王爵英烈振
凌雲之氣文章騰擲地之才富有春秋貴居芽土六韜
三略力入胸襟七縱五申撮服指掌我太祖須載接陸

擗之妤早認餘風尋時須駙馬之姻酬大節家國旣

歸於一統君臣兌合於三韓顯猶令名光崇懿範可加

號尙父都省令仍賜推忠愼義崇德守節臣號勳封

如故食邑通前為二万戶有司擇日備禮用命主者施

行開寶八年十月日大臣內議令簽撿翰林臣觀宣奉

行奉勅如右牒到奉行開寶八年十月日侍中署侍中

署內奉令署軍部令署軍部令無署兵部令無署兵部

令署廣坪侍郎署廣坪侍郎署無署內奉侍郎署無署內奉

侍郎署軍部卿無署軍部卿無署兵部卿無署兵部卿無署

告推忠愼義崇德守節功臣尙父都省令上柱國樂浪

都王食邑一万户金傅奉勅如右符到奉行主事無名
郎中無名書令史無名孔目無名開寶八年十月日下
史論曰新羅朴氏昔氏皆自卵生金氏從天入金櫃而降
或云乘金車此尤詭怪不可信然世俗相傳為實事今
但厚歐初在上者其為巳也儉其為人也寬其設官也
略其行事也簡以至誠事中國梯航朝聘之使相續不
絕常遣子弟造朝宿衛入學而誦習于以襲聖賢之風
化革鴻荒之俗為禮義之邦又憑王師之威靈平百濟
高句麗取其地郡縣可謂盛矣然而奉浮屠之法不知
其弊至使閭里比其塔廟齊民逃於緇褐兵農侵小而

國家日衰幾何其不亂且亡也哉於是時景哀王加之以
荒樂興宮人左右出遊鮑石亭置酒燕衛不知甄萱之
至與門外韓擒虎樓頭張麗華無以異矣若敬順之歸
命太祖雖非獲已亦可佳矣向若力戰守死以抗王師
至於力屈勢窮即必覆其家族害及于無辜之民而乃
不待告命封府庫籍群難以歸之其有功於朝廷有德
於生民甚大昔錢氏以吳越入宋蘇子瞻謂之忠臣今
新羅功德過於彼遠矣我大祖妃嬪眾多其子孫亦繁
衍而顯宗自新羅外孫即寶位此後繼統者皆其子孫
豈非陰德也歟新羅既納土國除阿干神會罷外署還

兒都城離潰有黍離離嘆乃作歌歌三未詳

南扶餘　前百濟　北扶餘已見上

扶餘郡者前百濟王都也或稱所夫里郡按三國史記

百濟聖王二十六年戊午春移都於泗沘國號南扶餘

注曰其地名所夫里泗沘今之古省津也所夫里者扶

餘之別號也已上注又按量田帳籍曰所夫里郡田丁

柱貼今言扶餘郡者後上古之名也百濟王姓扶氏故

稱之或稱餘州者郡西資福寺高座之上有繡帳焉其

繡文曰統和十五年丁酉五月日餘州功德大寺繡帳

又昔者河南置林州刺史其時圖籍之內有餘州二字

林州今佳林郡也餘州今之扶餘郡也百濟地理志曰

後漢書曰三韓九七十八國百濟是其一國焉北史云

百濟東挴新羅西南限大海北際漢江其郡曰居扶城

又云固蔴城其外更有五方城　舊唐書云百濟南接新

羅北距高麗西限大海　舊唐書云百濟扶夫之別種

東北新羅西渡海越州南渡海至倭北高麗其王所居

有東西兩城　新唐書云百濟西界越州南倭皆踰海

北高麗　史本記云百濟始祖温祚其父雛牟王或云

朱蒙自北扶餘逃難至卒本扶餘州之王無子只有三

女見朱蒙知非常人以第二女妻之未幾扶餘州王薨

朱蒙嗣位生二子長日沸流次日溫祚恐後大子所不
容遂與烏干馬黎等臣南行百姓從之者多遂至漢山
登貝兒岳望可居之地沸流欲居於海濱十臣諫日惟
此河南之地北帶漢水東據高岳南望淥澤西阻大海
其天險地利難得之勢作都於斯不亦宜乎沸流不聽
分其民歸弥忽居之溫祚都河南慰禮城以十臣為
輔翼國號十濟是漢成帝鴻佳三年也沸流以弥鄒
土濕水鹹不得安居見慰禮都邑鼎定人民安泰遂
慙悔而死其臣民皆歸於慰礼城後以來時百姓樂悅
政號百濟其世系與高句麗同出扶餘故以解為氏後

至聖王移都於泗沘今扶餘郡　弥雛忽仁州　慰礼今稷山　按古典記

云東明王第三子温祚以前漢鴻佳三年癸酉自卒本

扶餘至慰礼城立都稱王十四年丙辰移都漢山今廣州

歷三百八十九年　至十三世近肖古王咸安元年取

高句麗南平壤移都北漢城今楊州歷一百五年　至二

十二世文周王即位先徵三年乙卯移都熊川今公州

六十三年至二十六世聖王移都所夫里國號南扶餘

至三十一世義慈王歷一百二十年　至唐顯慶五年

是義慈王在位二十年新羅金庾信與蘇定方討平之

百濟國舊有五部分統三十七郡二百濟城七十六方

戸唐以地分置熊津馬韓東明金漣德安等五都督府
仍其酋長為都督府刺史未幾新羅盡幷其地置熊全
武三州及諸郡縣　又虎嵒寺有政事嵒國家將議宰
相則書當選者名或三四函封置嵒上須史取者名上
有印跡者為相故名之　又泗㳽河边有一嵒蘇定方
嘗坐此上釣魚龍而出故嵒上有龍跪之跡因名龍嵒
又郡中有三山曰　山吳山浮山國家全盛之時各有
神人居其上飛相往來朝夕不絶　又泗㳽崖又有一
石可坐十餘人百濟王欲幸王興寺禮佛先於此石望
拜佛其石自煖因名煗石　又泗㳽河兩崖如畫屏百

濟王每遊宴歌舞故至今辭為大王浦　又始祖溫祚

乃東明第三子体洪大性孝友善騎射　又多婁王寬

厚有威望　又沙沸王（一作沙）伊王　仇首崩嗣位而幼少　不

能政即廢而立古爾王或云至樂初二年巳未乃崩古

爾方立

武王 古本作武康非也百濟無武康辟

第三十武王名璋母寡居築室於京師南池邊池龍

通而生小名薯童器量難測常掘薯預賣為活業國人

因以為名聞新羅真平王第三公主善花（一作善化）美艶無

雙剃髮來京師以薯預餉閭里羣童羣童親附之乃

作謠誘羣童而唱之云善化公主主隱

他密只嫁良

置古 薯童房乙夜矣卯乙抱遣去如

童謠滿京遠

衣宮禁百官極諫竄流公主於遠方將行王后以純金

一斗贈行公主將至竄所薯童出拜途中將欲侍衛而

行公主雖不識其從來偶爾信悅因此隨行潛通焉然

後知薯童名乃信童謠之驗同至百濟出母后所贈金

將謀計活薯童大笑曰此何物也主曰此是黃金可致

百年之富薯童曰吾自小掘薯之地委積如泥土主聞

大驚曰此是天下至寶君今知金之所在則此寶輸送

父母宮殿何如薯童曰可於是聚金積如丘陵詣龍華山

師子寺知命法師所問輸金之計師曰吾以神力可輸

將金來矣主作書并金置於師子前師以神力一夜輸

置新羅宮中真平王異其神變尊敬尤甚當馳書問安

吾驚童由此得人心卽王位一日王與夫人欲幸師子

寺至龍華山下大池邊彌勒三尊出現池中留駕致敬

夫人謂王曰須創大伽藍於此地固所願也王許之詰

知命所問填池事玄神力一夜頹山填池爲平地乃法

像彌勒三會殿塔廊廡各三所創之額曰彌勒寺囯史

云是王妃善花

讚真平王遣百工助之至今存其寺三國史云是張王

之子而此傳之獨

女之名
未詳

後百濟　甄萱

三國史本傳云甄萱尚州加恩縣人也咸通八年丁亥
生本姓李後以甄為氏父阿慈个以農自活光啟中據
沙弗城州自稱將軍有四子皆知名於世萱號傑出
多智略李碑家記云真興大王妃思刀諡曰白䭇夫人
第三子仇輪公之子波珎干善品之子角干酌珎妻王
咬巴里生角干元善是為阿慈个也慈之弟妻上院夫
人篡二妻南院夫人生五子一女其長子是尚父萱二
子將軍能哀三子將軍龍盖四子寶盖五子將軍小盖
一女大主刀金又古記云昔一富人居光州𡉫村有一

女子姿容端正謂父曰每有一紫衣男到寢交婚文謂

曰汝以長絲貫針刺其衣從之至明尋絲於北墻下針

刺於大蚯蚓之腰後因姙生一男年十五自稱甄萱至

景福元年壬子稱王立都於完山郡理四十三年以清

泰元年甲午萱之三子簒逆萱投大祖子金剛即位天

福元年丙申興高麗兵會戰於一善郡百濟敗續國王

云　初萱生孺褓時父耕于野母餉之以兒置于林下虎

來乳之鄉黨聞者異焉及北體見雄奇志氣倜儻不凡

從軍入王京赴西南海防戍枕戈待敵其氣恒為士卒

先以勞為裨將唐昭宗景福元年是新羅真聖王在位

六年嬖豎在側竊弄國權綱紀紊弛加之以飢饉百姓
流移群盜蜂起於是萱竊有心嘯聚徒侶行擊京西
南州縣所至響應旬月之間衆至五千遂襲武珍州自
王猶不敢公然稱王自署為新羅西南都統行全州刺
史焉御史中承上柱國漢南國開國公龍化元年己酉
也一云景福元年壬子是時北原賊良吉雄強弓裔自
投為麾下萱聞之遙授良吉職為裨將萱西巡至兒山
州州民迎勞喜得人心謂左右曰百濟開國六百餘年
唐高宗以新羅之請遣將軍蘇定方以舡兵十三萬越
海新羅金庾信卷土歷黃山與唐兵合攻百濟滅之予

今敢不立都以雪宿憤乎遂自稱後百濟王設官分職

是唐光化三年新羅孝恭王四年也負明四年戊寅鐵

原京衆心忽變推戴我太祖即位萱聞之遽發使稱賀遂

獻孔雀扇地理山竹箭等萱與我太祖陽和陰冠獻驄

馬於大祖三年冬十月萱率三千騎至曹物城○今未六

祖亦以精兵來與之角萱兵銳未央勝負大祖欲權和

以老其師移書乞和以堂弟王信為質萱亦以外甥真○真

虎奏質十二月攻取居西○詳求等二十餘城道使入後

唐稱藩唐策授撿校大尉兼侍中判百濟軍事依前都

督行金州剌史海東四面都統指揮兵馬判置等事百

濟王食邑二千五百戶四年真虎暴卒疑故殺即因王

信使人請還前年所送驄馬大祖笑還之天成二年丁

亥九月萱攻取近品城陽縣今山燒之新羅王求救於大祖

大祖將出師萱襲取高鬱府今蔚進軍族始林一云雞西郊

辛入新羅王都新羅王與夫人出遊鮑石亭時由是甚

敗萱強引夫人乱之以王之族弟金傅嗣位然後虜王

弟孝廉宰相英景又取國珎寶兵仗子女百工之巧者

自隨以歸大祖以精騎五千要萱於公山下大戰大祖

之將金樂崇謙死之諸軍敗北大祖僅以身免而不與

相抵使盈其貪萱乘勝轉掠大木城今若京山府康州

攻壬谷城又義成府之守洪述拒戰而死大祖聞之曰
吾失右手矣四十二年庚寅萱欲攻古昌郡縣安大擧
而石山營萱犬祖隔百步而郡北甄山營萱累戰萱敗
獲侍郎金渥置日萱燄辛襲破順城城主元逵不能禦
弃城霄遁六祖赫怒敗爲下枚縣本順城入城池新羅
君臣以裹座難以復興謀引我大祖結好爲援萱聞之
又欲入王都作惡恐大祖先之寄書于大祖曰咋者國
相金雄廉等將召足下入京有同鼈應鼈聲是敬鷃
披准翼必使生靈塗炭宗社丘墟僕是以先者祖鞭獨
揮韓鉞誓百寮皎日諭六部必義風不意姦臣逃

邦君薨變遂奉景明王表第獻康王之外孫勸即尊位
再造危邦喪君有君於是乎在足下勿詳忠告徒聽流
言百計窺覦多方侵擾尚不能見僕馬首抜僕牛毛冬
初都頭索湘東手星山陣下月內亡將金樂曝骸羡利
寺前殺獲居多追禽不小強嬴若此勝敗可知所期者
掛弓於平壤之樓飲馬於浿江之水然以前月七日吳
越國使班尚書至傳王詔旨知卿與高麗久通和好共
契隣盟比因賀子之兩主遂失和親之舊好五侵疆境
不載干戈今專發使臣赴卿本道又移文高麗宜各相
親比永孚于休僕義篤尊王情深事大及聞詔諭即欲

祇承但廣足下欲罷不能困而猶闘今錄詔書寄呈請
留心詳悉且免瘧送億終必貽譏鵃相持亦為所笑
宜迷後之為誡無後悔之自貽　二年正月太祖荅
曰伏奉吳越國通使班尚書所傳詔旨書一道無蒙足
下厝示長書叙事者伏以華軺庸使爰到制書尺素好
音無蒙教誨捧芝撿而雖增感激闢華戚而難遣孎疑
今托迴軺輙數尼趾僕御承天假術迫人推過叩將師
之權獲赴經綸之會項以三韓厄會九土幽荒黔黎多
屬於黃巾田野無非其赤土庶幾弭風塵之警有以救
邦國之災爰自善隣於為結好果見數千里農桑樂業

七八年士卒閞眠及至癸酉年雖時陽月忽焉生事至
乃交兵足下始輕敵以鼠前若螳娘之拒轍終知難而
勇退如蚊子之負山挹手陳辭指天作誓今日之後永
世歡和苟或渝盟神其殛矣僕亦尚止戈之正期不殺
之仁遂解重圍以休疲卒不許賁子但欲安民此即我
有大德於南人也豈期戰血未乾凶慝後作蜂蠆之毒
侵害於生民狼虎之狂為梗於畿甸金城窘忽黃屋震
驚仗義尊周誰似桓文之霸兼間謀漢唯看莽卓之奸
致使王之至尊枉稱子於足下尊甲夫序上下同憂以
為非有元輔之忠絶豈得再安社稷以僕心無匿惡志

切尊王將援置於朝廷使扶危於邦國足下見毫氂之
小利忘天地之厚恩斬戮君主焚燒宮闕菹醢卿佐虔
劉士民姐姜則取以同車玲寶則褰之相載元惡浮於
桀紂不仁甚於鏡臬僕惡極崩天誠深却日約効鷹鸇
之逐以申尺馬之勞再樂千戈兩更攪柳陸轂則雷馳
電激水及則虎博龍騰動少成功舉無虞發逐尹卿於
海岸積甲如山禽雞造於城邊伏尸葅野燕山郡畔斬
吉莫於軍前馬利疑郡城賊隨晤於蘇下拔任存釼郡
之日刑積數石人誦驅破清川縣尚州領两縣名之時直心
等四五車授首桐藪鞍寺聖旗而潰散京山衙壁以投

降康州則自南而來羅府則自西移屬侵攻若此收復
寧遙必期泝水瞥中靈張耳千般之恨烏江岸上成漢
王一捷之心竟息風波永清衆海天之所助命欲何歸
況承吳越王殿下德洽包荒仁深字小持出綸於舟禁
諭戢難於青丘旣奉訓諜敢不尊奉若足下祗承麤言
悉戢凶機不唯副上國之仁恩抑可紹東海之絶緒若
不過而能政其如悔不可追書乃崔致遠作也
臣龔其直勇宥智略來降大祖喜捉襲直二子一女燒斷
股筋秋九月萱遣一吉以舡兵入高麗禮城江留三日
取益白眞三州船一百艘焚之而去云清泰元年甲午

萱聞大祖屯運州諜遂簡甲士蒙食而至末及營壘將

軍黔弼以勁騎擊之斬獲三千餘級熊津以北三十餘

城聞風自降萱麾下術士宗訓醫者之謀勇將尚逢崔

弼等降於大祖內申正月萱胃子曰老夫新羅之季立

後百濟名有年于今矣兵儲於北軍尚爾不利殆天假

手為高麗蓋歸順乎北王保首領矣其子神劒龍劒良

劒等三人皆不應李碑家記玄萱有九子長曰神劒〔云一〕

二子大師謙腦三子佐承龍述四子大師聰智五子

大阿千宗祐六子闕七子佐位興八子大師青丘一〔戲〕

女國大夫人皆上院夫人所生也萱多妻妾有子十餘

人第四子金剛身長而多智萱特愛之意欲傳位其兄
神劍良劍龍劍知之憂悶時良劍為康州都督龍劍為
正州都督獨神劍在側伊飱能奐使人往康正二州與
良劍等謀至清泰二年乙未春三月與英順等勸神劍
幽萱於金山佛宇遣人殺金剛神劍自稱大王赦境內
云々　初萱寢未起遙聞宮庭呼喚聲問是何聲歟告父
曰王年老暗於軍國政要長子神劍攝父王位而諸將
歡賀聲也俄移父於金山佛宇以巴達等壯士三十人
守之童謠曰可憐完山兒失父涕連洒萱與後宮年少
男女二人侍婢古比女內人能乂男等四繫至四月釀

酒而飲醉守辛三十八而與小元甫香又吳琰忠賀等
以海路迎之既至以萱為十年之長尊號為尚父安置
于南宮賜揚州食邑田疋奴婢四十口馬九匹以其國
先來降者信康為衙前勸萱婿將軍英規密語其妻曰
大王勤勞四十餘年功業垂成一旦以家人之禍失地
從於高麗夫貞女不可二夫忠臣不事二主若捨已君
以事逆守耶何顏以見天下之義士乎況聞高麗王公
仁厚勤儉以得民心殆天啟也必為三韓之主盍致書
以安慰我王薰懃懃於王公以圖後來之福乎妻曰子
之言是吾意也於是天福元年丙申二月遣人致意於

太祖曰君擧義旗請為內應以迎王師大祖喜厚賜其

俊者遣之謝英規曰若蒙恩一合無道路之梗即先致

謁於將軍然後升堂拜夫人兄事而娣尊之必終有以

厚報之天下鬼神皆聞此語六月萱告天祖老臣所以

投身於殿下威稜以誅逆子耳伏望大王

借以神兵殲其賊亂臣雖死無憾大祖曰非不欲討之

待其時也先遣大子及立將軍述希領步騎十萬趣天

安府秋九月大祖率三軍至天安合兵進次一善神劒

以兵逆之甲午隔一利川相對王師背艮向坤而陳大

祖與登觀兵忽白雲狀如劒戟起我師向彼行焉乃鼓

行而進百濟將軍孝奉德述哀述明吉等望兵勢大而

整弃甲降於陣前大祖勞慰之問將帥而在孝奉等曰

元帥神劒在中軍大祖命將軍昑萱等三軍齊進挾擊

百濟軍潰北至黃山炭峴神劒與二弟將軍富達能昑

等四十餘人生降大祖受降餘皆勢之許令與妻子上

京問能昑曰始與良劒等密謀囚大王立其子者汝之

謀也為臣之義當如是乎能昑俛首不能言遂命誅之

以神劒僭位為人所脅非其本心又且歸命乞罪特原

其死甄萱憂懣發疽數日卒於黃山佛舍九月八日也

壽七十大祖軍令嚴明士卒不犯秋毫州縣妥堵老幼

皆呼万歲謂英規曰前王矢國後其臣子無一人慰之
者獨卿夫妻千里嗣音以致誠意无歸羨於寡人其義
不可忘許職左承賜田一千頃許借驛馬三十五匹以
迎家人賜其三子以官甄萱起廪景福元年至晉天福
元年共四十五年丙申歲　史論曰新羅數窮道喪天
無所助民無所歸於是羣盜投隙而作若猬毛然其劇
者弓裔甄萱二人而巳弓裔本新羅王子而反以家國
為讎至斬先祖之畫像其為不仁甚矣甄萱起自新羅
之民食新羅之祿包藏禍心幸國之危侵軼都邑虔劉
君臣若禽獸實天下之元惡故弓裔見弃於其臣甄萱

產禍於其子皆自取之也又誰咎也雖項羽李密之雄

才不能敵漢唐之典而況裔孽之区人豈可與我大祖

相抗歟

駕洛國記文高麗大康年間金官知州事
文人所撰也今略而載之

開闢之後此地未有邦國之號亦無君臣之稱越有我

刀干汝刀干彼刀干五刀干留水干留天干神天干五

天干神鬼干等九干者是曾長領總百姓九一百戶七

万五千人多以自都山野鑿井而飲耕田而食屬後漢

世祖光立帝建立十八年壬寅三月禊洛之日所居北

（龜）旨毛睺（峯巒之狀故云）有殊常崇善爽氣呼喚衆二三百

入集會於此有如人音隱其形而發其音曰此有人否
九干等云吾徒在又曰吾所在為何對云龜旨也又曰
皇天所以命我者御是處惟新家邦為君后為茲故降
矣你等須掘峯頂撮土歌之云龜何龜何首其現也若
不現也燔灼而喫也以之蹈舞則是迎大王歡喜踴躍
之也九干等如其言咸忻而歌舞未幾仰而觀之唯紫
繩自天垂而著地尋繩之下乃見紅幅裹金合子開而
視之有黃金卯六圓如日者衆人悉皆驚喜俱伸百拜
尋還褁著抱持而歸我刀家寘榻上其衆各散過浹辰
翌日平明衆庶復相聚集開合而六卯化為童子容兒

甚偉仍坐於床象庶拜賀盡恭敬止日日而大諭十餘

最音身長九尺則髮之天乙顏如龍焉則漢之高祖眉

之八穀則有唐之高眼之重瞳則有虞之舜其於月墜

日即位也始現故譽首露或云首陵後謚也是崩國稱大

駕洛又稱伽耶國即六伽耶之一也餘五人各歸為五

伽耶主東以黃山江西南以滄海西北以地理山東北

以伽耶山南而為國尾俾割假宮而入御但要賢儉茅

茨不剪土階三尺二年癸卯春正月王若曰朕欲定置

京都仍駕幸假宮之南新畓坪望古來開田新耕作四

墜山嶽顧左右曰此地狹小如蔘葉然而秀異可為十

六羅漢住地何況自一成三自三成七七聖住地固合

于是扰土開疆終然免藏爕葉置一千五百步周迴羅

城宮蘂廄宇及諸有司屋宇虎庫倉廩之地事訖還官

徧徵國內丁壯入夫工匠以其月二十日資始金陽墅

三月十日役畢其官闕屋舍候農陳而作之経始于厥

年十月逮甲辰二月而成涓吉辰御新官理万機而懃

廢務忽有琓夏國舍達王之夫人姙娠於月生夘夘化

爲人名曰脫解従海而來身長三尺頭圓一尺悦焉詣

闕語於王云我欲奪王之位故來耳王荅曰天命我俾

即于位將令安中國而綏下民不敢違天之命以與之

位又不敢以吾國吾民付囑於汝解云若爾可爭其術

王曰可也俄頃之間解化為鷹王化為鷲又解化為雀王

化為鸇于此際也寸陰未移解还本身王亦復然解乃

伏齊曰僕也適於角術之場鷹之於鷲雀之於鸇獲免焉

此盖聖人惡殺之仁而然乎僕之與王爭位良難便拜

辭而出到辟郊刃渡頭將中朝來泊之木道而行王竊

恐滯留謀亂急發卅師五百艘而追之解奔入雞林地

界舟師盡還事記所載多異與新羅屬建正三十四年戊

申七月二十七日九干等　朝謁之次獻言曰大王降靈

已來好仇未得請臣等所有處女絕好者選入宫闈俾

為伉儷王曰朕降于玆天命也配朕而作右亦天之命

卿等無慮遂命留天干押輕舟持駿馬到望山島立待

申命神鬼干就乘岾山島乘岾輦下國也忽自海之西南隅

掛緋帆張蒨旗而指乎北留天等先舉火於島上則競

渡下陸爭奔而求神鬼迯之走入闕巷之上聞俠尋

遣九千等整蘭橈揚桂楫而迎之旋欲陪入內王乃

日我與等素昧平生焉致輕忽相隨而去留天等返達

右之語王然之率有司動蹕從闕下西南六十步許地

山邊設幔殿祗候王右於山外別浦津頭維舟登陸憩

於高嶠解所著綾襪為贄遺于山靈也其地侍從媵臣

二負名曰申輔趙匡其妻二人號慕貞慕良或藏獲弃

計二十餘口所賣錦繡綾羅衣裳疋段金銀珠玉瓊玫

服玩器不可勝記王右漸近行在上出迎之同入帷宮

縢臣已下衆人就階下而見之即退上命有司引縢臣

夫妻曰人各以一房安置已下藏獲各一房五六人安

置給之以蘭液蕙醑寢之以文茵彩薦至於衣服疋段

寶貨之類多以軍夫遽集而護之於是王與右共在御

國寢從容語王曰妾是阿踰陁國公主也姓許名黃玉

年二八矣在本國時今年五月中父王與皇后顧妾而

語曰爺孃一昨夢中同見皇天上帝謂曰駕洛國元君

首露者天所降而俾御大寶乃神乃聖惟其人焉且以
新莅家邦未定匹偶卿等須遣公主而配之言訖升天
形開之後上帝之言其猶在耳你於此而忽辭親向彼
予社矣妾也將涉海遐尋於蒸棗邀天夐赴蟠桃蠉首
敢叨龍顏是近王荅曰朕生而頗聖先知公主自遠而
屆下臣有納妃之請不敢從焉今也淑質自臻眇躬多
幸遂以合歡兩過清宵一經白晝於是遂還來船篙工
楫師共十有五人各賜粮粳米十碩布三十疋令歸本
國八月一日迴鑾與后同輦媵臣夫妻齊轡並駕其漢
肆雜物咸使乘載徐徐入闕時銅壺欲午王后爰處中

官勑賜媵臣夫妻掇屬空閑二室分入餘外從者以賓
舘一坐二十餘間酌定人數區別安置曰給豐豐泰其所
載珍物藏於內庫以為王后四時之費一日上語臣下
曰九千等俱為嚴徐之長其位與名皆是宵人野夫之
號頗非簪履職位之稱儻化外傳聞必有嗤笑之恥遂
改我刀為我躬汝刀為汝諧彼刀為彼藏五方為五常
留水留天之名不動上字攺下字留功留德攺為神道
五天攺為五能神鬼之音不易攺訓為陛貴取雞粧職
儀置甫干阿叱干級干之殺其下官僚以周判漢儀而
分定之斯所以革古羅新設官分職之道歟於是乎理

國齊家愛民如子其教不肅而感其政不嚴而理況其
王石而居也比如天之有地日之有陽之有陰其功
也塗山翼夏唐嫒興嬌頻年有慶得熊羆之兆誕生太
子居登公靈帝中平六年己巳三月一日右崩壽一百
五十七國入如嘆坤崩華於遲肯東北塲遂欲忘子愛
下民之惠因號初來下纜渡頭村曰主浦村曰解綾袴高
岡曰綾峴益旗行入海涯曰旗出邊縢臣泉府卿申輔
宗正監趙匡等到國三十年後各產二女焉夫嬪踰
一二年而皆抛信也其餘臧獲之群自來七八年間未
有孳子生唯抱壤土之悲省首丘而汉所舍賓舘圓其

無人元君乃每歌鰥挑悲嘆良多備二五歲以獻帝立

安四年巳卯三月二十三日丙狙落壽一百五十八歲

矣國中之人若云天只悲慟甚於石崩之日逐於闕之

艮方平地造立殯宮高一丈周三百步而葬之號首陵

王廟也自嗣子居登王洎九代孫仇衝之享是廟湏以

毎歲孟春三之日七之日仲夏重五之日仲秋初五之日

十五之日豐潔之奠相繼不絶洎新羅第三十王法敏

龍朔元年辛酉三月日有制曰朕是伽耶國元君九代

孫仇衝三之降于當國也所率來子世宗之子率友公

之子庶云匝干之女文明皇后定生我者兹故元君於

幻沖入乃為十五代始祖也所御國者已曾敗所葬廟
者今尚存合于宗桃續乃祀事仍遣使於黍離之趾
近廟上上田三十頃為供營之資號稱王位田付屬本
土王之十七代孫賡世級于祉禀朝旨主掌嚴田每歲
時釀醴醴設以餅飯茶菓庶羞等奠年不墜其祭
日不失居登王之所定年內五日也芬莎孝祀於是乎
在於我自居登王即位已郯年置便房降及仇衡朝末
三百三十載之中享廟禮曲永無違者其乃仇衡失位
去國遠龍朔元年辛酉六十年之間享是廟禮或闕如
也美矣哉文武王法敏王諡也 先奉尊祖孝孝惟孝絰泯絕

之祀復行之也新羅季末有忠至匝干者攻取金官高
城而為城主將軍爰有英規阿干假威於將軍奪廟亭
而滛祀當端午而致告祠堂梁無故折墜因覆壓而死
焉於是將軍自謂宿因多幸辱為聖王所御國城之奠
宜我畫其真影香燈供之以酬玄恩遂以鮫絹三尺摸
出真影安於壁上旦夕膏炷瞻仰虔至才三日影之二
目流下血凟而貯於地上幾一斗矢將軍大懼捧持其
真就廟而焚之即召王之真孫圭林而謂曰昨有不祥
事一何重疊是必廟之威靈震怒余之圖畫而供養不
孫娤覡既死奈甚怖畏影已燒矣必受陰誅卿是王之

真孫信合依舊以祭之圭林継世奠酹年及八十八歲

而卒其子間元卿續而克禋端午日謁廟之祭英規之

子俊必又發狂來詣廟俚撒間元之奠以己奠陳享三

献未終得暴疾歸家而斃然古人有言淫祀無福反受

其殃前有英規後有俊必父子之謂乎又有賊徒謂廟

中多有金玉將素盜焉初之來也有躬擐甲冑張弓挾

矢猛士一人從廟中出四面兩射中殺七八人賊徒奔

走數日再來有大蟒長三十餘尺眼光如電自廟旁出

咬殺八九人粗得完免者皆僵仆而散故知陵園表裏

必有神物護之自遠安四年己卯始造建今上御圖三

十一載大康二年丙辰凡八百七十八年十所封養土不
騫不崩所植佳木不枯不朽況所排列万蘊玉之片片
亦不頹圮由是觀之辛替否曰自古迄今豈有不忘之
國不破之墳唯此駕洛國之昔曾正則替否之言有徵
矣首露廟之不毀則替否之言未足信也此非更有藏
樂思慕之事每以七月二十九日土人吏卒陟乘岵設
帷幕酒食歡呼而東西送目壯健人夫分類以左右之
自望山島駿蹄駛駛而競漢於陸鷁首泛泛而相推於
水北指古浦而爭趨蓋此昔留天神恩等望后之來急
促告君之遺迹也國亡之後代代稱號不一新羅第三

十一政明王即位開耀元年辛巳號爲金官京置太守

後二百五十九年屬我大祖統合之後代代爲臨海縣

置排岸使四十八年也次爲臨海郡或爲金海府置都

護府二十七年也又置防禦使六十四年也淳化二年

金海府量田使中大夫趙文善申省狀捕首露陵王廟

屬田結數多也宜以十五結仍舊貫其餘分折於府之

役丁所司傳狀奏聞時廟朝宣旨曰天所降邓化爲聖

君居位而延齡則一百五十八年也自彼三皇而下鮮

克比有者歟崩後自先代俾屬廟之壠敏而今減除良

堪疑懼而不允使又申省朝迁然之半不動於陵廟中

半分絡於鄉人之丁也節使量日使也受朝旨乃以半屬

於陵園丰以支絡於府之徭役戶丁也幾臨事畢而遣

勞卷忽一夕受見七八介鬼神執纏絏握刃劍而至去

你有大慈故加斬戮其使以謂受刑而慟楚驚懼而

覺仍有疾瘵勿令人知之宵遁而行其病不間渡關而

死是故量田都帳不著印也後人奉使來審檢嚴田才

一結十二負九束也不足者三結八十七負一束乃

推鞫斜入處報告內外官勅理足支給焉又有古今所

嘆息者元君八代孫金堅王克勤為政又切崇真為世

祖母許皇后奉資實福以元嘉二十九年壬辰於元君

與皇后合婚之地則寺額曰王后寺遣使審量近側平
田十結以爲供億三寶之齊自有是寺五百後暨長遊
寺所納田柴并三百結於是右寺三剛以王后寺在寺
柴地東南標內罷寺爲莊作秋收冬藏之場秣馬養牛
之廐悲夫世祖巳下九代孫曆數委錄于下銘曰

元胎肇啓　利眼初明　人倫雖誕　君位未成
中朝累世　東國分京　雞林先定　駕洛後營
自無銓宰　誰察民氓　遂兹玄造　顧彼蒼生
用授符命　特遣精靈　山中降卵　霧裏藏刑
內猶漠漠　外亦冥冥　望如無象　聞乃有聲

臺歌而奏　衆舞而呈　七日而楼　一時所

風吹雲卷　空碧天青　下六圓邪　垂一紫纓

殊方異土　比屋連甍　觀者如堵　觀者如羹

五歸冬邑　一在茲城　同時同迹　如象如兄

實天生德　為世作程　寶位初陟　寰區欲清

華構徵古　土階尚平　万機始勉　庶政施行

無偏無儻　惟一惟精　行者讓路　農者讓耕

四方奠枕　萬姓迂衡　佚譶蓰露　靡保捲嶺

乾坤變氣　朝野痛情　金相其躍　玉振其聲

来苗不絕　薦羹惟馨　日月雖遠　視儀不傾

居登王

華首露王母許王后 立安四年己卯三月
十三日即位治三十九年嘉平五年癸酉九
月十七日崩王妃泉府卿申輔女慕貞生太
子麻品開皇曆云姓金氏盖國世祖從金卵
而生故以金爲姓尔

麻品王

一云馬品金氏嘉平五年癸酉即位治三十
九年永平元年辛亥一月二十九日崩王妃
宗正監趙匡孫女好仇生太子居叱弥

居叱弥王

一云今勿金氏永平元年即位治五十六年
永和二年丙午七月八日崩王妃阿躬阿干

孫女阿志生王子伊品

伊尸品王　金氏永和二年即位治六十二年義熙三年

丁未四月十日崩王妃司農卿克忠女真信

生王子坐知

坐知王　一云金叱義熙三年即位娶傭安以女黨為

官國內擾亂雞林國以謀欲伐有一臣名朴

元道諫曰遺草閱閱亦含羽況乃人乎天亡

地陷人保何基又卜士筮得解卦其辭曰解

而悔朋至斯孚君鑒易卦于王謝曰可擯備

女聚方荷山島改行其政長鄴安民也治十

銍知王

吹希王

五年永初二年辛酉五月十二日崩王妃道

寧大阿干女福壽生子吹希

一云叱嘉金氏永初二年即位治三十一年

元嘉二十八年辛卯二月三日崩王妃進思

角干女仁德生王子銍知

一云金銍王元嘉二十八年即位明年爲世

祖許黃玉王后奉資冥福於初與世祖合衛

之地剏寺曰王后寺納田十結充之治四十

二年永明十年壬申十月四日崩王妃金胤

沙干女邦媛生王子鉗知

鉗知王　一云金鉗王家明十年即位治三十年正光

二年辛丑四月七日崩王妃出忠角干女淑

生王子仇衡

仇衡王　金氏正光二年即位治四十二年保定二年

壬午九月新羅第二十四君真興王與兵薄

伐王使親軍卒彼我寡不堪對戰也仍遣

同氣脫知尒叱令留在於國王子上孫卒支

公等降入新羅王妃分叱水尒叱女桂花生

三子一世宗角干二茵刀角干三茵得角干

開皇錄云梁中大通四年壬子降于新羅

讚曰三國史仇衡以梁中大通四年壬子
納土投羅則計自首露初即位東漢建武十
八年壬寅至仇衡末壬子得四百九十年矣
若以此記考之納土在元魏保定二年壬午
則更三十年摠五百二十年矣今兩存之

◇ 연 구 자 ◇

姜仁求(韓國精神文化研究院 名譽教授)
金杜珍(國民大學校 國史學科 教授)
金相鉉(東國大學校 史學科 教授)
張忠植(東國大學校大學院 美術史學科 教授)
黃浿江(檀國大學校 名譽教授)

◇ 연구보조원 ◇

趙景徹(韓國精神文化研究院 韓國學大學院 博士課程)
文銀順(韓國精神文化研究院 韓國學大學院 博士課程)
尹琇姬(韓國精神文化研究院 韓國學大學院 博士課程)

韓國精神文化研究院

譯註三國遺事 II

2002년 7월 31일 제1판 1쇄 발행
2003년 11월 17일 제1판 2쇄 발행

발 행 인 | 송 미 옥
편 집 인 | 한국정신문화연구원
발 행 처 | 以會文化社

주   소 | 서울시 동대문구 답십리동 488-338 부영B/D 503
전   화 | 02-2244-7912~3
팩   스 | 02-2244-7914
전자우편 | ih7912@chollian.net
등   록 | 제6-0532 (1992. 5. 2)

ISBN 89-8107-250-7 (세트)
      89-8107-252-3 94910

정가 20,000원